THOMAS HOBBES

Leviathan

Klassiker Auslegen

Herausgegeben von
Otfried Höffe
Band 5

Otfried Höffe ist o. Professor für Philosophie
an der Universität Tübingen

Thomas Hobbes

Leviathan

oder
Stoff, Form und Gewalt eines kirchlichen und bürgerlichen Staates

Herausgegeben von
Wofgang Kersting

Zweite, bearbeitete Auflage

Akademie Verlag

Die Beiträge von S. M. Brown, Th. Nagel und A. E. Taylor wurden übersetzt von Ingolf Eibel, Kiel

Bibliografische Information der Deutschen Nationalbibliothek

Die Deutsche Nationalbibliothek verzeichnet diese Publikation
in der Deutschen Nationalbibliografie; detaillierte bibliografische
Daten sind im Internet über http://dnb.d-nb.de abrufbar.

ISBN: 978-3-05-004446-0

© Akademie Verlag GmbH, Berlin 2008

Das eingesetzte Papier ist alterungsbeständig nach DIN/ISO 9706.

Alle Rechte, insbesondere die der Übersetzung in andere Sprachen, vorbehal-ten. Kein Teil dieses Buches darf ohne schriftliche Genehmigung des Verlages in irgendeiner Form – durch Photokopie, Mikroverfilmung oder irgendein anderes Verfahren – reproduziert oder in eine von Maschinen, insbesondere von Datenverarbeitungsmaschinen, verwendbare Sprache übertragen oder übersetzt werden.

Gesamtgestaltung: K. Groß, J. Metze, Chamäleon Design Agentur Berlin
Satz: Veit Friemert, Berlin
Druck und Bindung: MB Medienhaus, Berlin

Printed in the Federal Republic of Germany

Inhalt

Zitierweise und Siglen VII

Vorwort zur 2. Auflage 1

1.
Einleitung: Die Begründung der politischen Philosophie der Neuzeit im *Leviathan*
Wolfgang Kersting 9

2.
Das Titelblatt des *Leviathan*
Reinhard Brandt 25

3.
Womit muß der Anfang der Staatsphilosophie gemacht werden? Zur Einleitung des *Leviathan*
Bernd Ludwig 47

4.
Anthropologie und Moralphilosophie im ersten Teil des *Leviathan*
Christine Chwaszcza 69

5.
Bellum omnium contra omnes. Konflikttheorie und Naturzustandskonzeption im 13. Kapitel des *Leviathan*
Julian Nida-Rümelin 89

6.
Naturzustand und Marktgesellschaft
Crawford B. Macpherson 107

7.
Eine naturrechtliche Interpretation der politischen Philosophie Hobbes'
A. E. Taylor 127

8.
Kritik der naturrechtlichen Interpretation
der politischen Philosophie Hobbes'
S. M. Brown 145

9.
Moralische Verpflichtung und rationales Selbstinteresse
Thomas Nagel 159

10.
Vertrag, Souveränität, Repräsentation.
Zu den Kapiteln 17 bis 22 des *Leviathan*
Wolfgang Kersting 173

11.
„Sed authoritas, non veritas, facit legem".
Zum Kapitel 26 des *Leviathan*
Otfried Höffe 193

12.
Bürgerkrieg und politische Ordnung in *Leviathan*
und *Behemoth*. Zum Kapitel 29 des *Leviathan*
Dietmar Herz 213

13.
Religion und Politik. Die Teile III und IV des
Leviathan
Michael Großheim 233

Auswahlbibliographie zum *Leviathan* 261

Personenverzeichnis 267

Hinweise zu den Autoren 270

Zitierweise

Hobbes' „Leviathan" wird nach folgender Textausgabe zitiert: Thomas Hobbes, *Leviathan oder Stoff, Form und Gewalt eines kirchlichen und bürgerlichen Staates*. Herausgegeben und eingeleitet von Iring Fetscher, Frankfurt/M. 1984. „Leviathan"-Zitate werden allein durch Angabe der Seitenzahl ausgewiesen. „Leviathan"-Verweise werden hingegen durch ein vorangestelltes „*L*" (mit römischer Kapitelzählung und arabischer Seitenzählung) kenntlich gemacht. Auf andere Werke Hobbes' wird durch Abkürzung, internen Nachweis und Angabe der Seite und ggf. des Bandes der zugrundegelegten Edition verwiesen: z. B. *HO*, XXII, 1; 29 = Thomas Hobbes, Vom Menschen, in: Thomas Hobbes, Vom Menschen – Vom Bürger. Eingeleitet und herausgegeben von Günter Gawlick, Hamburg 1966, 12. Kapitel, § 1, S. 29. Auf sonstige Literatur wird mit Verfassernamen und Erscheinungsjahr Bezug genommen.

Siglen

OL   Thomas Hobbes Malmesburiensis opera philosophica quae latine scripsit omnia. Hrsg. von W. Molesworth. 5 Bände. London 1839–1845 (Nachdruck Aalen 1962).

EW   The English Works of Thomas Hobbes of Malmesbury. Hrsg. von W. Molesworth,. 11 Bände. London 1839–1845 (Nachdruck Aalen 1962).

HO   Thomas Hobbes: Vom Menschen. In: ders. Vom Menschen – Vom Bürger. Eingeleitet und herausgegeben von G. Gawlick. Hamburg 1977.

CI   Thomas Hobbes: Vom Bürger. In: ders., Vom Menschen – Vom Bürger. Eingeleitet und herausgegeben von G. Gawlick. Hamburg 1977.

CO   Thomas Hobbes, Vom Körper. (Elemente der Philosophie I). Ausgewählt und übersetzt von Max Frischeisen-Köhler 1915. Zweite, mit Literaturhinweisen und Registern versehene Auflage. Hamburg 1967.

NR	Thomas Hobbes: Naturrecht und allgemeines Staatsrecht in den Anfangsgründen. Mit einer Einführung von Ferdinand Tönnies. Darmstadt 1976.
Elements	Thomas Hobbes: The Elements of Law Natural and Politic (1640). Hrsg. v. F. Tönnies. Cambridge 1928.
Rudiments	Thomas Hobbes: Philosophical Rudiments Concerning Government und Society (1651). Englische Version des lateinischen *De Cive* (1642); veröffentlicht unter dem Titel *De Cive or The Citizen* von S. P. Lamprecht. New York 1949.
BE	Thomas Hobbes: Behemoth or The Long Parliament. Hrsg. v. Ferdinand Tönnies. London 1889. 2. Aufl. London 1969.

Vorwort zur 2. Auflage

Hobbes' *Leviathan* von 1651 ist ein überragendes Werk der neuzeitlichen Philosophie und ein Gründungsbuch der politischen Moderne. In ihm verknoten sich zahlreiche Stränge unserer philosophischen und politischen neuzeitlichen Tradition. Viele Problemstellungen der modernen Politik werden hier zum ersten Mal und auf eine für die Späteren wegweisende Art begrifflich gefaßt und systematisch durchdacht. Vor allem aber werden in ihm die Grundlagen eines revolutionär neuen und bis heute wirkungsmächtigen Legitimationsverständnisses entwickelt. Obwohl uns von dem Erscheinungsjahr des *Leviathan* mehr als dreieinhalb Jahrhunderte trennen, ist Hobbes' Meisterwerk immer noch ein Schlüsseltext für unsere eigene politisch-philosophische Selbstverständigung. Der Radikalität seines Denkens erschloß sich die soziale, ökonomische und politische Neuartigkeit der Moderne gleich zu Beginn. Er erkannte die ordnungspolitischen und legitimationstheoretischen Implikationen der modernitätsspezifischen Entzauberung und Desillusionierung unserer Welt- und Menschensicht und entfaltete sie nüchtern und konsequent. Seine Fragen sind noch die unsrigen; und weil seine Antworten auf die gesellschaftliche und politische Lage der Moderne kreativ reagieren, auf jeden Rückgriff auf traditionelle Ordnungs- und Legitimationsmodelle verzichten und dem revolutionären praktischen Selbst- und Weltverhältnis des neuzeitlichen Menschen konzeptionell auf den Leib geschnitten sind, können wir noch heute viele unserer Lösungsvorschläge mit Hilfe seines Alphabets der individualistischen und kontraktualistischen Rationalität buchstabieren.

Auf Hobbes geht das vertragstheoretische Begründungsmodell zurück, das fester Bestandteil unseres politischen Denkens ist und besonders in der politischen Philosophie der Gegenwart wieder auf großes systematisches Interesse gestoßen ist. Hobbes hat das radikale Programm der Herrschaftslegitimation in die politische Philosophie eingeführt. Er ist der Erfinder des reinen Staatsbeweises und der Begründer der prozeduralistischen Rechtfertigung, die den Prinzipienobjektivismus des Naturrechts durch konstruktive Einigungsverfahren ersetzt. In seiner politischen Philosophie tritt zum ersten Mal der Protagonist der modernen praktischen Begründungstheorie auf: das ungebundene, rational seine Zwecke verfolgende Individuum, dessen souveräner rationaler Wille alleinige Geltungsgrundlage staatlicher Herrschaft und politischer Ordnung ist. Mit strenger Konsequenz hat Hobbes den Gesellschafts- und Politikbegriff entfaltet, der diesem Individualismus korrespondiert: die Welt der gesellschaftlichen und politischen

Institutionen erscheint als eine künstliche, der Natur entgegengesetzte Welt, als ein System rationaler Erfindungen und Artefakte, als kollektiv entwickeltes Instrument zur Sicherung und Koordination individueller Interessenverfolgung.

Hobbes ist auch der Philosoph, der zum ersten Mal und wiederum gleich mit unüberbietbarer Radikalität das für die Neuzeit charakteristische Programm des Reduktionismus im Theoretischen wie im Praktischen in seine Theoriekonzeption aufgenommen hat: sowohl der Physikalismus, der jede Eigenständigkeit geistiger Wirklichkeit leugnet, als auch der Ökonomismus, der Moralphilosophie in eine Theorie individualistischer Maximierungsrationalität auflöst, müssen ihre Geschichte mit Hobbes beginnen.

Und auch die politische Herausforderung des moralischen, religiösen, kulturellen und ideologischen Pluralismus', die immer drückender wird je moderner die Zeiten werden und je weiter die modernitätstypische Individualisierung und gesellschaftlich-kulturelle Heterogenisierung fortschreitet, wird in der Hobbesschen politischen Philosophie bereits bedacht. Seine absolutistisch-etatistische Befriedung des Bürgerkriegs, seine Leviathan-Antwort auf das Behemoth-Problem enthält bereits das Muster aller späteren Neutralisierungsstrategien des modernen politischen Pluralismusmanagements: nur dann haben staatliche Friedensstiftung und politischer Einheitswille in einer Welt divergierender religiöser Interessen und ethischer Überzeugungen eine Chance, wenn sich der Staat gegenüber den konkurrierenden moralischen und religiösen Wahrheitsansprüchen neutral verhält und sich gegenüber allen Wahrheiten in eine Haltung der Äquidistanz begibt. Diese politische Entschärfung der moralischen und religiösen Wahrheit führt zu deren Privatisierung und schafft einen wahrheitsfreien öffentlichen Raum. Die hier anfallenden Begründungsforderungen müssen folglich auf einer neutralen Grundlage jenseits aller sich befehdenden Wahrheitsansprüche, gleichwohl aber auf allgemein zustimmungsfähige Weise erfüllt werden. Daher setzt die Strategie der politischen Neutralisierung in den Individuen die Bereitschaft voraus, den politischen Raum als den Geltungsbereich einer eigentümlichen, wahrheitsentlasteten Legitimation zu begreifen. Wenn Hobbes den Legitimationsgrund staatlicher Herrschaft und damit die Wurzel der politischen Obligation der Bürger in dem sich vertraglich verbindenden Selbsterhaltungsinteresse der Individuen erblickt, läßt er sich genau von dieser Einsicht in die Notwendigkeit wahrheitsentlasteter politischer Begründung leiten.

Der *Leviathan oder Stoff, Form und Gewalt eines kirchlichen und bürgerlichen Staates* ist ein gewaltiges Werk mit reicher Thematik. Sein Aufbau ist durch eine anspruchsvolle philosophische Systemkonzeption geprägt. In methodisch strenger Abfolge werden die einzelnen Darstellungsteile und Argumentationsschritte zu einem überaus eindrucksvollen Theoriegebäude zusammengefügt. Dessen Fundament bildet die Anthropologie, denn der ‚Stoff des Staates‘, das Material des politischen Werks ist der Mensch. Der Leviathan ist von Menschen aus Menschen für Menschen gebaut. Am Anfang des *Leviathan* klärt Hobbes also die anthropologischen Voraussetzungen seiner politischen Philosophie. Er beschreibt den Menschen in seiner natürlichen, durch Knappheit charakterisierten Lebenswelt. Er beschreibt seine theoretischen Eignungen und praktischen Eigenschaften, seine Antriebe, Ängste und Wünsche und seine Vernunftkompetenzen, seine Fähigkeit, sich auf das natürliche Knappheitsregiment einzustellen, aus vergangenen Erfahrungen zu lernen und für die Zukunft zu planen. Die philosophische Aufgabe, die sich Hobbes hier stellt, besteht darin, aus der natürlichen Ausstattung des Menschen, aus seinen theoretischen und praktischen Vernunftleistungen die Notwendigkeit einer staatsgestützten Vergesellschaftung im allgemeinen und die einzelnen Schritte der Staatsgründung wie auch die machtpolitische Gestalt des einzurichtenden Staates im besonderen abzuleiten.

Die ersten beiden Teile des Werks beschäftigen sich mit diesem Übergang vom Menschen zum Bürger, von den natürlichen Lebensumständen zum Staat: die natürliche Verfassung des Menschen, die die anthropologische Analyse des ersten Teils herausarbeitet, findet in der Anatomie des Leviathans, die durch die Darstellung der Rechte der absoluten Souveränität und der Pflichten der Bürger im zweiten Teil des Buches deutlich wird, ihr systematisches Gegenstück. Das wichtigste Kapitel dieser anthropologisch begründeten Staatsphilosophie ist das 17. Kapitel, das „von den Ursachen, der Erzeugung und der Definition eines Staates" handelt: es organisiert diesen Übergang und verbindet als argumentationslogisches Scharnier die anthropologische Analyse, die Darstellung der Fähigkeiten und der Lebensumstände des natürlichen Menschen, mit der Vermessung der staatlich verfaßten Welt der Politik, indem es den Staat als rationale Erfindung der Menschen entwickelt.

Im umfangreichen dritten Teil seines Werks versucht Hobbes dann den Nachweis zu erbringen, daß das Ergebnis der philosophisch-wissenschaftlichen Argumentation der ersten Hälfte seines Buches, daß nämlich nur ein mit unbeschränkter Macht und ungeteilter Gewalt herrschender Staat die Grundlagen eines friedlichen menschlichen Zusammenlebens sichern könne, sich mit der recht verstandenen und durch eine verständige Bibelinterpretation abgestützten christlichen Lehre durchaus in Übereinstimmung befindet. Dieser Konvergenzbeweis dient dem Zweck, die als notwendig ermittelte absolute Souveränität des Staates vor dem kirchlichen Suprematieanspruch zu schützen und den Primat der Politik zu sichern. Die Konsequenzen dieser aufgezeigten Verträglichkeit von politischer Vernunft und biblischer Offenbarungswahrheit sind die Ausdehnung des Interpretationsmonopols des Staates auch auf die Kerngehalte der religiösen Lehre *einerseits* und die Entpolitisierung der Religion *andererseits*: die Wahrheitsüberzeugungen der Gläubigen werden ins Exil des subjektiven Gewissens geschickt.

Im vierten Teil seines Werks berichtet Hobbes über das „Reich der Finsternis" und dessen Verschwörung gegen die Vernunft, über die katholisch-päpstlichen Machinationen und die schädlichen Einflüsse der moralphilosophischen Schriften der Alten. Er warnt noch einmal ausdrücklich vor all den Irrlehren, Afterphilosophien und betrügerischen Doktrinen, die seine ordnungspolitischen und friedenswissenschaftlichen Anstrengungen zunichte machen wollen. Er brandmarkt die gefährliche Wirkung verzerrender Bibelinterpretationen, die mit Geisterglauben und heidnischem Hokuspokus die Sinne vernebeln, und ereifert sich über die aristotelische Philosophie und den klassischen Republikanismus, die mit ihrer Tyrannenfurcht und ihrem Lob des bürgerlicher Widerstandes zur Unvernunft verführen und den Staat zerstören, da sie die Menschen daran hindern, die Einsicht in die Notwendigkeit absoluter und ungeteilter staatlicher Macht zu gewinnen.

Es gibt bis heute keinen wissenschaftlichen Kommentar, der alle vier Teile des *Leviathan* mit gleicher Gründlichkeit behandelt. Die Aufmerksamkeit der Forschung hat sich bislang weitgehend auf die ersten beiden Teile konzentriert, denn die politisch herausfordernden, philosophisch interessanten und wirkungsgeschichtlich einflußreichen Argumentationen und Lehrstücke finden sich hauptsächlich in der ersten Hälfte des *Leviathan*, wohingegen der Nachweis der biblischen Verträglichkeit der Absolutismusdoktrin und der Hobbessche Kriegszug gegen das „Reich der Finsternis" heutzutage nur noch historisches Interesse finden. Auch der vorliegende Kommentar hat seinen Schwerpunkt in der Erschließung der ersten beiden Teile des *Leviathan*; er hat aber ebenfalls die Aufgabe, eine Werkübersicht zu geben, und behandelt auch die Textpassagen, die gewöhnlich vernachlässigt werden. Daher schließt die kooperative *Leviathan*-Exegese des vorliegenden Bandes mit einer umfangreichen Studie zum Verhältnis von Religion und Politik in den letzten beiden Teilen des *Leviathan* (M. Großheim).

Auch wenn die anderen Beiträge des Kommentars sich auf die erste Hälfte des Werks konzentrieren und allein mit der politischen und philosophischen Grundlegung des weltlichen Staates beschäftigen, verhindern jedoch Umfang, thematische Reichhaltigkeit und systematische Differenziertheit der ersten beiden Teile des *Leviathan* eine fortlaufende, den Text gleichmäßig abdeckende und Kapitel für Kapitel vorgehende Auslegung. Die Beiträge müssen sich auf textzusammenfassende und kapitelübergreifende Darstellungen beschränken, in denen in Zusammenarbeit das systematische Profil der politischen Philosophie des *Leviathan* herausgestellt wird, ihre methodologischen und erkenntnistheoretischen Voraussetzungen geklärt und ihre wesentlichen und wichtigen Lehrstücke analysiert werden.

Im einzelnen enthält der Kommentar die folgenden Beiträge: Nach einer Einleitung, die einen systematischen Überblick über die politische Philosophie Hobbes' gibt und ihre Gründungsfunktion für das neuzeitliche politische Denken herausstellt, folgt eine Analyse des berühmten Titelblattes des *Leviathan* von 1651. Unter Hobbes' persönlicher Mitwirkung entstanden, bietet es nicht nur eine emblematisch verdichtete bildliche Darstellung eines komplizierten philosophischen Gedankengangs, sondern besitzt auch eine historisch und philosophisch beziehungsreiche Tiefenstruktur (R. Brandt). Die beiden nächsten Beiträge (B. Ludwig und Chr. Chwaszcza) klären dann zum einen die methodologischen und erkenntnistheoretischen Voraussetzungen der politischen Philosophie des *Leviathan* und zum anderen die theoretische und praktische Anthropologie, die Hobbes im ersten Teil seines Werks entwickelt und zum systematischen Ausgangspunkt seiner staatsphilosophischen Argumentation macht. Hobbes' berühmte Lehre vom Naturzustand ist der Gegenstand der beiden anschließenden Darstellungen. Während J. Nida-Rümelin Hobbes' Naturzustandsschilderung im 13. Kapitel als rationalitätstheoretisches Dilemma liest und mit den Mitteln der Spieltheorie rekonstruiert, begegnet in der hier abgedruckten Passage aus der berühmten Studie von C. B. Macpherson über die „Theorie des Besitzindividualismus" (1962) eine gänzlich andere, wenn nicht gar diametral entgegengesetzte Sichtweise: Macpherson deutet in seiner besonders hierzulande überaus einflußreichen Interpretation den Hobbesschen Naturzustand als begriffliche Abbreviatur der zeitgenössischen frühkapitalistischen Gesellschaft[1]. Auch

---

1 C. B. Macpherson hat ein umfangreiches Kapitel der Wirkungsgeschichte des *Leviathan* geschrieben. Seine Naturzustandskonzeption ist in diesen Kommentar mit aufgenommen worden, weil es auch Aufgabe des Kommentars ist, wichtige, wirkungsmächtige und von den Originalbeiträgen abweichende Deutungsperspektiven zu repräsentieren. Die These Macphersons ist übrigens bereits von Rousseau im zweiten *Discours* von 1755 und von Hegel im *Naturrechtsaufsatz* von 1802 vertreten worden: beide hatten den Verdacht, daß Hobbes den Wissen-

die anschließenden drei Beiträge repräsentieren eine wichtige Diskussion der Hobbes-Forschung, die von dem hier zum ersten Mal ins Deutsche übersetzten und gekürzt abgedruckten Aufsatz A. E. Taylors aus dem Jahre 1934 ausgelöst worden ist; selbst heute provoziert dieser Aufsatz noch Stellungnahmen. Taylor widerspricht hier der üblichen Interpretation Hobbes' als eines naturrechtspolemischen Rechtspositivisten und versucht eine naturrechtliche Alternativinterpretation. Während die geläufige Sichtweise Hobbes also antitraditionalistisch auslegt und als einen Gründungsheros neuzeitlichen Denkens ansieht, leugnet Taylor die Neuartigkeit seines Denkens und integriert ihn in die naturrechtliche Tradition des alten christlichen Europas. Die beiden folgenden ebenfalls hier zum ersten Mal ins Deutsche übersetzten und gekürzt abgedruckten Aufsätze von Brown und Nagel setzen sich auf systematisch instruktive Weise kritisch mit dieser naturrechtlichen Interpretation auseinander und bekräftigen die gängige, auch von den Originalbeiträgen dieses Kommentars vertretene Ansicht, daß die Hobbessche Obligationstheorie nicht naturrechtlich fundiert ist und keinerlei theistische Annahmen macht, sondern auf revolutionäre Weise versucht, allein das menschliche Interesse und die individualistische Rationalität als Grund politischer Verpflichtung aufzuweisen[2]. Die beiden folgenden Aufsätze beschäftigen sich im Rahmen einer übergreifenden Textanalyse zum einen mit den Hobbesschen Konzeptionen des Staatsbegründungsvertrags, der Autorisierung und des politischen Identitätsverhältnisses zwischen Souverän und Untertan; und zum anderen mit dem Hobbesschen Rechtspositivismus (W. Kersting; O. Höffe). In ihnen wird das staatsphilosophische Profil des Leviathans genau nachgezeichnet. Daran an schließt sich eine Darstellung, die im Rahmen einer Analyse des 29. Kapitels Hobbes' Bürgerkriegsdarstellung im *Behemoth*

---

schaftlichkeitsillusionen seiner Methode aufgesessen sei und sich hinter dem wissenschaftlich vermessenen und vorgeblich zeitlos gültigen Menschenbild lediglich Hobbes' englischer und frühkapitalistischer Zeitgenosse verberge. Macphersons Interpretationsansatz hat insbesondere unter deutschen Politologen und Historikern der politischen Ideen viele Anhänger gefunden: Macphersons Soziologismus war in den sechziger und siebziger Jahren des 20.Jahrhunderts hochwillkommen, denn er ermöglichte eine soziale Kontextualisierung der philosophischen Texte der Tradition, ohne sich mit dem marxistischen Ballast des historischen Materialismus belasten zu müssen. Macphersons Interpretation hat freilich auch viel Kritik erfahren; vgl. Willms 1979, 103–114 („Das Macpherson-Problem"); vgl. I. Berlin, *Hobbes, Locke and Professor Macpherson*, in: *The Political Quarterly* XXV,1964; zu C .B. Macpherson vgl. Kersting, *C. B. Macpherson* in: J. Nida-Rümelin (Hrsg.), *Philosophie der Gegenwart in Einzeldarstellungen*, Stuttgart 1991, 383–386.

2 Zu dieser Diskussion vgl. Willms 1979, 89–102 („Das Warrender-Problem") und die einschlägigen Aufsätze in King 1993.

und die ordnungspolitische Konzeption des *Leviathan* konfrontiert und das vertragstheoretische Argument für einen Staat mit absoluter und ungeteilter Macht als philosophische Antwort auf das Bürgerkriegproblem deutet (D. Herz). Den Abschluß der Beiträge bildet - wie bereits erwähnt - M. Großheims Studie zur politischen Theologie Hobbes', die in den beiden letzten Teilen des *Leviathan* ausgebreitet wird.

Anläßlich der 2. Auflage ist der Text durchgesehen und von Druckfehlern befreit worden. Ebenfalls ist die Bibliographie aktualisiert worden.

Kiel/Eckernförde, im Dezember 2007   Wolfgang Kersting

Wolfgang Kersting

Einleitung: Die Begründung der politischen Philosophie der Neuzeit im *Leviathan*

Die politische Philosophie der Neuzeit hat sich nicht allmählich aus dem Hintergrund der politischen Philosophie des Altertums und des Mittelalters herausgelöst. Die politische Philosophie der Neuzeit ist das Ergebnis einer Denkrevolution, die mit einem Schlag die Grundlagen der traditionellen politischen Philosophie zerstört und die politische Reflexion auf ein völlig neues philosophisches Fundament gestellt hat. Sie hat das gesamte Verständnis des Politischen radikal geändert und die Wahrnehmung der politischen Dinge in gänzlich veränderte Begriffsformen gegossen. Ihr Gedankengang wird durch neue Problemsichten und Fragestellungen geleitet; ihre Argumentationsstrategien werden durch ein revolutionär neues Erkenntnis- und Beweisprogramm bestimmt.

Das politische Denken der Antike und des Mittelalters war zwischen den beiden Polen des sittlichkeitsorientierten politischen Aristotelismus einerseits und des normenorientierten stoisch-christlichen Naturrechts andererseits aufgespannt. Diese beiden Theoriekonzeptionen bildeten den verbindlichen kategorialen Rahmen für die gesellschaftliche und politische Selbstverständigung des alten Europa. In den aristotelischen Lehrstücken von der politischen Natur des Menschen, vom Unterschied zwischen Haus und Polis, von den verschiedenen Sozialformen und Herrschaftsarten sowie von den richtigen und den politisch mißratenen Verfassungen erblickte die gesamte antike und mittelalterliche Welt die gültige Philosophie des sozialen Menschen und der gemeinschaftlichen menschlichen Angelegenheiten; und in den Prinzipien des Naturrechts sah man die unverrückbaren normativen Fundamente einer ewig gültigen Ordnung, einer von aller menschlicher Erfindung unabhängigen, aber alles menschliche Herrschaftshandeln bindende Gerechtigkeitsverfassung.

„Anthropos zoon politikon physei estin"(Aristoteles, *Politik* 1253 a 2) – *der Mensch ist von Natur aus ein politisches Lebewesen*: dieser Grundsatz enthält den politischen Aristotelismus in nuce. Die klassische Politik betrachtet den *bios politikos*, die politische Existenzform, das Leben des Bürgers mit seinesgleichen in der politischen Gemeinschaft, der *koinonia politike*, als einzig naturangemessene Lebensweise des Menschen. Nur in der Gemeinschaft des Miteinanderredens und Miteinanderhandelns lassen sich die den Menschen prägenden natürlichen Fähigkeiten, seine Vernünftigkeit, seine Sprach- und Handlungsfähigkeit entwickeln. Der Mensch ist von Natur aus auf eine gemeinschaftliche, politische Lebensweise ausgerichtet. Im tätigen Polisleben allein, in der gemeinschaftlichen Sorge um das Allgemeinwohl, kann er seiner Bestimmung gerecht werden. Wohlgemerkt, der politische Aristotelismus gründet nicht im Selbsterhaltungsinteresse der Menschen, er führt keinen existentiellen Notwendigkeitsbeweis des Politischen. Historisch gesehen ist die politische Ordnung natürlich um des Überlebens willen entstanden, aber der nur durch Wesenserkenntnis erfaßbaren Sache nach besteht sie „um des vollkommenen, des sittlich guten Lebens willen" (ebd., 1252 b 29). Insofern sich der Einzelne als politisches Lebewesen nicht unabhängig von der politischen Gemeinschaft begreifen kann, er nur in dieser seine ihm zukommende Bestimmung erfüllen, nur als Bürger die vollkommenste Form menschlicher Existenz finden kann, kommt der Polis ein sowohl ontologischer als auch sittlicher Vorrang vor dem Einzelnen zu, ist die Polis, wie Aristoteles sagt, „von Natur aus und ursprünglicher als der Einzelne" (ebd., 1253 a 25).

Die klassische Politik ist Lehre vom guten, gerechten und darum glücklichen Leben. Ein gutes und gerechtes Leben politikabgewandt, als Privatmann, führen zu können, ist für den politischen Aristotelismus unvorstellbar. Eine Moralphilosophie, die wie die Kantische einen Bezirk der gesinnungsstarken Innerlichkeit ohne jegliche soziale Hinsichten und institutionelle Rücksichten etabliert und die moralische Qualität allein über die motivationale Lauterkeit des Gewissens bestimmt, ist der Sittlichkeitskonzeption des politischen Aristotelismus diametral entgegengesetzt. Sitte, Gesetz und Charakterbildung sind für ihn nicht zu trennen. Im Republikanismus der klassischen Politik konvergieren die individuelle sittliche Lebensqualität und das Glück des Gemeinwesens. Der einzelne Mensch nimmt sich nicht im Gegensatz zur Gemeinschaft wahr, setzt nicht auf seine eigene Vernunft, auf sein eigenes Gewissen im Gegensatz zu den Geltungsansprüchen der Sitten, des Brauchtums, des Üblichen, des lebensweltlichen Ethos, der sozialen Institutionen. Das Individuum des politischen Aristotelismus ist vielmehr ein politischer Mensch, ein Gemeinschaftsmensch; es definiert sich durch die Teilhabe an der Gemeinschaft und verwirklicht sich in der Gemeinschaft, durch die engagierte Mitarbeit am politischen Leben, an der gemeinsamen Praxis. Und die Gemeinschaft erzieht die heranwachsenden Individuen durch Gesetze und Vorbilder: „man muß ... die politischen Gemeinschaften auf die edlen Handlungen hin einrichten und nicht bloß auf das Beisammenleben" (ebd., 1281 a 3). Die aristotelische Bürgergesellschaft hat eine versittlichende Funktion und unterscheidet sich daher völlig von den ethisch indifferenten Koordinationssystemen des modernen Liberalismus. Das politische Leben ist ein dem Gemeinwohl dienliches Leben, getragen von den Tugenden der Bürger, durch keine ökonomischen Interessen getrübt. Der Bürger des politischen Aristotelismus ist kein Erwerbsbürger, den der aristotelesbegeisterte junge Hegel verächtlich als „politische Nullität" bezeichnet hat. Er ist kein Bourgeois, kein Warenproduzent, der einzig am guten Gang seiner Geschäfte interessiert ist und sich der Politik nur zuwendet, wenn sie entweder sich selbst als einträglich erweist oder wenn sich mit ihrer Hilfe die Erwerbsbedingungen vorteilhafter gestalten lassen.

Ebensowenig wie der aristotelische Bürger Privatmann und *homo oeconomicus* ist, ist die Polis dem modernen Staat gleichzusetzen. Die Polis ist weder Staat noch Gesellschaft im modernen Sinn; sie ist eine Gemeinschaft um des guten Lebens aller Bürger willen. Staat und Gesellschaft sind komplementäre Systeme, die erst entstehen konnten, als die soziale Welt, die im politischen Aristotelismus ihre hermeneutisch gültige Reflexionsform gefunden hat, zerfallen war, als sich die ökonomische Reproduktion der Gesellschaft veränderte und kapitalistische Produktionsverhältnisse entstanden. Der moderne Staat ist nur in Relation zur modernen, marktförmigen Gesellschaft von Privatleuten zu verstehen. Dieses Gegenüber von marktförmiger Gesellschaft und marktbeaufsichtigendem Staat, das in der Staatsphilosophie Hobbes' seinen weltgeschichtlich frühsten theoretischen Ausdruck fand, ist der klassischen Politik und ihrer hauswirtschaftlichen Selbstversorgungsökonomie fremd. Sie kennt nur das Gegenüber von Haus und Polis, von subsistenzsichernder Hauswirtschaft und politischer Gemeinschaft von Freien und Gleichen, die ihr ganzes, von ökonomischer Reproduktion freigestelltes Leben der gemeinsamen, der öffentlichen Sache, der *res publica* widmen.

Der politische Aristotelismus stützt sich auf eine metaphysische Naturauffassung. Die Natur, von der im *zoon politikon*-Axiom die Rede ist, ist nicht die Natur der neuzeitlichen Naturwissenschaften, ist nicht die empirische Natur des Tatsachenblicks, ist nicht die zum Verfügungsobjekt, zur Ware verdinglichte Natur. Es ist eine teleologisch verfaßte, den Lebewesen

Zwecke einschreibende Natur. Jedes Lebewesen besitzt von Natur aus eine Art normativer Verfaßtheit, die das ihm Zuträgliche, seine Bestimmung und sein Recht festlegt, die die Zielprojektion gelungener Lebensentwicklung enthält. Ein angemessenes Leben ist ein solches, das diese in die Wesensverfassung eingeschriebene Zielprojektion realisiert. In Hinsicht auf den Menschen, auf seine wesensmäßig politische Natur heißt das, daß eben nur in der politischen Gemeinschaft der Mensch ein seiner Naturbestimmung angemessenes Leben führen kann. Natur und politisches Leben sind also im politischen Aristotelismus aufgrund der fundierenden metaphysischen Naturteleologie aufeinander verwiesen und unauflöslich miteinander verknüpft. Die Polis ist das metaphysische Biotop des Menschen. Die Polissittlichkeit und die sie tragenden institutionellen Formen sind selbst in die Naturverfassung des Menschen als dessen teleologische Ziel- und Zweckbestimmung eingelassen. Das für die neuzeitliche politische Philosophie charakteristische polemische, also kriegerische Verhältnis zwischen Natur und Gesellschaft gilt für die klassische Politik nicht. Die Polis ist vor dem Hintergrund der teleologischen, vorszientistischen Naturkonzeption selbst als Naturzustand zu begreifen. Hingegen konstituieren sich Gesellschaft und politische Welt in den politischen Reflexionsformen der durch ein physikalistisches Naturkonzept geprägten Neuzeit in ausdrücklicher Entgegensetzung zu allem Natürlichen erst jenseits des Naturzustands, im Zuge seiner erfolgreichen Überwindung: die staatlich formierte Welt des Politischen ist die Antwort auf das Vergesellschaftungsproblem des natürlichen Menschen.

Dieser teleologische Naturbegriff liegt auch dem stoischen Naturrecht zugrunde, das in der hellenistischen Zeit entstanden ist, den Niedergang der klassischen griechischen Stadtkultur spiegelt und die parochiale Polissittlichkeit durch eine allgemeine Kosmosverfassung ersetzt. Die Grundelemente der Naturrechtskonzeption, der ersten stoischen, aber auch jeder späteren geschichtlichen Gestalt naturrechtlichen Denkens, können gut dem folgenden Naturrechtsporträt aus Ciceros *De re publica* entnommen werden: „Das wahre Gesetz ist die richtige Vernunft in Übereinstimmung mit der Natur. Es erfaßt alle, ist ständig gleichbleibend und ewig. Es befiehlt die Pflichterfüllung und hält durch seine Verbote vom Bösen ab ... Dieses Gesetz kann nicht abgeschafft werden. Man kann nichts von ihm wegnehmen, noch ihm etwas entgegensetzen. Kein Senatsbeschluß und keine Volksabstimmung kann seine Verbindlichkeit aufheben. Es braucht keinen Erklärer und keinen Ausleger ... Es ist dasselbe in Rom und Athen, heute und später. Es umspannt alle Völker und Zeiten als ewiges und unveränderliches Gesetz. Es spricht zu uns gleichsam der Lehrer und Herrscher der Welt" (Cicero, *De re publica* III, 22 (33)). Das traditionelle Naturrecht ist Gerechtigkeitsmetaphysik. Es lehrt, daß in der Naturordnung die Prinzipien der Gestaltung eines gerechten Gemeinwesens enthalten und für die menschliche Vernunft zweifelsfrei erkennbar seien. Naturrecht, das meint: Recht der Natur, im Gegensatz zu veränderbarem und fehlbarem menschengemachten Recht; das meint aber auch eine Naturordnung, die als unveränderliche Metaverfassung für alle menschlichen politischen Organisationsformen fungiert und ihnen als unveränderliches und verbindliches Muster dient. Die traditionelle Rede vom Naturrecht evoziert nicht nur den legeshierarchischen Gedanken einer aller menschlichen Satzung übergeordneten Normsphäre, sie entfaltet auch qua Rede von einem Recht der Natur das Natürliche als Sinndimension und Zweckzusammenhang, in dem die Zuträglichkeitsbedingungen der spezifischen Lebensformen aufeinander abgestimmt sind. Auch die Naturrechtsphilosophie ist eine politische Philosophie, die die politische Gemeinschaft nicht im Gegensatz zur Natur, sondern in emphatischer Übereinstimmung mit ihr begreift.[1]

Im 17. Jahrhundert veränderten sich die philosophischen Grundlagen des politischen Denkens mit einem Schlag. Die gewandelten Lebens- und Denkverhältnisse verlangten auch nach neuen Formen der politischen Reflexion; das radikal umgestellte Selbst- und Weltverständnis des neuzeitlichen Menschen suchte nach neuartigen politischen Ausdruck. Die Neubegründung der politischen Philosophie ist das Werk des englischen Philosophen Thomas Hobbes. Er ist der Gründungsheros der neuzeitlichen Politik. Er hat in seinen *Elements of Law natural and politic* von 1640, in der *Elementorum Philosophiae Sectio Tertia De Cive* von 1642 und insbesondere im ingeniösen *Leviathan* von 1651 eine strikt individualistische Philosophie entwickelt, deren Begründungsleistung sich allein auf die Fundamente der ökonomischen Rationalität stützt. In seinem neuartigen, auf analytischer Methode und generativem Erkenntniskonzept basierenden Theoriekonzept wird der politische Aristotelismus aus Ethik und Politik vertrieben und dem traditionellen Naturrechtsdenken der philosophische Garaus gemacht.

Paradigmenwechsel in der Philosophie sind keine absoluten geistesgeschichtlichen Ereignisse; sie finden nicht abgeschnitten von den Veränderungen in anderen ideengeschichtlichen Bereichen und losgelöst von allen realgeschichtlichen Entwicklungsprozessen statt. Zumal die politische Philosophie steht in einem engen Zusammenhang mit der komplexen poli-

---

1 Ein ausführlichere Darstellung des politischen Aristotelismus findet sich in Kersting 1993 (13–27) und Kersting 1994 (1–18).

tischen Realität, den Methoden und Fragestellungen der Nachbarwissenschaften und der grundsätzlichen systematischen Selbstverständigung der Philosophie als solcher. Und aufgrund dieser methodischen und sachlichen Interdependenzen haben signifikante realgeschichtliche Veränderungen und methodische Neuorientierungen in Philosophie und Wissenschaft immer auch Auswirkungen auf die Problemstellungen und Lösungsstrategien der politischen Philosophie. Hobbes' revolutionäre Neubegründung der politischen Philosophie steht daher sowohl mit den Veränderungen der zeitgenössischen Metaphysik und Wissenschaft als auch mit der für den Beginn der Neuzeit charakteristischen tiefgreifenden Umgestaltung der Sozialwelt und des politischen Raums in enger Verbindung. Seine politische Philosophie ist durch den neuen szientistischen Denkstil geprägt; ihre erkenntnistheoretischen und methodologischen Grundlagen sind durchgehend von den methodischen Vorstellungen und den Genauigkeitsidealen der modernen mathematischen Naturwissenschaften bestimmt. In ihren Begriffsformen, Problemstellungen und Lehrstücken spiegeln sich deutlich die Veränderungen einer zunehmend verbürgerlichenden Sozialwelt, drücken sich bereits machtvoll die expandierenden ökonomischen, sozialen und politischen Modernisierungsprozesse aus. Ihr Beweisprogramm steht im Schatten des konfessionellen Bürgerkriegs, reflektiert die Erfahrungen des Zerfalls der einen kohärenzstiftenden absoluten praktischen Wahrheit in eine mörderische Konkurrenz vieler wahrheitsbeanspruchender Ideologien. Sie gipfelt in einer Konzeption staatlicher Politik, die zum ersten Mal in der Geschichte die durch den ideologischen, moralischen und konfessionellen Pluralismus erheblich erschwerte Ordnungsstiftung einer Politik der Neutralisierung und Wahrheitsabstinenz anvertraut: nur ein selbst auf Wahrheit verzichtender, die neutrale Äquidistanz zu allen moralischen, religiösen und ideologischen Positionen nicht verlassender Staat kann Anspruch auf allgemeine Zustimmung erheben.

Hobbes' *more geometrico* traktierte, der mathematischen Methode folgende politische Philosophie ist in allem das genaue Gegenteil des politischen Aristotelismus: statt einer Anthropologie der politischen Kooperation eine Anthropologie des ökonomischen Konflikts; statt der substantiellen, mit der Natur in Übereinstimmung stehenden Vernunft Maximierungsstrategien der instrumentellen und strategischen Rationalität; statt eines teleologischen Naturbegriffs ein mechanistisch-kausaler Naturbegriff; statt einer Einheit von Natur und Politik ein Gegensatz zwischen Natur und Politik; statt einer Theorie des guten Lebens eine Theorie der Selbsterhaltung; statt einer Konzeption, die die politische Gemeinschaft als Naturzweck begreift, eine, die den Staat als nützliches Instrument auffaßt, mit dem die klugen asozialen Egoisten die Koexistenzdefizite der ersten Natur kompensieren; statt eines Menschen, der eingebunden ist in vorgegebene Zweckzusammenhänge und auf politische Gemeinschaft hin ausgelegt, ein asoziales, bindungsloses, aus allen vorgegebenen Natur-, Kosmos- und Schöpfungsordnungen herausgefallenes und allein auf sich und seinen Verstand gestelltes Individuum. Hobbes' politische Philosophie ist der Geburtsort des modernen, atomistischen, von allem freien und absolut souveränen Individuums, das angemessen nur als konstruktiver Gegenentwurf zum integrierten Gemeinschaftsmenschen der Tradition, nur in Distanz zu allen vorgegebenen, von der vertrauten Lebenswelt bis zum allumfassenden Seinsgefüge reichenden Einordnungen begriffen werden kann. Mit Hobbes wird die politische Philosophie individualistisch. Der einzelne Mensch erfährt nicht mehr durch Integration in übergreifende und von Natur aus frühere Gemeinschaften Sein, Wert und Sinn. Umgekehrt gilt jetzt, daß sich die gesellschaftlichen und politischen Einrichtungen nur insofern rechtfertigen lassen, als sich in ihren Funktionen die Interessen der Individuen spiegeln, sie sich als nützliche, und daher erwünschte Instrumente zur Verwirklichung der individuellen Bedürfnisse und Wünsche erweisen.

Die Selbstinterpretation des Philosophen ist vom Bewußtsein dieser Modernität tief geprägt. Hobbes sieht sich mit seiner neubegründeten politischen Philosophie an der Spitze der wissenschaftlich-philosophischen Avantgarde seiner Zeit. Er versteht sich als Galilei der Staatsphilosophie, als Harvey der Lehre vom politischen Körper und seinen Bewegungen. Die mathematischen Naturwissenschaften seien, so heißt es im Widmungsbrief zu *De Corpore* von 1655, eine „neue Sache", im wesentlichen Galilei zu verdanken, der das Tor zum „physikalischen Zeitalter" weit aufgestoßen habe, „jedoch ist die politische Philosophie dieses in einem weitaus größerem Maße; denn sie ist nicht älter als das Buch, das ich unter dem Titel *De Cive* selbst geschrieben habe" (*CO*, Widmungsbrief (fehlt in der deutschen Ausgabe); *OL*, I, 2)[2]. Die zahllosen Werke der alten Ethiker seien allesamt keine „scripta scientifica", nicht wahrhaft philosophisch und wissenschaftlich, sondern nur „scripta verbifica", lediglich Gerede und Wortgeklingel. Darum sei auch in der Geschichte der praktischen Philosophie bislang

---

2 Hobbes bezieht sich hier auf *De Cive* und nicht auf die *Elements of Natural Law*, weil diese nicht von ihm veröffentlicht worden ist, bis 1655 nicht und auch nicht später; erst 1889 ist diese erste Fassung der politischen Philosophie von Ferdinand Tönnies in London herausgegeben worden; vgl. *The Elements of Law natural and politic. By Thomas Hobbes of Malmesbury. Edited with a preface and critical notes by Ferdinand Tönnies Ph. Dr. To which are subjoined extracts from unprinted MSS of Thomas Hobbes*. London, Simpkin Marshall & Co. MDCCCLXXXIX.

noch kein Fortschritt erzielt worden, hätte die praktische Philosophie bisher versagt. Als Beweis für diese These von dem Versagen der traditionellen Moralphilosophie und politischen Philosophie führt Hobbes die fortwährende Friedlosigkeit der Menschen an. Es fehle an einer Friedenswissenschaft, an einer Wissenschaft, die die Gesetze des menschlichen Verhaltens, die Ursachen von Krieg und Frieden und die Regeln des bürgerlichen Lebens studiere und zu wahrer Erkenntnis fähig sei und auf dem Feld der menschlichen Angelegenheiten genauso verläßliches und nützliches Wissen produziere wie die mathematischen Wissenschaften auf ihrem Gebiet der Größenverhältnisse und der bewegten Körper. „Die Geometer haben ... ihr Gebiet vortrefflich verwaltet; denn alles, was dem menschlichen Leben an Nutzen zufällt, sei es aus der Beobachtung der Gestirne oder der Beschreibung der Länder oder der Einteilung der Zeit oder weiten Seereisen, ebenso alles Schöne an den Gebäuden, alles Feste an den Schutzwehren, alles Wunderbare an den Maschinen, alles endlich, was die heutige Zeit von der Barbarei vergangener Jahrhunderte unterscheidet, ist beinahe nur der Geometrie zu verdanken; denn selbst das, was wir der Physik verdanken, verdankt diese erst der Geometrie. Wenn die Moralphilosophen ihre Aufgabe mit gleichem Geschick gelöst hätten, so wüßte ich nicht, was der menschliche Fleiß darüber hinaus noch zum Glück der Menschen in diesem Leben beitragen könnte. Denn wenn die Verhältnisse der menschlichen Handlungen mit der gleichen Gewißheit erkannt worden wären, wie es mit den Größenverhältnissen der Figuren geschehen ist, so würden Ehrgeiz und Habgier gefahrlos werden, da ihre Macht sich nur auf die falschen Ansichten der Menge über Recht und Unrecht stützt, und das Menschengeschlecht würde eines beständigen Friedens genießen ... Wenn dagegen jetzt der Krieg mit den Schwertern und der Krieg mit den Federn kein Ende nimmt; wenn die Kenntnis des Rechts und der natürlichen Gesetze heute nicht größer ist als in alten Zeiten; wenn jede Partei ihr Recht mit Aussprüchen der Philosophen stützt; wenn dieselbe Handlung von dem einen gelobt und von dem andern getadelt wird ... so sind dies überaus deutliche Zeichen, daß die bisherigen Schriften der Moralphilosophen zur Erkenntnis der Wahrheit nichts beigetragen haben" (*CI*, Widmungsbrief; 60 f.). Die Herrschaft des Krieges stützt sich auf die friedenswissenschaftliche Ignoranz der Menschen, er lebt von der Unkenntnis der wahren, einzig erkenntnisgewinnbringenden Methode. Niemand kann ernsthaft den Krieg wollen, da er sowohl den fundamentalen als auch den entwickelteren Interessen der Menschen widerspricht; wenn es gleichwohl fortwährend Krieg gibt, dann kann das nur damit erklärt werden, daß die Menschen nicht wissen, wie sie sich verhalten müssen, daß sie den

Königsweg zu einem wahrhaft selbsterhaltungsdienlichen Verhalten und zu einer effektiven friedensermöglichenden Praxis noch nicht gefunden haben. „Die Wurzel aller Nachteile und allen Unglücks, die durch menschliche Erfindungen vermieden werden können, ist der Krieg, vornehmlich der Bürgerkrieg; aus ihm entspringen Mord, Verwüstung und Mangel an allen Dingen. Der Grund dafür ist nicht, daß die Menschen den Krieg wollen, denn der Wille geht immer auf das Gute oder auf das, was als solches erscheint; auch ihre Unkenntnis, daß die Folgen des Krieges übel sind, ist nicht der Grund; denn wer spürt nicht, daß Tod und Armut große Übel seien? Der Bürgerkrieg ist daher nur möglich, weil man die Ursachen weder von Krieg noch von Frieden kennt; denn nur sehr wenige gibt es, die die Pflichten, durch welche der Friede Festigkeit gewinnt und erhalten wird, d. h. die wahren Gesetze des bürgerlichen Lebens studiert haben. Die Erkenntnis dieser Gesetze ist die Moralphilosophie. Weshalb aber hat man diese nicht studiert, wenn nicht aus dem Grunde, weil es bisher hierfür keine klare und exakte Methode gab?" (*CO*, 1, 7; 10). Die tödlichen Auseinandersetzungen zwischen den Menschen entspringen keinem bösen Willen, keiner Machtgier, keinem religiösen oder moralischen Fanatismus, auch nicht ungerechten Verhältnissen, sozialen Spannungen oder anderen materiellen Ursachen; sie sind allein Früchte moralphilosophischer und politikphilosophischer Inkompetenz. Der Intellektualismus der moralphilosophischen Tradition, der nur eine wissensabhängige, keine willensabhängige moralische Qualität kannte und den Willen auf eine Verstandesfunktion reduzierte, setzt sich in Hobbes' praktischer Wissenschaftsgläubigkeit und seinem Methodenoptimismus fort. Friedlosigkeit und Bellizismus sind Folge schlechten, da unordentlichen, da nicht durch die richtige Methode geleiteten Denkens. Entsprechend ist eine sich der richtigen Methode bedienende Betrachtung der menschlichen Angelegenheiten pazifistisch. Das ist im Wortsinn zu nehmen: der Friede ist lehrbar und machbar. Hobbes versteht seine politische Philosophie als methodische Friedenswissenschaft, die die Bedingungen dauerhaften gewaltfreien Zusammenlebens freilegt und die Wege ihrer erfolgreichen Verwirklichung bestimmt. Angesichts der von der methodisch durchgeführten Friedenswissenschaft erwarteten kriegsbannenden Auswirkungen kann Hobbes seine politische Philosophie als segensreiches theoretisches Unternehmen preisen, das den Nützlichkeitsvergleich mit jeder der zahlreichen neuen Erfindungen aushält. Denn welche Erfindung könnte nützlicher sein als die, die die Quelle allen vermeidbaren Übels gründlich verstopft und friedliche Lebensbedingungen für alle sichert? Und diese allernützlichste und allervorteilhafteste Erfindung ist der Staat, der nach dem Konstruktionsplan der wissenschaftlichen politischen Philosophie Hobbes' errichtete Leviathan.

Hobbes' Philosoph ist ein Zwillingsbruder des Naturwissenschaftlers und des Ingenieurs: wie der Naturwissenschaftler die Natur erforscht, um ihre Gesetze zu entdecken, die der findige Ingenieur in Werkzeugswissen umsetzt, mit dem sich die Menschen die Natur dienstbar machen können, so bereitet der Hobbessche Moral- und Politikphilosoph mit seiner Wissenschaft der menschlichen Natur, seiner Erkenntnis der Gesetze des menschlichen Verhaltens und der Grundregeln eines stabilen bürgerlichen Lebens ein wissenschaftlich solides Fundament für eine politische Friedenstechnik, für die Herstellung des Friedensinstruments Leviathan. Die beiden Wissenschaften sind wissenschaftslogisch gleichartig, jedoch pragmatisch nicht gleichwertig. Dem Friedenswissenschaftler gebührt der Vorrang vor dem Naturwissenschaftler, der Friedenstechniker rangiert vor dem Erfinder annehmlichkeitssteigernder Sachen, denn nur wenn Frieden herrscht, gibt es zivilisatorischen Forschritt, können die Begierden luxurieren und sich verfeinern, können Wissenschaft und Kultur blühen, kann sich die Qualität des Lebens von jedermann verbessern. In Kriegszeiten jedoch verdorrt die Kultur, verkümmert die Wissenschaft, verrohen die Menschen. „In einer solchen Lage ist für Fleiß kein Raum, da man sich seiner Früchte nicht sicher sein kann; und folglich gibt es keinen Ackerbau, keine Schiffahrt, keine Waren, die auf dem Seeweg eingeführt werden können, keine bequemen Gebäude, keine Geräte, um Dinge, deren Fortbewegung viel Kraft erfordert, hin- und herzubewegen, keine Kenntnis von der Erdoberfläche, keine Zeitrechnung, keine Künste, keine Literatur, keine gesellschaftlichen Beziehungen, und es herrscht, was das Schlimmste von allem ist, beständige Furcht und Gefahr eines gewaltsamen Todes – das menschliche Leben ist einsam, armselig, ekelhaft, tierisch und kurz" (L, 96).

Der Individualismus der neuzeitlichen politischen Philosophie, der die methodologischen, ontologischen und axiologischen Prioritäten des politischen Aristotelismus genau umkehrt, die Sache der Methode unterwirft, alle Gemeinschaftsbildung dem Individuum logisch nachordnet und das gute Leben mit der Elle individueller Interessenbefriedigung mißt, hat revolutionäre legitimationstheoretische Konsequenzen. Die politische Philosophie der Neuzeit ist in ihren historischen und systematischen Anfängen eine Philosophie der Herrschaftslegitimation. Sie ist darum radikaler als der politische Aristotelismus, der nur die Qualitätsdifferenzen zwischen Herrschaftsarten zu begründen versuchte, nicht jedoch nach der Legitimität politischer Herrschaft überhaupt fragte. Im Rahmen neuzeitlicher politischer Philosophie ist politische Herrschaft prinzipiell legitimierungsbedürftig und nur insofern und insoweit legitimierbar, wie sie sich zurückführen läßt auf die Zustimmung der Individuen, wie sich Staat und Verfassung kontraktualistisch, als Ergebnis eines vertraglichen Zusammenschlusses von Individuen begreifen lassen.

Hobbes ist der Begründer der politischen Philosophie des Gesellschaftsvertrags. Er hat das dem politischen Denken altbekannte Vertragsmotiv in eine strenge legitimationstheoretische Form gegossen und einen *konstruktiven Kontraktualismus* entwickelt, der die traditionellen metaphysischen und theologischen Rechtfertigungsinstanzen verdrängt und den Prinzipienobjektivismus durch einen begründungstheoretischen Prozeduralismus ersetzt. Der Kern des philosophischen Kontraktualismus ist die Idee der Autoritäts- und Herrschaftslegitimation durch freiwillige Selbstbeschränkung aus eigenem Interesse unter der Rationalitätsbedingung einer strikten und institutionell garantierten Wechselseitigkeit. Um das protagonistische unendlich freie Individuum zu dem legitimationsstiftenden Verzicht auf die natürliche Freiheit zu motivieren und das Theorieziel gerechtfertigter Herrschaft und begründeter, in selbstauferlegter Verpflichtung begründeter politischer Obligation zu erreichen, entwickelt die Vertragstheorie das Naturzustandstheorem. Es hat die *„exeundum e statu naturali"*-Einsicht zu vermitteln, d. h. den Nachweis zu liefern, daß ein Zustand, in dem alle staatlichen Ordnungs- und Sicherheitsleistungen fehlen und jeder seine Interessen mit allen ihm geeignet erscheinenden und verfügbaren Mitteln verfolgen würde, zu einem virtuellen Krieg eines jeden gegen einen jeden führen müßte und daher für jedermann gleichermaßen unerträglich sein würde. So läge es also in jedermanns fundamentalem Interesse, den gesetzlosen vorstaatlichen Zustand zu verlassen, die sich als freiheitsaporetisch entdeckende absolute Ungebundenheit aufzugeben und eine Koexistenz verbürgende, politische, machtbewehrte Ordnung zu etablieren. Die zur Einrichtung des staatlichen Zustandes notwendige individuelle Freiheitseinschränkung ist allerdings nur unter der Bedingung der Reziprozität zumutbar, ist also nur möglich auf der Basis eines Vertrags, in dem die Naturzustandsbewohner sich wechselseitig zur Aufgabe der natürlichen Freiheit und zu politischem Gehorsam verpflichten und zugleich für die Einrichtung einer mit Gewaltmonopol ausgestatteten Vertragsgarantiemacht sorgen.

Ursprünglich war die politische Philosophie des Gesellschaftsvertrags durch die Problemstellung der Herrschaftslegitimation geprägt. Der Kontraktualismus des 17. und 18.Jahrhunderts ist ein *staatsphilosophischer Kontraktualismus*, der den Vertrag zur unbedingten und, in der Zeit nach Hobbes, zur qualifizierten Rechtfertigung staatlicher Herrschaft einsetzt.

Jedoch ist das von Hobbes in die politische Philosophie eingeführte kontraktualistische Theorieprogramm keineswegs auf die Problemstellung der Herrschaftslegitimation eingeschränkt. Gerade die gegenwärtige politische Philosophie zeigt, daß man unter dem kontraktualistischen Motto *volenti non fit iniuria* – dem willentlich Zustimmenden kann aus dem, welchem er zustimmt, kein Unrecht erwachsen – auch die Aufgaben der Prinzipien- und Institutionenrechtfertigung, der Demokratiebegründung und der Grundlegung einer Theorie kollektiven Handelns angehen kann. Wenn jemand mit anderen eine vertragliche Vereinbarung trifft, gibt er seine Zustimmung zu den Pflichten und korrelativen Rechten, die ihm und dem Partner aufgrund dieser Vereinbarung zugeteilt werden. Sofern seine Zustimmung freiwillig erfolgt ist und faire Vertragsverhandlungen stattgefunden haben, hat er kein Recht, sich über die sich aus dieser vertraglichen Vereinbarung ergebenden normativen Konsequenzen zu beklagen und muß sie als verbindlich akzeptieren. Die philosophische Grundidee des modernen rechtfertigungstheoretischen Kontraktualismus besteht nun darin, im Zuge einer angemessenen Verallgemeinerung die ganze Gesellschaft mitsamt all ihren verschiedenen institutionellen Strukturen und Arrangements als Vertragsverhältnis zu interpretieren und die Verbindlichkeit der gesellschaftlichen und politischen Institutionen, der sozialen und politischen Verfassung auf eine universale Zustimmung aller Gesellschaftsmitglieder qua Vertragspartner zurückzuführen. Wie ein Vertrag zwischen zwei Personen unter der Bedingung ihrer beiderseitigen Freiheit und Gleichberechtigung die wechselseitige normative Gültigkeit der vereinbarten Rechte und Pflichten begründet, so könnte eine vertragliche Übereinkunft, in der sich alle Gesellschaftsmitglieder unter der Voraussetzung gleicher Freiheit einmütig auf eine institutionelle Ordnung des Zusammenlebens einigen würden, die allgemeine Verbindlichkeit dieser Verfassungsordnung begründen.

Vertragstheoretische Begründungen stützen sich auf einen *rechtfertigungstheoretischen Prozeduralismus*. Sie rücken keine metaphysischen Prinzipien oder ewiggültigen Naturzwecke in den Mittelpunkt der Rechtfertigungsargumentation, sondern ein Verfahren der Einigung zwischen grundsätzlich gleichberechtigten freien Individuen. Sie decken keine objektive Wahrheit auf, sondern stellen einen allgemein übereinstimmenden Willen her. Sie stellen die systematische Ausarbeitung der modernitätstypischen Überzeugung dar, daß sich die gesellschaftlichen Rechtfertigungsbedürfnisse nicht mehr durch Rekurs auf den Willen Gottes oder eine objektive natürliche Wertordnung decken lassen. Das Verblassen der theologischen Weltsicht, das Verschwinden der traditionellen qualitativen Naturauffassung unter dem nüchternen Tatsachenblick der modernen Wissenschaften, der Zerfall der festgefügten und wertintegrierten Sozialordnung unter dem wachsenden Ansturm der Verbürgerlichung und Ökonomisierung der gesellschaftlichen Verhältnisse verlangten eine Neuorganisation der kulturellen Rechtfertigungspraxis, die mit den neuerschaffenen geistigen Grundlagen der Welt der Moderne, mit den neugeprägten Selbst- und Weltverhältnissen der Menschen in Übereinstimmung stand. Das systematische Rückgrat dieser neuen, modernitätsadäquaten Rechtfertigungskonzeption ist der normative Individualismus, der das Individuum mit moralischer Autonomie ausstattet und die gesetzgebenden Autoritäten Gottes und der Natur durch das Recht jedes Individuums ersetzt, nur durch solche Gesetze in seiner Freiheit eingeschränkt zu werden, auf die es sich mit allen anderen im Rahmen fairer Verfahren und Diskurse und auf der Grundlage gleichberechtigter Teilnahme – gleichsam vertraglich – geeinigt hätte. Auch wenn sich in der ersten Gestalt des kontraktualistischen Begründungsprogramms bei Thomas Hobbes dieser menschenrechtliche Egalitarismus noch nicht explizit findet, so geht doch auch Hobbes von einer grundsätzlichen Gleichheit der Individuen und einem strikt symmetrischen vertraglichen Einigungsverfahren aus.

Thomas Hobbes hat die philosophische Reflexionsform der politischen Moderne geprägt. Die von ihm entworfenen Theoreme und entwickelten Argumentationsmuster bilden den verbindlichen Rahmen, in dem bis in Kants Zeiten über Recht, Staat und Herrschaft reflektiert wurde; und sie bestimmen auch noch die Diskussionen der politischen Philosophie der Gegenwart nachhaltig. Die von ihm ausgearbeitete individualistische vertragstheoretische Staatsrechtfertigung gehört zu den wirkungsmächtigsten Lehrstücken der Geschichte des politischen Denkens. Die im kontraktualistischen Argument verknüpfte Trias von Naturzustand-Vertrag-Staat/Gesellschaft bildet die argumentationslogische Grundstruktur der vorherrschenden politischen Philosophie der Neuzeit, deren Geschichte sich bis zur Gegenwart als interne Ausdifferenzierung und argumentative Variierung dieses Argumentationsschemas rekonstruieren läßt. Den Argumentationsausgang bildet eine Naturzustandskonzeption, die in einem Gedankenexperiment auf der Grundlage allgemein akzeptierter Annahmen über die menschliche Natur und die natürlichen Lebensbedingungen die Koexistenzeignung der Menschen bei Abwesenheit aller gesetzlichen Sicherheit und aller institutionellen Verhaltenssteuerungen und Erwartungsstabilisierungen untersucht und zu dem Ergebnis kommt, daß der Mensch bei Abwesenheit aller Gesetze, Normen und zwangsbewehrten Institutionen zum Überlebensrisiko für seinesgleichen wird, daß Anarchie und Gesetzlosigkeit seinen fundamentalen Interessen widerstreitet. Die Lehre vom Naturzustand führt zu der Einsicht in die Notwendigkeit des Staates: der Naturzustand muß verlassen und durch einen rechtlichen, gesellschaftlichen und staatlichen Zustand ersetzt werden. Der Mensch wird allein durch das Motiv der Selbsterhaltung in den Staat getrieben. Es ist nicht mehr so, daß der Mensch von einer zweckhaften Natur zu einem Leben in einer politischen Gemeinschaft bestimmt ist, wie es der politische Aristotelismus lehrte. Jetzt gilt vielmehr, das ist die gänzlich neue Botschaft, daß er um seiner Selbsterhaltung willen in eine – jetzt: staatliche – Gemeinschaft eintreten muß, die jenseits ihrer koexistenzverbürgenden Funktion keinerlei Sittlichkeitsdimension aufweist und sich nicht mehr als substantielle Integrationseinheit und Medium eines kollektiven guten Lebens eignet.

Der Naturzustand wird verlassen, indem ein jeder mit einem jeden einen Vertrag schließt, in dem jedermann unter der Bedingung der Gegenseitigkeit von seiner Freiheit, nach eigenem Gutdünken seine Interessen zu verfolgen, abrückt und sich bereiterklärt, sich einer gesetzgebenden und absolut machthabenden Autorität zu unterwerfen. Das ist die Geburt des gewaltmonopolistischen modernen Staates aus der Selbsterhaltungsnot der Menschen. Aufgabe des Staates ist es, den Naturzustand zu befrieden, eine friedliche Koexistenz zu sichern und dadurch eine Gesellschaft zu konstituieren, in der jeder seinen eigenen Glücksvorstellungen im Rahmen genereller verhaltensregulierender Gesetze nachgehen kann. Diese durch den Staat auf dem Wege der Naturzustandsbefriedung eingerichtete Gesellschaft ist eine Gesellschaft von vorteilsbedachten, ihren Nutzen maximierenden Individuen, es ist die moderne kapitalistische Gesellschaft der Erwerbsbürger, die in privaten, marktförmigen Beziehungen zueinander stehen. Dieser Hobbessche Staatsbeweis ist ein Notwendigkeitsnachweis der Staatserrichtung; nur der Staat ist in der Lage, die Selbsterhaltungsnot der Menschen zu wenden. Der Staat ist ein Instrument und legitim, insofern er als gutes Instrument der Realisierung des Zweckes dient, zu dessen Verwirklichung er von den Menschen geschaffen wurde. Der Staat ist ein aus dem Willen und der Klugheit der Menschen geborenes Machwerk; er ist ein Artefakt, eine Maschine. Was könnte weiter von der naturgemäßen politischen Gemeinschaft des Aristotelismus entfernt sein als das von Hobbes aufgedeckte Maschinenwesen des modernen Staates? Zur traditionellen politischen Menschennatur führt jetzt kein Weg mehr zurück.

Gewiß, den Hobbesschen Szientismus wird heute niemand mehr teilen; auch wird das Hobbessche Argument von der absoluten, uneingeschränkten und ungeteilten Macht heute niemanden begeistern. Es vermochte schon die Zeitgenossen nicht zu überzeugen. Die Geschichte des modernen Staates ist nicht die Geschichte seiner absolutistischen Selbstbehauptung, sondern die Geschichte der Einschränkung, Bindung und Teilung seiner Macht. Die Geschichte des modernen Staates ist die Geschichte der Zähmung des Leviathans – durch Menschenrechte und Vernunftrecht, durch Gesetzesstaatlichkeit, Rechtsstaatlichkeit und Verfassungsstaatlichkeit, durch Gewaltenteilung und Demokratie. Und die nach-Hobbessche politische Philosophie der Neuzeit hat diesen Zähmungsprozeß der absoluten Macht begleitet und die konstitutionelle Bindung seiner Herrschaftsausübung begründet. So groß aber auch immer der Abstand zwischen der Philosophie des absoluten Staates und den späteren Konzeptionen vernunft- und menschenrechtlicher Herrschaftslimitation sein mag, Thomas Hobbes hat der politischen Philosophie der Neuzeit die Sprache gegeben. Und diese Sprache spricht sie immer noch; sei sie Rechtsstaats- und Sozialstaatsphilosophie, sei sie Demokratietheorie oder Marktphilosophie. Ihre Selbstverständigungen stützen sich immer noch auf die Grammatik politischer Selbstreflexion, die Thomas Hobbes in Absetzung vom politischen Aristotelismus und vom stoischen und christlichen Naturrecht entwickelt hat. Mit vollem Recht und klarem Blick für die revolutionären Implikationen und das demokratische Telos seiner rechtfertigungstheoretischen Erfindung des Gesellschaftsvertrags hat Carl Ludwig von Haller Hobbes in den Rang eines „Ahnvaters aller Jakobiner" erhoben.[3] Was den Erzkonservativen bewogen hat, den Etatisten Hobbes zum Stammvater der Revolution zu erklären, war vor allem der normative legitimationstheoretische Individualismus, der jede staatliche Herrschaftsausübung und jede institutionelle Freiheitseinschränkung an die rechtfertigende Zustimmung der Betroffenen bindet, und die daraus resultierende Künstlichkeit, der Artefaktcharakter von Gesellschaft und Staat. Eben dieser normative Individualismus, dem das Sozialmodell des menschenrechtlichen Egalitarismus eingeschrieben ist und der die anfallenden moralischen und politischen Begründungen einem fairen Verfahren übertragen muß, bildet das verbindliche rechtfertigungstheoretische Niveau der gesamten neuzeitlichen politischen Philosophie bis zur Gegenwart.

Hobbes hat das Wegweisende seiner Philosophie in ihrer Methode erblickt und ihren zugleich politischen und philosophischen Wert gewiß in dem vermeintlich zwingenden Nachweis der friedenslogischen Notwendigkeit absoluter, uneingeschränkter und ungeteilter staatlicher Macht gesehen. Die bleibende, die politischen und philosophischen Besonder-

---

3 Carl Ludwig v. Haller, Restauration der Staats-Wissenschaft oder Theorie des natürlich-geselligen Zustands, der Chimäre des künstlich-bürgerlichen entgegengesetzt, Band 1, 2.Aufl. Winterthur 1820, 20.

heiten des Jahrhunderts der Bürgerkriege und der wissenschaftlich-philosophischen Einheitsmethode überdauernde Modernität seiner politischen Philosophie gründet jedoch in der rechtfertigungstheoretischen Erfindung des Gesellschaftsvertrags. Dieses individualistische, egalitaristische und prozeduralistische Begründungsmodell gibt dem Selbstverständnis der politischen Moderne bis heute authentischen begrifflichen Ausdruck. Der Anwalt des absoluten Staates ist rechtfertigungsmethodologisch ein Liberaler, und der philosophische Liberalismus der Neuzeit kann in seine Fußstapfen treten; er übernimmt den methodologischen und normativen Individualismus Hobbes', übernimmt das kontraktualistische Argument, das diese individualistischen Voraussetzungen legitimationstheoretisch ausmünzt, und den damit verbundenen konsentischen Legitimationsbegriff. Er macht aber von diesen rechtfertigungsmethodologischen Requisiten Hobbes' einen antiabsolutistischen und insofern hobbeskritischen Gebrauch: der absolute Staat des letzten Interpreten und Entscheiders tritt hinter die Prinzipien einer kontraktualistisch begründeten Gerechtigkeitsverfassung zurück. Das kontraktualistische Autorisationsprogramm, das Hobbes entwickelt hat, um im Wahrheitsvakuum auf konsentischer Basis eine ordnungsstiftende Instanz zu etablieren, wird nun seinerseits zum Medium eines prozedural-konsentischen Wahrheitsbegriffs, dem sich das um Legitimität besorgte staatliche Handeln unterwerfen muß: praktisch wahr und allgemein verbindlich sind Grundsätze und Normen, die allgemein zustimmungsfähig sind, auf die sich alle als Verfassungsprinzipien einer gesellschaftlichen Grundordnung einigen könnten. So hat sich das ingeniöse konsentische Legitimationsargument Hobbes im Lauf seiner Wirkungsgeschichte immer weiter von den politischen Intentionen seines Erfinders abgewendet und betreibt jetzt das Geschäft der liberalen Opposition: an die Stelle des leviathanischen Riesenmenschen tritt der akephale und dezentrierte demokratische Verband; der Staat versinkt in der sich politisch selbst organisierenden Gesellschaft.

Aber das beeinträchtigt nicht im geringsten das philosophische Verdienst Hobbes', als erster die Grammatik des modernen normativen Individualismus und des neuen praktischen Weltverhältnisses formuliert und die Grundzüge des reflexiv-konsentischen Begründungsprogramms entwickelt zu haben, das bis heute den philosophischen Rahmen unserer moralisch-politischen Selbstverständigung verbindlich absteckt.

2

Reinhard Brandt

Das Titelblatt des *Leviathan**

2.1

Kein Titelblatt eines philosophischen Werks ist so einprägsam gestaltet wie das des Hobbesschen Leviathan, das, entworfen in der Spätblüte der Emblemkunst[1], Hobbes' Staatsphilosophie bildlich darzustellen sucht. Nach neueren Erkenntnissen ist das Blatt in Frankreich, vermutlich unter Mitwirkung von Hobbes selbst, der vor der Publikation des *Leviathan* (1651) in Paris lebte, von Wenceslaus Hollar angefertigt worden.[2]

Die Darstellung ist in der Horizontalen geteilt; in der unteren Hälfte werden jeweils fünf Symbole der weltlichen (Buch II des *Leviathan*) und der

---

* Wiedergabe des Titelblattes des Leviathan nach einem Photo der Herzog August Bibliothek Wolfenbüttel. – Revidierte und insbesondere in den Anmerkungen gekürzte Fassung eines Aufsatzes, der unter der Überschrift „Das Titelblatt des *Leviathan* und Goyas *El Gigante*" erstmals erschien in: Udo Bermbach/Klaus-M.Kodalle (Hrsg.), *Furcht und Freiheit*, Opladen 1982, 201–231; wieder abgedruckt in: *Leviathan. Zeitschrift für Sozialwissenschaft* 15, 1987, 164–186.

1 Das Frontispiz stellt kein Emblem im strikten Sinn der Emblembücher dar, arbeitet jedoch mit der gleichen Technik der figürlichen Darstellung von Bedeutungen und wird in gleicher Weise als „emblematisch" bezeichnet wie z. B. das Frontispiz der *Eikon Basilike* von Jakob I. Vgl. dazu Rosemary Freeman, *English Emblem Books*, London 1948, 38. – In Klammern gesetzte römische Ziffern geben im folgenden die Kapitel der englischen Fassung des *Leviathan* an. Es wird benutzt die Ausgabe von A. D. Lindsay, London 1914 u. ö. – Zu den verschiedenen frühen Editionen des *Leviathan* vgl. Hugh McDonald and Mary Hargreaves, *Thomas Hobbes. A Bibliography*, London 1952, 27–37.

2 Margery Corbett and Ronald Lightbown, *The Comely Frontispiece, The Emblematic Title-Page in England 1550–1660*, London-Hentley-Boston 1979, 219–230. Daß Wenceslaus Hollar (1607–1667) das Titelblatt anfertigte, ist jetzt gesichert durch die Arbeit von Keith Brown, *The Artist of the Leviathan Title-Page*, in: *The British Library Journal* 4, 1978, 24–36. Zu Hollar vgl. außer der von Brown angegebenen Literatur Johannes Urzidil, *Wenceslaus Hollar. Der Kupferstecher des Barock*. Unter Mitarbeit von Franz Sprinzels, Wien-Leipzig 1936.

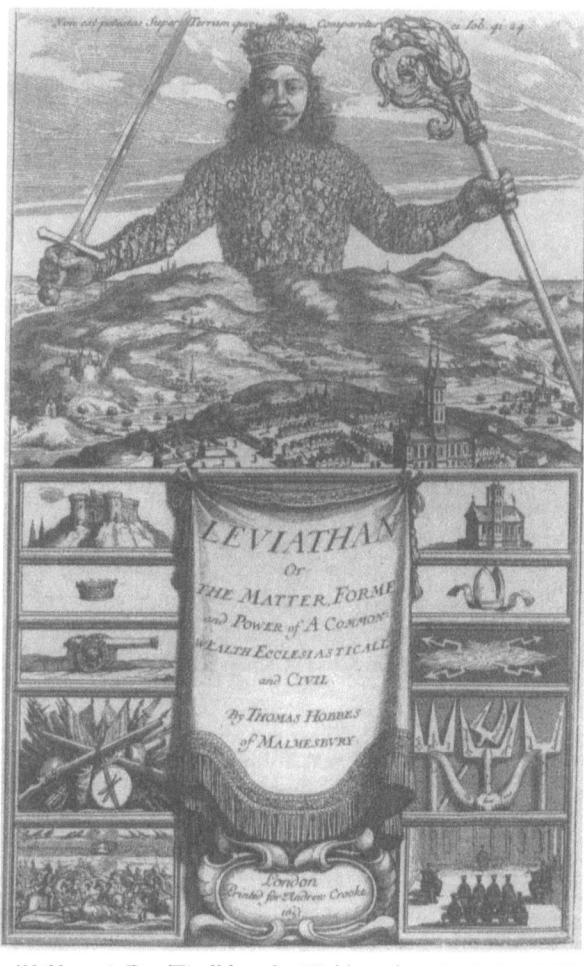

Abbildung 1: Das Titelblatt des Hobbesschen *Leviathan*, 1651

kirchlichen (Buch III) Macht des Souveräns einander gegenübergestellt. Zwischen den beiden Kolumnen ist der Titel des Werks in englischer Sprache mit Autor, Verlagsort, Verleger und Erscheinungsjahr zu sehen, teils auf einem am oberen Rahmen der Kolumnen aufgehängten Vorhang, teils auf einer darunter liegenden, barock verzierten Kartusche. Die obere Bildhälfte nimmt eine wiederum in der Horizontalen geteilte Darstellung des status civilis und ecclesiaticus ein. Hier gibt der untere Teil die detaillierte

Abbildung 2: Die ursprüngliche Komposition des *Leviathan*-Titelblattes

Ansicht einer Stadt mit umgebender Landschaft und dem Meer im Hintergrund wieder, der obere stellt den Souverän und Staat in der symbolischen Figur eines homo magnus dar. Die gotische Kirche im Vordergrund und die neuzeitliche Festungsanlage der Stadt ermöglichen zwar eine Lokalisierung in Nordeuropa zur Zeit von Hobbes[3], aber trotz dieser anti-utopischen

---

3 Corbett/Lightbown (Anm. 2), 225: „The spire indicates that the church of the city, placed for greater conspicuousness in the immediate foreground, belongs to the northern Europe ... It resembles the large church in the representation of the city of Erfurth in Merian the Elder's publication of 1650".

Individuation und der exakten, auf Information bedachten Darstellung will der Stich nicht ein bestimmtes, sondern „das" politisch disziplinierte Land, „den" Friedenszustand unter der Herrschaft des Souveräns wiedergeben. Das Titel-Emblem stellt einen allgemeinen Begriff des Staats dar, es führt kein Exempel an, und so auch beim Fürsten selbst: Es ist „der" Fürst in der generischen Allgemeinheit des Begriffs, den die Theorie entwickelt, nicht ein bestimmter Fürst, der als Beispiel dient.

Der untere Teil mit seinen geometrisch exakten Bauwerken ist der Raum des natürlichen Sehens; das gleiche gilt für die obere Bildhälfte, die Korrelation von beidem, die die homogene Bildfläche suggeriert, widerspricht jedoch den Gesetzen des dreidimensionalen Raumes. Das obere Raumstück wird für das untere zu einer symbolischen omnipräsenten Realität, der ferne Gigant ist überall zugleich nahe; er wirkt cominus et eminus, wie die Devise Ludwigs XII. von Frankreich lautete.[4] Im Körper des Fürsten, dem corpus civile et ecclesiaticum, sind die Bürger sinnbildlich in der Manier Arcimboldis[5] vereinigt; sie bilden die Substanz des Körpers und sind Schutz und Panzer gegen äußere Gefährdung. Haupt und Hände, vorgestellt als die natürlichen Glieder des homo magnus, tragen die Insignien der souveränen Macht: das Schwert, die Krone und den Bischofsstab. In zeremoniellem Herrschergestus sind die Arme dem Betrachter zugewandt, der Blick ist ruhig und passionslos auf den Betrachter gerichtet und lädt ein zur Kontemplation.

Die Dreiteilung der unteren Bildhälfte des Frontispizes in der Abfolge der Kolumnen: Weltliche Macht – „Leviathan" – geistliche Macht, wird in der oberen Bildhälfte aufgenommen: Links befinden sich das Schwert und die Befestigungsanlagen, in der Mitte der Fürst, der Leviathan, und rechts der Bischofsstab über der Kirche: Justitia – Rex (Pax) – Fides, oder, wie es bei Hobbes heißt, „Justice, Peace, and true Religion" (XXXII, Abs. 2). Die Leserichtung von links nach rechts ist identisch mit der Buchabfolge II und III der vierteiligen Schrift.

---

4 Diese Devise des französischen Königs wird in dem für die Emblematik wichtigen Buch von Emanuele Tesauro, *Il Cannocchiale Aristotelico*, Turin 1670, Kap. XV besprochen; vgl. August Buck, *Die Emblematik*, in: *Neues Handwörterbuch der Literaturwissenschaft*, Band 10, Frankfurt 1972, 328–345 (333).

5 Zum politischen und staatstheoretischen Gehalt der Arcimboldi-Allegorien vgl. Thomas Da Costa Kaufmann, *Arcimboldi's Imperial Allegories*, in: *Zeitschrift für Kunstgeschichte* 39 1976, 275–296, bes. 286 ff. Francesco Porzi, *L'Universo Illusorio di Arcimboldi*, Milano 1979, 26 ff. Wenceslaus Hollar wuchs in Prag auf, dem Ort des Wirkens von Giuseppe Arcimboldi (1527–1593). Zu einem möglichen Einfluß vgl. K. Brown (Anm. 2), 34.

Die Ansicht der Friedenslandschaft im Stil eines Merianstichs ist zunächst von der Symbolebene am „Himmel" getrennt. Dieser Bildaufbau entspricht der Technik des Emblems, gemäß der Realien und Bedeutungen, Natur und Kunst scharf gegeneinander abgehoben werden. Die Trennung der beiden Ebenen von Realität und Symbol ermöglicht es, daß in der im Vordergrund dargestellten Stadt Bürger zu sehen sind, die ihre zweite Existenz im corpus des Souveräns führen; historisch pointiert könnte man von einer Zäsur zwischen bourgeois und citoyen sprechen: es werden die Menschen in ihrer privat-gesellschaftlichen Tätigkeit von der Person im Staat getrennt. Diese Trennung entspricht der neuen Persontheorie, die Hobbes im Kapitel XVI des Leviathan entwickelt.[6] Der Souverän repräsentiert, er „ist" die Gesamtheit der Bürger, obwohl diese ihre natürliche Existenz separat weiterführen. Nur *ein* Mensch ist oder scheint in der Darstellung als natürliches und rechtliches Wesen mit sich selbst identisch, nämlich der Fürst selbst, der autorisierte Autor der civitas, der im Namen aller urteilt und handelt. Die Identität des Fürsten jedoch wird nur ermöglicht durch eine doppelte leibliche Existenzform; sein einer Körper ist einmal die symbolische Vereinigung aller Untertanen, zum anderen sein eigener natürlicher Leib.[7]

Die Untertanen zerfallen in die Doppelexistenz von partikularem bürgerlichen Dasein und allgemeiner, weil in Gleichheit mit allen andern gegebener Seinsform des citoyen. Die letztere Qualität ist wortwörtlich im Fürsten auf- und hinausgehoben: Die Untertanen sind Rechtspersonen nur dadurch, daß sie im corpus des Souveräns ihre Person aufgeben und tun und lassen, was der Fürst über seine Organe beschließt, d. h. zu tun und zu lassen beschließt. „This we may say, that whatsoever a subject ... is compelled to in obedience to his Soveraign, and doth it not in order to his

---

[6] Vgl. dazu Vf., *Rechtsverzicht und Herrschaft in Hobbes' Staatsverträgen*, in: *Philosophisches Jahrbuch* 1980. – Da einige Personen im corpus politicum knien, muß das Emblem den status civilis als status wiedergeben, nicht im Augenblick des Vertragsabschlusses, wie Corbett und Lightbown (Anm. 2), 224 annehmen: „The men who make up the body of Leviathan are portrayed in the person of the sovereign; those on either arm are moving forward ...". Diese Interpretation ist auch deswegen unhaltbar, weil die Kulturlandschaft den vollendeten status civilis zeigt und keine Spuren mehr auf den gerade zu überwindenden status naturalis schließen lassen. Die Figuren im Vordergrund sind wesentlich größer als die im Hintergrund; die Menge scheint auf einem Platz versammelt.

[7] Zur Traditon des Zwei-Körper-Motivs des Königs vgl. Ernst H. Kantorowicz, *The King's two Bodies, A Study in Medieval Political Theology*, Princeton 1957, bes. 207-233 („Corpus Reipublicae mysticum"), und Tilman Struve, *Die Entwicklung der organologischen Staatsauffassung im Mittelalter* (Monographien zur Geschichte des Mittelalters Bd. 16), Stuttgart 1978, bes. 87-115.

own mind, but in order to the laws of his country that action is not his, but his Soveraigns; ..." (XLII, Abs. 11). Als Rechtsperson sind die Untertanen für jedermann Teil des Souveräns. Wer, sei es von außen, sei es in der civitas, einen von ihnen lädiert, lädiert alle und den Fürsten selbst; er wird mit dem Schwert, der Waffe des Krieges und der Strafe bedroht und verfolgt. Der Leviathan „ist" seine Bürger (wenn man die Sprache zwingen darf, sich der surrealistischen Theorie zu beugen); aber er mag auch kirchliche und zivile Macht in sich vereinen wie ein mittelalterlicher Priesterkönig, so bleibt er den Bürgern, die er als Rechtsperson ist, doch äußerlich: sie gehen in ihrer bürgerlichen Gesellschaft ihren Geschäften nach, sie leben in Städten, die kein Jerusalem imitieren und keine Utopie sind, sondern die es wirklich gibt und die sich auf Merianstichen wiedergeben lassen. Der Bürger außerhalb des corpus politicum seines jeweiligen separaten Staats kann sich seine eigene Meinung bilden, er kann seine eigene separate Moral und seinen Glauben haben, wenn er nur in den äußeren Handlungen im zivilen oder im Kultbereich den Befehlen und der religio eius, cuius est regio folgt. Als bourgeois ist er wesentlich nicht, was er als Rechtsperson ist. Handelt er nach den Gesetzesvorschriften, so ist sein Teil nur der formale Gesetzesgehorsam, die konkrete Handlung selbst ist nicht seine, sondern die eines anderen, des – vom ihm autorisierten, also seines – Souveräns: „... is not his act, but the act of his Soveraign" (XLV, Abs. 22). „When the Actor does any thing against the Law of Nature by command of the Author, if he be obliged by former Covenant to obey him, not he, but the Author breaketh the Law of Nature ..." (XVI, Abs. 7). „... a Christian King, as a Pastor, and Teacher of his Subjects, makes not thereby his Doctrines Laws. He cannot oblige men to beleeve, though as a Civill Soveraign he may make Laws, suitable to his Doctrine, which may oblige men to certain actions (Lateinische Übersetzung: ad actiones tantum et verba), and sometimes to such, as they would not otherwise do, and which he ought not to command; and yet when they are commanded, they are Laws; and the externall actions done in obedience to them, whithout the inward approbation, are the actions of the Soveraign, and not of the Subject, which is in that case but as an instrument, without any motion of his own at all; because God has commanded to obey them" (XLII, Abs. 106).

Das Emblem stellt das Schisma der Existenz, die Äußerlichkeit des Staatswesens von der Eigensphäre der Bürger, durch die zwei durch Bildmontage gegeneinander verschobenen dreidimensionalen Räume dar, der obere ist „artificial", der untere „natural".

Das Emblem besagt zugleich: Nur durch Kunst und Konvention in der symbolischen Ebene ist das friedliche Leben in Stadt und Land und die

Schiffahrt auf dem Meere möglich. Der verbildlichte Schluß lautet: Wenn und nur wenn es diesen Souverän gibt, ist der Friede gewährleistet. Nur unter der Bedingung der Dichotomie von natürlichem und künstlichem Dasein der Menschen kann das natürliche Leben sich wirklich vollziehen. Der Aristotelischen Lehre, die Polis sei etwas Natürliches, weil der Mensch ein zoon politikon, ein auf politisches Zusammenleben hin angelegtes Wesen ist, stellt Hobbes die Lehre von der extremen Künstlichkeit des Friedens entgegen. Die Kunst vollendet nicht, was die Natur begann, sondern steht ihr als Fremdes gegenüber und kann die Natur nur mit der Gewalt des Schwerts und der Drohung des Jenseits nötigen, vernünftig zu werden.

Man kann der emblematischen Darstellung des Souveräns und der Bürger zwei Tendenzen der Hobbesschen Theorie entnehmen, die durch die Konfrontation mit späteren Entwürfen oder auch Implikationen seiner eigenen Systematik deutlich werden. Einmal favorisiert Hobbes eindeutig die Monarchie, obwohl seine Vorstellungen in gleicher Weise auf die Aristokratie und die Demokratie anwendbar sind. Die traditionsgebundene Ikonographie des Herrschers als König zeigt, daß die politische Tendenz von Hobbes die der Herrschaft einer einzelnen Person ist. Die Interpretation des Souveräns als einer juristischen Person, wie sie der Rechtstheorie nach möglich ist, wäre gewaltsam. Zum andern befinden sich im corpus magnum die Bürger nur mit ihrem eigenen Leib, nicht ihrer äußeren Habe. Auch dies ist signifikant. Die Hobbessche Staatsgründung ist motiviert in der Angst der Menschen vor dem gewaltsamen Tod. Ihr Körper ist im bellum omnium bedroht, und ihn suchen sie durch die Staatsgründung zu schützen. Vergleicht man damit spätere Autoren wie Locke und Kant, so ist es bei dem ersteren die Trias von life, liberty und estate, die der Staat regulieren und schützen soll, und bei Kant ruht die gesamte Konzeption des öffentlichen Rechts auf dem provisorischen äußeren Mein und Dein – der eigene Körper des Bürgers wird als zum inneren Mein und Dein gehörig in der Grundlegung der Rechtslehre nicht zu einem für das Staatsrecht relevanten Thema gemacht.

2.2

Ein Kompositionselement des Frontispizes bildet der Kreis, dessen Peripherie die Schwertspitze berührt, die Krümme des Bischofsstabs begleitet und dessen Mittelpunkt auf der vertikalen Bildachse liegt (siehe Abb. 2). Der Fürst selbst ist nach links aus der Bildmitte gerückt, dadurch ergibt sich eine Spannung gegenüber dem rechten Vordergrund. (Es wird sich später zeigen, daß die leichte Verrückung nach links von größter Bedeutung für den Inhalt des Emblems ist, hier müssen wir uns noch mit der ästhetischen Wirkung begnügen). Ein zweiter Kreis, exzentrisch gegenüber dem vorhergehenden, ist angedeutet in der Gesichtsrundung des Fürsten. Ein Entwurf des Blattes, vermutlich unmittelbar vor der endgültigen Redaktion skizziert, stellte das Gesicht runder dar, als es jetzt zu sehen ist.[8] Dies könnte ein Indiz für die Absicht sein, den Fürsten als Phöbus, als roi soleil, darzustellen. Das Haupt mit den wie Lichtstrahlen herabwallenden Haaren steht dort, wo die Sonne stehen könnte. Daß das Fürstenhaupt und die Sonne im Emblem identifiziert werden können, zeigen zwei französische Blätter, die Henkel und Schöne in ihre Sammlung aufgenommen haben.[9] Zugleich ist jedoch darauf zu verweisen, daß die Bildtechnik es erforderte, den Schatten der Landschaft und der Stadt (und der in den Kolumnen sichtbaren Gebäude) nach rechts oder links (wie es hier der Fall ist) fallen zu lassen, die Lichtquelle des unteren Bildteils steht demnach nicht im Hintergrund. Das Sonnenmotiv wird also nicht in den unteren Bildraum einbezogen, sondern hat entsprechend der Verortung in der oberen Bildhälfte einen rein symbolischen Charakter. Zwischen den beiden inhomogenen Raumstücken gibt es keine physische Wechselwirkung. Wie Gott den Naturgesetzen enthoben ist, so der mortal god den Gesetzen der societas civilis, die er – legibus solutus – selbst erläßt.

Hobbes spielt in seiner Theorie nicht auf das roi-soleil-Motiv an. Vielleicht war es eine Idee des Emblematikers, gegen die der Autor sich durchsetzte, indem das Gesicht des autorisierten Herrschers natürlichere Züge erhielt.

Wie die Kirche im rechten Bildvordergrund ragt der Bischofsstab über die Darstellung hinaus und lädt das Auge zu einer imaginären Erweiterung des zu Sehenden ein. Überraschenderweise läßt sich der Punkt, an dem der sinnlich-übersinnliche Hirtenstab endet, nicht nur vermutungsweise nach der natürlichen Proportion bestimmen, sondern er wird gleichsam konstruktiv vorgegeben durch folgende Bildanlage: Die Straßenzüge der Stadt links von der Kirche folgen – wenn nicht in der Stadtanlage selbst, so doch aus der Perspektive ihrer Darstellung – einer radialen Ordnung. Der Achsenpunkt liegt auf der verlängerten Linie des Stabes, wo er nach seiner

---

8 Corbett/Lightbown (Anm. 2), 222.

9 Arthur Henkel, Albrecht Schöne, *Emblemata. Handbuch zur Sinnbildkunst des XVI. und XVII. Jahrhunderts*, Stuttgart ²1978, Spalte 14 („Sonne und thronender Fürst", „Sonne über der Erdkugel"). S. a. Kantorowicz (Anm. 7), 32 ff.; 415 Anm. 335.

natürlichen Proportion enden müßte. In gleicher Bildhöhe nun schneidet der Kreis, dessen Mittelpunkt identisch ist mit dem des Vorhang-Kreises und auf dessen Peripherie der Name „Thomas Hobbes" steht, die vertikale Bildachse. Hat man einmal diese Linie, die vom Endpunkt des Bischofsstabs senkrecht zur vertikalen Bildachse führt, rekonstruiert, so macht man eine weitere Entdeckung: Nach dem Kanon des Polyklet endet auf dieser Linie die Gesamtfigur des Fürsten. Nimmt man die Höhe des Kopfes als 1/8 des Idealmaßes, so ruht die Figur eben dort auf, wo der Name des Autors erscheint. Führt man also die Figur des beidhändigen Doryphoros wirklich aus, so erscheint sie im Vordergrund vor der Landschaft.

Der Souverän hält in seiner rechten Hand das Schwert, in seiner linken den Bischofsstab; die räumliche Verschränkung führt dazu, daß sie zeltartig das Land überdachen: Stadt und Land stehen unter dem Schutz des „Mortall God" (XVII, Abs. 13). Die Insignien aber von Justitia und Fides verweisen auf die beiden „principles" der staatlichen Macht, das „naturall Word of God" und das „propheticall Word" (XXXII, Abs. 1). Gott ist der Ursprung von beidem. Man verlängere in der emblematischen Darstellung des Frontispizes die Linien von Schwert und Hirtenstab über den oberen Bildrand hinaus. Der Schnittpunkt liegt auf der verlängerten vertikalen Bildachse – die Insignien verweisen auf den einen Ursprung jenseits von Natur und Kunst. Das Zelt erweitert sich zu einem Schutzzelt Gottes, der sich jeder menschlichen Vorstellungskraft entzieht und zur Darstellung nur dadurch gelangt, daß das Sichtbare auf ihn als den Unsichtbaren verweist. „Whatsoever we imagine, is Finite. Therefore there is no Idea, or conception of anything we call Infinite ... And therefore the Name of God is used, not to make us conceive him; (for he is Incomprehensible; and his greatnesse, and power are unconceivable) but that we may honour him ... a man can have no thought, representing any thing, not subject to sense" (III, Abs. 12). „The Foole hath said in his heart ... there is no God" (XV, Abs. 4 aus Psalm 13 bzw. 14, Vers 1) – nur ein Narr kann leugnen, daß die irdische Welt und die irdische Macht auf Gott verweisen.

Gott ist unsichtbar; sein Ort ist bezeichnet, aber er wird nicht mehr wie auf mittelalterlichen Bildern dargestellt.[10] So ist entscheidend nur der transzendente Konvergenzpunkt ziviler und kirchlicher Macht als solcher – ob Karl I. diese oder Cromwell jene Ausführung der Gottes-Variablen bringt,

---

10 Zu einer gleichen Darstellung des Übersinnlichen durch das Sinnlich-Sichtbare bei Rubens im Gemälde „Der Tod des Seneca" vgl. Vf., *Seneca? Zu einem Gemälde von Peter Paul Rubens*, in: *Deutsche Zeitschrift für Philosophie* 40, 1992, 339–346.

ist eine cura posterior und gehört in die Politik des jeweiligen Herrschers, nicht in die Staatstheorie, deren recta ratio das Titelblatt ankündigt.

Der Gott, der nur in seiner Unvorstellbarkeit präsent sein kann, ist nicht ein beliebiger Gott, wie ihn sich dieser oder jener Mensch für sich oder in seiner Sekte vorstellen mag, sondern der bestimmte eine Gott, dessen Existenz sich für den Untertan, den Souverän und den Betrachter aus den Symbolen der Macht ergibt. Der Gott ist staatlich definiert[11], und der Staat, ein mortall God wie Christus, göttlich sanktioniert; das corpus politicum ist zugleich der Leib Christi, weil er die ecclesia darstellt. „But the Church, if it be one person, is the same thing with a Common-wealth of Christians; called a Common-wealth, because it consisteth of men united in one person, their Soveraign; and a Church, because it consisteth in Christian men, united in one Christian Soveraign ..." (XXXIII, Abs. 24). „... A Common Wealth Ecclesiasticall and Civil" steht auf dem Titelblatt. – „For when Christian men, take not their Christian Soveraign [vel coetum supremum, fügt die lateinische Übersetzung hinzu, R. B.], for Gods Prophet; they must either take their owne Dreames, for the Prophcy they mean to bee governed by, and the tumour of their own hearts for the Spirit of God ..." (XXXVI, Schluß). „Temporall and Spirituall Government, are but tow words brought into the world, to make men see double, and mistake their Lawfull Soveraign" (XXXIX, Abs. 5). Der „Lieutenant of God, and Head of the Church" (XXXVII, Ende) sind identisch. Hobbes nimmt den zentralen Satz des nach seiner Meinung größten griechischen Philosophen, nämlich Platons, daß die Könige Philosophen oder Philosophen Könige werden müssen, unter seiner Idee der Vereinigung von weltlicher und geistlicher Macht auf: „... till Kings were Pastors, or Pastors Kings" (XLII, Abs. 35). Das corpus politicum ist der Leib Christi; dieses Motiv bestimmt das Emblemblatt noch in folgender Weise: Der Abstand des Konvergenzpunktes der verlängerten Linien von Schwert und Stab von der oberen Bildgrenze (1/4 der Seite des sich ergebenden Quadrats) ist identisch mit dem Abstand der unteren Seite des Quadrats von der unteren Grenze des Emblems im ganzen. Bezieht man nun dieses untere Stück in die Darstellung ein, erweitert also das Quadrat um 1/4 nach unten, so wird deutlich, daß die Figur des Fürsten – von der Spitze der Krone zu den Füßen – genau in der Mitte der Vertikalen steht, oder besser: schwebt; das Standbild des Fürsten wird zur Epiphanie des Erlösers, die irdische Figur verwandelt sich

---

11 Hiermit ist nicht gesagt, daß der Mensch im status naturalis notwendig Atheist ist. Hobbes spricht explizit von einer Gewissenspflicht vor Gott im Naturzustand. „The true God *may* be personated" (XVI, Abs. 12), er muß es nicht – außerhalb des Staats.

in die spirituelle Erscheinung des Gekreuzigten, das corpus politicum in den Leib Christi.[12]

Die Interpretation des Mottos auf dem oberen Bildrand führt zu der schon an mehreren Stellen beobachteten Verschränkung von staatlich-geistlicher und göttlicher Macht. Das Motto lautet: „Non est potestas Super Terram quae comparetur ei Iob. 41, 24." Dieses lateinische, hieratische Bibelzitat bildet die obere Bildgrenze und damit den Horizont dessen, was natürlich und symbolisch dargestellt werden kann. Die Schriftzeichen werden durch die drei Insignien unterbrochen, die durch sie auf den dreieinigen Gott verweisen. Das Motto selbst ist wie seine Stellung im Bild ambivalent: Keine Macht auf Erden ist größer als die Gottes; das „Super Terram" ist nicht die einzige Wirklichkeit, es gibt eine höhere Macht, wie Hiob erkennt. Oder: das „ei" wird auf den Souverän bezogen, wie es der Hobbesschen Interpretation des Zitates (vgl. XXVIII, Ende) entspricht.

Trägt die emblematische Darstellung dem Tier Leviathan, das im Titel und in der Devise angesprochen wird, Rechnung? Das tierische Ungeheuer läßt sich sicher nicht entdecken. Aber vielleicht gibt es zwei Anspielungen auf das Bibelmotiv. Im Buch Hiob 41 heißt es vom Leviathan: „Kannst du den Leviathan ziehen mit dem Hamen ... Kannst du ihm eine Angel in die Nase legen;" (Vers 25-26 bzw. 20-21). Der Leviathan ist im Gegensatz zum Behemoth („er frißt Gras wie ein Ochse", Vers 15 bzw. 10) ein Seetier. Nimmt das Titelblatt diese Vorstellung dadurch auf, daß sich der Souverän im Hintergrund aus dem Meer erhebt? (Die gerade Horizontlinie auf der rechten Bildseite und zwischen rechter Hand und dem unter ihr liegenden Hügel weist darauf hin, daß sich hinter den Hügeln das Meer erstreckt.) Es gibt des weiteren eine überraschende Übereinstimmung des emblematischen Bildes mit einer esoterischen Tradition des vielfältigen Leviathan-Motivs. Im *Talmud* heißt es, Gott besiege den Leviathan und fertige aus seiner Haut ein Zelt für die Gerechten.[13] Es ergab sich zwanglos, Stadt

---

12 Die Verwendung der Christus-Figur in der Ikonographie und Systematik von Hobbes ist vergleichbar mit der Rolle des Christus-Herakles-Motivs für das regnum hominis bei Francis Bacon; vgl. Vf., *Francis Bacon: Die Idolenlehre*, in: *Grundprobleme der großen Philosophen. Philosophie der Neuzeit I*, Göttingen 1979, 9-34 (12-13).

13 Vgl. Herman L. Strack, Paul Billerbeck, *Kommentar zum Neuen Testament aus Talmud und Midrasch*, München 1928, Bd. II, 780, IV, 884, 929, 1156. Die materialreichen Untersuchungen von Carl Schmitt, *Der Leviathan in der Staatslehre des Thomas Hobbes. Sinn und Fehlschlag eines politischen Symbols*, Hamburg 1938, stellen zwar die Gewichtigkeit der Leviathan-Tradition zur Schau, führen jedoch nach dem Zugeständnis von Schmitt selbst zu *keinem konkreten Ergebnis* bei Hobbes. – Zum Leviathan-Motiv in der christlichen Kunst vgl. Lois Drewer, *Leviathan, Behemoth and Ziz: A Christian Adaptation*, in: *Journal of the Warburg and Courtauld Institutes* 44, 1981, 148-156.

und Land wie unter einem Zelt zu sehen; Bischofsstab und Schwert waren so verschränkt und zusammengeführt, daß sie schon in der sichtbaren Symbolebene des Souveräns das Land zu überdachen schienen; das Zelt ließ sich erweitern zum transzendenten Konvergenzpunkt aller irdischen Macht: Die esoterische Tradition des Leviathan-Zeltes wird aufgenommen durch die bekannte biblische Vorstellung des Zeltes Gottes.[14]

Ob nun diese Übereinstimmung der bildlichen Darstellung mit der zweifachen Tradition des Gottes-Zeltes zufällig oder beabsichtigt ist, ob also diese Kongruenz in der Intention des Autors bzw. der Autoren des Bildes begründet ist oder nur durch den Interpreten hergestellt wird (und damit für die nähere Bestimmung des Titelblattes unter der Idee der Objektivität wertlos ist), diese Frage kann nur die weitere Erforschung des kulturellen Ambiente beantworten, in dem die Darstellung entstanden ist.

Kehren wir noch einmal aus den celestischen Regionen ins Irdische und aus dem Mittelalter in die Neuzeit zurück.

Der Mittelpunkt der beiden äußeren oben erwähnten Kreise (die in Abbildung 2 eingezeichnet sind) liegt im Schnittpunkt der Diagonalen sowohl der oberen Hälfte des Frontispizes wie auch des Quadrats, dessen rechter unterer Eckpunkt durch das Ende des Hirtenstabes gegeben war. Dieser Punkt hat wie die übrigen Bildkomponenten keinen bloß konstruktiven Wert, sondern eine im doppelten Wortsinn zentrale Bedeutung für die Hobbessche Theorie. Dadurch, daß das Standbild des Fürsten leicht nach links aus der Bildmitte gerückt ist, liegt der Mittelpunkt der Gesamtkonstruktion auf seiner linken Körperhälfte, und zwar dort, wo das Herz ist. Über das Herz des künstlichen, von Menschen erzeugten Menschen sagt Hobbes in der Einführung: „For seeing life is but a motion of Limbs, the begining whereof is in some principall part within ... For what is the *Heart*, but a *Spring* ... the *Soveraignty* is an Artificiall *Soul*, as giving life and motion to the whole body ..." Das Herz also ist das Lebenszentrum des natürlichen und künstlichen Menschen, es ist der Ort der Seele und der Souveränität. Mit dieser Lehre schließt sich Hobbes der von Harvey propagierten Theorie an, die von diesem selbst sogleich als staatstheoretisches Paradigma gesehen wurde. In der Widmung der *Exercitatio Anatomica de Motu Cordis et Sanguinis* (1628) an Karl I. heißt es: „Serenissime Rex, Cor animalium, fundamentum est

---

14 Vgl. Manfred Görg, *Das Zelt der Begegnung. Untersuchungen zur Gestalt der sakralen Zelttradition Altisraels*, Bonn 1967 (Bonner Biblische Beiträge 27); Gerhard von Rad, *Zelt und Lade*, in: *Neue Kirchliche Zeitschrift* 42, 1931, 476–498 (abgedruckt in: *Gesammelte Schriften zum Alten Testament*, München ³1965, 109–129).

vitae, princeps omnium, Microcosmi Sol, à quo omnis vegetatio dependet, vigor omnis et robur emanat. Rex pariter regnorum suorum fundamentum, et Microcosmi sui Sol, Reipublicae Cor est, à quo omnis emanat potestas, omnis gratia provenit ... Poteris saltem Regum optime, in fastigio rerum humanarum positus, una opera et humani corporis principium et Regiae simul potestatis Tuae effigiem contemplari"[15] – eben dieses Bild liefert das Hobbessche Emblem. (Die eikon basilike blickt, wenn unsere Interpretation zutrifft, auf den Fürsten, an den das Buch gerichtet ist. Der *Leviathan* wird somit wenigstens in einer seiner Leserbeziehungen zum Fürstenspiegel).

Wir sehen jetzt besser, wie es zu der ikonographischen Irritation kommen konnte, die sich bei der Frage ergab, ob der Kopf des Fürsten die Sonne darstellt. Man wird sagen müssen, daß der Entwurf so konzipiert ist, daß dies Motiv präsent bleibt, aber die kopernikanisch-harveysche Linksverrückung streitet gegen die Verortung des rex-sol-Motivs am Himmel.

Die Vorstellung, daß das Zentrum des Menschen das Herz ist und der Herrscher durch das Herz, nicht den Kopf symbolisiert wird, ist nicht neu,[16] schon in der Antike gab es eine Kopf-Herz-Kontroverse mit staatstheoretischen Implikationen.[17]

Aber die Bezugnahme von Hobbes speziell auf Harvey ist einmal durch persönlichen Kontakt wahrscheinlich[18], sie läßt sich des weiteren sichern durch die Aufnahme des Motivs der Blutzirkulation innerhalb des *Leviathan*. Das Kapitel „Of the Nutrition, and Procreation of a Commonwealth"

---

15 Zitiert nach der Ausgabe Rotterdam 1648. (Deutsch: „Durchlauchtigster König, das Herz der Lebewesen ist die Grundlage des Lebens, die Sonne des Mikrokosmos, von der alles Belebtsein abhängt, alle Kraft und Stärke ausströmt. Der König ist in gleicher Weise die Grundlage seiner Reiche, die Sonne seines Mikrokosmos, das Herz der Republik, von dem alle Macht ausströmt und alle Gnade herkommt ... Bester aller Könige, auf den Gipfel der menschlichen Dinge gestellt, Du kannst nun zugleich und in einem das Prinzip des menschlichen Körpers und das Abbild Deiner königlichen Macht betrachten ...").

16 Vgl. Christopher Hill, *William Harvey and the Idea of Monarchy*, in: *Past and Present* 27, 1964, 54–72. „The sovereignty of the heart was a medieval commonplace, deriving ultimately from Aristotle ..." (55); Aristoteles spricht zwar vom Herzen als der arche tes zoes (z. B. *Peri zoon morion* 665a 12), aber er spielt weder mit kosmologischen noch politisch-staatsrechtlichen Analogien.

17 Vgl. Max Pohlenz, *Die Stoa. Geschichte einer geistigen Bewegung*, Göttingen ⁴1970, 87, 233 u. ö. Vgl. auch T. Struve (Anm. 7), S. 115.

18 Vgl. Geoffrey Keynes, *The Life of William Harvey*, Oxford 1966, 387–390. Hobbes verweist auf die „Entdeckung" des Blutkreislaufs durch Harvey („solus, quod sciam, qui doctrinam novam superata vivens stabilivit") im Widmungsschreiben von De corpore und IV, 25, 12 (ed. Molesworth, Opera Latina I, ohne Seitenangabe und 331).

(XXIV) ist beherrscht von der für die Ökonomie völlig neuen Vorstellung eines organischen Prozesses. Der erste Satz lautet: „The Nutrition of a Commonwealth consisteth, in the Plenty, and Distribution of Materials conducing of Life: In Concoction, or Preparation; and (when concocted) in the Conveyance of it, by convenient conduits, to the Publique use". Die „Zirkulation" ermöglicht die Distribution der Güter an die einzelnen Glieder: „... naturall Bloud is in like manner made of the fruits of the Earth; and circulating, nourishes by the way, every Member of the Body of Man". (Hier ist der Ausgangspunkt der so erfolgreichen Metapher der Zirkulation bei ökonomischen Vorgängen).

Ob das Titelblatt selbst noch eine Anspielung auf die Adern und Venen des homo magnus enthält, soll hier nicht untersucht werden; ein Traktat zur Poetik, den Hobbes 1650 verfaßte, legt diese Vermutung nahe. Er wird am Schluß in die Erörterung einbezogen werden.

Es wurde oben der geometrische Aufriß des Frontispizes rekonstruiert. Es ist unwahrscheinlich, daß das zentrale Rechteck nach Augenmaß vom frei schaffenden Künstler entworfen wurde; die Maßbestimmungen werden durch bestimmte Proportionen und eventuell eine bestimmte Tradition determiniert sein.

Die Proportionen zu finden ist nicht schwer. Um die Beschreibung zu vereinfachen, lege ich die Abb. 3 zugrunde. Die obere und die untere Linie, die Höhe also des Rechtecks ergibt sich durch die horizontale Vierteilung des Quadrats a, b, c, d. Zur Breite gelangt man in folgender Weise: Die Schnittpunkte f, g der Diagonalen des Quadrats und des Dreiecks a, e, d teilen die zugehörige Horizontale, die Seitenlänge also des Quadrats, in drei gleiche Teile. Der Abstand der genannten Punkte zur Mittelachse beträgt also 1/6 der Seite des Quadrats; verdoppelt man diesen Abstand nach beiden Seiten, so gewinnt man die Breite des Rechtecks. Dieses nimmt, wie leicht nachzurechnen ist, 1/3 der Fläche des Quadrats ein.

Es konnte Hobbes nicht verborgen sein, daß den Strecken von Quadrat und Rechteck das mindestens seit Platon bekannte Verhältnis von Grundton, Oktave und Quinte korrespondiert: Nimmt man als Grundton die Seitenlänge des Quadrats, so bildet die Höhe des Rechtecks (die halbe Seiten- oder jetzt: Saitenlänge) die zugehörige Oktave und die Breite mit 2/3 die Quinte. Im Titelblatt liegt also eine musiktheoretische Aussage verborgen, die zugleich auf die Konzeption des Ganzen verweist: die harmonia mundi civilis et ecclesiastici.

Es ist nicht anzunehmen, daß sich Wenceslaus Hollar und Hobbes diese Maßbestimmungen für das Bild selbst zurechtgelegt haben, sie werden in der Tradition der darstellenden Kunst vorgegeben sein. Wir entnahmen

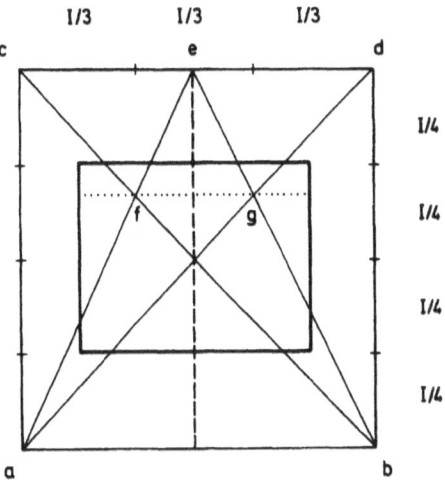

Abbildung 3

den Kanon des Polyklet, der die Rekonstruktion der Gesamtfigur des Leviathan ermöglichte, dem Architektur-Traktat von Vitruv. Im Werk selbst von Vitruv sucht man jedoch vergeblich nach einer Vorlage des geometrischen Aufrisses des Emblemblattes[19]; erst die Vitruv-Tradition mit ihren Übersetzungen und Bearbeitungen des Traktats hilft weiter; die entscheidende Zeichnung findet sich in einem Anhang zum Kapitel über die Durchbildung der Tempeltüren nach den drei Stilgattungen (IV, 6). Ich entnehme den Aufriß der deutschen Übersetzung und Kommentierung (deren Vorlage unter anderem die Ausgabe von Cesare Cesariano, Como 1521, ist) von Walter Rivius, bekannt unter dem Titel Vitruvius Teutsch[20] (Abbildung 4). Die Tempeltür orientiert sich an den Proportionen, die durch die Diagonalen des Quadrats und das Dreieck mit der unteren Quadratseite als Basis und der Mitte der oberen Quadratseite als Scheitelpunkt gegeben ist. Es ist zu beachten, daß der Abstand des äußeren Eckpunktes des Dachgesimses zur Mittellinie jeweils 1/3 der Seitenlänge des Quadrats beträgt. Daß der Autor dieses Pseudo-Vitruvianischen Portals auch mit der Figur des Krei-

---

19 Vgl. auch die mit Illustrationen versehene Übersetzung der *Zehn Bücher über Architektur* von J. Prestel, Straßburg 1912.

20 Marcus Vitruvius Pollio, *Zeben Bücher von der Architectur und künstlichem Bauen. Erstmals verteutscht durch Gualther Hermenius Rivius*, Nürnberg 1548 (Reprint Hildesheim/New York 1973), Doppelseite CLIII.

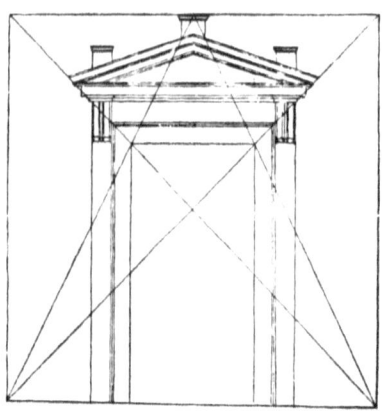

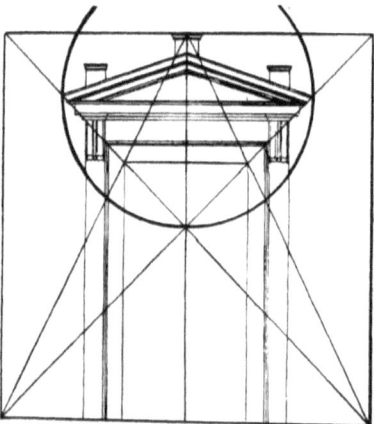

Abbildung 4 und 5: „Augenscheinliche bezeichnus der rechten stellung der Auconen des Ionischen Thürgestels", aus: Marcus Vitruvius Pollio, *Zehen Bücher von der Architectur und künstlichem Bauen*, Nürnberg 1548

ses gearbeitet hat wie der Emblematiker nach ihm, zeigt Abbildung 5. Der Radius des eingezeichneten Kreises beträgt 1/3 der Quadratseite. – Die Annahme, daß diese Darstellung als Vorlage für das Titelblatt diente, wird natürlich dadurch besonders suggestiv, daß das Emblem so zum Tor wird, das in das Buch führt.

Es wurden bisher sichtbare und unsichtbare Komponenten des Frontispizes freigelegt und auf ihre Zusammenstimmung mit den Ausführungen untersucht, deren frontispiece sie bilden. In welcher Relation steht das Frontispiz als solches zur Hobbesschen Theorie? Ist es purer Zufall, daß sich eine durchkalkulierte Verbildlichung des Gedankens im *Leviathan* findet, jedoch nicht in vergleichbaren Werken wie Lockes *Two Treatises of Government* oder Kants *Metaphysischen Anfangsgründen der Rechtslehre*? (Kant könnte allenfalls eine Handmühle abbilden zur symbolischen Darstellung der Despotie[21]).

Eine innere Korrespondenz von Theorie und Verbildlichung ergab sich schon oben, als auf die Nicht-Vorstellbarkeit Gottes hingewiesen wurde. Das positive Ergänzungsstück ist die Auffassung, daß universale Worte, sollen sie verstanden werden, von Bildern in der Konzeption des Hörenden und Redenden begleitet werden. Zum allgemeinen Wort „Dreieck" wird ein bestimmtes Dreieck imaginiert, das zugleich Referenzobjekt und Bedeutung des Wortes darstellt; Hobbes nimmt das singuläre imaginierte Dreieck als Repräsentanten aller Gebilde, die mit dem Wort „Dreieck" bezeichnet werden können, und glaubt so, eine konsistente Abstraktionstheorie auf streng nominalistischer Grundlage zu haben. Das Emblem des Frontispizes ist also das Muster einer von der nominalistischen Theorie geforderten imaginativen Begleitung aller Worte. Die geometrische Konstruktion aus den Elementarfiguren von Viereck, Dreieck und Kreis ist das von der more geometrico beweisenden allgemeinen Theorie geforderte Begriffsfeld. Das Emblem ist also keine Illustration, wie etwa das Frontispiz von Vicos *Scienza Nuova*, sondern figuriert paradigmatisch als Desiderat der nominalistischen Staatstheorie und hat – gleichsam – die gleiche Dignität wie die Worte. Ohne die imaginative Begleitung sind die Worte hohle Laute, und ohne die Worte ist die ikonische Darstellung ein nur singuläres Phänomen, das nichts beweisen kann. Erst die Einheit von Wort und Bild bildet die intendierte Theorie, erst die Ergänzung des Namens durch die imaginatio, erst Wort und Bild gemeinsam ermöglichen Mitteilung und Verstehen. Die emblematische Darstellung auf dem Titelkupfer figuriert als paradigmatische Durchführung der notwendigen Versinnlichung des Wortcorpus.

Ein weiteres Moment der Hobbesschen Theorie im ganzen und speziell auch der Staatstheorie bildet einen Ermöglichungsgrund der emblema-

---

21 Vgl. *Kritik der Urteilskraft* (1790) § 59.

tischen Anschauung: Die Statik der Konzeption. Die Hobbesschen Theoreme sind, so läßt sich allgemein sagen, auf allen Gebieten von der Logik über die Naturlehre bis zur Staatstheorie zeit- und geschichtsfeindlich. Beschränken wir uns auf die letztere Theorie: Nach der Abwendung von der Vorstellung der zwanziger Jahre, man könne die geschichtliche Erfahrung fruchtbar machen für die Bewältigung staatlich-politischer Probleme, entwickelt Hobbes eine Konzeption gänzlich ahistorischer Art, deren emphatisches Vorbild die Geometrie ist. Die Sätze dieser Wissenschaft sollen analytisch sein, das Rechtsgebilde wird als ein rein simultanes Konstrukt behandelt, eine evolutio juris naturae kennt Hobbes nicht. Also auch hier eine Adäquatheit von theoretischem Gebilde und statischer Abbildung.

Das Frontispiz ist nicht nur ein Emblem, sondern enthüllte sich als bedeutungsträchtiges Arcanum. Warum wurde das Linienwerk, in dem Thema und These des *Leviathan* formuliert sind, so verborgen, daß weder den Hobbes-Interpreten noch den Historikern der Emblematik auch nur eines der transzendenten Raumstücke auffiel? Es scheint im übrigen Werk von Hobbes keine Krypto-Semantik zu geben, so daß man sich nicht auf Parallelstücke berufen kann, um den Sinn des Tiefsinns zu begreifen.

Das Blatt kann auf zweierlei Weise wirken: Einmal wird das Arcanum vom Eingeweihten nach kurzer Zeit dechiffriert und verstanden; zum anderen kann mit einem unbewußten Einfluß gerechnet werden: Das Frontispiz tönt gleichsam dem Betrachter mit seiner Notwendigkeits-Harmonie wie der Kosmos selbst entgegen, er spürt eine suggestive Wirkung, ohne sie diskursiv zu begreifen und erklären zu können. Neben dem sapienti sat steht die latente persuasio. Diese Vorstellung gibt es in der Zeit von Hobbes tatsächlich. Sie läßt sich u. a. bei einem englischen Autor belegen, den Hobbes vielleicht persönlich gekannt hat, denn er gehörte zur intellektuellen Avantgarde der zwanziger und dreißiger Jahre in England und war mit Francis Bacon befreundet, den auch Hobbes persönlich kannte. Es ist der englische Gesandte in Venedig, der Dichter und „Virtuoso" Henry Wotton (1568–1639), der in seinen *Elements of Architecture*[22] von 1624 Vitruv und seinen Exegeten wie Walter Rivius, aber auch Philibert de l'Orme, Vasari und besonders Palladio folgte. Wotton faßt die eurythmia Vitruvs als „that agreeable harmony between the breadth, length, and

---

22 Sir Henry Wotton, *The Elements of Architecture, collected ... from the best Authors and Examples*, London 1624, Nachdruck 1968 (nach dieser Angabe wird zitiert). Zu Wotton vgl. Logan Pearshall Smith in der Einleitung seiner Ausgabe von *The Life and Letters of Sir Henry Wotton*, Oxford ²1907, 1966, I, 1–225, bes. 194–198; Johannes Dobai, *Die Kunstliteratur des Klassizismus und der Romantik in England*, Bern 1974–1977, I, 367–376,

height of all rooms of the fabric, which suddenly, where it is, taketh every beholder by the secret power of proportion"; edle Gebäude „ravish the beholder (and he knows not how) by a secret harmony in the proportions". „Two principal consonances, that most ravish the ear, are by consent of all Nature, the fifth and the octave; ... Now if we shall transport these proportions from audible to visible objects; and apply them as they shall fall fittest ... there will undoubtedly result from either a graceful and harmonious contentment to the eye" (54).

Quinte und Oktave wirken besonders auf den Betrachter; die bloße sichtbar-unsichtbare Proportion hat eine psychagogische Macht. Ließ sich Hobbes von Wottons Schrift anregen? Kam er von ihr zu seiner Geheimsemantik?

Mit dem Hinweis auf Architekturtheoretiker und „Virtuosi" der Kunstkritik wie Wotton ist sicher die Frage beantwortet, wer das Emblem als Eingeweihter zu dechiffrieren verstand. Zu diesen Kennern gehörten auch die Künstler und Gelehrten in Rom, die den *Leviathan* mit seiner reformatorischen Staatstheorie und seinen Angriffen auf den Kardinal Bellarmin (1542–1621) mit besonderem Interesse verfolgt haben werden. Wer die Gesamtanlage des Vatikans als architektonische Darstellung des Christus-Kosmos-Menschen konzipierte, konnte auch mühelos die Anamnese des Hobbesschen Titelkupfers leisten.

Man wird vielleicht den bisherigen Ausführungen mit einer gewissen Skepsis gefolgt sein: Interessierte sich der erznüchterne Philosoph Thomas Hobbes überhaupt für Kunst? Gibt es Hinweise dafür, daß er die Traditionsströme, die sich im Titelblatt des *Leviathan* vereinen, überhaupt zur Kenntnis nahm? Zunächst muß die Frage nach Hobbes' „Kunst"interesse auf ihn und seine Zeit bezogen werden. Kunst und Wissenschaft waren nicht in gleicher Weise wie seit dem 18. Jahrhundert mit seiner Geschmacksästhetik getrennt. Poetry, Architecture, Musique sind Titel der Wissenschaftstabelle im *Leviathan* (IX Ende). Besonders zur Dichtung hatte Hobbes ein enges Verhältnis. 1675 publizierte er seine Übersetzung der *Odyssee* mit einer poetologischen Vorrede, und aus dem Jahr 1650 – dem Jahr also vor der Publikation des *Leviathan* – datiert eine kurze Abhandlung mit dem Titel *The Answer of Mr Hobbes to Sr Will. D'Avenant's Preface to Gondibert*; in ihr setzt sich Hobbes mit der Dichtung allgemein auseinander und verrät eine intime Kenntnis der Theorietraditon.[23]

---

23 Der Text ist zugänglich in der Ausgabe der *Critical Essays of the XVII Century* von J. E. Spingarn, Bloomington und London ³1968, II, 54–67. Die Seitenangaben bei den folgenden Zitaten beziehen sich auf diese Ausgabe.

Natürlich wird man versucht sein, in dem Traktat nach Anspielungen und Parallelen zu suchen, die Hobbes als den eigentlichen Autor des Frontispizes ausweisen. Und man wird Gefahr laufen, in den Text hineinzulesen, was man gern finden möchte. Sei's drum, der Zusammenhang ist evident: Die Dichtung zerfällt in drei modi[24], wie es der Gliederung des Universums durch die Philosophen in Himmel, Luft und Erde entspricht und den drei Regionen der menschlichen Kultur: Court, City und Country, „correspondent in some proportion to those three Regions of the World. For there is in Princes and men of conspicuous power, anciently called Heroes, a lustre and influence upon the rest of men resembling that of the Heavens; and an insincereness, inconstancy, and troublesome humor of those that dwell in populous Cities, like the mobility [Ursprung des Wortes Mob! vgl. auch *Elements of Law* I, 4, 2], blustring and impurity of the Aire; and a plainness and though dull, yet a nutritive faculty in rurall people, that endures a comparison with the Earth they labour" (54–55). Die Dreigliederung entspricht der Aufteilung des Frontispizes in Fürst, Stadt (auf einer Anhöhe gelegen) und Land. – In dem Gedicht von D'Avenant treten zwei Helden auf, Gondibert und Oswald. „Observing how few the persons be you introduce in the beginning, and how in the course of the actions of these (the number increasing) after several confluences they run all at last into the two principal streams of your Poem, Gondibert and Oswald, methinks the Fable is not much unlike the Theater. For so, from several and far distant Sources, do the lesser Brooks of Lombardy, flowing into one another, fall all at last into the two main Rivers, the Po and Adice. It hath the same resemblance also with a man's veins, which, proceeding from different parts, after the like concourse insert themselves at last into the principal veins of the Body. But when I considered that also the actions of men, which singly are inconsiderable, after many conjunctures grow at last either into one great protecting power or into destroying factions ..." (60–61). Der Vergleich von Fluß- und Adersystem ist vielleicht getragen von einer bestimmten Erdauffassung, gemäß der die Erde ein von Adern durchzogener großer tierähnlicher Körper ist, und vielleicht spielt auch das Titelblatt mit dieser Analogie vom Menschen- und Erdkörper.[25] Und

---

24 Zur Tradition der drei Dichtungsmodi und ihren Variationen und Anwendungen in den verschiedenen Künsten vgl. Jan Bialostocki, *Das Modusproblem in den bildenden Künsten. Zur Vorgeschichte und zum Nachleben des „Modusbriefes" von Nicolas Poussin*, u. a. in: Zeitschrift für Kunstgeschichte 24, 1961, 128–141.

25 Zu diesem Komplex vgl. das umfassende Material in der Arbeit von Alexander Perrig, *Leonardo: Die Anatomie der Erde*, in: *Jahrbuch der Hamburger Kunstsammlungen* 25, 1980, 51–80.

ist es Zufall, daß sich auf der rechten Bildseite des Emblems zwei Flüsse vereinen?

Aber was sollte gezeigt werden? Daß Hobbes durch Neigung und Kenntnis befähigt war, das Frontispiz des *Leviathan* selbst zu konzipieren. Die inventio wird von ihm stammen, die technische Durchführung leistete vermutlich Hollar.

Wir können jetzt das manieristische Motto des plura latent quam patent verkehren: Plura patent quam latent! Plura, non omnia, denn zwei Fragen wurden nicht beantwortet. Einmal: welches ist der exakte Grund für die Wahl des biblischen Leviathans als eines Symbols für den Herrscher, des Meerungeheuers für den Friedensfürsten? Zum anderen: Welches ist der genaue Grund für die Verrätselung des Titelblattes? Wollte Hobbes den Ursprung und das Geheimnis politischer Macht zum Ausdruck bringen? Den Ursprung dadurch, daß er in der Metamorphose des Ungeheuers zum Friedensfürsten die Genesis des status civilis aus dem status naturalis symbolisch wiedergibt? Das Arcanum der souveränen Gewalt des princeps absconditus dadurch, daß er die wahre Bedeutung des Emblems den Blicken von jedermann entzieht? Es wird vermutlich unmöglich sein, hier eine exakte Antwort zu finden, wie es der Autor wollte.

3

Bernd Ludwig

Womit muß der Anfang der Staatsphilosophie gemacht werden?

Zur Einleitung des *Leviathan*

3.1 Drei Darstellungsformen der politischen Philosophie

Bei einem Philosophen der Neuzeit weist die Architektonik des Systems gemeinhin den direktesten Zugang zu seinen leitenden Ideen. Es bietet sich an, auf dem Weg zum *Leviathan* daher zunächst einem solchen Hinweis zu folgen – und sich bei dieser Gelegenheit zugleich die wesentlichen Textstellen vor Augen zu führen, an denen Hobbes außerhalb des *Leviathan* seine Systematik erörtert: „Die Philosophie zerfällt in zwei Hauptteile, (...) die Natur- und die Staatsphilosophie. Weil aber weiter, um die Eigenschaften des Staates zu erkennen, es notwendig ist, daß man vorher die Anlagen, Affekte und Sitten der Menschen erkennt, pflegt man die Philosophie vom Staate wiederum in zwei Abteilungen zu gliedern, von denen die erste, die von den Anlagen und Sitten handelt, als Ethik, die andere, die auf Erkenntnis der bürgerlichen Pflichten geht, als Politik oder einfach als Philosophie vom Staate bezeichnet wird" (*CO*, I, 9; 13).

a) Hobbes hat drei Traktate über den Staat geschrieben: Die *Elements of Law*, *De Cive* und den *Leviathan*. Der erstgenannte und der letztgenannte folgen offensichtlich dem hier aufgezeichneten Bauplan der zweiteiligen Bücher über die „Philosophie vom Staate": Die *Elements of Law* von 1640 beschränken sich ganz auf die beiden Teile ‚Ethik' und ‚Politik' (sc. über die Menschen als „natürliche Personen" und als „politische Körper"); der *Leviathan* von 1651 fügt den beiden Teilen „Vom Menschen" und „Vom Staat" zwar noch zwei weitere hinzu („Vom christlichen Staat", „Über das Reich der Finsternis"); von diesen behauptet Hobbes jedoch, daß sie eine bloße Beigabe zum Zwecke der Korrektur irriger Glaubenslehren seien (vgl. 533 f.). Die *Elements of Law* und der *Leviathan* stellen also beide im

Kern jene zweiteilige Darstellung der „Philosophie vom Staate" vor, die im obigen Zitat genannt wurde: Eine Lehre von der Politik, der „notwendig" eine Ethik, d. i. die Lehre vom Menschen vorangeht.

Das dritte Buch, *De Cive (Vom Bürger)*, ist inhaltlich weitgehend deckungsgleich mit dem als ‚Politik' bezeichneten zweiten Teil der beiden anderen Werke; es ist allerdings erweitert um die Lehrstücke vom Naturzustand und von den natürlichen Gesetzen, welche in den beiden anderen Schriften bereits am Ende der ‚Ethik' stehen (vgl. dazu *HO*, XV, 4; 56). *Vom Bürger* erscheint jedoch in zwei Auflagen (1642 und 1647), die sich hinsichtlich ihrer *deklarierten* Beziehung zu dem ausgesparten Teil der ‚Ethik' nicht unwesentlich unterscheiden. Übersieht man den hierin zum Ausdruck kommenden Unterschied zweier (weiterer) Darstellungsweisen der ‚Politik' – den Hobbes selbst, wie sich sogleich zeigen wird, *sehr* ernst genommen hat –, so bleibt einem der prägnante Sinn einiger der zentralen methodologischen Passagen im Hobbesschen Werk verschlossen – und damit auch die Einleitung des *Leviathan*, um die es im folgenden geht. Wir müssen uns daher zunächst kurz den beiden Versionen des Traktats *Vom Bürger* zuwenden.

Für die *erste* Auflage dieser Schrift ergibt sich deren wesentliche Beschränkung auf die ‚Politik' unmittelbar aus dem Titelblatt. *Vom Bürger* ist dort nämlich ausgewiesen als die ‚sectio tertia' einer *Gesamtdarstellung* der *Elemente der Philosophie* in drei Teilen. Deren erster Teil, *Vom Körper*, hat neben Logik und Erster Philosophie die Naturphilosophie zum Gegenstand, und deren zweiter, *Vom Menschen*, enthält die eigentliche ‚Ethik' (die Lehre von den menschlichen Anlagen und Sitten, vgl. *HO*, XIII; 36). Der erste Satz des dritten Teils, *Vom Bürger*, weist dann auch auf die Anbindung an den zweiten Teil, d. h. auf den engen Zusammenhang von ‚Politik' und ‚Ethik' hin, indem er einen expliziten Rückbezug herstellt: „In der vorangehenden Sektion wurde die allgemeine menschliche Natur vorgestellt, welche körperliche wie geistige Vermögen umfaßt; diese können ingesamt auf vier Gattungen zurückgeführt werden ..." (vgl. Warrender 1983, 89/ Fn. 1). Auch zu Beginn der eigentlichen ‚Politik' (*CI*, V, 1; 124) wird später dann noch einmal explizit (mit einem „Es wurde in der vorigen Sektion gezeigt ...", ebd., 130 Fn. 7) auf die Schrift *Vom Menschen*, und zwar auf die dort gelieferte Theorie der Bestimmung des menschlichen Willens durch die Vorstellungen von Gut und Böse zurückverwiesen, womit abermals die oben im ersten Zitat angesprochene „notwendige" Einheit der beiden Teile zum Ausdruck kommt.

Nun hatte Hobbes 1642 die Schrift *Vom Bürger* zunächst in kleiner Auflage und ohne die beiden vorangehenden Sektionen herausgegeben (diese erscheinen erst 1655 und 1658). Während er sodann in Paris an der ersten Sektion, *Vom Körper*, arbeitet, sorgt sich sein Freund Sorbière um die zweite Auflage der schnell vergriffenen Sektion III. Er kann für das Projekt den renommierten Verleger Elzevir in Amsterdam gewinnen, doch dieser stellt eine Bedingung: Er ist aus kommerziellen Gründen am Geschäft nur interessiert, wenn die – potentiell absatzmindernden – Verweise auf die noch nicht erschienenen vorigen Sektionen getilgt werden. Wie wir einem Brief an Sorbière vom 1. Juni 1646 (Warrender 1983, 302) entnehmen können, ist Hobbes dazu bereit. Er weist Sorbière dort nämlich an, sowohl den Hinweis „sectio tertia" auf dem Titelblatt als auch die beiden oben genannten Rückverweise zu tilgen, was dieser dann auch in die Tat umsetzt. *Vom Bürger* wird so durch wenige Federstriche zu einer formal eigenständigen Schrift. Doch damit nicht genug. Hobbes fügt ein Vorwort hinzu, in welchem er diese scheinbar marginale Modifikation in eine methodische Entscheidung umdeutet und die Schrift *Vom Bürger* nun ausdrücklich als ein eigenständiges Werk vorstellt: „So ist es gekommen, daß der der Anordnung nach letzte Teil zuerst fertig geworden ist, zumal da ich sah, daß er sich auf seine eigenen, durch Erfahrung bekannten Grundsätze stützte und deshalb der vorigen Teile nicht bedurfte" (*CI*, Vorrede; 72).

Weder das Titelblatt noch der Gesamtduktus des Textes der ersten Auflage konnten eine solche Deutung freilich auch nur erahnen lassen. Hobbes erläutert sein Vorgehen im neuen Vorwort daher ausführlich – ohne allerdings darauf hinzuweisen, daß es sich um eine Neukonzipierung gegenüber 1642 handelt. Zunächst legt er dar, er habe den Staat zum Zwecke der Untersuchung „gleichsam als aufgelöst [dissoluta] betrachtet". Dieses Verfahren wähle man bekanntlich auch zum besseren Verständnis z. B. einer Uhr, denn deren Funktionsweise sei am besten zugänglich, wenn zunächst „die Materie, die Gestalt und Bewegung jedes Teils für sich betrachtet wird". Da die Teile des Staates die Menschen seien, müsse man in der Staatphilosophie nun zunächst mit diesen beginnen. Sodann erklärt er: „Nach dieser Methode bin ich verfahren; an erster Stelle setze ich deshalb den allen durch Erfahrung bekannten und von jedermann anerkannten Grundsatz, daß die Anlagen der Menschen von Natur so beschaffen sind, daß, wenn die Furcht vor einer über alle bestehenden Macht sie nicht zurückhielte, sie einander mißtrauen und einander fürchten würden und daß jeder durch seine Kräfte sich mit Recht schützen könne und auch wolle" (*CI*, Vorrede; 68). Wir haben also mit der zweiten Auflage der Schrift *Vom Bürger* – zumindest der Hobbeschen *Deklaration* gemäß – eine *dritte* Darstellungsform der ‚Politischen Philosophie' vorliegen: Neben der Darstellung in den zweiteiligen *Elements of Law* bzw. im *Leviathan* (Ethik,

Politik) und der im Rahmen der dreiteiligen *Elemente der Philosophie* (*Vom Körper, Vom Menschen, Vom Bürger*) gibt es seit 1647 noch eine eigenständige Präsentation der ‚Politik‘, die sich gründet auf die Erfahrung der kriegerischen Gesinnung der Menschen außerhalb einer Zwangsordnung.

b) Angesichts der Vorgeschichte der Drucklegung könnte dieser autonome Zugang zur Politik zunächst durchaus als bloßer Notbehelf zum Zwecke der Überlistung des Verlegers der zweiten Auflage erscheinen. Hobbes selbst hat ihn jedoch – und damit wird er nun für das Verständnis der Hobbesschen Bemerkungen zur Methodologie zentral – äußerst ernst genommen und ihm explizit eine eigene, politisch-pragmatische Bedeutung zugewiesen. Dies können wir u. a. dem Methodenkapitel der Schrift *Vom Körper* entnehmen: „Die Staatsphilosophie hängt nicht so fest mit der Moralphilosophie zusammen, als daß sie nicht von ihr getrennt werden könnte. Man erkennt nämlich die Ursachen der Seelenregungen nicht nur durch wissenschaftliche Forschung, sondern auch durch die eigene Erfahrung, wenn man sich Mühe gibt, die eigensten Gefühle zu beobachten. Und deshalb können nicht nur diejenigen, die von den ersten Prinzipien der Philosophie nach der synthetischen Methode zur Erkenntnis der Begierden und Leidenschaften gelangt sind, durch Vorwärtsschreiten auf demselben Wege (...), sondern auch diejenigen, die die Grundlagen der Philosophie, nämlich Geometrie und Physik, nicht studiert haben (...), zu den Prinzipien der Staatstheorie durch die analytische Methode gelangen. Denn angenommen, man gehe von einer beliebigen Frage aus, z. B. ob eine bestimmte Handlung gerecht oder ungerecht sei, so wird man durch Auflösung des Begriffs ‚ungerecht‘ in ‚eine Handlung wider das Gesetz‘ und des Begriffs ‚Gesetz‘ in den ‚Befehl dessen oder derjenigen, die die Macht und erzwingbare Gewalt besitzen‘, und des Begriffs ‚Macht‘ in den ‚Willen der Menschen, die eine solche Macht, des Friedens wegen, einsetzten‘, schließlich zu dem Ergebnis gelangen, daß die Triebe und Seelenregungen der Menschen von irgendeiner Macht in Schranken gehalten werden müssen, weil die Menschen sich sonst gegenseitig bekämpfen und bekriegen würden. Diese Tatsache lehrt aber jeden einzelnen die Erfahrung, wenn er nur seine Seele prüft. Folglich kann man von diesem Punkte aus durch Zusammensetzung zur Bestimmung der Gerechtigkeit oder Ungerechtigkeit jeder beliebigen Handlung vorwärtsschreiten" (*CO*, VI, 7; 63).

Nicht nur durch ‚wissenschaftliche Forschung‘, *sondern auch* durch die ‚eigene Erfahrung‘ kann man also zu den Prinzipien der Staatsphilosophie gelangen. Während die wissenschaftliche Forschung ihren Anfang bei der Lehre *Vom Körper* (sc. ‚erste Prinzipien‘) *und Vom Menschen* (sc. ‚Begierden und Leidenschaften‘) nimmt, kann der alternative Zugang sich auf die Erfahrung des kriegerischen Charakters der (nicht-beherrschten) Menschen berufen. Nichts anderes als die beiden methodischen Selbst-Verortungen der Schrift *Vom Bürger* in den Versionen von 1642 und 1647 werden hier 1655 einander gegenübergestellt: Die Staatsphilosophie als dritter Teil der *Elemente der Philosophie* und als ein sich „auf seine eigenen, durch Erfahrung bekannten Grundsätze" stützender, *eigenständiger* Traktat *Vom Bürger* – mit dem einen signifikanten Unterschied, daß 1655 für die *Hinführung* zur empirischen Fundierung eine ‚Analysis' (s. u.) des Begriffs der gerechten Handlung stattfindet und nicht mehr – wie noch 1647 – der Staat als aufgelöst betrachtet wird.

Daß freilich nur diejenige Darstellung der Staatsphilosophie als eine genuin *wissenschaftliche* gelten kann, welche von den ersten Prinzipien der Philosophie ausgeht, versteht sich für Hobbes von selbst. Er ist im obigen Zitat vorsichtig genug, nur davon zu sprechen, daß man auf dem zweiten Wege zu den Prinzipien *gelangen* (pervenire) könne – von notwendigen Einsichten oder gar vom Beweisen (demonstrare) ist dabei keine Rede. Wenige Seiten später, gegen Ende des Methodenkapitels, legt er abschließend den Aufbau des Gesamtsystems der Philosophie dar und betont nachdem er der Staatsphilosophie „die letzte Stelle" zugewiesen hat: „Daß aber die Anordnung der gesamten Lehre genau die sein muß, die ich angegeben habe, läßt sich aus folgendem erkennen: Was an späterer Stelle gelehrt werden muß, läßt sich, wie ich schon sagte, nur demonstrieren, wenn bereits das erkannt ist, was zuvor zu erörtern ist" (*CO*, VI, 17; 73). Es gibt somit zwar den ‚empirischen Seiteneinstieg' zur Hobbesschen Staatsphilosophie, welcher unabhängig ist von erster Philosophie und philosophischer Lehre vom Menschen, doch dieser ist – vergleichbar etwa einem Zugang zu den Planetenbahnen ohne Rekurs auf das Gravitationsgesetz – keinesfalls ein Königsweg zu einer Wissenschaft *sensu stricto*. Nur eine solche aber kann die „Notwendigkeit (...), Staaten aufzurichten" (*CO*, VI, 7; 62) demonstrieren.

Auch im *Leviathan* wird der Gedanke eines zweifachen Zugangs zur Staatsphilosophie in derselben Weise aufgegriffen. Nachdem Hobbes im Naturzustandskapitel gezeigt hat, daß der Kriegszustand „aus den natürlichen Leidenschaften der Menschen notwendig folgt" (131), heißt es an die Adresse des Zweiflers: „Manchem, der sich diese Dinge nicht gründlich überlegt hat, mag es seltsam vorkommen, daß sich die Menschen im Naturzustand so sehr entzweien und zu gegenseitigen Angriffen und gegenseitiger Vernichtung treiben sollten, und vielleicht wünscht er deshalb, da er dieser Schlußfolgerung aus den Leidenschaften nicht traut, dies durch die Erfahrung bestätigt zu haben" (96). Es ist kaum verwunderlich, daß

Hobbes sodann auf ebenjene Beispiele zurückgreift, die er bereits vier Jahre zuvor in der zweiten Auflage der Schrift *Vom Bürger* zur Bekräftigung des im Vorwort angekündigten ‚Erfahrungsgrundsatzes' neu hinzugefügt hatte: Die Menschen verschließen aus gegenseitiger Furcht nachts ihre Häuser und tragen auf Reisen Waffen – weil sie die Menschen kennen (*CI*, Vorwort; 68 und I, 2; 79 Anm. 2). Im *Leviathan* stehen diese Beispiele – und mit ihnen die zusätzliche Bestätigung „durch die Erfahrung" – damit genau dort, wo die Schrift *Vom Bürger* 1647 als ‚autonome' Darstellung der Politik den Faden aufnehmen sollte: An der Stelle, die dem Nachweis gewidmet ist, daß der natürliche Zustand der Menschen ein Kriegszustand ist.

Daß es im Leviathan jedoch primär um die *Philosophie* vom Staat *sensu strictu* – und nicht etwa bloß um politische *Erfahrungsgrundsätze* – geht, macht Hobbes indes im letzten Satz der Einleitung hinreichend deutlich, wenn er zum Schluß der Erläuterung seiner Methode behauptet, die im ersten Teil zu behandelnde Lehre vom Menschen lasse „keine andere Beweisführung (demonstration) zu" – keine andere, aber dann doch zumindest die, die er in der Einleitung selbst angesprochen hat; und daß für Hobbes die Erfahrung grundsätzlich nicht für ‚demonstrations' taugt, werden wir im nächsten Kapitel sehen.

Halten wir nun das bisherige Ergebnis fest: Die Frage nach dem Anfang der Wissenschaft vom Staate kann für Hobbes offenbar auf drei Weisen beantwortet werden. Im Gesamtsystem der *Elemente der Philosophie* muß die Staatsphilosophie genaugenommen mit der ersten Philosophie, d. i. in der Sektion *Vom Körper* anfangen. In den *Elements of Law* und im *Leviathan* ist es „notwendig", daß sie mit der Lehre vom Menschen beginnt. In der zweiten Auflage der Schrift *Vom Bürger* schließlich ist sie auf ein eigenes Erfahrungsfundament gestellt und damit selbst unabhängig von der Ethik – wobei ihr allerdings der Status einer demonstrativen Wissenschaft abhanden kommt. Für das Verständnis des *Leviathan* wird nach alledem die Frage zu beantworten sein, warum Hobbes trotz des Verzichts auf die *erste* Sektion – d. i. Erste Philosophie, Bewegungslehre und Naturphilosophie – am demonstrativen Charakter der ‚Philosophie vom Staate' als einer auf die Ethik gegründeten Politik festhalten kann. Die Antwort darauf wird man in der Einleitung des *Leviathan* finden – doch nur dann, wenn man den Hinweisen nachgeht, die Hobbes an jener Stelle bietet, und sich nicht – wie es zumeist geschieht (vgl. Sorell 1988, 69 f.) – durch das Vorwort der zweiten Auflage der Schrift *Vom Bürger* in die Irre führen läßt. Dort ging es nämlich – wie wir gesehen haben – allein um die mögliche Unabhängigkeit der ‚Politik' von der ‚Ethik', und davon ist im *Leviathan* nirgendwo die Rede – was angesichts des Zitats zu Beginn dieses Kapitels auch nicht anders zu erwarten ist.

3.2 Philosophie, Demonstration und Definition

Eine explizite Definition der Philosophie (Hobbes verwendet diesen Begriff synonym mit ‚Wissenschaft') liefert Hobbes erstmals gegen Ende des *Leviathan*, im Rahmen seiner Auseinandersetzung mit der ‚Afterphilosophie' der scholastischen Gelehrsamkeit, doch man tut gut daran, sie sich rechtzeitig zu vergegenwärtigen: „Unter *Philosophie* versteht man das *Wissen, das erworben wird, indem man von der Art der Erzeugung eines Dinges auf seine Eigenschaften oder von den Eigenschaften auf einen möglichen Weg der Erzeugung schließt, um zu ermöglichen, sofern es Stoff und menschliche Kraft erlauben, solche Wirkungen zu erzeugen, die das menschliche Leben erfordert."* (507). Hobbes weist – um die Tragweite einer solchen Definition deutlich zu machen – im Anschluß gleich noch einmal darauf hin, daß Philosophie auf dem Schließen (reasoning) beruht und somit strikt zu trennen ist von der Klugheit, die allein auf Erfahrung (experience) gegründet ist. Freilich versteht Hobbes unter Erfahrung nicht einfach Sinneswahrnehmung und Gedächtnis denn die Sinneswahrnehmung selbst und die Erinnerung an *einfache* Wahrnehmungen ist für ihn die Grundlage *aller* Vorstellungen und damit selbstverständlich auch Ausgangspunkt der Philosophie (vgl. L, 11–13). ‚Erfahrung' bezeichnet – anders als im heutigen Sprachgebrauch – vielmehr *ausschließlich* ein komplexes Erinnern von Regularitäten der Sinnenwelt (vgl. 14), welches seinerseits allerdings nicht durch eine *sprachliche* Ordnung der Vorstellungen, sondern allein durch einen natürlichen, dem direkten menschlichen Zugriff weitgehend entzogenen Assoziationsprozeß zustande kommt. Erfahrung ist die den Menschen und Tieren gleichermaßen zukommende Fähigkeit, aktuelle Ereignisse als natürliche Zeichen (‚natural signs', z. B. Wolken oder aber Menschen, die nicht unter einer Zwangsgewalt stehen) für Kommendes (z. B. Gewitter resp. Krieg) zu interpretieren, und die erfolgreiche Anwendung dieser Fertigkeit ist ‚Klugheit' (vgl. *L*, 12; 55; 199; 707).

Philosophie hingegen ist ein genuin *menschliches* Kunstprodukt, welches allein durch die erste menschliche Leistung, die Erfindung der Sprache, ermöglicht wird (siehe zur Hobbesschen Sprachtheorie jetzt Kodalle 1995). Durch die Verwendung von Namen als *künstlichen* Merkzeichen (‚artificial marks'), mit denen die Menschen einzelne Vorstellungen aus der Erinnerung zurückrufen können, bilden sie die Folge ihrer Gedanken in eine Folge von Namen ab und können sich sodann den Beziehungen, die zwischen diesen von ihnen selbst bestimmten Namen notwendig bestehen, widmen. Hobbes' Sprachtheorie ist konsequenterweise rein nominalistisch: Namen, die keine individuellen Vorstellungen bezeichnen und damit folglich keine Einzeldinge benennen, bezeichnen und benennen für Hobbes als solche gar nichts. Universale Namen sind somit für Hobbes Namen, die nicht etwa *eine allgemeine*, sondern vielmehr *mehrere* – einander ‚ähnliche' – *partikulare* Vorstellungen bezeichnen, d. i. mehreren Dingen gemeinsam sind. Sie sind daher keinesfalls Benennung von Dingen eigener Art. ‚Mensch', ‚Lebewesen' oder ‚Stein' benennen nicht etwa allgemeine Gegenstände, sondern sind bloß vielen Gegenständen gemeinsame Namen (vgl. *L*, 26).

Werden die Namen nun benutzt, um auch bei anderen die entsprechenden Vorstellungen zu erzeugen, so dienen sie als willkürliche Zeichen (‚voluntary signs') einer öffentlichen Sprache – und damit als Medium einer öffentlichen Vernunft: „Die Vernunft [reason] ist nichts anderes, als das Rechnen (d. h. Addieren und Subtrahieren) mit den Folgen aus den allgemeinen Namen, auf die man sich zum Kennzeichnen und Anzeigen unserer Gedanken geeinigt hat." (32) Die Mathematiker addieren Zahlen und die Geometer folglich Linien und Figuren. Die Logiker addieren somit Schlußfolgerungen aus Wörtern, indem sie Wörter zu Sätzen, Sätze zu Syllogismen und Syllogismen zu Beweisen (demonstrations) verbinden, oder aber sie subtrahieren von der Schlußfolgerung eines Syllogismus eine seiner Prämissen, um die andere zu erhalten; politische Schriftsteller schließlich addieren Vertragsschlüsse, um die Pflichten der Menschen herauszufinden (32). – Kennt man alles, „was aus den Namen folgt, die dem in Frage stehenden Gegenstand zugehören", so nennt man diese Kenntnis „Wissenschaft" (36). Diese ist – im Unterschied zum Tatsachenwissen und zur Klugheit – das Wissen von den Folgen, die sich aus einer Behauptung für eine andere ergeben (*L*, IX).

Die Philosophie ist nun aber nicht bloß eine Sammlung von Schlußfolgerungen, sondern vielmehr eine planvolle Tätigkeit. Anders als die rohe Vernunft der ‚Wilden Amerikas' kennt sie eine Methode. Hobbes führt im Anschluß an die zu Beginn dieses Abschnittes zitierte Definition der Philosophie ein Beispiel für die beiden dort genannten Schlußrichtungen innerhalb des Rahmens einer Disziplin an: „So entdeckt der Geometer aus der Konstruktion von Figuren viele ihrer Eigenschaften und aus den Eigenschaften neue Wege ihrer Konstruktion ...". Es ist kein Zufall, daß Hobbes an erster Stelle ein geometrisches Beispiel heranzieht. Wie uns in der biographischen Skizze von John Aubrey mitgeteilt wird, ist er durch den Beweis des Satzes von Pythagoras, den er etwa 1630 in einem eher zufällig offen herumliegenden Exemplar von Euklids *Elementen* entdeckte, zu der Einsicht gekommen, daß eine jede Wissenschaft ‚more geometrico' vorzugehen habe: Das methodische Ideal wissenschaftlicher Beweisführung ist damit die *Konstruktion*, die gedankliche Rekonstruktion der Erzeugung ihres Gegenstandes durch die Bewegung. (vgl. Aubrey 1984, 7) Wo es keine Bewegung (und damit keine Erzeugung) gibt, gibt es keine Wissenschaft (*CO*, I, 8; 11; vgl. dazu Kersting 1988, 128 f.). In der Geometrie ist das konstruktive Ideal unmittelbar verknüpft mit einer Methode der ‚generativen' *Definition*: Der Kreis etwa wird von Hobbes nicht einfach definiert durch die Eigenschaften, die er als *Phänomen* (Wirkung) hat (er ist geometrischer Ort aller Punkte, die von einem ausgezeichneten Punkt denselben Abstand haben), sondern vielmehr durch das Verfahren seiner *Erzeugung* (seine ‚Ursache'): Er „ist eine Figur, entstanden aus der Bewegung einer geraden Linie um den einen ihrer Endpunkte" (*CO*, VI, 13; 69).

Eine solche Definition ermöglicht es, alle jene Eigenschaften des Kreises, welche die notwendige Wirkung seiner Erzeugung sind, mittels syllogistischer Schlußfolgerungen aus dieser abzuleiten. Damit ist der erste der beiden Schritte des philosophischen Procedere der Geometrie, die Ableitung der Phänomene aus den erzeugenden Gründen, beschrieben. Die Umkehrung, die Schlußfolgerung von den Wirkungen auf die Ursachen, besteht in der Geometrie darin, von bekannten Figuren auszugehen und auf die *möglichen* Weisen ihrer Erzeugung zurückzuschließen; entweder, um zu bereits bekannten Ursachen vorzudringen, oder aber um neue Erzeugungsweisen zu entdecken, die dem Menschen nützlich sein können. Die den geometrischen Lehrsätzen eigentümliche ‚Notwendigkeit' bezüglich der Ableitung der ‚Wirkungen' aus den ‚Ursachen' verdankt sich letztlich der Tatsache, daß wir die Konstruktionsprinzipien der Objekte selbst in den Definitionen festlegen: „Geometry therefore is demonstrable, for the lines and figures from which we reason are drawn and described by ourselves" (*EW*, vii, 183, vgl. *H*, X, 5; 18 f.). Hobbes beschränkt den privilegierten Status einer Wissenschaft nun alledings nicht auf die Geometrie, denn der obige Satz geht weiter: „and civil philosophy is demonstrable, because we make the commonwealth ourselves." Der entscheidende Schritt, den Hobbes tun muß, um das geometrische Methodenideal auch auf andere Teile der Wissenschaft anwenden zu können, ist die Übertragung des Verfahrens der Ableitung von Wirkungen aus Ursachen – und der Suche nach möglichen Ursachen für bekannte Wirkungen – auf andere Gegenstandsbereiche, denn Wissenschaft ist – und Hobbes weiß sich hier ganz mit Aristoteles einig – Wissen von *Ursachen*: ‚scire est per causas scire' (*OL*, vi; 43; *OL*, v, 156; vgl. *CO*, V, 1; 56). Ausgangspunkt einer jeden wissenschaftlichen Beweisführung sind aufgrund dieser Vorgaben die generativen Definitionen, denn was nicht in den Definitionen enthalten ist, kann auch in keiner Schlußfolgerung gefunden werden (*CO*, VI, 13; 69).

Im Falle der Staatsphilosophie wird sich die Übersetzung des geometrischen Programms als ohne größere Schwierigkeiten realisierbar erweisen: Da die Menschen den Staat – wie sich unten in Abschnitt IV noch andeuten wird – als ein Kunstprodukt *selbst* hervorbringen müssen und können, können sie seine Eigenschaften aus den einschlägigen Konstruktionsprinzipien erschließen. Der so erkannte Staat verhält sich damit zu den wirklichen Staaten, wie der Kreis des Geometers zu den ‚wirklichen' Kreisen (etwa dem Rand der Sonnenscheibe): beide *können* als durch das wohlbekannte, in der Definition festgelegte Erzeugungsprinzip hervorgebracht gedacht werden (siehe dazu Ludwig 1995). Hobbes macht auf diese Weise Geometrie und Staatslehre zu den Wissenschaften par excellence: Ihr Gegenstand ist ‚Makers knowledge' und es bedarf daher keines eigenen Organs (wie etwa des Aristotelischen ‚nous') zur Erkenntis der ersten Definitionen. Für die Geometrie konnte Hobbes diese Idee freilich von seinen Pariser Freunden (Mersenne, Gassendi; siehe Hanson 1991, 637) übernehmen, auch für eine naturwissenschaftliche Technik hatte bereits Francis Bacon ein ähnliches Programm aufgestellt (siehe Pérez-Ramos 1988). Die Übertragung auf die Staatslehre reklamierte Hobbes jedoch zu Recht als seine eigene, revolutionäre Erfindung, die es erlaubte, nach zweitausend Jahren endlich mit dem Aristotelischen Vorurteil aufzuräumen, die Staatswissenschaft sei eine Wissenschaft geringerer Rigidität und reduzierter Genauigkeit.

Im Methodenkapitel der Schrift *Vom Körper* erläutert Hobbes die beiden in der Philosophie-Definition genannten Schritte einer jeden Wissenschaft unter den aus Pappus' derzeit wohlbekanntem Geometrie-Traktat (*Synagoge*, ~320 v. Chr.) übernommenen Namen ‚Analysis' und ‚Synthesis' (bzw. ‚resolutio' und ‚compositio' in der von Hobbes benutzten lateinischen Übersetzung von Commandino), und im Geometrie-Kapitel (*CO*, XX, 6) liefert er später eine noch detailliertere Erörterung nach. Die Synthesis schreitet in Form der syllogistischen ‚demonstratio' von den Ursachen (bzw. der Erzeugung) zu deren Wirkungen fort, und Analysis führt – als Umkehrung dieses *Beweis*verfahrens – von den Phänomenen zu möglichen Ursachen zurück. John Watkins hat in seiner einflußreichen Monographie – offensichtlich angeregt durch die Bewunderung, welche Hobbes den Leistungen des Physiologen Harvey entgegenbrachte – die Hobbessche ‚resolutio' nicht primär mit der Analysis des Geometers, sondern vielmehr generell mit der Sektion des Anatomen in Verbindung gebracht und infolgedessen einen maßgeblichen Einfluß der *medizinischen* Schule von Padua auf Hobbes' Methode angenommen (Watkins 1973, Kap.3). Zwar könnte der oben in Abschnitt I erwähnte Vergleich der Auflösung des Staates mit der Zerlegung einer Uhr (*CI*, Vorrede; 67) dafür durchaus per Analogie zum Beleg dienen, doch die Watkins' Vermutung zunächst Plausibilität verleihenden Forschungsergebnisse J. H. Randalls bezüglich eines dominanten Einflusses des Paduaer Neo-Aristotelismus auf die moderne Naturwissenschaft haben sich inzwischen als problematisch erwiesen (dazu Prins 1990; Hanson 1990; vgl. Engfer 1982, Kap. II). Hobbes selbst hat überdies nie wieder ein vergleichbares Zerlegungs-Beispiel gewählt, und in der Schrift *Vom Körper* wird eine solche Analogie derart nachdrücklich zurückgewiesen, daß die Vermutung nicht ganz abwegig sein dürfte, es handele sich dabei u. a. um den Wink, die methodische ‚resolutio' nicht mit der ‚dissolutio' aus dem Vorwort der Schrift *Vom Bürger* zu verwechseln: „Unter Teilen [des Ganzen] verstehe ich hier nicht die Teile des Dinges selbst, sondern die Teile seiner Natur, wie ich bei den Teilen eines Menschen nicht seinen Kopf, seine Schultern, Arme usw. meine, sondern seine Gestalt, Quantität, Bewegung, Sinne, Vernunft und dergleichen" (*CO*, VI, 2; 57 – wie wir in Abschnitt I bereits sahen, ist dann wenige Absätze später in VI, 7; 63 die ‚Staatsauflösung' aus *Vom Bürger* entsprechend durch die Analysis einer gerechten Handlung ersetzt worden; vgl. Sorell 1988, 72 f.). Die Auffassung, welche Hobbes hier nachdrücklich *zurückweist*, könnte man offensichtlich kaum treffender illustrieren als durch das Watkinsche Mißverständnis, der Philosoph vollziehe in Gedanken jenes Geschäft, welches der Pathologe mit dem Messer verrrichtet.

Was David Hume (bei dem die Sprache bezeichnenderweise keine besondere Aufmerksamkeit erfährt) später einer Eigenart der menschlichen *Natur* zuschreiben will, nämlich einem instinktiven Übergang von der Beobachtung der Regelmäßigkeiten in der Erfahrungswelt zu vermeintlich notwendigen Kausalurteilen über dieselbe, ist bei Hobbes – wie wir sahen – eine spezielle *Kunst*leistung des Menschen. Kausale *Notwendigkeit*, so könnte man Hobbes' Einsicht auch modern formulieren, gibt es im Unterschied zu den *Verallgemeinerungen* der Klugheit nur, wenn wir durch die Einführung von (willkürlichen) Namen von der bloßen *Beobachtung* zu *Theorien* übergehen, denn *notwendig* sind nicht etwa die Abfolgen von Vorstellungen (‚sign' und ‚event'), sondern allein die Beziehungen zwischen den Namen (‚mark' und ‚mark'), die wir prägen, um unsere Vorstellungswelt zu ordnen. Eine grundsätzliche Schwierigkeit dieser Auffassung zeigt sich freilich darin, daß Hobbes glaubte, das Problem der Bestimmung der Namen sei bereits allein durch deren Zeichenfunktion hinsichtlich eines allen Menschen von *Natur* aus gemeinsamen ‚mental discourse' gelöst (siehe Hanson 1991). Die wechselvolle Geschichte dessen, was in der Naturwissenschaft seit Hobbes jeweils als die ‚natürliche' Vorstellung von bestimmten Entitäten und Vorgängen gilt, legt es nahe, daß dies keine allgemeine Lösung sein kann. Gleichwohl sollte uns Hobbes' wiederholte Betonung (etwa *L*, 257; 285; *OL*, iii, 508 f. und *EW*, v, 297, 396 f., 440 f., vii, 225), seine Definitionen leuchteten allen Menschen unmittelbar ein – sofern sie nur nicht von den Irrlehren der Geistlichkeit verwirrt worden seien – zumindest von dem Mißverständnis abhalten, es breche mit dem Hobbesschen Nominalismus ein „staatsrechtliches Ideal" in seine Sprachtheorie ein (so Cassirer 1922, 56 f.; dagegen Hübener 1977). Die so bezeichnete erkenntnistheoretische Vorstellung, sprachliche Ausdrücke (und damit zugleich freilich auch die ‚Wahrheit' von Urteilen) könnten oder müßten vom (politischen) Souverän nach freiem Belieben festgelegt werden (vgl. das berühmte „truth is determined by the police" bei W. O. v. Quine), sollte man Hobbes nicht ohne Not zuschreiben. Die Hobbessche Einsicht nämlich, daß es für den Bürger durchaus bisweilen *Pflicht* sein kann, etwas vom Staate autoritativ Behauptetes anstelle der Wahrheit *anzunehmen*, wenn in Zweifelsfällen die ‚recta ratio' sich nicht in Form des Konsenses als *natürliche* Instanz des ‚Wahren' (oder auch moralisch ‚Guten') zeigt – der genuin *politische* Nominalismus' Hobbes' also –, beruht stets auf denjenigen „partiell funktionierenden Sprachspielen" (so treffend Kodalle 1995, Abschnitt I), die sich bereits jenseits souveräner Dezision etabliert haben (vgl. *L*, 33; 340). – Im Falle der ‚Politik', der Lehre vom Staat, können wir uns an dieser Stelle mit der oben getroffenen Feststellung begnügen, daß die grundlegenden Definitionen – wie in der Geometrie – die Prinzipien der Erzeugung der Objekte der Theorie formulieren und den Menschen damit bekannt sind. Doch wie kommt man nun zu den Definitionen in der philosophischen Lehre vom Menschen, in der ‚Ethik'?

3.3 Die Lehre vom Menschen und die Introspektion

Hobbes legt dankenswerterweise dem Leser die einschlägige methodische Maxime der Erforschung des Menschen als „Werkstoff" (matter) für die Konstruktion des Staates, gleich im dritten Absatz der Einleitung des *Leviathan* vor Augen: *„Nosce teipsum, lies in Dir selbst*. Dies (…) sollte uns lehren, daß jedermann, der in sich selbst blickt und darüber nachdenkt, was er tut, wenn er *denkt, meint, schließt, hofft, fürchtet usw.* (und aus welchen Gründen), dadurch lesen und erkennen wird, welches die Gedanken und die Leidenschaften aller anderen Menschen bei den gleichen Anlässen sind – und dies wegen der Ähnlichkeit der Gedanken und der Leidenschaften eines Menschen mit den Gedanken und den Leidenschaften eines anderen. Ich meine die Ähnlichkeit der *Leidenschaften*, welche in allen Menschen dieselben sind – wie Verlangen, Furcht, Hoffnung, usw. – nicht die Ähnlichkeit der *Objekte* der Leidenschaften, also der *verlangten, gefürchteten, erhofften usw.* Dinge." Den Ausgangspunkt der Lehre vom Menschen liefert folglich eine Art Selbst*beobachtung*. Diese darf nicht – Hobbes warnt vor einem solchen Mißverständnis ja ausdrücklich – mit einer Selbst*erfahrung* verwechselt werden. Es geht hier nicht etwa darum, zu erfahren, *was* der Mensch bisweilen denkt oder *wovor* er sich gemeinhin fürchtet, sondern vielmehr darum, zu überlegen (consider), was er *tut*, wenn er denkt bzw. sich fürchtet, mit anderen Worten: zu untersuchen, *wie* der Mensch denkt und *wie* er sich fürchtet.

Stellt man den Leviathan in den Rahmen von Hobbes' allgemeiner Wissenschaftskonzeption, dann kann man leicht sehen, daß es bei dem Rekurs auf eine ‚qualifizierte Introspektion' (Missner 1977) nicht etwa darum geht, etwas unspezifisch von der Erfahrung zu erborgen und damit Staatsphilosophie, Ethik und Naturphilosophie in irgendeiner Weise voneinander zu lösen (so etwa die berühmte These von Strauss 1965, 16), sondern daß es sich dabei vielmehr um einen *präzise* bestimm- und lokalisierbaren Schritt im Rahmen von Hobbes' philosophischer Methodologie handelt. Man erkennt dies am leichtesten, wenn man erneut die Schrift *Vom Körper* konsultiert, und zwar in diesem Falle den Anfang von Kapitel XXV: ‚Von der Empfindung und der animalischen Bewegung'. Hobbes führt an dieser Stelle zum wiederholten Male einen Stufenbau der Philosophie vor und geht dabei erneut auf die bereits erörterten zwei Richtungen des philosophischen Vorgehens ein. Doch er führt sie hier nun nicht mehr als zwei zusammengehörige *Schritte* im Fortgang *einer* Disziplin (wie z. B. innerhalb der Geometrie) an, sondern – und dies ist für das Folgende entscheidend – als zwei eigenständige, *verschiedenen Teilen* der Philosophie zugehörige *Wege*: „Daher gibt es zwei Methoden philosophischer Erkenntnis: die erste schreitet von der Erzeugung zu den möglichen Wirkungen, die andere umgekehrt von den Erscheinungen oder Wirkungen zu ihrer möglichen Erzeugung. In der ersten schaffen wir durch die grundlegenden Definitionen die Prinzipien aller Schlüsse, deren Wahrheit darin gegründet ist, daß wir über die Benennung der Dinge einig sind. – Diesen Teil habe ich in den vorigen Kapiteln ausgeführt" (*CO*, XXV, 1; 135).

Die ‚vorigen Kapitel' enthielten die *philosophia prima*, die Lehre von den ‚Universalien' Ort, Zeit, Körper, Akzidenz, Ursache, Wirkung und dergleichen, sowie die ‚Lehre von den Proportionen und den Größen', d. i. Geometrie und Bewegungslehre. Hobbes betont sogleich, er habe in diesen Kapiteln „nichts behauptet (abgesehen von den Definitionen selbst), das nicht aus den Definitionen sich ergibt ...".Dieses Vorgehen ist das synthetische, welches allein zu Behauptungen von demonstrativer Gewißheit führt. Es ist innerhalb der Schrift *Vom Körper* offensichtlich Erster Philosophie, Geometrie und Bewegungslehre vorbehalten. Das analytische Zurückschreiten hingegen, mit dem man nur zu hypothetischem Wissen von *möglichen* Ursachen gelangen kann, ist eine probate Erkenntnisweise in der Lehre von den ‚natürlichen Erscheinungen' und damit auch der menschlichen Natur: „Ich gehe nunmehr zu dem zweiten Teil über, um von den Erscheinungen zu den Wirkungen der Natur, die uns in den Sinnesorganen gegeben sind, die Art und Weise zu erforschen, wie sie, ich behaupte nicht, erzeugt sind, sondern erzeugt werden könnten. Die Prinzipien, von denen das Folgende abhängt, schaffen nicht wir, wie allgemeine Definitionen, sondern wir beobachten sie als von dem Urheber der Natur in den Dingen selbst gesetzt; ... und wenn es auch bei ihrer Entwicklung erforderlich ist, auf die allgemeinen im Vorigen behandelten Lehrsätze zurückzugreifen, so führen sie nur auf mögliche Entstehungsgründe" (ebd.).

Hobbes hatte zuvor am Beginn der Lehre von Raum und Zeit (*CO*, VII, 1 f.; 77) zwei Arten der Untersuchung unserer Vorstellungswelt unterschieden, die beide ihren Ausgang bei der Betrachtung dessen nehmen, „was wir tun, wenn wir denken und schließen": Am Anfang der *philosophia prima* betrachten wir unsere Vorstellungen *als Bilder* der Welt äußerer Dinge und abstrahieren dabei – mit Hilfe der Fiktion einer Weltvernichtung – von ihrer Genese. Wir gelangen auf diese Weise unmittelbar zu jenen universalen Definitionen von Raum, Zeit, Bewegung, Ursache, welche unsere Vorstellungen strukturieren, wenn wir sie als „Vorstellungen von der Welt" begreifen. In der Naturphilosophie beginnen wir dann erneut mit der Untersuchung unseren Vorstellungen, doch betrachten wir sie diesmal als *innere Zustände* unseres Geistes und widmen uns deren *kausaler* Analyse anhand ebenjener universellen Prinzipien, die wir zuvor in der Ersten Philosophie herausgearbeitet hatten. In beiden Fällen beginnen wir – und dies ist für Hobbes' Philosophiekonzeption entscheidend – mit dem, was uns fraglos am vertrautesten (vgl. Oakeshott 1960, xxii) ist, mit unseren Vorstellungen als solchen. Dementsprechend beginnt Hobbes in *CO*, XXV, 1; 133 seine *kausale* Untersuchung der Sinneswahrnehmung der Tiere (und damit auch der Menschen) mit einer Untersuchung der Vorstellungen selbst: Am Anfang steht: „... das Beobachten [observare], daß unsere Vorstellungen und Phantasmen nicht immer dieselben bleiben, daß neue entstehen und alte verschwinden, je nachdem wir unsere Sinne bald auf diesen, bald auf jenen Gegenstand richten". Eine solche Betrachtung also muß der Leser anhand seiner Selbstbeobachtungen zunächst vollzogen haben (s. o.: ‚darüber nachdenkt [consider], was er tut, wenn er *denkt, meint, schließt, hofft, fürchtet usw. ...*'); sodann kann der Naturphilosoph die Änderung der Vorstellungen – und im Anschluß daran auch die Vorstellungen selbst – gemäß den Prinzipien von *prima philosophia* und Bewegungslehre auf Empfindungen, d. i. Repulsions*bewegungen* der Sinnesorgane gegen auftreffende Körper zurückführen, d. i. kausal erklären (vgl. dazu *CO*, IX, 9; 104; siehe auch Hobbes' Kritik der Pseudo-Erklärungen der scholastischen Aristoteliker: *L*, XLVI, 29 f.; 517).

Auch bei der anschließenden Erörterung der Leidenschaften setzt Hobbes voraus, daß der Leser von den fraglichen Phänomenen bereits eine klare Vorstellung hat, und kommt daher sogleich zur Sache:"Es gibt noch eine andre Art von Empfindung, über die hier einiges gesagt werden mag, nämlich die Empfindung von Lust und Schmerz." (*CO*, XXV, 12; 149) Er erörtert das Zustandekommen derartiger Empfindungen und ihre jeweiligen Spezifika mittels der Verschiedenheit der durch äußere Bewegung verursachten Bewegungszustände des Herzens, definiert sodann das analytisch gefolgerte Streben nach der Erhöhung dieser Lebensbewegung als ‚Begehren' (und jenes nach Vermeidung der Verminderung als ‚Abscheu') und schließt die – analytischen – Erörterungen über ‚Empfindungen und animalische Bewegung' mit folgendem Absatz: „Kurz, alle sogenannten Leidenschaften bestehen aus Begehren und Abscheu ... Aber da es unzählig viel Leidenschaften und Gemütsstörungen gibt und außerdem viele von ihnen nur der Mensch kennt, so wollen wir über sie ausführlicher in dem zweiten Teil unseres Systems, in dem Werk ‚Vom Menschen' sprechen ...". ‚Vom Menschen' ist bekanntlich auch die Überschrift des ersten Teils vom *Leviathan*, und wir haben somit jenen Punkt im systematischen Aufbau der Philosophie erreicht, an welchem Hobbes den Faden 1651 aufgreift. Er führt dort zwar nicht ‚unzählige' Leidenschaften auf, doch allein das Kapitel VI liefert einen stattlichen Katalog derselben.

Es ist jetzt aufgrund der wenigen zitierten Bemerkungen aus der Schrift *Vom Körper* – im Verein mit unserer Einsicht in die Architektonik der Hobbesschen Philosophie insgesamt – leicht zu erkennen, daß die Seelenvorgänge – und unter diesen vor allem die Leidenschaften – gleichsam den methodischen Scheitelpunkt einer Philosophie vom Menschen bilden. Analytische und synthetische Methode führen von hier aus in zwei diametrale Richtungen: Die (naturphilosophische) Analysis sucht die – hypothetischen – Ursachen der Empfindungen in postulierten Bewegungen der Materie auf, und die (ethische) Synthesis leitet aus den menschlichen Wahrnehmungen und Leidenschaften die notwendige Eigendynamik menschlichen Handelns ab: „... analytisch ist nämlich das Auffinden [inventio] der Prinzipien von den Empfindungen aus, das übrige hingegen ist synthetisch" (*CO*, VI, 7; 63, vgl. ‚Ethik' in der Tafel von *L*, IX). An dieser Stelle wird zugleich deutlich, warum Hobbes im *Leviathan* auf jenes Analogon der (Uhren-) Zerlegung verzichten kann, ja sogar verzichten *muß*, welches in der zweiten Auflage der Schrift *Vom Bürger* den heuristischen Einstieg in den *empirischen* Zugang zur Staatslehre illustrierte: In einem *demonstrativen* Aufbau der (Staats-) Philosophie ist der Anfang mit der Lehre vom Menschen nicht etwa der Feststellung geschuldet, daß dieser ein Teil des Staates ist – und als ein solches zuerst betrachtet werden muß –, sondern *ausschließlich* der methodologischen Voraussetzung, daß *eine jede* wissenschaftliche *Demonstration* letztlich ihren Ausgang von den Empfindungen und Leidenschaften der Menschen nehmen muß, weil uns diese – und nur diese – „ohne jede Methode" (vgl. *CO*, VI, 5; 59 und 12; 68) unmittelbar zugänglich sind. In der *philosophia prima* waren es die Vorstellungen als *Bilder* einer Welt; in der Naturphilosophie und in der Lehre vom Menschen sind es nun die Vorstellungen und Leidenschaften als *innere Zustände* des Menschen. Daß Hobbes dementsprechend im Rahmen der zweiteiligen ‚Philosophie vom Staate' weder eine Auflösung des Staates methodisch an den Anfang stellt, noch dem Leser unterstellen muß, er habe eine solche bereits vor der Lektüre erwogen, sondern vielmehr ohne Umschweife dort beginnt, wo für ihn eine jede Demonstration letztlich beginnen *muß*, geht unmißverständlich aus dem Anfang des Haupttextes hervor. Der erste Satz lautet: „Was die Gedanken der Menschen betrifft, so möchte ich sie zuerst einzeln und dann in ihrer Abfolge untersuchen [consider, s. o.] ..." In den folgenden Kapiteln, die uns die eigentümliche Natur des Menschen vorstellen, ist dann folgerichtig genausowenig von Staat und dessen Auflösung die Rede, wie etwa in den thematisch ja durchaus verwandten Büchern II–VI von Aristoteles' *Nikomachischer Ethik*.

Die prominent von Watkins propagierte – und in Teilen der Hobbes-Literatur beinahe zum Ruf einer ausgemachten Sache gelangte – Auffassung, wir hätten es zu Beginn des *Leviathan* mit den Menschen im Zustand des de-komponierten Staates und im zweiten Teil sodann mit des letzteren Re-Komposition zu tun, findet daher auch keinerlei Rückhalt im Text des Buches selbst. Sie stellt folglich eine irreführende Übertragung jener methodischen Erläuterungen aus dem Vorwort der zweiten Auflage der Schrift *Vom Bürger* dar, die Hobbes im Jahre 1647 (wie wir oben in Abschnitt I sahen) zu ganz anderen Zwecken anführte (Watkins 1955, 144; Watkins 1973, Kap.4; vgl. bereits Strauss 1965, 148 und noch Nerney 1985, 402; siehe dagegen Ewin 1991, Ludwig 1995). Die Tatsache, daß der *Leviathan* mit dem (einzelnen) Menschen – und zwar mit dessen Vorstellungen – beginnt, ist somit auch keinesfalls ein Indikator für einen spezifisch modernen *sozialen* Atomismus oder *politischen* Individualismus bei Hobbes; er ist allenfalls Ausdruck jenes neuzeitlichen *erkenntnistheoretischen* Subjektivismus, der wenige Jahre zuvor bereits durch Descartes' *Meditationen* berühmt geworden war. Da aber die Vorstellung, daß am Anfang der 'Politik' die 'Ethik' stehen müsse, ohnehin auf Aristoteles zurückgeht, wird man die Modernität Hobbes' nicht einfach an der *Abfolge* der ersten beiden Teile des *Leviathan* ablesen können; man wird sie dafür um so leichter in deren *Inhalt* finden.

Kehren wir zur Hobbesschen Systematik zurück. Der 'Naturphilosoph', der die – zunächst in der Selbstbeobachtung identifizierten – Seelenregungen methodisch auf ihre Ursachen hin untersucht, gelangt, indem er für seine Unterscheidung und Zusammensetzung der einschlägigen Vorstellungen angemessene Definitionen wählt, über den Zwischenschritt einer einheitlichen, hypothetischen Prinzipienlehre der Psychologie (die oben genannte Lehre von 'Streben', 'Begehren' und 'Abscheu') bis hinunter zu einer kohärenten, mit den universalen Prinzipien in Einklang stehenden, aber gleichwohl nur hypothetischen, kinetischen Theorie aller Seelenzustände. Er verfügt damit indes über einen methodischen Rahmen für seine Beschreibung des Menschen, denn er wird dessen „unzählige" Bestrebungen und Leidenschaften, sowie die Grundzüge seines Verhaltens wiederum nach der synthetischen Methode aus den mittels Analysis gefundenen Prinzipien – grundsätzlich – ableiten können (vgl. *CO*, VI, 6; 62). Als 'Staatsphilosoph' greift er dann die gemäß den hypothetischen Prinzipien strukturierte phänomenale Theorie des Menschen auf und macht sie zum Anfangspunkt seiner – synthetischen – Überlegungen zu Mensch und Gesellschaft (*L*, 11; 487).

Oben wurde Hobbes' Charakterisierung der synthetischen Anfangskapitel der Schrift *Vom Körper* nur unvollständig zitiert, weil der nachfolgende Teil des Zitats eine treffende Charakterisierung auch des synthetischen Vorgehens der Ethik abgibt. „Ich habe", hieß es dort, „nichts behauptet (abgesehen von den Definitionen selbst), das nicht aus den Definitionen sich ergibt ..." Hobbes fährt dann fort: „d. i. nichts, was für den, der über den Gebrauch der Benennungen mit mir einig ist (und nur für solche

Leser habe ich geschrieben), nicht hinreichend bewiesen wäre („non sit satis demonstratum')." Am Ende der Einleitung des *Leviathan* lautet die korrespondierende Behauptung in Blick auf die Lehre vom Menschen (den „Werkstoff" des Staates) folgendermaßen: „... wenn ich meine eigenen Lesefrüchte richtig geordnet und klar dargelegt habe, wird die Mühe, die einem anderen bleibt, nur in der Überlegung bestehen, ob er in sich nicht auch das gleiche findet. Denn diese Art von Lehre läßt keine andere Beweisführung („no other Demonstration') zu".

Der Leser des *Leviathan* braucht also den Rückgang in die Naturphilosophie nicht in extenso zu vollziehen (Hobbes deutet diesen daher in *L*, I, 3–4; 11 nur kurz an). Er muß sich bloß vergewissern, daß er die von Hobbes in den elementaren Definitionen festgehaltenen Vorstellungen tatsächlich in sich findet (wenn er nur sein eigenes Denken und seine Leidenschaften untersucht), und kann von dort aus mit Hobbes durch „Voranschreiten auf demselben [sc. synthetischen] Wege zur Einsicht in die Notwendigkeit kommen, Staaten aufzubauen und zu erkennen, was das natürliche Recht ist ..." (*CO*, VI, 7; 62). Hobbes' Lehre vom Menschen kann und soll somit keine *Konsequenz* etwa seines ‚Materialismus' in der Naturphilosophie sein, sondern steht allein unter der Forderung einer methodischen *Verträglichkeit* mit dieser: Damit die Lehre vom Menschen eine *Wissenschaft* sein kann, muß auch sie nach jenen Prinzipien vorgehen, die zunächst in der Ersten Philosophie als universale Prinzipien unserer Vorstellungswelt erkannt wurden (Raum, Zeit, Bewegung, Kausalität etc. ...; dazu Kersting 1988, 133 ff.) und sodann den analytischen Weg in der Naturphilosophie bestimmten. Und das heißt insbesondere, sie muß eine *kausale* und kann keine *teleologische* Lehre sein; die Einheit des Systems ist somit eine *metatheoretische* (dazu Oakeshott 1960, xviiff.). Daß Hobbes die Natur des Menschen nicht einfach deduktiv aus der Naturphilosophie ableiten kann, sondern auch hier wieder ‚von vorne' mit den menschlichen Vorstellungen beginnt, ist folglich kein Zeichen einer ‚methodological disunity of natural and civil science' (so etwa Sorell 1986, 21), oder gar der Unabhängigkeit der Staatsphilosophie von Hobbes' metaphysischen Grundannahmen (so die wirkungsmächtige Behauptung von Leo Strauss, s. ders. 1959, 179), sondern geradezu Ausdruck der systematischen Einheit: Naturphilosophie auf der einen und Ethik wie Politik auf der anderen Seite, sind nur zwei verschiedene „Wege" (der analytische und der synthetische, s. o. *CO*, XXV, 1; 133) im Felde jener *einen*, Ursachen und Wirkungen miteinander verknüpfenden – und stets bei einer Untersuchung der menschlichen Vorstellungen ihren Anfang nehmenden – Wissenschaft. Mit Erster Philosophie, Geometrie und Bewegungslehre haben Ethik und Politik sogar den

"Weg" gemeinsam, denn sie alle sind wesentlich synthetisch und beruhen „ausschließlich auf dem rechtmäßigen Gebrauch der von uns selber geschaffenen Worte" (*CO*, Schluß; 160). Die drei erstgenannten gehen dabei von unseren Vorstellungen als Bildern einer Welt aus und machen uns vertraut mit den universalen Begriffen von Raum, Zeit, Bewegung und Kausalität; die beiden letztgenannten gehen von den Vorstellungen und Leidenschaften als unseren inneren Zuständen aus und machen uns vertraut mit der Notwendigkeit, Staaten zu bilden.

Die Frage im Titel dieses Aufsatzes ist also tatsächlich mit den zwei dürren Worten des delphischen Orakels zu beantworten: *Nosce teipsum*! – Es sollte jedoch auf den vorangehenden Seiten deutlich geworden sein, daß sich im *Leviathan* (wie auch bereits in den *Elements* VI, 13) dahinter nicht etwa eine Art *Lebenserfahrung* (so etwa Missner 1977) oder gar bloß eine Betätigung des „gesunden Menschenverstandes" (Weiss 1980, 74 f.), sondern vielmehr der erste Schritt eines höchst anspruchsvollen Programms verbirgt: Die *philosophische* Erkenntnis des Menschen („Man-kind"). Es lag Hobbes – wie er selbst im letzten Absatz der Einleitung nachdrücklich betont – besonders am Herzen, diese von einer bloß *empirischen* Kenntnis der Menschen („this, or that particular man") strikt zu scheiden, denn eine solche Unterscheidung gehört – was in der Hobbes-Literatur mitunter in Vergessenheit geraten ist – zum *elementaren* Handwerkszeug jeder platonisch inspirierten praktischen Philosophie – und Plato war für Hobbes nicht bloß „the best of the ancient philosophers" weil er von seinen Schülern die Vertrautheit mit der Geometrie verlangte (*EW*, vii 343; vgl. *L*, 510); er war überdies der Erfinder jenes Bildes vom Staat als großem Menschen (*Politeia*, Buch II), welches den *Leviathan* eröffnet, und dem wir uns abschließend zuwenden.

3.4 Der Staat als künstlicher Mensch

Hobbes faßt hier mit großer poetischer Kraft zwei Bilder zusammen, die bis dahin nur wenig miteinander zu tun hatten: Der Staat als der große *Mensch* und der Staat als das größte *Menschenwerk*. Wie das erste Bild für den Hobbesschen Platonismus steht, so das zweite für seinen Anti-Aristotelismus in der Politik: Der Staat ist kein Naturphänomen, er ist ein Kunstwerk, Artefaktum (s. o., vgl. *L*, 133 f.). Die Menschen ahmen mit der Hervorbringung des Leviathan die göttliche Schöpfung des Menschen nach.

Bereits durch die Technik imitieren die Menschen zahlreiche Dinge der Natur und gelangen auf diesem Feld bis hin zum künstlichen Tier, symbolisiert durch die sich selbst bewegende Uhr. Dieser prominenteste ‚Automat' des 17. Jahrhunderts war uns bereits oben im Vorwort zur zweiten Auflage der Schrift *Vom Bürger* in einem anderen Zusammenhang begegnet. Dort diente seine Zerlegung zur Illustration der *Staats*auflösung, und diese sollte ihrerseits ein Sinnbild für den dortigen *Einstieg* in die Untersuchung sein. Nun ist es leicht zu sehen, daß er hier im *Leviathan* anderen Zwecken dienen muß. In *Vom Bürger* waren die benannten Staats-Teile die Menschen, jene Elemente, mit denen die Untersuchung begann. Im *Leviathan* hingegen werden diejenigen funktionalen Glieder des Staates, welche Hobbes hier als dessen ‚Teile' aufzählt, erst am Ende der Darstellung vorgestellt: Magistrate, Ratgeber, Strafen, Reichtum, das öffentliche Wohl, usw. – sie alle werden zwar bereits hier in der Einleitung genannt, doch erst in den letzten Kapiteln von Buch II untersucht, *nachdem* bereits vom Werkstoff ‚Mensch' (Buch I) und „von der Erzeugung, Form und Macht eines Staates die Rede war" – wie es zu Beginn von Kapitel XXII mit Anspielung auf das Titelblatt ausdrücklich heißt.

Neben der wichtigen Neuerung, daß die genannten ‚Teile' des Staates hier im *Leviathan* offensichtlich zumeist keine eigenständigen Teilobjekte (z. B. ‚Menschen') mehr bezeichnen, sondern (ganz im Sinne von *CO*, VI, 2; 57, s. o.) vielmehr Teil*vorstellungen* vom Staat darstellen („Magistrat' oder ‚Strafe'), hat auch die Uhr im Rahmen der Darstellung eine völlig neue Funktion zugewiesen bekommen. Da Hobbes sie im *Leivathan* aus der Beispielrolle für die *Methode* entlassen hat, darf sie hier – nun freilich unzerlegt – die höchste Form einer gleichsam naturwissenschaftlichen Technik vorstellen. Hobbes hält nämlich am Anfang des *Leviathan* dem Baconischen Credo, daß der Mensch durch eine technische Beherrschung der äußeren *Natur* zum Gott für den Menschen wird (Neues Organon, Aphor. 129), seine eigene Vorstellung entgegen, daß die menschliche Kunst erst in der Konstruktion der *sozialen Ordnung* ihren krönenden Abschluß findet. Nicht bereits in der Schaffung von künstlichen *Tieren* (Automaten, Uhren), sondern erst durch die Erschaffung eines künstlichen *Menschen*, eines mit einer Seele, Vernunft und Willen ausgestatteten, d. h. durch Souveränität, Billigkeit und Gesetze belebten politischen Körpers vollendet sich die menschliche Kunst, wird der Mensch dem Menschen ein Gott. Die politische Philosophie wird damit nicht nur zur größten Segnung der Menschheit, weil sie die Mittel der Friedensstiftung bereitstellt und so Kultur und Technik ermöglicht (*CO*, I, 7; 10); sie bildet auch nicht nur den Abschluß des systematischen Aufbaus der Philosophie, weil sie erst „an letzter Stelle" behandelt werden kann und muß (s. o.). Sie ist vor allem anderen der höchste Ausdruck menschlicher Selbstbestimmung, denn sie erschafft den Plan einer vernünftigen – und das heißt für Hobbes: *menschlichen* – Ordnung der menschlichen Angelegenheiten. Gott schuf durch sein „Fiat" die Welt und den Menschen. Die Menschen müssen nun durch das ihnen allein eigentümliche „Fiat", durch Verträge, Frieden in ihrer Welt schaffen.

Literatur

Aristoteles 1982: Metaphysik. Hrsg. v. H. Seidl. Hamburg.
Aubrey, J. 1984: Thomas Hobbes. Ein Porträt aus John Aubrey's Brief Lives. Mit einer Einführung von Henning Ritter. Berlin.
Bacon, F. 1990: Neues Organon (1620). Hrsg. v. W. Krohn, Hamburg.
Cassirer, E. 1922: Das ‚Erkenntnisproblem. Bd. II. Berlin.
Engfer, H. J. 1982: Philosophie als Analysis. Studien zur Entwicklung philosophischer Analysiskonzeptionen untzer dem Einfluß mathematischer Methodenmodelle im 17. und frühen 18. Jahrhundert. Stuttgart.
Ewin, R. E. 1991: Virtues and Rights. The Moral Philosophy of Thomas Hobbes. Boulder.
Hanson, D. W. 1990: The Meaning of ‚Demonstration' in Hobbes's Science. In: History of Political Thought 11, 587–626.
– 1991: Reconsidering Hobbes' Conventionalism. In: The Review of Politics 53, 627–651.
Hübener, W. 1977: Ist Thomas Hobbes Ultranominalist gewesen? In: Studia Leibnitiana 9, 77–100.
Kersting, W. 1988: Erkenntnis und Methode in Thomas Hobbes' Philosophie. In: Studia Leibnitiana 20, 126–139.
Kodalle, K. 1995: Thomas Hobbes. In: T. Borsche (Hrsg.), Klassiker der Sprachphilosophie. München.
Ludwig, B. 1995: Scientia civilis more geometrico. Die philosophische Methode als architektonisches Prinzip in Hobbes' Leviathan. In: Hobbes Studies 8, 46–87.
Missner, M.1977: Hobbes's Method in ‚Leviathan'. In: Journal for the History of Ideas 38, 607–621.
Nerney, G 1985: Hobbes: The Twofold Grounding Of Civil Philosophy. In: History of Philosophy Quarterly 2, 395–409.
Oakeshott, M. (Hrsg.) 1960: Th. Hobbes, Leviathan. Introduction. Oxford.
Pérez-Ramos, A. 1988: Francis Bacon's Idea of Science and the Maker's Knowledge Tradition. Oxford.
Prins, J. 1990: Hobbes and the School of Padua: Two Incompatible Approaches of Sciene. In: Archiv für Geschichte der Philosophie 72, 26–46.
Sorell, T. 1986: Hobbes. London.
– 1988: The Science of Hobbes's Politics. In: G. A. J. Rogers, A. Ryan (Hrsg.), Perspectives on Thomas Hobbes. Oxford, 67–80
Strauss, L. 1965: Hobbes' Politische Wissenschaft. (Engl. Erstausgabe 1936) Neuwied.
– 1959: On the Basis of Hobbes's Political Philosophy. In: Ders. What is Political Philosophy. Glencoe, 170–196.
Warrender, H. (Hrsg.) 1983: Thomas Hobbes, De Cive. The Latin Version, Oxford.
Watkins, J. W. N. 1973: Hobbes's System of Ideas. 2. Aufl. London
– 1955: Philosophy and Politics in Hobbes. In: Philosophical Quarterly 5, 125–146.
Weiss, U. 1980: Das philosophische System von Thomas Hobbes. Stuttgart.

4

Christine Chwaszcza

Anthropologie und Moralphilosophie im ersten Teil des *Leviathan*

Der erste Teil des *Leviathan* handelt vom Menschen. In ihm wird das anthropologische Fundament der politischen Philosophie Hobbes' entwickelt. Hier werden die tiefsitzenden Affekte und grundlegenden Leidenschaften der menschlichen Natur geschildert; hier wird das besondere Verhältnis des Menschen zu Vergangenheit, Gegenwart und Zukunft ausgebreitet und das Bündel seiner theoretischer und praktischer Vernunftfertigkeiten beschrieben, das der Verfolgung seiner Interessen in einer Welt aus Knappheit, Konkurrenz und Wettbewerb leidlichen Erfolg beschert. Mit einem Wort: Hier werden die Grundsätze des theoretischen und praktischen Weltverhaltens des Menschen formuliert, auf die sich die vertragstheoretische Begründung des absolutistischen Staates stützt. Der Naturzustand ist ein Spiegel der menschlichen Natur, der Vertragsstaat ist ein Werk der menschlichen Vernunft; Motiv und Methode der Herstellung der politischen Welt sind in der natürlichen Ausstattung des Menschen selbst begründet. Die Gültigkeit des politischen Arguments ist von anthropologischen Voraussetzungen abhängig.

Hobbes' Anthropologie ist dezidiert anti-aristotelisch; ihre gesamte Argumentation ist auf die Widerlegung der aristotelischen These von der politischen Natur des Menschen gerichtet. Hobbes legt die menschliche Natur nicht teleologisch aus und findet in ihr keine politische Wesensbestimmung; er betrachtet den Menschen vielmehr als Bestandteil der physikalischen Natur, der partiell den gleichen Gesetzen unterworfen ist wie alle anderen Dinge. Diese szientistische Fassung der Anthropologie bedingt eine radikal individualistische Ausrichtung: nimmt man den Menschen als ein Stück Natur, als kausalgesetzlich bewegtes Ding unter Dingen, dann nimmt man ihn auch als a-historisches, von allen sozialen Bindungen unabhängiges Individuum. Aufgrund dieser Voraussetzung ist es nicht verwunderlich, daß die Vergesellschaftung des Menschen für Hobbes ein grundlegendes theoretisches Problem aufwirft; und er die Erklärung der Möglichkeit gesellschaftlichen Zusammenlebens als zentrale Aufgabe seiner politischen Philosophie begreift.

Hobbes hat seine Ausführungen zur Natur des Menschen im ersten Teil des *Leviathan* über viele Kapitel verstreut. Die folgende Zusammenfassung beginnt mit der theoretischen Anthropologie Hobbes und gibt einen Überblick über das theoretische Weltverhalten des Menschen von der Empfindung bis zum Erkennen und Denken. (4.1) Dann wendet sie sich der praktischen Anthropologie Hobbes' zu und betrachtet das tätige Weltverhalten des Menschen vom Begehren bis zum rationalen Handeln. (4.2) In beiden Fällen gilt das besondere Interesse der Hobbesschen Rationalitätskonzeption.

4.1 Die theoretische Anthropologie

Der zentrale Begriff der Hobbesschen Naturphilosophie, also auch der physikalischen Lehre vom Menschen, ist der Begriff der Bewegung (vgl. Spragens 1973). Nach Hobbes lassen sich alle inneren Zustände, Tätigkeiten und Ereignisse auf innere Bewegungen reduzieren, die auf äußere Bewegungen reagieren und denselben Prinzipien der Kausalität und Trägheit unterworfen sind, die auch die äußeren Bewegungen der physikalischer Körper im Raum bestimmen. Hobbes vertritt daher auch einen materialistischen Bewußtseinsbegriff, der die Welt des Bewußtseins physikalisch vermißt und alle internen Zustände und Tätigkeiten des Bewußtseins als Ergebnis kausal gerichteter Bewegungen interpretiert. Die grundlegenden Bausteine und Primärobjekte dieser internen Bewegungen sind Empfindungen und Vorstellungen; Empfindungen und Vorstellungen sind geradezu die Atome dieser materialistisch ausgelegten Bewußtseinswelt.

4.1.1 Empfindung und Vorstellung

Die Empfindungen werden nach Hobbes durch einen Druck verursacht, den externe Körper auf die menschlichen Sinnesorgane ausüben. Obwohl Hobbes sich hierzu nicht detailliert äußert, glaubt er wohl, daß dieser Druck als Wirkung einer Bewegung der externen Objekte entsteht und durch die Luft weitergetragen wird. Diese Bewegung endet nicht am Ort des Sinnesorgans, sondern setzt sich intern über Membranen und Nerven bis zum Herzen oder Gehirn fort, erzeugt dort einen Gegendruck und schließlich eine interne, jedoch nach außen gerichtete Gegenbewegung. Dabei geht Hobbes davon aus, daß die Wahrnehmung unterschiedlicher Eigenschaften an den Gegenständen zwar auf unterschiedliche Bewegungen der externen Körper zurückzuführen ist, diese Eigenschaft jedoch nicht den externen Körpern inhärieren, sondern erst im Wahrnehmenden entstehen (11 f.). Aufgrund des Trägheitsprinzips werden diese Empfindungen nicht mit jedem neuen Eindruck, d. h. jeder neuen Sinneswahrnehmung, gelöscht: zwar können sich die nach außen gerichteten Bewegungen abschwächen, resp. „zerfallen" – oder auch gänzlich verschwinden, wenn sie nicht erneuert oder vollständig überlagert werden – aber zunächst werden sie lediglich schwächer. Solche „zerfallenden Empfindungen" stellen nach Hobbes jene inneren Zustände dar, die gewöhnlich als Einbildungen oder Vorstellungen bezeichnet werden (13), wohingegen der Ausdruck ‚Erinnerung' den Vorgang des Zerfalls betont (14). Erinnerungen wiederum bilden das Material der Erfahrung, einer auf rein sinnlicher und häufiger Wahrnehmung von Gleichem beruhenden (Wiederholungs- resp. Kontinuitäts-)Erwartung (20, 22). Die Konservierung einzelner Vorstellungen durch Erinnerung eröffnet die Möglichkeit ihrer Kombination zu komplexen Vorstellungen in gegenständlicher und insbesondere zeitlicher Hinsicht, wobei nicht jeder komplexen Vorstellung ein externer Gegenstand oder ein Ereignis zu korrespondieren braucht, wie Hobbes am Beispiel der komplexen Vorstellung eines Kentaur als Kombination der Vorstellungen eines Menschen und eines Pferdes verdeutlicht (14).

4.1.2. Denken, Erfahrung und Klugheit

Die gleiche Korrelation von Empfindung und Vorstellung liegt Hobbes' Verständnis des Denkens (*mental discourse*) als einer geordneten oder ungeordneten Gedankenfolge zugrunde. Während die ungeordnete Gedankenfolge örtlich oder zeitlich zusammenhängend wahrgenommene Vorstellungen lediglich assoziativ verbindet, ist die geordnete Gedankenfolge affektiv verursacht und durch das Verlangen nach einem Gegenstand auf ein konkretes Ziel fixiert (19). Die Absicht (*designe*), dieses Ziel zu erlangen, lenkt die Gedankenfolge auf die dazu nötigen Mittel und Schritte, die aufgrund von Erfahrung, d. h. der Erinnerung an frühere Ereignisfolgen, bekannt sind und gleichsam abgerufen werden können (20 f.). Die Erfahrung verbindet somit „Bekanntes mit Bekanntem": Aufgrund früher wahrgenommener Ereignisfolgen, etwa dem Aufziehen dunkler Wolken und anschließendem Regen, erwarten wir, daß dem Auftreten des ersten Ereignisses das zweite folgen wird, weshalb Hobbes in diesen Fällen davon spricht, daß das eine Ereignis ein ‚Zeichen' (*sign*) für das andere sei (22). Erfahrung kann prognostisch in die Zukunft gewendet werden, was Hobbes als praktischen Verstand oder Klugheit bezeichnet, der ebenfalls Tieren zukommt, da auch diese über Wahrnehmung und Erinnerung und Wiederholungserwartung verfügen (22).

Da Wahrnehmung und Erinnerung als sinnlich gewonnenes Wissen jedoch keine philosophische Erkenntnis, d. h. sicheres Wissen über Ursache-Wirkungs-Zusammenhänge gestatten (21 f.; vgl. *CO*, VI), bleibt die Übertragung der in der Erfahrung gesammelten Erinnerungen auf die Zukunft bloße Mutmaßung. Erst Vernunft und Wissenschaft können den Schatten, den eine ungewisse Zukunft auf die Gegenwart wirft, vertreiben, da die Wissenschaft sichere Kausalerkenntnis verbürgt, die die Zufälligkeit der Zukunft mindert und „sichere Vorsehung" erlaubt; denn Wissenschaft und Vernunft erlauben Schlußfolgerungen von „Bekanntem auf Unbekanntes". Da der Mensch, den „sogar der künftige Hunger hungrig macht" (*HO*, X, 3; 17) und den, wie man hinzufügen möchte, bereits die potentielle Gefahr erschreckt, von Hobbes als ein genuin zukunftsorientiertes Wesen dargestellt wird, treibt ihn vor allem lebenspraktisches Interesse zur vernünftigen oder wissenschaftlichen Erforschung von Ursachen und Wirkungen, bzw. Konsequenzen. Eine praktisch interesselose wissenschaftliche Neugier kennt Hobbes nicht. Alle theoretische Tätigkeit wird primär von einem praktischen Motiv vorangetrieben, zielt auf die Mehrung unseres technischen Verfügungswissen, um die Natur besser zu beherrschen und die Zukunft zu zähmen: „Wissenschaft dient nur der Macht" (*CO*, I, 6; 9).

4.1.3 Sprache und Vernunft

Anders als die Klugheit ist die Vernunft kein rein natürliches oder angeborenes Vermögen, sondern eine Fähigkeit des Menschen, die ausgebildet werden muß (55), deren Anlagen freilich in jedermann vorhanden sind. Während Erinnerungen, das Material der Klugheit, immer konkret und singulär sind, bezieht sich die Vernunft auf das Allgemeine, d. h. sie arbeitet mit Begriffen – oder wie Hobbes sagt: ‚Namen'. Sofern Namen das Material der Vernunftdarstellen, kommt Vernunft nur sprachbegabten Wesen zu. Vernünftigkeit und Sprachfähigkeit verweisen aufeinander. Da die

Wissenschaft wie die Klugheit vordringlich praktischen Absichten dient, wird auch die Sprache von Hobbes vor allem als ein Instrument mit vielen praktischen Vorteilen verstanden. Zum einen erlaubt sie den Menschen die Vermessung der Welt, Größen- und Längenvergleiche und die Mathematisierung natürlicher Ereignisse: die großartigste Manifestation menschlicher Sprachfähigkeit ist für Hobbes die zeitgenössische mathematische Naturwissenschaft. Sodann erlaubt die Sprache den Menschen Verständigung. Die „dritte und ... größte Wohltat der Sprache ist aber, daß wir befehlen und Befehle verstehen können. Denn ohne diese gäbe es keine Gemeinschaft zwischen den Menschen, keinen Frieden und folglich auch keine Zucht" (*HO*, X, 3; 17). Hier nähert sich die Sprachphilosophie Hobbes' politischer Philosophie: Der Befehl – und der ebenfalls als sprachliche Verständigungsleistung interpretierte – Vertrag sind die herausragenden politische Vergesellschaftungsinstrumente des Hobbesschen Absolutismus; in ihnen zeigt sich auch die größte Leistung der Sprache.

Man muß sein Werkzeug in Ordnung halten. Auch die Vernunft muß darauf achten, daß ihre Instrumente in einem guten Zustand sind. Darum besteht ein wichtiger Teil insbesondere der philosophischen Vernunfttätigkeit in Sprachkritik. Immer wieder hat Hobbes die Unordentlichkeit der tradierten Philosophiesprache beklagt und die Notwendigkeit von klaren Bedeutungsfestlegungen betont; ohne äquivokationsfreie Definitionen, ohne begriffliche Eindeutigkeit kann es keinen methodisch kontrollierten Wissenserwerb, keine nachvollziehbare Argumentation, keine Wissenschaft geben. „Klare Wörter sind das Licht des menschlichen Geistes, aber nur, wenn sie durch exakte Definitionen geputzt und von Zweideutigkeiten gereinigt sind. Die Vernunft ist der Schritt, die Mehrung der Wissenschaft der Weg und die Wohlfahrt der Menschheit das Ziel. Und im Gegensatz dazu sind Metaphern und sinnlose und zweideutige Wörter wie Irrlichter, und sie dem Denken zugrunde legen heißt durch eine Unzahl von Widersinnigkeiten wandern, und an ihrem Ende stehen Streit und Aufruhr oder Ungehorsam" (37). Hobbes betreibt Aufklärung im Gewand der Sprachkritik; er läßt kaum eine Gelegenheit verstreichen, auf die für ihn offensichtliche ‚Sinnlosigkeit' oder ‚Absurdität' scholastischer Begriffe und ‚religiöser' Einbildungen hinzuweisen. Immer wieder versucht er, das Zustandekommen philosophischer Illusionen, trügerischer Einbildungen und kognitiver Fehlleistungen zu erklären, um seine eigene Theorie zu erhärten und die Schädigung des Denkens und Handelns durch mangelnde Wissenschaftlichkeit und Methodik zu belegen..

Wissenschaftliche Diskurse sind für Hobbes eine Art Begriffsarithmetik; die Vernunfttätigkeit gilt ihm als „*Rechnen* [ratiocinatio], das heißt Addieren und Subtrahieren, mit den Folgen aus den allgemeinen Namen, auf die man sich zum *Kennzeichnen* und *Anzeigen* unserer Gedanken geeinigt hat" (32; vgl. 36). Vernunft zeigt sich in der Wissenschaft vordringlich im logisch korrekten Ableitungszusammenhang, nicht aber in der Entdeckung erster Prinzipien oder der Begründung erster Ziele (36 f.; vgl. Gauthier 1969,10 ff.). „Zweck und Nutzen der Vernunft" besteht darin, die Überlegung (logisch) korrekt von den ersten Definitionen zu den Folgerungen zu leiten (33), weshalb sich Vernunft und Wissenschaft ebenfalls wechselseitig stützen. Praktisches Gegenstück dieser Einschränkung der Vernunft auf logische Überwachung ist ihre Instrumentalität. Vernunft ist ein Optimierungsmittel, das wissenschaftliche Erkenntnis von Ursache-Wirkungs-Relationen für handlungsvorbereitende Zweck-Mittel-Analysen fruchtbar macht und den Menschen in die Lage versetzt, seine Umwelt zu seinem Vorteil zu gestalten und seine Zukunft zu planen.

4.2. Praktische Anthropologie

In der praktischen Anthropologie, der Theorie der Leidenschaften und der Güter, geht es Hobbes darum, die Ursachen und Motive menschlicher Handlungen zu erklären. Aufgrund seines methodologisch induzierten Reduktionismus aller Phänomene auf Körper und Bewegung führt dies zu einer mechanistischen Psychologie, deren Ausarbeitung jedoch nicht wissenschaftlicher Selbstzweck ist. Die Anthropologie ist Grundlagenwissenschaft für die politische Philosophie. Ihr Hauptziel liegt darin, die vorherrschenden menschlichen Neigungen, Leidenschaften und Vernunftformen herauszuarbeiten, die die sozialen Interaktionen im Naturzustand bestimmen. Diese Aufgabenstellung erfordert eine eher synthetische als analytische Vorgehensweise, daher wird im Verlauf der Argumentation die physikalische Sprache der mechanistischen Erklärungshypothesen zunehmend durch eine am gewöhnlichen Sprachgebrauch orientierte und uns lebensweltlich vertraute psychologische Sprechweise ersetzt; dennoch sollte nicht übersehen werden, daß für Hobbes zwischen den beiden Ebenen ein enger systematischer, nämlich reduktionistischer Zusammenhang besteht, denn nach Hobbes' Überzeugung besitzt die psychologisch-mentalistische Sprache keine semantische Eigenständigkeit: sie ist nur eine Redeweise: das, was die uns lebensweltlich vertrauten psychologischen und mentalistischen Ausdrücke wirklich bedeuten, entdeckt sich eben nur in einer physikalistisch-reduktionistischen Analyse (gegen diese Ansicht argumentieren McNeilly 1968,104 ff.; Gert 1967). Die mechanistische Köperphysik bildet nach der Systemarchitektonik Hobbes' auch die Grundlage seiner Gütertheorie, der wiederum eine entscheidende argumentative Bedeutung im Rahmen von Hobbes' kontraktualistischem Argument zukommt. Obwohl der argumentative und explanatorische Zusammenhang weniger eng sein mag, als Hobbes selbst dies wohl gedacht hat – die Plausibilität der Hobbesschen Interaktionslogik des Naturzustands setzt nicht notwendig die Übernahme einer materialistisch-mechanistische Psychologie voraus –, verlangt eine textangemessene Interpretation, diese systematischen Verbindungen zwischen der mechanistischen Psychologie und der Struktur der Interaktion im Naturzustand sowie der Güterlehre herauszustellen. Im einzelnen wird zuerst der Hobbessche Begriff der Handlungskausalität skizziert; sodann werden die Implikationen dieser Lehre von den Handlungsursachen für die Güterlehre herausgearbeitet und Hobbes' Theorie der Handlungsziele umrissen; drittens wird im Anschluß an eine Analyse von Hobbes' Begriffen der Überlegung und der Willensfreiheit seine Theorie der Handlungsrationalität rekonstruiert. Der abschließende Abschnitt behandelt die Machtakkumulation als Grundmuster rationalen Verhaltens unter Naturzustandsbedingungen.

4.2.1 Die Ursachen der willentlichen Bewegungen: Hobbes' Theorie der Handlungsmotivation

Willentliche Bewegungen, also Handlungen im weiteren Sinne, unterscheiden sich nach Hobbes von den *vitalen* Bewegungen des vegetativen Systems dadurch, daß sie immer zielgerichtet sind oder, wie Hobbes sagt, „von einem vorher gedachten *Wohin, Wodurch und Was*" (39) abhängen. Diese Vorstellungen des Handlungsinhalts, des Handlungsziels und der Handlungsmittel besitzen nach Hobbes eine kausale Funktion: sie bestimmen die Handlungen und verursachen sie. Daß, wie man einwenden könnte, mentale Zustände nicht die Kausalursachen körperlicher Bewegungen sein können, birgt für den Materialisten Hobbes kein Problem, da alle mentalen Zustände, auch kognitive Vorstellungen, selbst materialistisch verfaßt und nichts anderes als interne physikalische Bewegungen sind (vgl. Lott 1982; Hampton 1986, 11 ff.); dies übersieht Gert (1967) in seinem Versuch, die Unabhängigkeit der Hobbesschen Psychologie von seiner mechanistischen Physik nachzuweisen. Diese internen Bewegungen führen nach dem Prinzip „actio erzeugt reactio" laut Hobbes zu einer instanten Gegenbewegung, die er als Streben (*conatus, endeavour*) bezeichnet. Je nachdem, ob die handlungsverursachende Vorstellung oder Empfindung das Handlungssubjekt in die Richtung des reiz-auslösenden Gegenstandes bewegt oder es zur Abwendung von dem reiz-auslösenden Gegenstand veranlaßt, äußert sich dieses Streben als Begierde bzw. Verlagen (*appetite, desire*) oder als Abneigung, Furcht oder Abscheu (*aversion*). Diese positive oder negative Handlungsreaktion versucht Hobbes im Anschluß an Harveys Entdeckung des Blutkreislaufes näherhin durch den Einfluß der Vorstellungen auf die *vitalen* Bewegungen zu erklären (vgl. *CO*, IV, 25; 149; *L*, 41); er stellt die Hypothese auf, daß beide Arten der Bewegung sich im Herzen treffen und die Vorstellungen den Fluß der *vitalen* Bewegungen entweder hindern oder fördern. Werden die vitalen Bewegungen durch die Vorstellung gefördert, wird Verlangen nach dem Objekt ausgelöst, werden sie gehindert, entsteht eine Abneigung gegen das Objekt der Vorstellung. Verlangen und Abneigung sind von dem Auftreten von Lust (*pleasure*) und Unlust (*pain*) begleitet (41), wobei unterschiedliche Intensitätsgrade von Lust und Unlust, ebenso von Verlangen und Abneigung, auftreten können, je nach Grad der Förderung oder Hinderung der *vitalen* Bewegungen.

4.2.2. Die ethischen Implikationen der mechanistischen Psychologie Hobbes'

Diese kausal-mechanistische Theorie menschlichen Handelns hat systematische Auswirkungen auf die Gestalt der Hobbesschen Moralphilosophie, denn sie gibt den moralischen Prädikaten eine strikt subjektive und relative Bedeutung. „Was auch immer das Objekt des Triebes oder Verlangens eines Menschen ist: Dieses Objekt nennt er für seinen Teil gut, das Objekt seines Hasses und seiner Abneigung *böse* und das seiner Verachtung *verächtlich* und *belanglos*. Denn die Wörter gut, böse und verächtlich werden immer in Beziehung zu der Person gebraucht, die sie benützt, denn es gibt nichts, das schlechthin und an sich so ist" (41).

Konkret heißt das: Die Personen erstreben nicht etwas, weil es gut ist, sondern weil sie es erstreben, ist es gut; und daß sie es erstreben, unterliegt nicht ihrer Entscheidung, sondern folgt einem kausalen Mechanismus. Um die Tragweite dieser Definitionen zu verstehen, muß man dreierlei bedenken: Erstens hat Hobbes durch die Rückkoppelung von Verlangen und Abneigung an die *vitalen* Bewegungen die seit Aristoteles vertraute teleologische Interpretation intentionalen Handelns durch eine mechanistische Erklärung ersetzt, die Handeln über ein Reiz-Reaktions-Schema verständlich zu machen versucht. Insofern kann der Vernunft nicht länger eine unmittelbar handlungsmotivierende Kraft zugeschrieben werden; vielmehr enthält der physiologisch-physikalische Zustand eines Subjekts alle notwendigen und hinreichenden motivationskausalen Ursachen menschlichen Handelns. Vernunft und Klugheit haben nur noch die Aufgabe, die günstigsten Mittel zur Befriedigung des jeweiligen Verlangens herauszufinden. Hobbes kennt Vernunft nur noch als instrumentelle Vernunft. Damit nimmt die Moralphilosophie die Gestalt einer Klugheitstheorie der adäquaten Mittelwahl an.

Zweitens bindet Hobbes die Bildung des subjektiven Strebens an die körperliche Verfassung des jeweiligen Subjekts, d. h. gleiche Objekte können zu unterschiedlichen Zeiten oder in unterschiedlichen Situationen unterschiedliche Neigungen hervorrufen, je nachdem in welcher körperlichen Verfassung das Subjekt sich befindet (*L*, 42; *HO*, XI, 1; 20). Daher sind alle Bewertungen eines Objektes als „gut" oder „böse" immer nur relativ zu verstehen. Dieser Relativismus unterliegt jedoch einer entscheidenden Einschränkung: da alles Streben der Menschen gleichermaßen ein funktionierendes und dauernd in Bewegung gehaltenes Vitalsystem voraussetzt, stellt die Selbsterhaltung für *jedes* Subjekt ein fundamentales Gut, dar; Selbsterhaltung ist, wie Hobbes sagt, das *erste Gut*, das *primum bonum*. Daraus folgt nicht, daß sich jede Handlungsmotivation letztlich auf das Bedürfnis nach Selbsterhaltung reduzieren läßt, sondern daß dem Bedürfnis nach Selbsterhaltung absolute Priorität gegenüber allen anderen Motiven einzuräumen ist (s. u.) – es sei denn die Alternative besteht in einem noch größeren Übel als dem Tod, etwa einem qualvollen Tod. Weiterhin folgt aus dieser physiologischen Rückbindung der Neigungen, daß es das, wovon „in den Schriften der alten Moralphilosophen die Rede ist" (78) nicht geben kann: weder ein *höchstes Gut* (*summum bonum*) noch einen *letzten Zweck* (*finis ultimus*). Es kann auch kein Zustand der Glückseligkeit im Sinne eines „beständigen Seelenfriedens" erreicht werden, „da das Leben selbst nichts anderes als Bewegung ist und deshalb nie ohne Verlangen und Furcht sein kann, ebensowenig wie ohne Empfindung" (48). Das Hobbessche Individuum kann sich aufgrund seiner physischen Konstitution nicht mit seinen gegenwärtig gegebenen Gütern bescheiden, sondern muß rastlos nach weiteren oder anderen Gütern streben, wodurch der „künftige Hunger" bereits in der Gegenwart zum Problem wird: „Das höchste Gut oder, wie man es nennt die Glückseligkeit und das letzte Ziel kann man in diesem Leben nicht finden. Denn gesetzt, das letzte Ziel ist erreicht, so wird nichts mehr ersehnt, nichts mehr erstrebt. Daraus folgt, daß es von diesem Zeitpunkte an für den Menschen kein Gut mehr gibt, ja daß der Mensch überhaupt nicht mehr empfindet. Denn jede Empfindung ist mit einem Begehren oder Widerstreben verbunden, und nicht empfinden heißt: nicht leben" (*HO*, XI, 14; 29; vgl. *L*, 75).

Das Ziel menschlichen Handelns, die Glückseligkeit, muß daher nach Hobbes neu definiert werden als „ständige(r) Erfolg im Erlangen von Dingen, die man von Zeit zu Zeit begehrt" (48). Sie besteht für Hobbes nur mehr in der erfolgreichen Maximierung von Gütern, dem von Platon wie Aristoteles gleichermaßen verachteten *pleonektein*, dem Mehrhabenwollen. Hobbes ersetzt somit die aristotelische qualitative Theorie der Güter durch ein Kriterium der bloßen Quantität (vgl. dazu auch Höffe 1981): Das *größte Gut* (*maximum bonum*) „aber ist ein ungehindertes Fortschreiten zu immer weiteren Zielen" (*HO*, XI, 15; 29). Damit bezeichnet das größte Gut einen material nicht mehr zu bestimmenden Prozeß des erfolgreichen Verlangens selbst, in dem jedes Ziel nur eine Zwischenstufe vor dem Verlangen und Erhalt des nächsten Gutes darstellt (vgl. Gauthier 1969, 8 ff.). Insofern führt die Quantifizierung der Güter in gewissem Sinne zu ihrer Egalisierung, von der jedoch das *primum bonum* aufgrund der fundamentalen Bedeutung der Selbsterhaltung ausgenommen ist. Aber wenn jenseits der Selbsterhaltung kein Gut mehr vor einem anderen ausgezeichnet werden kann, da alle Güter relativ sind, dann werden alle Güter gleichwertig und lassen sich aufgrund der Priorität des *primum bonum* nurmehr hinsichtlich ihres instrumentellen Nutzens für die Selbsterhaltung unterscheiden. Daher kann Hobbes in seiner Neu-Interpretation des ‚Naturrechts' die moralische Neutralität aller der Selbsterhaltung dienenden Mittel behaupten.

Drittens reduziert Hobbes durch die Gleichsetzung von „Verlangen bzw. Abneigung hervorrufend" und „gut bzw. böse" die moralisch imprägnierten Ausdrücke „gut" und „böse" auf eine affektive Einstellung des jeweiligen Subjekts hinsichtlich des vorgestellten Objekts, die primär nicht von den Eigenschaften des Objekts, sondern vom temporären Zustand des Subjekts abhängt. Dadurch werden die Ausdrücke „gut" und „böse" ihres normativen oder präskriptiven Bedeutungsbestandteils beraubt; sie bezeichnen nicht länger allgemein Erstrebenswertes oder Ablehnungswürdiges, sondern sind eher deskriptiv zu verwendende Termine für das Vorliegen rein subjektiver Neigungen. Auch der subjektivistische Aspekt wird partiell eingeschränkt, da – auch diesseits des *primum bonum* der Selbsterhaltung – gewisse Güter aufgrund der Übereinstimmung der physischen Konstitution für jedes Subjekt erstrebenswert sind, weshalb Hobbes einräumt, daß es Gegenstände und Zustände gibt, die als „gemeinhin gut" oder „für alle gut" bezeichnet werden (*HO*, XI, 4; 22). Gesundheit wäre z. B. ein solches Gut, da Krankheit die vitalen Bewegungen *jedes* Subjekts behindert. Die Subjektivität der Güter darf daher nicht dahingehend mißverstanden werden, daß jedes Subjekt ein anderes Gut erstrebt; die Unzuträglichkeit des Naturzustands resultiert gerade daraus, daß die Verfolgung jeweils subjektiver Güter unter der Bedingung der Knappheit zu Konflikt und Konkurrenz zwischen den Individuen führt (vgl. *L*, 95), da einige Güter von allen erstrebt werden.

Die Bedeutung der subjektivistischen Theorie des Guten liegt vielmehr in ihren methodologisch-individualistischen Implikationen für die Begründung der Moralphilosophie und der politischen Philosophie: Auf der Grundlage einer subjektivistischen Gütertheorie kann eine Begründungstheorie nicht länger von der Prämisse eines objektiven Gutes bei der Rechtfertigung von freiheitseinschränkenden Normen und Institutionen Gebrauch machen; sie muß vielmehr zeigen, daß derartige Beschränkungen im subjektiven Interesse der Handelnden liegen, d. h. sie muß, von einem Pluralismus subjektiver Güter ausgehend, individualistisch und intersubjektiv argumentieren. Obwohl Hobbes selbst den Ausdruck ‚Eigeninteresse' nicht gebraucht, sondern das Bedürfnis nach Selbsterhaltung zum Angelpunkt der Argumentation macht, formuliert seine Theorie das Paradigma des für die Neuzeit charakteristischen individualistischen, auf ‚Eigeninteresse' basierenden Begründungsmodells (s. a. Hirschmann 1987; Holmes 1990).

Aufgrund dieser veränderten Rahmenbedingungen kehrt sich bei Hobbes die Argumentationsrichtung der praktischen Philosophie um: *an die Stelle des letzten, alles integrierenden Zieles tritt die unhintergehbare, alles ermöglichende Voraussetzung.* Es geht nicht mehr um die Bestimmung eines höchsten Guts, das die Menschen verwirklichen *sollen*, sondern um die Bestimmung einer vernünftigen Strategie für die Verwirklichung des fundamentalen Interesses, das die Menschen immer schon *haben*. Nicht ein letztes normatives Ziel menschlichen Strebens, sondern die natürliche Voraussetzung alles menschlichen Strebens überhaupt rückt in der Hobbesschen Philosophie in das Zentrum der Begründung: das *primum bonum*. Das Streben nach Selbsterhaltung, bzw. sein Pendant: die Verhinderung des gewaltsamen Todes oder ersten Übels (*primum malum*), entzieht sich sowohl dem Relativismus als auch dem durchaus konfliktträchtigen Pluralismus der Güter, da Selbsterhaltung für jedes Subjekt die notwendige und unhintergehbare Voraussetzung dafür darstellt, überhaupt irgendwelche Güter erstreben zu können. Insofern hat jede Person, unabhängig von ihren sonstigen „Interessen" notwendigerweise ein „vernünftiges Interesse" an der Sicherung des *primum bonum*. Damit entwickelt Hobbes eine neue Form der Güterlehre, die nicht mehr als eine nach intrinsischem und extrinsischem Wert geordnete Hierarchie auftritt wie bei Aristoteles, sondern konsequentialistisch zwischen intentional verfolgbaren und funktional notwendigen

Gütern differenziert. (Ihre Analogie findet diese Unterscheidung in der Trennung des „natürlichen Rechts" auf Selbsterhaltung von den in den „natürlichen Gesetzen" aufgestellten Verhaltensregeln.) Die Ethik richtet sich daher bei Hobbes auf die rationale Disziplinierung der subjektiven Neigungen im je eigenen Interesse, das jedoch für alle Personen aufgrund ihrer konstitutionellen Übereinstimmung das gleiche ist: die Selbsterhaltung. Daher muß als nächstes der Einfluß der Vernunft auf die Neigungen untersucht werden.

4.2.3 Überlegung und Willensfreiheit: Hobbes' Konzeption der Handlungsrationalität

Der Mensch ist nach Hobbes zwar nicht frei hinsichtlich der Objekte seines Verlangens und seiner Abneigung, jedoch hinsichtlich seiner Handlungen. Diese auf den ersten Blick überraschend anmutende These läßt sich auf zwei Voraussetzungen zurückführen: auf die Möglichkeit des synchronen Auftretens unterschiedlicher Vorstellungen, resp. unterschiedlich starker Leidenschaften und auf die menschliche Fähigkeit zu kluger, d. h. prognostischer, und vernünftiger, d. h. konstruktiver Überlegung. Die erste Voraussetzung garantiert die Möglichkeit einer Entscheidung, denn ohne Alternativen gibt es keine Wahlmöglichkeit und ohne Wahlmöglichkeit keine Handlungsfreiheit. Insofern der Mensch verschiedene Vorstellungen in seinem Denken miteinander verbinden, seine Erfahrungen klug verarbeiten und somit seine vorgestellten Handlungen in unterschiedliche Kontexte stellen kann, ist er nicht seinen unmittelbaren Neigungen und Begierden wehrlos ausgesetzt, sondern kann sich gedanklich von diesen Neigungen distanzieren, da die antizipierten Handlungen und -folgen weitere Neigungen hervorrufen können, die sich verstärkend oder abschwächend auswirken können. Dieser Abwägungsprozeß ist ein Bewertungsprozeß, der den Nutzen der Handlung überprüft bzw. verschiedene Handlungsoptionen vergleicht. (vgl. *L*, 46). Die unterschiedlichen Neigungen, die von den einzelnen, im Abwägungsprozeß gegeneinander gewogenen (vorgestellten) Handlungsoptionen hervorgerufen werden, lassen sich nach Hobbes wie in einer mathematischen Summe zusammenfassen, so daß sich am Ende eine überwiegende bzw. abschließende Neigung für oder gegen eine Handlung oder Unterlassung ergibt, die dann als kausaler Handlungsauslöser wirksam wird. Diesen Vorgang nennt Hobbes aufgrund einer interessanten, gleichwohl zweifelhaften etymologischen Herleitung ‚Überlegung' = ‚Deliberation', weil eben durch die resultierende und endlich die Handlung auslösende Neigung der Freiheit des Sich-noch-nicht-Festgelegt-Habens, der Offenheit des Hin- und Herwendens und Hin- und Herschwankens ein Ende gesetzt wird; es ist also eine Art Ent-Freiung (*de-liberation*) (vgl. *L*, 46).

Diese resultierende Neigung ist zugleich die nach Hobbes einzig sinnvolle Interpretation des Begriffs des ‚Willens'. Der ‚Wille' ist somit nicht als ‚vernünftige Neigung' oder gar als ‚praktische Vernunft' (wie bei Kant) zu verstehen sondern als „überlegte" Neigung: „Wille ist ... die Neigung, die beim Überlegen am Schluß überwiegt" (47). Auf der Grundlage dieser Konzeption muß der Überlegung also eine mittelbar willensbildende Kraft zugesprochen und damit auch der Vernunft die Möglichkeit eines mittelbaren Einflusses auf die Handlung zugestanden werden.[1] Dieser Einfluß hängt natürlich von der individuellen Vernunftausstattung der Menschen ab; Irrtümer und Fehlschlüsse können ebenso wie Mangel an Phantasie und Unterscheidungskraft den Verstand und das Denken trüben (vgl. *L*, 52 ff.); daher kann Hobbes die (anti-sokratische) Behauptung verteidigen, der Mensch könne „freiwillig" unvernünftig handeln (46). Für das staatsphilosophische Argument Hobbes' ist jedoch einzig entscheidend, daß der Mensch diese Deliberationsfähigkeit prinzipiell besitzt; denn damit enthält er genau die Voraussetzung, die er als Subjekt des natürlichen Konfliktzustandes und des Staatsgründungsvertrags benötigt. Die im Deliberationsvermögen begründete Handlungsfreiheit gestattet ihm, sein Handeln von den aktualen und konkreten Neigungen abzukoppeln und an prospektiven und allgemeinen Überlegungen zu orientieren. Er ist in der Lage, langfristige Absichten auszubilden und Handlungspläne zu entwerfen, denn er besitzt das Vermögen der Antizipation, das eine Berücksichtigung auch mittel- und langfristiger Vor- und Nachteile bei der Gesamtbewertung der Handlungsoptionen zuläßt und so zu langfristigen Maximierungs- und Optimierungsstrategien befähigt. Dabei ist es natürlich ohne Bedeutung für die Handlungsmotivation, ob die antizipierten Vorstellungen der Realität gerecht werden, da auch ein *anscheinendes* oder *wahrscheinliches* Gut motivierend wirkt (vgl. *L*, 48). Entscheidend ist vielmehr, *daß* der Mensch als zukunftsorientiertes Wesen weiß, daß seine gegenwärtigen Handlungen und Unterlassungen seine zukünftige Situation und seine zukünftigen Handlungsoptionen positiv oder negativ beeinflussen können. Daher befä-

---

[1] Offensichtlich versucht Hobbes hier, vertraute Positionen unseres praktischen Selbstverständnisses auf der Grundlage seines Materialismus zu rekonstruieren. Ob dieses Unternehmen gelungen oder gescheitert sind, ist, muß hier offen bleiben. Die Beantwortung dieser Frage verlangt eine umfassende systematische Analyse, die hier nicht geleistet werden kann.

higt die Antizipation den Menschen, betrachtet man ihn isoliert, zu unmittelbarem Gratifikationsverzicht und, bezieht man ihn in Interaktionszusammenhängen, zu strategischem Handeln. Die Integration der möglichen Handlungen und Handlungserwartungen anderer in den eigenen Überlegungsprozeß führt zu einer zweiten Stufe der Distanzierung von den aktualen Neigungen. Denn indem der Mensch, sei es aufgrund Klugheit oder Vernunft die ebenfalls maximierende Natur seiner Mitmenschen erkennt und in seiner Überlegung zu reflektieren vermag, geraten in einer Welt knapper Güter auch solche Güter, die er selbst aktual nicht begehrt, von denen er jedoch nicht ausschließen kann, daß andere sie begehren und er sie künftig begehren könnte, in den Abwägungskalkül der Neigungen. Daher kann der Mensch unabhängig vom Vorliegen einer unmittelbaren, jedoch antizipierten Neigung in prä-emptiver, d. h. vorgreifender und präventiver, d. h. abwehrender Absicht nach dem Erhalt potentieller Güter und der Vermeidung potentieller Übel streben, wie Hobbes' Lehrsatz von der Eskalation des Machtstrebens im Naturzustand eindrucksvoll illustriert.

Obwohl Hobbes weder an dieser Stelle noch in seiner Skizze der Überlegung zwischen Klugheit und Vernunft unterscheidet, ist es doch offensichtlich, daß es die Vernunft ist, die das menschliche Handeln gegen die Einflüsse des Zufalls wappnet, da die Klugheit auf bloßen Mutmaßungen basiert. Daher ist Cramer (1981) zuzustimmen, daß es nicht die durch die Überlegung ermöglichte Distanzierung des Menschen zu seinen natürlichen Neigungen ist, die ihn vom Tier unterscheidet, denn auch Tiere können, sofern sie über Erfahrung und Klugheit verfügen, überlegen (vgl. *L*, 46), sondern die durch die Vernunft ermöglichte Reflexion auf die eigene natürliche Konstitution, die den Menschen zu autonomen Handeln befähigt. Der Mensch funktioniert eben anders als das Tier nicht wie ein mechanischer Automat; er kann gleichsam seine eigene Konstruktion durchschauen und durch konstruktives Eingreifen in seine physikalische wie seine soziale Umwelt die Glückensbedingungen seines absichtsgeleiteten Handelns konstruktiv gestalten. Dabei ist diese durch die antizipierende Überlegung gewonnene Freiheit durchaus ambivalent: Sie kann sich sowohl konfliktsteigernd auswirken, was den Naturzustand in einen Krieg aller gegen alle (*CI*, preafatio; 69) verwandelt, als auch friedensstiftend wirken, indem sie Wege aus diesem Konkurrenzzustand herausweist und Mittel zu seiner Überwindung in Form der Institutionalisierung einer staatlichen Ordnung bereitstellt (vgl. Cramer 1981; Johnson 1982). Hobbes bringt diese Ambivalenz in der Widmung zu *De Cive* prägnant zum Ausdruck: „Nun sind sicher beide Sätze wahr: *Der Mensch ist ein Gott für den Menschen*, und: *Der Mensch ist ein Wolf für den Menschen*; jener, wenn man die Bürger untereinander, dieser, dieser wenn man die Staaten untereinander vergleicht." (*CI*, Widmung, 59; zum Ursprung der beiden Sentenzen vgl. Tricaud 1969)[2]

4.2.4 Die Leidenschaften: Anmerkung zur emotionalen Struktur der Hobbesschen Individuen

Die Leidenschaften oder Affekte bezeichnen die weitgehend unreflektierten Neigungen der Personen. In *De Homine* nennt Hobbes sie „Störungen des Geistes", „weil sie zumeist die richtige Überlegung beeinträchtigen; sie tun dies aber, indem sie gegen das wahre Gute für das scheinbare und sich aufdrängende Gute streiten, das sich in den meisten Fällen nach sorgfältiger Prüfung aller Begleitumstände als Übel erweist" (*HO*, XII, 1; 29). Die Affekte sind typische Formen des Strebens und der Abneigung, wobei Hobbes zum einen zwischen körperlicher und geistiger Lust unterscheidet und zum anderen eine Differenzierung der Neigungen entlang der zeitlichen Dimension der Erwartung entwickelt. So ist ‚Hoffnung' definiert als „(positive, C. C.) *Neigung*, verbunden mit der Erwartung, das Gewünschte zu erhalten", ‚Furcht' als „*Abneigung*, verbunden mit der Erwartung eines durch den Gegenstand bewirkten *Schadens*" (42) und ‚Neugier' „eine geistige Lust, die durch die andauernde Freude an der beständigen und unermüdlichen Erzeugung von Wissen das kurze Feuer jeder fleischlichen Lust übertrifft" (44).

Hobbes' physiologischer Reduktionismus der Gefühle auf positive und negative appetitive Bewegungen wirft jedoch Probleme auf, wenn man sich der Interpretation sozialer Affekte zuwendet – seien es solche, die sich auf andere Personen beziehen, wie Liebe, Mitleid, Wohlwollen oder Rachsucht, oder solche, die ihre Bedeutung erst in einer sozialen Umgebung erlangen, wie Ehrgeiz, Stolz, Wettkampf oder Prahlerei. Da die Neigungen in Hobbes' kausal-mechanistischer Rekonstruktion immer in dem Sinn egozentrisch sein müssen, daß sie ihren Ursprung in dem Streben nach Beförderung der je eigenen *vitalen* Bewegungen nehmen, bzw. mit subjektiver „Lust" verbunden sind, kann man Hobbes ohne Zweifel eine Theorie des kausalen und des tautologischen Egoismus zuschreiben (vgl. Kavka 1986, 35 f.): Sofern die Personen nur durch ihre eigenen, subjektiven Neigungen zum

---

2 Daß der Mensch des Menschen Wolf sei, gilt für jeden Naturzustand, nicht nur für den in der Widmung erwähnten zwischenstaatlichen, sondern auch für den ursprünglichen vorstaatlichen zwischen den Menschen.

Handeln motiviert werden, muß Hobbes behaupten, „(...) Gegenstand der willentlichen Handlungen jedes Menschen ist ein *Gut für ihn selbst*" (101). Umstritten ist jedoch, ob Hobbes die sehr viel stärkere These eines psychologischen Egoismus vertritt, d. h. behauptet, daß jede Handlung durch den Wunsch verursacht wird, persönlich vorteilhafte Ziele zu erlangen. Weder ein kausaler noch ein tautologischer Egoismus ziehen notwendigerweise die Unterstellung eines psychologischen Egoismus nach sich, da sie rein handlungstheoretischer Natur sind und sich allein auf die Form der Motivationsursache beziehenden materialen Gehalt der motivierenden Handlungsziele jedoch völlig unbestimmt lassen (vgl. Kavka 1986; Hampton 1986).

Die Interpretation, die Hobbes' Affektenlehre im Sinne einer egoistischen Psychologie auslegt, stützt sich auf drei Argumente: *Erstens* wird die material-egozentrische Perspektive der Motivationserklärung dadurch verstärkt, daß die Hobbesschen Menschen aufgrund der mechanistisch Rekonstruktion aller mentalen Zustände gleichsam wie Monaden voneinander getrennt leben; daher kann jede Form der Berücksichtigung des Wohlbefindens anderer Personen nicht auf unmittelbarer Sympathie beruhen, sondern nur in der imaginativen Rekonstruktion fremder Befindlichkeit als mögliche eigene Betroffenheit begründet sein, wie die Hobbessche Erklärung der Genese des ‚Mitleids' als „Vorstellung, daß dasselbe Mißgeschick uns zustoßen könnte" deutlich zeigt. (45) Nicht also fremdes Leid, sondern die Vorstellung eines entsprechenden eigenen Leides gibt dem Mitleidsgefühl Grund und Inhalt. *Zweitens* sind Hobbes' Definitionen der sozialen Affekte häufig durch kompetitive Überlegungen geprägt, die systematisch erst im Rahmen der sozialen Interaktion auftauchen dürften, da sie keine „natürlichen", sondern situationsabhängige Charakteristika bezeichnen (vgl. hierzu *CI*, preafatio; 68 f.). Besonders stark ist dieses kompetitivistische Verständnis der Affekte noch in Hobbes' Frühschriften; man denke nur an die berühmte Definitionsgedicht aus dem *Naturrecht*, in dem Hobbes alle Gefühle als konkurrenzfunktionale Affekte im Kontext eines umfassenden, das ganze Leben umgreifenden Konkurrenzzusammenhangs entziffert (vgl. *NR*, I, 10, 27; 77). In den späteren Fassungen der politischen Philosophie Hobbes' tritt diese Wettbewerbstheorie der Affekte zurück[3] (hierzu

---

[3] Vgl. die folgenden ‚Stolz'-Definitionen aus dem *Naturrecht* und dem *Leviathan:* „Stolz oder inneres Frohlocken oder Triumph des Geistes ist der Affekt, der von der Vorstellung oder dem Begriff unserer eigenen Macht herrührt, die der Macht dessen, der mit uns kämpft, überlegen ist" (*NR*, I, ix, 1; 67); „Freude, die von der Vorstellung eigener Macht und Fähigkeit herrührt, ist jenes Hochgefühl des Geistes, das man Stolz nennt" (44). „Wenn in der Unterhaltung die freudige Empfindung, von anderen geschätzt zu werden, wach wird, dann steigen bisweilen die Lebensgeister empor, und dieses Gefühl der Erhebung heißt Stolz" (*HO*, XII, 6; 33).

McNeilly 1966, 1968, der einen abnehmenden argumentativen Stellenwert der Affektenlehre für das Vertragsargument sowie den Wandel von einer egoistischen zu einer neutralen Charakterisierung der Leidenschaften in Hobbes' Schriften von den *Elements* bis zum *Leviathan* zu belegen versucht; dagegen Kemp 1982). *Drittens* spiegeln die Definitionen der Affekte den moralisch neutralen Wertsubjektivismus Hobbes' und seine instrumentalistische und relativistische Güterkonzeption wider.

Gegen die These des psychologischen Egoismus spricht zum einen, daß Hobbes' Darstellung ambivalent bleibt; so finden sich durchaus nicht-selbstbezogene Leidenschaften: z. B. ist ‚Güte' schlicht definiert als „*Wunsch*, einem anderen möge Gutes widerfahren" (43; vgl. McNeilly 1966, Gert 1968, Hampton 1986,19 ff.). Zum anderen ist die Annahme eines psychologischen Egoismus für die logische Struktur des Hobbesschen Vertragsargumentes nicht unbedingt notwendig (die entgegengesetzte Ansicht vertritt Kohler 1981): Von den drei Ursachen der Konfliktsituation des Naturzustands, die Hobbes nennt: Konkurrenz, Mißtrauen und Ruhmsucht (95), kann allenfalls die dritte, die jedoch die geringste Rolle spielt, als vorwiegend egoistisches Motiv betrachtet werden. Für die Konkurrenz ebenso wie für das Mißtrauen sind antizipatorische, d. h. präemptive und vor allem präventive Überlegungen entscheidend, die von einer egoistischen oder nicht-egoistischen Psychologie unabhängig sind, sondern lediglich voraussetzen, daß die Bestrebungen der Personen, Güter zu erlangen, konfligieren können (vgl. *L*,95).[4] Daß nicht die Leidenschaften den Naturzustand unerträglich machen, sondern die Vernunftfertigkeiten der Antizipation und Planung zeigt besonders eindrucksvoll die Hobbessche Lehre von der notwendigen Eskalation des individuellen Machtstrebens im Naturzustand.

---

4 Die Affekte spielen im Rahmen der Interaktionslogik des Naturzustands und des Vertragsarguments eine sekundäre Rolle, insofern sie als „Störungen des Geistes" die Defizienzen menschlicher Vernunft und die Fallibilität der vernünftigen Überlegung unterstreichen. In diesem Sinne ist Cramer (1982,54) zuzustimmen, wenn er feststellt, daß die Gott-Natur des Menschen, die in seiner – allerdings fallibelen – Vernunft- und Antizipationsfähigkeit zum Ausdruck kommt, seine Wolfs-Natur, d. h. wechselseitiges Mißtrauen und Konkurrenz, hervorbringt, während die Umkehrung dieses Verhältnisses mit der Hypothek eines nicht zu überbrückenden Dualismus' von Leidenschaft und Vernunft verbunden ist. Daher wird das Vertragsargument durch den Verzicht auf die contra-intuitive Prämisse des psychologischen Egoismus gestärkt, da es erstens gegenüber einer psychologischen Charakterisierung des Menschen neutral bleibt und da zweitens die Übereinstimmung der anthropologischen Grundzüge der Personen im Natur- wie im staatlichen Zustand durch einen solchen Verzicht gestützt wird.

4.3 Die Eskalation des Machtstrebens im Naturzustand

‚Macht' (*power*) ist ein ausgezeichnetes instrumentelles Gut; dienen andere Güter bestimmten Zwecken in wohldefinierten Kontexten, so vermag die Macht in allen Kontexten nützlich und allen Zwecken dienlich sein; sie besitzt wie Geld eine universale Äquivalenzfunktion (vgl. Willms 1970, 112; Weiß 1980, 110 f.; Kersting 1992, 87 f.) „Die Macht eines Menschen besteht, allgemein genommen, in seinen gegenwärtigen Mitteln zur Erlangung eines zukünftigen anscheinenden Guts und ist entweder *ursprünglich* oder *zweckdienlich*" (66). Da ‚Macht' ein allgemeines Vermögen darstellt, manifestiert sie sich nicht in einem konkreten Gegenstand, sondern jede Eigenschaft oder Fähigkeit, die für die Verfolgung von Gütern geeignet ist, kann ‚Macht' bedeuten. Das „ursprüngliche" Machtpotential der Menschen besteht in erster Linie in Körperstärke und Klugheit; darüber hinaus jedoch stellen alle sozialen Beziehungen, sofern sie für die Erlangung von Gütern dienlich sein können, ‚Macht' dar: ‚Diener zu haben' ist ebenso ‚Macht' wie ‚Freunde zu haben'; Reichtum kann ebenso ‚Macht' bedeuten wie geehrt zu werden (70). In diesem Sinne ist ‚Macht' nicht nur selbst ein instrumentelles Gut, sondern unterwirft alle Güter und Fähigkeiten – seien es die eigenen körperlichen oder Charaktereigenschaften, seien es andere Personen – dem einheitlichen und alles vereinheitlichenden Bewertungsmaßstab der instrumentellen Nützlichkeit. Hobbes' Begriff der ‚Macht' vereint damit die beiden hervorstechenden Charakteristika seiner Anthropologie: die instrumentelle, konsequentialistische Orientierung der Vernunft zum einen, die Menschen, Gegenstände und Zustände nur nach ihrer jeweiligen Zweckdienlichkeit bewertet, und die Reduktion der Moralphilosophie auf eine Theorie subjektiver Werte zum anderen; im Begriff der ‚Macht' kulminiert auch die mit Konsequentialismus und Subjektivismus notwendigerweise verbundene moralische Neutralisierung aller Mittel (vgl. *L*, 71). In der Hobbesschen Welt der Machtkonkurrenz ist alles käuflich; auch der Mensch hat keinen Wert mehr, sondern nur noch einen Preis; und dieser richtet sich nach seinem Wert auf dem Machtmarkt, es ist der Preis, der für den Gebrauch seiner Macht gezahlt würde (vgl. *L*, 67).

Macht ist relational; sie ist nur in dem Maße wirksam, in dem sie die Macht der Konkurrenten übersteigt. Die Relationalität der Macht zwingt also dazu, sich immer mehr Macht zu verschaffen. Dieses Machtstreben der Menschen ist nicht Ausdruck eines finsteren, dumpfen Triebs, sondern hat durchaus rationale Gründe. Es ist die Vernunft, die den Menschen das Streben nach Macht, nach immer mehr Macht nahelegt. Menschen leben unter Knappheitsbedingungen, in Konkurrenz mit ihren Mitmenschen und immer im Angesicht einer ungewissen Zukunft, da ist die präemtive und präventive Strategie der Machtmittelmehrung ein Vernunftgebot. „So halte ich an erster Stelle ein fortwährendes und rastloses Verlangen nach immer neuer Macht für einen allgemeinen Trieb der gesamten Menschheit, der nur mit dem Tode endet. Und der Grund hierfür liegt nicht immer darin, daß sich ein Mensch einen größeren Genuß erhofft als den bereits erlangten, oder daß er mit einer bescheidenen Macht nicht zufrieden sein kann, sondern darin, daß er die gegenwärtige Macht und die Mittel zu einem angenehmen Leben ohne den Erwerb zusätzlicher Macht nicht sicherstellen kann" (75). Dieses Streben nach immer mehr Macht prägt auch die gesellschaftliche Lebensform des Menschen; keinesfalls ist es so, daß mit dem Übergang von Naturzustand zum staatlichen Zustand das Akkumulieren von Machtmitteln unvernünftig wäre. Der Unterschied zwischen dem Naturzustand und dem staatlichen Zustand ist nur der, daß sich im Naturzustand das notwendige Streben nach immer mehr Macht verhängnisvoll für alle auswirken muß, während es im staatlichen Zustand gleichsam gezähmt, diszipliniert worden ist und für einen Fortschritt in Kultur, Wissenschaft und Technik nutzbar gemacht werden kann. Der Weg in den Staat ist der Übergang von einer unfriedlichen und unproduktiven Konkurrenz potentiell Gewaltbereiter zu einer friedlichen und produktiven Konkurrenz Gewaltfreier.

Verhängnisvoll ist das allseitige Machtstreben im Naturzustand, weil hier niemand seines Lebens und seiner Habe sicher sein kann, jeder alles zu befürchten hat und sich auf alles vorbereiten muß. So kommt es zu einem Zustand unaufhörlicher Aufrüstung; zwischen den Menschen besteht beständige Kriegserwartung. Die Eskalation des Machtstrebens wird dabei entscheidend dadurch vorangetrieben, daß die Menschen sich nach Hobbes in einem Zustand der natürlichen Gleichheit befinden, denn erst unter der Annahme, daß Gleichheit die Entstehung natürlicher Herrschaftsverhältnisse verhindert, produziert das Machtstreben der Personen im Naturzustand kriegsähnliche Verhältnisse. Da die Personen sich nicht nur in ihrer physischen Konstitution soweit ähneln, daß noch der „Schwächste stark genug ist, den Stärksten zu töten" und somit jeder potentielles Opfer von jedem ist (94), sondern alle auch gleichermaßen zu Erfahrung, Klugheit und Vernunft befähigt sind, schließt Hobbes, daß sie gleicherweise ‚hoffen' können, die von ihnen erstrebten Güter erlangen zu können und daher auch die entsprechenden Anstrengungen unternehmen werden (94 f.). Unaufhörliche Aufrüstung wird damit zur allseits praktizierten Überlebensstrategie im Naturzustand. Eine natürliche Lösung des Naturzustandsproblems durch einfache Übermachtgewinnung ist daher ausgeschlossen: von Natur aus werden die Menschen nicht friedlich zusammenleben können. Wenn sie Frieden wollen, müssen sie ihn selbst unter sich stiften, müssen sie ihn selbst herstellen.

Literatur

Cramer, K. 1981: Naturzustand und Vernunft. In: Thomas Hobbes. Anthropologie und Staatsphilosophie. Hrsg. v. O. Höffe. Freiburg, 39–67.
Gauthier, D. 1969: The Logic of Leviathan. Oxford.
Gert, B. 1967: Hobbes and Psychological Egoism. In: Journal of the History of Ideas 18, 503–520.
Hampton, J. 1986: Hobbes and the Social Contract Tradition. Cambridge.
Hirschmann, A. O. 1987: Leidenschaften und Interessen. Frankfurt/M.
Höffe, O. 1981: Widersprüche im Leviathan: Zum Gelingen und Versagen der Hobbesschen Staatsbegründung. In: Thomas Hobbes. Anthropologie und Staatsphilosophie. Hrsg. v. O. Höffe. Freiburg/Schweiz, 113–142.
Holmes, S. 1990: The Secret History of Self-Interest. In: J. J. Mansbridge: Beyond Self-Interest. Chicago.
Johnson, P. J.1982: Hobbes and the Wolf-Man. In: Thomas Hobbes. His View of Man. Hrsg. v. J. G. van der Bend. Amsterdam, 31–44.
Kavka, G. 1986: Hobbesian Moral and Political Theory. Princeton.
Kemp, J. 1982: Hobbes on Pitty and Charity. In: Thomas Hobbes. His View of Man. Hrsg. v. J. G. van der Bend. Amsterdam, 57–62.
Kersting, W. 1992: Thomas Hobbes. Hamburg.
Kohler, G. 1981: Rationaler Egoismus und vernünftige Subjektivität. Wider die These von Hobbes' akzidentiellem Absolutismus. In: Thomas Hobbes. Anthropologie und Staatsphilosophie. Hrsg. v. O. Höffe. Freiburg, 175–186.
Lott, T. L.1982: Hobbes's Mechanistic Psychology. In: Thomas Hobbes. His View of Man. Hrsg. v. J. G. van der Bend. Amsterdam, 63–75.
McNeilly F. S. 1966: Egoism in Hobbes. In: Philosophical Quarterly 16, 193–206.
– 1968: The Anatomy of Leviathan. London.
Spragens, T. A. jr 1973: The Politics of Motion. The World of Thomas Hobbes. Lexington/Kent.
Tricaud, F. 1969: „Homo homini Deus", „Homo homine lupus": Recherche des sources de deux Formules de Hobbes. In: Hobbes-Forschungen. Hrsg. v. R. Koselleck/R. Schnur, Berlin.
Weiß, Ulrich 1980: Das philosophische System von Thomas Hobbes. Stuttgart-Bad Cannstatt.
Willms, B. 1970: Die Antwort des Leviathan. Thomas Hobbes' politische Theorie. Neuwied-Berlin.

Julian Nida-Rümelin

Bellum omnium contra omnes

Konflikttheorie und Naturzustandskonzeption im 13. Kapitel des *Leviathan*

Anthropologie, Moralphilosophie und politische Theorie bündeln sich bei Hobbes in der Theorie des Naturzustandes. Die Naturzustandskonzeption, wie sie insbesondere in Kap. 13 des *Leviathan* entwickelt wird, kann man als Kondensat der politischen und ethischen Theorie lesen. Dies erklärt, daß gerade die in jüngerer Zeit wieder aufgelebten Kontroversen um eine angemessene Interpretation Hobbes' in unterschiedlichen Interpretationen des Naturzustandes kulminierten. Neben einer auf die innere Stringenz der Hobbesschen Argumentation abhebenden Interpretation (Watkins, Weiß) stehen traditionalistische (Taylor, Warrender, Hood), die die Bindung Hobbes' an das traditionelle Naturrechtsdenken betonen (und damit seine Selbsteinschätzung als Neubegründer der politischen Wissenschaft desavouieren), und liberalistische (Hampton, Kavka, Rapaczynski), die Hobbes in größerer Nähe zu John Locke verorten und das düstere Menschenbild, wie es insbesondere in den einschlägigen Passagen des Leviathan gezeichnet wird, domestizieren.

Die große Vielfalt unterschiedlicher Interpretationen des Naturzustandes verdankt sich zum Teil zweifellos unterschiedlichen Akzentsetzungen, die Hobbes an verschiedenen Stellen – sowohl in einschlägigen Textstellen im *Leviathan* als auch in *De Homine* und *De Cive* – vorgenommen hat und die, zumindest prima facie, mit der strengen methodischen Diktion Hobbes' nicht im Einklang stehen. Bedeutsamer für diese große Vielfalt von Interpretationen scheint mir aber zu sein, daß Paradigmen der jeweils zeitgenössischen politischen Philosophie, Ethik und Theorie praktischer Rationalität den begrifflichen und methodischen Rahmen der Interpretationen explizit oder implizit prägen, was – wie die Wissenschaftstheorie in den vergangenen zwei Jahrzehnten sorgfältig zu analysieren versucht hat

– Probleme der Kommensurabilität und der Übersetzung mit sich führt. Im Gegensatz zu historistischen Auffassungen bin ich allerdings davon überzeugt, daß diese Herangehensweise legitim ist: Texte von Klassikern können nur so zu einer dauernden Quelle der Inspiration werden, neue systematische Erkenntnisse der Philosophie anregen und Einseitigkeiten einer für Moden durchaus anfälligen Gegenwartsphilosophie vermeiden. Ernsthafte Auseinandersetzung mit einem philosophischen Text zielt nicht auf eine historische Rekonstruktion seines Zustandekommens, sondern auf ein Verständnis seines Inhaltes. Verständnis allerdings ist gebunden an einen begrifflich-theoretischen Rahmen, der zwar selbst für Modifikationen offen und in seinen Kernbestandteilen mit alltagspraktischen Erfahrungen verknüpft ist, der aber doch Vorprägungen mit sich bringt, die sich nicht eliminieren lassen. Das philosophische Gespräch über Zeiten und Paradigmen hinweg lebt mit der Gefahr fundamentaler Mißverständnisse, aber es ist dem konstruktivistischen, kontextualistischen und historistischen Ende der Philosophie vorzuziehen.

Für unser Thema spielt das *rational choice*-Paradigma, d. h. die entscheidungs- und spieltheoretische Rekonstruktion praktischer Rationalität, eine wesentliche Rolle. Hobbes war dieses Paradigma nicht vertraut, wenn auch manche Formulierungen die Vermutung nahelegen, daß er eine für seine Zeit ungewöhnlich klare Sicht unterschiedlicher Interaktionsstrukturen hatte, die erst mit dem Instrumentarium der Spieltheorie sorgfältig analysiert werden konnten. Die Zulässigkeit eines solchen Analyseansatzes ist aber von dieser historischen Vermutung unabhängig. Selbst wenn die Übereinstimmungen eher zufällig wären, ist es interessant zu prüfen, ob Hobbes' Erklärung des universalen Konfliktes im Naturzustand mit dem heutigen Stand der Entscheidungstheorie übereinstimmt oder sich zumindest im Begriffsrahmen der modernen Entscheidungstheorie analysieren läßt. Allerdings kann keine Rede davon sein, daß das Kooperationsproblem, das in der Hobbesschen Naturzustandskonzeption eine so zentrale Rolle spielt, im Rahmen der rationalen Entscheidungstheorie einer überzeugenden Explikation und Lösung zugeführt worden wäre. Vielmehr ist es eine auffallende Schwäche der jüngsten Hobbes-Interpretationen, anzunehmen, daß die Entscheidungstheorie Handlungsrationalität für die jeweils diskutierten Interaktionsmodelle eindeutig festlege. Im Gegenteil, Hobbes scheint mir gerade darin exemplarisch modern zu sein, daß seine Analyse menschlicher Interaktionen in der Aporie des Kooperationsdilemmas endet, womit er die Kooperationsdilemmata der zeitgenössischen Entscheidungstheorie vorwegnimmt.

5.1 Konfliktursachen im Naturzustand

Im Naturzustand herrscht Krieg. „Daraus ergibt sich klar, daß die Menschen während der Zeit, in der sie ohne eine allgemeine, sie alle in Zaum haltende Macht leben, sich in einem Zustand befinden, der Krieg genannt wird" (96). Obwohl dieser Krieg als ein Krieg eines jeden gegen jedermann charakterisiert wird, darf man ihn nicht als eine Kette fortwährender Gewalttätigkeiten interpretieren, vielmehr besteht ein Kriegszustand in einem Zeitraum, in dem der Wille, sich zu bekämpfen („contend by battle", *EW*, 113), hinlänglich bekannt ist. Wenn die Bereitschaft, Krieg zu führen, allein auch nicht ausreicht, um die weitergehenden Charakterisierungen des Naturzustandes als kulturlos („no arts; no letters", *EW*, 113) und das menschliche Leben darin als einsam, armselig, ekelhaft, tierisch und kurz („solitary, poor, nasty, brutish, and short", *EW*, 113) zu rechtfertigen, so kann an Hobbes' Bild des Naturzustandes als eines permanenten Krieges doch kein Zweifel bestehen (vgl. dagegen Bittner 1983, 396 f.). Ein Verständnis des Naturzustandes erschließt sich daher am besten über eine Analyse der Konfliktursachen (vgl. Gauthier 1988, 126–33, Hampton 1985, Hampton 1986, 58–89, Kavka 1983a, Kavka 1986, 83–125). Diese liegen nach Hobbes in der menschlichen Natur und sind: 1.) Konkurrenz („competition"), 2.) Mißtrauen („diffidence", in der lateinischen Fassung „defensio") und 3.) Ruhmsucht („glory", EW 112). Die erste Konfliktursache veranlaßt Menschen zu Übergriffen um eines Vorteils (Gewinnes) willen, die zweite, um Sicherheit zu erreichen, und die dritte, um das eigene Ansehen zu erhöhen.

Diese Handlungsmotive allein erklären aber noch nicht den permanenten Krieg aller gegen alle. Eine wesentliche Voraussetzung muß hinzutreten, und das ist die der Gleichheit aller Menschen. Die Natur hat die Menschen so geschaffen, daß die Unterschiede an Körper- und Geisteskraft zu gering sind, um sicherzustellen, daß der eine über den anderen eine dauerhafte Überlegenheit erreichen kann. Der Schwächste ist stark genug – entweder durch Hinterlist oder durch ein Bündnis mit anderen –, den Stärksten zu töten. Auch Klugheit („prudence") ist nur Erfahrung, die alle Menschen, wenn sie sich nur vergleichbar lange und intensiv mit den Dingen beschäftigen, erwerben können. Die vermeintlichen Unterschiede bestehen nur in der Einbildung der „Gebildeteren". Dieses Gleichheitspostulat, das in den ersten beiden Absätzen des 13. Kapitels erläutert wird, erlaubt keine Herrschaftsordnung von Natur, wie sie Aristoteles etwa in den drei natürlichen Herrschaftsverhältnissen – des Herrn über den Sklaven, des Mannes über die Frau und des Vaters über den Sohn – vorliegen sah. Die Konkurrenz um knappe Güter führt daher nicht zur Feststellung der Überlegenheit des einen über den anderen und der Beilegung von Feindseligkeiten durch Abhängigkeit, sondern mündet in dauernder Feindschaft und wechselseitiger Furcht „Und wenn daher zwei Menschen nach demselben Gegenstand streben, den sie jedoch nicht zusammen genießen können, so werden sie Feinde und sind in Verfolgung ihrer Absicht ... bestrebt, sich gegenseitig zu vernichten" (95).

Neben die Konkurrenz um knappe Güter tritt konfliktverschärfend hinzu, daß es einige gibt, denen es Vergnügen bereitet, sich an ihrer eigenen Macht über andere zu weiden („taking pleasure in contemplating their own power", *EW*, 111 f.). Dies zwingt auch diejenigen, die Macht nicht um ihrer selbst willen schätzen, dazu, ihre Macht soweit wie möglich auszuweiten, um sich gegen Übergriffe der Machtgierigen abzusichern. Da der Konflikteskalation im Naturzustand keine Grenzen gesetzt sind, kann von niemandem erwartet werden, sich Beschränkungen aufzuerlegen, die möglicherweise zum eigenen Untergang führen würden. Die fehlende natürliche Anlage zur Geselligkeit („men have no pleasure, but on the contrary a great deal of grief, in keeping company", *EW*, 112) und die Neigung, andere herabzusetzen, um sich selbst zu erhöhen, tun ein übriges, um Frieden im Naturzustand unmöglich zu machen. Die oben angeführte Reihenfolge der von Hobbes genannten Konfliktursachen ist also nicht willkürlich: Als erstes Konkurrenz, als zweites Mißtrauen, und als drittes Ruhmsucht.

Auch wenn man Textstellen aus anderen Kapiteln des *Leviathan* hinzunimmt, etwa die Ausführungen im 11. Kapitel zur Glückseligkeit, die man sich nicht als ein *finis ultimus* oder ein *summum bonum* (75) vorstellen dürfe, nach der es eine Vollendung des Lebens gibt, die Unzufriedenheit beendet und Wünsche nach mehr ersterben läßt, sondern die man als ein „ständiges Fortschreiten des Verlangens von einem Gegenstand zu einem anderen" (75) zu verstehen habe, bleibt dieses Bild des Naturzustandes unverändert. Das rastlose Verlangen nach immer neuer Macht, das nur mit dem Tode endet, erfährt hier vielmehr eine weitere anthropologische Stützung, die allerdings nur für eine Gesellschaft relevant wird, die durch fortdauernde Produktivitätssteigerungen die erste Konfliktursache, die Konkurrenz um knappe Güter, im Laufe der Zeit zunehmend reduzieren würde. Auch die mächtigsten Könige können in diesem Fortschreiten des Verlangens nie zufriedengestellt werden, was die Gier nach immer neuen Eroberungen, nach ausschweifenden Sinnesfreuden, nach Schmeichelei erklärt, aber andererseits für die politische Theorie der Friedensstiftung durch Vereinigung aller Gewaltmittel in einer Hand Probleme aufwirft, die jedoch außerhalb der Thematik dieses Beitrags liegen.

Die in Kap. 11 folgende Parodie antiker und mittelalterlicher Tugendkataloge zeigt Hobbes' illusionslosen, aber differenzierten Blick auf die kleineren und größeren menschlichen Charakterschwächen, die einerseits die Bereitschaft zur Unterwerfung unter eine gemeinsame Macht befördern und andererseits ohne eine solche Macht die Neigung zum Krieg verstärken. Die Tendenz, Gewohnheit und Beispiele in Unkenntnis der Gründe von Recht und Gerechtigkeit zur Richtschnur des Handelns zu machen, gilt Hobbes offensichtlich nicht als eine mögliche Lösung des Kooperationsproblems im Naturzustand, sondern soll lediglich plausibel machen, daß Menschen „wie kleine Kinder" (79) aus eigenem Antrieb nicht den Regeln der Vernunft, sondern den Wechselfällen ihrer Beeinflussung und ihren Interessen folgen. Auch ein Vergleich der einschlägigen Textstellen in *De Cive* würde diese Darstellung der Konfliktursachen des permanenten Krieges im Naturzustand nicht revidieren. Die Naturzustandskonzeption scheint in sich kohärent und die These des permanenten Krieges wohlbegründet zu sein, auch wenn man ihre Prämissen aus anthropologischer und psychologischer Sicht bezweifeln mag. Tatsächlich ist es vor allem die Rolle des Naturrechts und der natürlichen Gesetze, die Zweifel an der Konsistenz der Naturzustandskonzeption aufwerfen. Wenn uns auch der Inhalt der natürlichen Gesetze hier nicht näher interessiert, so müssen wir doch einen Blick auf ihre Einführung im 14. und 15. Kapitel werfen.

Hobbes spricht vom natürlichen Recht („the right of nature", *EW*, 116) als der Freiheit eines jeden, seine eigene Macht nach seinem Willen zur Erhaltung seines eigenen Lebens einzusetzen und alles zu tun, was er für das geeignetste Mittel dazu hält. Dagegen ist ein Gesetz der Natur („law of nature", „lex naturalis") eine Verbotsregel, die die eigene Selbsterhaltung sichern soll und die von der Vernunft ermittelt wird („A precept or general rule, found out by reason, by which a man is forbidden to do that, which is destructive of his life, or taketh away the means of preserving the same", *EW*, 116 f.). Das Verhältnis von Recht und Gesetz formuliert Hobbes daher ohne Bezug darauf, ob man sich im Naturzustand oder im staatlichen Zustand (Friedenszustand) befindet, folgendermaßen: *„Jedermann hat sich um Frieden zu bemühen, solange dazu Hoffnung besteht. Kann er ihn nicht herstellen, so darf er sich alle Hilfsmittel und Vorteile des Kriegs verschaffen und sie benützen"* (100). Der erste Teil enthält das grundlegende Gesetz der Natur (Frieden zu suchen), und der zweite die Summe des natürlichen Rechts, nämlich sich mit allen zur Verfügung stehenden Mitteln zu verteidigen.

Das zweite natürliche Gesetz gilt Hobbes als eine bloße Deduktion des ersten: *„Jedermann soll freiwillig, wenn andere ebenfalls dazu bereit sind, auf* *sein Recht auf alles verzichten, soweit er dies um des Friedens und der Selbstverteidigung willen für notwendig hält, und er soll sich mit soviel Freiheit gegenüber anderen zufrieden geben, wie er anderen gegen sich selbst einräumen würde"* (100). Dieses zweite Gesetz verlangt also die Bereitschaft, sein natürliches Recht dann beschränken zu lassen, wenn andere dazu ebenfalls bereit sind und wenn das Maß der Beschränkung der Friedenssicherung dient, wobei er sich mit soviel Freiheit zufriedengeben soll, wie er anderen gegen sich selbst einräumen würde. Dieses zweite natürliche Gesetz ermöglicht denjenigen Vertrag, der den Naturzustand beendet (vgl. Kap. 17).

Die weitere Ausführung der natürlichen Gesetze in Kap. 15 macht deutlich, daß die Befolgung der natürlichen Gesetze erst nach Etablierung einer gemeinsamen Gewalt im Zustand des staatlich sanktionierten Friedens erwartet werden kann. Gerechtigkeit beruht auf abgeschlossenen Verträgen; *„abgeschlossene Verträge sind zu halten"* lautet das dritte natürliche Gesetz (110). Gerechtigkeit gibt es nur aufgrund eines Vertrages, denn ohne einen Vertrag hat jedermann ein Recht auf alles, und Ungerechtigkeit ist nichts anderes als die Nichterfüllung eines Vertrages („the notperformance of covenant", *EW*, 131). Verträge, die nur auf gegenseitigem Vertrauen beruhen, sind solange ungültig wie eine vertragsschließende Partei ihre Nichterfüllung befürchtet. Diese Furcht kann aber im Naturzustand nicht behoben werden. Gerechtigkeit gibt es daher nicht ohne eine etablierte Zwangsgewalt, die durch Sanktionsdrohung die Erfüllung von Verträgen erzwingt.

Es gibt allerdings Textpassagen, die geeignet sind, diesen so eindeutig erscheinenden Befund – moralische Pflichten (sich den natürlichen Gesetzen gemäß zu verhalten) bestehen erst innerhalb einer staatlichen Friedensordnung – zu erschüttern. Im 14. Kapitel erläutert Hobbes anhand einiger Beispiele, daß Verträge, die im Naturzustand aus Furcht geschlossen werden, die Vertragspartner ebenfalls verpflichteten. Dies gelte selbst dann, wenn diese Verträge erpresserisch zustande gekommen seien: Kriegsgefangene müssen ihrer Zahlungsverpflichtung nach Freilassung nachkommen; das Opfer von Kidnapping ist zur versprochenen Zahlung verpflichtet („For whatsoever I may lawfully do without obligation, the same I may lawfully covenant to do through fear: and what I lawfully covenant, I cannot lawfully break", *EW*, 127). Diese Verpflichtung, Verträge auch im Naturzustand zu halten, erlischt nur dann, wenn ein berechtigter Grund zur Furcht vor einem gewalttätigen Übergriff (zur Wiederaufnahme des Krieges) besteht. Daher wäre ein Vertrag des einseitigen Gewaltverzichts ungültig („A covenant not to defend myself from force, by force, is always void", *EW*, 127).

Die andere irritierende Textstelle befindet sich in Hobbes' Antwort auf den Narren. „Narren sagen sich insgeheim, so etwas wie Gerechtigkeit gebe es nicht uns bisweilen sagen sie dies auch offen. Dabei führen sie allen Ernstes an, da jedermann für seine Erhaltung und Befriedigung selbst zu sorgen habe, könne es keinen Grund geben, weshalb nicht jedermann das tun könne , was seiner Ansicht nach dazu führe, und deshalb sei auch das Abschließen oder nicht Nichtabschließen, Halten oder Nichthalten von Verträgen nicht wider die Vernunft wenn es einen Vorteil einbringe" (111). Der Narr aber irre sich, wenn er meint, Verträge seien nur insofern einzuhalten, als sie den Interessen des jeweiligen Vertragspartners dienen. Generell sei es falsch anzunehmen, daß alle Handlungen der Menschen ihren eigenen Vorteil zum Ziel haben und jene Handlungen die vernünftigsten seien, die im Sinne dieser Ziele optimal wären. Der dieser Textstelle vorausgehende und der nachfolgende Absatz machen aber zweifelsfrei deutlich, daß diese moralische Pflicht der Vertragseinhaltung auch in den Fällen, in denen die Vertragseinhaltung nicht im eigenen Interesse ist, nur für den Friedenszustand und nicht für den Naturzustand gilt, da im Naturzustand aus den angegebenen Gründen keine Sicherheit besteht, daß andere ihre Verträge halten. Nur wenn ich erwarten kann, daß dies der Fall ist, besteht eine moralische Pflicht der Vertragseinhaltung (zu Hobbes' Antwort auf den Narren vgl. Gauthier 1969, 84–89, Gauthier 1979, 17–22, Haji 1990, 190 f., Hampton 1986, 64–66, Kavka 1983b, 127–30, Kavka 1986, 137–56).

Trotz dieses wesentlichen Unterschiedes zwischen diesen beiden Textstellen – die eine bezieht sich auf Vertragseinhaltung im Naturzustand, die andere auf Vertragseinhaltung im Friedenszustand – werfen diese doch weitreichende Probleme für die Rekonstruktion der von Hobbes zu Grunde gelegten Theorie praktischer Rationalität auf. Die instrumentell optimale Wahl einer Handlung angesichts zu erwartender Folgen für das eigene Wohlergehen und die Selbsterhaltung ist allein offensichtlich nicht ausreichend, um zu bestimmen, welche Handlung richtig ist.

5.2 Die Rekonstruktion des Naturzustandsarguments

Die rationale Rekonstruktion einer Theorie ist nicht erst dann gelungen, wenn alle Elemente dieser Theorie eine zwanglose Erklärung finden. Vielmehr ist eine rationale Rekonstruktion in der Regel auf Modifikation und Revision gerichtet: sie revidiert einzelne Propositionen der Theorie und verändert die Begründungsrelationen und Ableitungsbeziehungen mit dem Ziel, inhaltliche Kohärenz herzustellen. Je weniger begriffliche Sorgfalt und argumentative Stringenz eine Theorie aufweist, desto größer ist die Herausforderung, aber desto größer werden auch die Spielräume rationaler Rekonstruktion. Im Grenzfall einer begrifflich unscharfen und gedanklich konfusen Theorie wird ihre rationale Rekonstruktion willkürlich. Der Oberflächeneindruck einer strengen logischen Abfolge der Argumente und einer an der Mathematik orientierten Schärfe der Begriffe läßt sich bei genauerer Analyse des *Leviathan* nicht aufrecht erhalten. Insbesondere ist es um den Anspruch einer einheitswissenschaftlichen Methode, der strengen Deduktion der Ethik aus der Physik *more geometrico* schlecht bestellt. Auch wenn man mit großem Aufwand einen kybernetisch verstandenen Systemzusammenhang konstruieren kann (Weiß 1980), so ist doch die Konzentration auf den Zusammenhang zwischen Anthropologie, Ethik und politischer Theorie vielversprechender. Wir legen den Fokus auf den Zusammenhang zwischen der Theorie praktischer Rationalität, die man zu Hobbes' Anthropologie zählen kann, und der Theorie des Naturzustandes als Kriegszustand, wobei die oben referierten Textstellen schon deutlich machten, daß die Rolle der natürlichen Gesetze und des Naturrechts in die Analyse einbezogen werden muß.

Herausforderung einer jeden Rekonstruktion ist das Spannungsverhältnis zwischen universalem Krieg im Naturzustand einerseits und der vertraglichen Etablierung des Leviathan andererseits. In der Sekundärliteratur dominierte lange Zeit die Auffassung, daß dieses Spannungsverhältnis unauflösbar sei, d. h. daß hier eine tiefgehende Inkohärenz der praktischen Philosophie Hobbes' vorliege. Für jüngste Hobbes-Interpretationen von Jean Hampton und Gregory Kavka scheint es das Leitmotiv ihrer Studien zu sein, diese Inkohärenz zurückzuweisen. Diese Zurückweisungen führen allerdings zu einer sehr weitgehenden Revision der Hobbesschen Anthropologie, die ihrerseits Interpretationsprobleme aufwirft. Das erste Rekonstruktionsmodell bewegt sich dagegen in traditionellen Bahnen und interpretiert den Naturzustand als Gefangenendilemma.

5.3 Der Naturzustand als Gefangenendilemma

Eine Interaktionssituation vom Typ des Gefangenendilemmas ist dadurch charakterisiert, daß je individuell optimierende Strategien zu einem Ergebnis führen, das alle Beteiligten schlechterstellt als ein anderes, das durch nicht-optimierende individuelle Strategien erreicht worden wäre. Bei zwei Personen und zwei Entscheidungsalternativen läßt sich eine Gefangenendilemma-Situation in folgender Matrix darstellen:

		B	
		b_1	b_2
A	a_1	3/3	1/4
	a_2	4/1	2/2

Hier ist für beide Personen jeweils die zweite Entscheidung (a_2 bzw. b_2) dominant: Wie auch immer sich die andere Person entscheidet, a_2 bzw. b_2 optimiert die Situation der handelnden Person. Die Matrix ist dabei so zu lesen, daß die Ziffer vor dem Schrägstrich die Situation von A und die Ziffer nach dem Schrägstrich die Situation von B bei der jeweiligen Entscheidungskombination bewertet. Auf den Hobbesschen Naturzustand übertragen (vgl. Kersting 1992, 102–21, Kersting 1994, 69–72), könnte die Anwendung dieses Modells etwa folgendermaßen aussehen: Das rastlose Verlangen, wie es im 11. Kapitel beschrieben ist, läßt Menschen nach Gütern streben, die nur in begrenztem Umfang zur Verfügung stehen. Da die Befriedigung der Lust aber die Gier nach mehr weckt, ist niemand jemals mit dem, was er hat, zufrieden. Selbst eine prosperierende Wirtschaft könnte daher die Konkurrenz um knappe Güter nicht beenden. Diejenigen sind besonders erfolgreich, die sich in diesem Konkurrenzkampf besonders skrupellos verhalten. Wer Rücksicht auf andere und deren Interessen nimmt, verliert. Die beiden Grundstrategien, die allen Personen im Naturzustand offenstehen, kann man nun in gröbster Einteilung als Rücksichtnahme bzw. als Rücksichtslosigkeit charakterisieren. Wenn zwei Personen um ein knappes Gut konkurrieren, muß sich eine Person gegenüber einer rücksichtslosen Person ebenfalls rücksichtslos verhalten, um nicht alles zu verlieren; wenn sie sich gegenüber einer rücksichtsvollen Person rücksichtslos verhält, kann sie sogar alles gewinnen, so daß für beide mögliche Strategien Rücksichtslosigkeit den eigenen Interessen entspricht.

		B verhält sich	
		rücksichtsvoll	rücksichtslos
A verhält sich	rücksichtsvoll	3/3	1/4
	rücksichtslos	4/1	2/2

Rücksichtsloses Verhalten ist die dominante Strategie, die allerdings zu einem Ergebnis führt, das beide schlechterstellt als wenn beide sich rücksichtsvoll verhalten hätten.

Viele Bestandteile der Hobbesschen Naturzustandsbeschreibung fügen sich problemlos in dieses Bild. Insbesondere findet das vermeintliche Mysterium eines Übergangs von einer hedonistischen Anthropologie zur bloßen Selbsterhaltung eine zwanglose Erklärung. Der Abschied von einer platonisch-aristotelisch geprägten Theorie des guten Lebens, das in Autarkie und innerer Harmonie seine Vollendung findet, zugunsten einer dynamisch-hedonistischen Auffassung muß nicht komplettiert werden durch einen weiteren Übergang zur bloßen Selbsterhaltungsethik, die einzig den Tod als intrinsisch Schlechtes ansieht und folglich dessen Vermeidung zur obersten Lebensmaxime erklärt. Der lebende Mensch als Körper in Bewegung bedarf des Glücksstrebens als einer Antriebskraft, deren Treibstoff die Akquisition und der Konsum von Gütern ist. Es ist die Interaktionsstruktur des Naturzustandes selbst, die bei je individuell optimierenden Akteuren eine Eskalation wechselseitiger Schädigungen und Übergriffe in Gang setzt, die am Ende die Sicherung des nackten Überlebens zur *ultima ratio* machen. Auch wenn die hedonistische Menschennatur Ursache des permanenten Krieges im Naturzustand ist, so führt der permanente Krieg doch zu einer Situation, in der der Kampf ums nackte Überleben alle weitergehenden Aspirationen zunichte macht.

Die natürlichen Gesetze fügen sich als Regeln der Vernunft gut in dieses Bild. Die Fähigkeit zur Prospektion, die den menschlichen Körper vor anderen Körpern auszeichnet, erlaubt, sich einen Zustand vorzustellen, in dem die hedonistisch motivierte Konkurrenz um knappe Güter nicht zu einer Eskalation des Schreckens führt. Es ist ein Zustand, in dem Menschen den Frieden suchen, d. h. alles unterlassen, was andere zu Übergriffen veranlassen könnte (indem sie ihre Verträge halten usw.) – sie verhalten sich so, wie sie sich wünschen, von anderen behandelt zu werden: Sie zeigen sich dankbar (viertes natürliches Gesetz), sie sind entgegenkommend (fünftes natürliches Gesetz), sie sind nicht nachtragend (sechstes natürliches Gesetz), sie sind nicht rachsüchtig (siebtes natürliches Gesetz), sie sind nicht beleidigend (achtes natürliches Gesetz), sie sind nicht hochmütig (neuntes natürliches Gesetz), sie sind bescheiden, fair, solidarisch und sogar egalitaristisch (der erste Besitz soll durch Los zugesprochen werden). Die Vernunft sagt, daß alle diese Bestimmungen der natürlichen Gesetze im 15. Kapitel (*EW*, 138–42) angesichts der Gleichheit aller Menschen, d. h. ihrer wechselseitigen gleichen Bedrohungspotentiale, sich als notwendige Bedingung einer dauerhaften Friedenssicherung erweisen: Alle Personen wissen, daß nur die allgemeine Einhaltung dieser Regeln einen dauerhaften Friedenszustand sichern könnte, der die Sorge um die Selbsterhaltung beenden und Prosperität erlauben würde.

		B	
		Einhaltung der natürlichen Gesetze	Nichteinhaltung der natürlichen Gesetze
A	Einhaltung der natürlichen Gesetze	3/3	1/4
	Nichteinhaltung der natürlichen Gesetze	4/1	2/2

Am besten interpretiert man nun A als einzelne Person und B als die anderen. Wenn die anderen sich nicht an die natürlichen Gesetze halten, ist es für mich besser, mich ebenfalls nicht an die natürlichen Gesetze zu halten, da ich sonst im Konkurrenzkampf verlieren und vermutlich mein Leben einbüßen würde. Sollten sich aber die anderen an die natürlichen Gesetze halten, dann könnte ich dadurch, daß ich fallweise davon abweiche, mir einen zusätzlichen Vorteil verschaffen. Diese Dominanz der Nichteinhaltung der natürlichen Gesetze gilt für beliebige Verteilungen von Kooperation und Nicht-Kooperation (n Personen halten sich an die natürlichen Gesetze, n-1 Personen halten sich an die natürlichen Gesetze, usw.). Die Dominanz der Strategie „Nichteinhaltung der natürlichen Gesetze" ergibt sich allerdings nur dann, wenn im Falle der Einhaltung der natürlichen Gesetze durch andere Personen an die Stelle der bloßen Selbsterhaltung weitergehende hedonistische Wünsche treten. Die Selbsterhaltung für sich genommen wäre im Falle, daß sich die anderen Personen an die natürlichen Gesetze halten, auch dann gesichert, wenn ich mich ebenfalls an die natürlichen Gesetze halte.

Da rationale Personen sich also wünschen, daß sich alle an die natürlichen Gesetze halten, sich aber jeweils individuell im Naturzustand nicht an diese Gesetze halten, überlegen sie, unter welchen Bedingungen sich rationale Personen an die natürlichen Gesetze halten würden. Rationale Personen würden sich nur dann an die natürlichen Gesetze halten, wenn ihre Einhaltung im eigenen Interesse wäre. Dies erfordert eine Sanktionsgewalt, die nur dann wirksam sein kann, wenn die einzelne Person, die sich nicht an die natürlichen Gesetze hält, über keine Mittel zur Gegengewalt verfügt. Die Konzentration aller Gewaltmittel in einer Hand würde also dann den Friedenszustand sichern, wenn die Zentralgewalt die natürlichen Gesetze sanktioniert. Da aber auch die Zentralgewalt ein Interesse am Friedenszustand hat, dem sie ja ihr Gewaltmonopol verdankt, wird sie die natürlichen Gesetze bzw. das, was sie dafür hält, sanktionieren. Da konkurrierende Auffassungen darüber, was die richtige Interpretation der natürlichen Gesetze ist, die Autorität der Zentralgewalt unterminieren würden, muß auch die Definitionskompetenz für Gerechtigkeit dieser Zentralgewalt übertragen werden.

Dieses Modell ist von faszinierender Stringenz. Die Handlungsmotivation der Akteure verändert sich beim Übergang vom Naturzustand zum staatlichen Zustand (Friedenszustand) nicht – in beiden Zuständen werden die individuellen (hedonistischen) Interessen optimiert. Der Eindruck, daß es im Naturzustand um Selbsterhaltung und im Friedenszustand um Prosperität gehe, wäre ein Mißverständnis, das darauf beruht, die Veränderung der Interaktionsstruktur nicht hinreichend berücksichtigt zu haben. Weder im Natur- noch im Friedenszustand wird verlangt, daß Personen von der Optimierung ihrer eigenen Interessen abgehen, was sich nahtlos in die mechanistisch-hedonistische Anthropologie, wie sie insbesondere im 6. Kapitel des Leviathan erläutert wurde, einfügt. Der Status der natürlichen Gesetze wäre nach dieser Interpretation ebenfalls durchsichtig, ihre Nichteinhaltung im Naturzustand ebenso plausibel wie ihre Einhaltung im Friedenszustand. Mysteriös allerdings bliebe bei dieser Interpretation, wie es je zu demjenigen Vertragsschluß kommen kann, der den Friedenszustand ermöglicht. Der simultane Akt der Abtretung aller Gewaltmittel an eine Zentralinstanz ist empirisch nicht realisierbar, und selbst wenn er realisierbar wäre, würde die eigene Beteiligung an diesem Akt noch nicht rational werden (vgl. Hampton 1986, 78). Der Akt der Abtretung der Gewaltmittel ist selbst ein Gefangenendilemma.

		B	
		Trete meine Gewaltmittel an die Zentralinstanz ab	Trete meine Gewaltmittel nicht an die Zentralinstanz ab
A	Trete meine Gewaltmittel an die Zentralinstanz ab	3/3	1/4
	Trete meine Gewaltmittel nicht an die Zentralinstanz ab	4/1	2/2

Wenn es in der Argumentation jedoch ausschließlich um die Legitimation staatlichen Gewaltmonopols und nicht um den Weg ihrer Konstituierung geht, dann ließe sich dieser Einwand nicht mehr aufrecht erhalten. Das

Vertragsmodell wäre demnach als bloßer Test der Legitimität staatlicher Herrschaft zu lesen, wie es für die zeitgenössische Vertragstheorie ohnehin Standard geworden ist (Nida-Rümelin 1987).

Dieses Interpretationsmodell bildet den Kern dessen, was man bis in die Gegenwartsphilosophie hinein als Hobbesianismus bezeichnet. Es handelt sich um eine Variante der Reduktion von Moralität auf Rationalität, die eine überzeugende Antwort auf die Frage gibt: Warum moralisch sein? Moralität ist durch jenes System von Regeln konstituiert, das den Friedenszustand sichert und gesellschaftliche Kooperation ermöglicht. Die Einhaltung der Regeln dieses Systems kann nur dann erwartet werden, wenn durch Sanktionierung sichergestellt ist, daß es im jeweils individuellen Interesse ist, diese Regeln einzuhalten. Die notwendige Sanktionierung kann, aber muß nicht durch eine staatliche Zentralinstanz erfolgen, sie kann auch durch soziale Wirkungen wie Verachtung, nachlassende Kooperationsbereitschaft u. a. erfolgen.

Eine andere Modifikation dieses Interpretationsmodells würde dahingehen, von der egoistischen Handlungsorientierung abzugehen und subjektiv-moralische Zielorientierungen mit einzubeziehen. Hobbes selbst gibt dafür einige Anhaltspunkte. Seine scharfe Polemik gegen religiös motivierte Ansprüche auf politische Handlungskompetenz kann man als Zurückweisung eines besonders riskanten Typs friedensbedrohender Interessenverfolgung betrachten. Wenn Gruppen ihre Zielsetzungen unter der Ägide vermeintlicher religiöser oder weltanschaulicher Wahrheiten harmonisieren, kommt es zu einem um so heftigeren Konflikt zwischen diesen so entstandenen Parteiungen. Dieser Konflikt führt zwangsläufig zum Bürgerkrieg und unterminiert im staatlichen Zustand die Autorität der Zentralgewalt. Individuelle Optimierung führt im Naturzustand auch dann zur Konflikteskalation und damit zum universellen Krieg, wenn die Ziele dieser Optimierung nicht in der Verbesserung des eigenen Wohlergehens, d. h. in Akquisition und Konsumtion der dazu notwendigen Güter bestehen, sondern durch religiöse, weltanschauliche oder auch subjektiv moralische Überzeugungen geprägt sind. Die Gefangenendilemmastruktur des Naturzustandes wird davon nicht tangiert.

5.4 Der Naturzustand als Vertrauensspiel

Oben wurde auf zwei Textstellen hingewiesen, die schwer in Einklang zu bringen sind mit einer rein egoistischen Anthropologie. Sowohl in seinen Ausführungen zur Pflicht der Vertragseinhaltung im Naturzustand als auch in seiner Antwort auf den Narren erklärt Hobbes Handlungsweisen für vernünftig, ja geboten, die nicht individuell optimierend sind. Auch an anderer Stelle betont er, daß der Dispens von der Pflicht zur Vertragseinhaltung und generell von der Einhaltung der natürlichen Gesetze darin begründet ist, daß im Naturzustand nicht erwartet werden kann, daß die anderen Personen (oder eine hinreichende Anzahl) sich konform verhalten. Wenn man aus diesen Ausführungen schließt, daß Hobbes auch der Umkehrung uneingeschränkt zugestimmt hätte, daß immer dann, wenn die Erwartung begründet ist, daß sich die anderen an Verträge bzw. die natürlichen Gesetze generell halten, man verpflichtet sei, dies ebenfalls zu tun, so wäre der Naturzustand kein Gefangenendilemma, sondern müßte durch eine Interaktionsstruktur anderen Typs beschrieben werden, die in der spieltheoretischen Literatur (vgl. Sen 1974) als „assurance game" („Vertrauensspiel") bezeichnet wird (vgl. Alexandra 1992, Hampton 1986, 67 ff.). Ein Vertrauensspiel liegt dann vor, wenn die Interaktionsbeteiligten jeweils kooperieren unter der Bedingung, daß sie erwarten, daß die anderen ebenfalls kooperieren, und nicht kooperieren, wenn sie diese Erwartung nicht haben. Man beachte hier, daß im Gegensatz zum Gefangenendilemma das Vertrauensspiel nicht allein durch die vorliegende Präferenzstruktur über Handlungskombinationen definiert ist, sondern wesentlich die Charakterisierung der Handlungsalternativen als Kooperation bzw. Nichtkooperation enthält. Ich habe an anderer Stelle ausgeführt, daß dies weit mehr impliziert als üblicherweise zugestanden wird: Von Kooperation kann nur gesprochen werden, wenn eine Gefangenendilemmastruktur vorliegt. Daher kann man das Vertrauensspiel nur als ein Spiel höherer Ordnung verstehen, das durch Präferenzen charakterisiert ist, die sich auf eine Interaktionsstruktur beziehen, die durch Präferenzen anderer oder besser: grundlegenderen Typs bestimmt ist (vgl. Nida-Rümelin 1991 und Kern/Nida-Rümelin 1994, Kap. 10). Entgegen der Standardinterpretation würde Thomas Hobbes demnach doch von einer moralischen Menschennatur ausgehen, auch wenn die Moralität von der empirischen Bedingung der Kooperationserwartung abhängt.

In einem Vertrauensspiel gibt es zwei Gleichgewichtspunkte, nämlich zum einen den Gleichgewichtspunkt allseitiger Kooperation, und zum anderen den Gleichgewichtspunkt allseitiger Nichtkooperation.

		B	
		Kooperation	Nichtkooperation
A	Kooperation	4/4	1/3
	Nichtkooperation	3/1	2/2

Das Gefangenendilemma besteht nach wie vor – allerdings nur auf der Ebene hedonistischer Gratifikationserwartung. Die Präferenzen der Personen sind aber nicht ausschließlich durch hedonistische Gratifikationserwartungen geprägt, sondern bringen Kooperationsbereitschaft dann zum Ausdruck, wenn sie Kooperationsbereitschaft erwarten. Diejenigen Präferenzen, die diese Kooperationsbereitschaft berücksichtigen, konstituieren das Vertrauensspiel als Charakterisierung des Naturzustandes. Da gesellschaftliche Kooperation erst aufgrund der Einhaltung der natürlichen Gesetze möglich wird, besteht bezüglich Einhaltung und Nichteinhaltung der natürlichen Gesetze im Naturzustand eine Vertrauensspielstruktur mit zwei Gleichgewichtspunkten. Bei dieser Interpretation wird das Insistieren Hobbes' auf Eigenschaften wie Machtgier – d. h. das Streben nach Macht um ihrer selbst willen, nicht als Instrument im Konkurrenzkampf um knappe Güter – und Ruhmsucht als Streben nach einem positionellen Gut, das gerade darin besteht, andere herabzusetzen, verständlich. Diese wenn auch nicht universell, so doch hinreichend weit verbreiteten Eigenschaften machen es im Naturzustand irrational, Kooperationsbereitschaft zu erwarten. Der Gleichgewichtspunkt allseitiger Kooperation ist also im Naturzustand nicht erreichbar. Allgemeine Nichtkooperation aber heißt nichts anderes als dem Naturrecht zu folgen und die natürlichen Gesetze nicht zu beachten. Der Vorzug dieses Interpretationsmodells ist, daß er den Übergang vom Natur- zum Friedenszustand zwanglos erklären kann, denn allein die allgemeine Erkenntnis, daß nur ein gemeinsamer Akt der Abtretung aller Gewaltmittel den zweiten Gleichgewichtspunkt realisieren läßt, reicht hin, um die Erwartungen zu ändern und den circulus vitiosus wechselseitigen Mißtrauens zu durchbrechen. Der den Leviathan konstituierende Akt ist selbst kein Gefangenendilemma mehr (auf der Ebene der resultierenden Präferenzen, wohl aber ein Gefangenendilemma auf der Ebene der individuellen hedonistischen Interessen). Das Mysterium der Staatskonstitution wäre behoben, ohne daß sie als bloßes Testverfahren für die Legitimität einer schon bestehenden Ordnung interpretiert werden müßte. Die moralischen Ermahnungen Hobbes', Verträge auch dann einzuhalten, wenn ihre Einhaltung nicht im eigenen Interesse ist, würden nun auch für den Friedenszustand plausibel; wenn Menschen bei wechselseitiger Kooperationserwartung kooperationsbereit sind, bedarf es keiner strengen Sanktionierung, um Konformität sicherzustellen. Der Leviathan verliert seinen totalitären Charakter und muß von moralisch motivierter Kooperationsbereitschaft flankiert bleiben.

5.5 Der Naturzustand als dynamisches Kooperationsspiel

Beide Interpretationsmodelle (5.3 und 5.4) hatten einen statischen Charakter. Wenn man die dynamischen Aspekte der Interaktion mit einbezieht, was angesichts der detaillierten Schilderung dynamischer Momente menschlicher Interaktionen sowohl im Natur- wie im Friedenszustand bei Thomas Hobbes naheliegt, wird die entscheidungstheoretische Analyse anspruchsvoller und auf der Ebene schlichter qualitativer Betrachtungen unterbestimmt. Die Computerspiele Axelrods haben gezeigt, daß unter ganz bestimmten Bedingungen, zu denen die niedrige Wahrscheinlichkeit des Abbruchs der Interaktion und die hohe Bewertung zukünftiger Interaktionsergebnisse gehören, bei iterierten Gefangenendilemmaspielen je individuell optimierende Akteure zu beidseitiger Kooperation gelangen können. Diese Ergebnisse sind nicht ohne weiteres auf n-Personen Gefangenendilemmasituationen übertragbar, da mit der Anzahl von Interaktionspartnern die Anreizeffekte wieder verlorengehen und bei sehr großen Zahlen gegen Null gehen. Sorgfältige Studien haben gezeigt, daß die Tendenz, diese Resultate als Beleg dafür anzusehen, daß das Gefangenendilemma nur unter der künstlichen Bedingung der Isolation auftritt und unter normalen gesellschaftlichen Bedingungen Kooperation individuell optimierend sei, voreilig war. In Großgruppen ist unter der Annahme wechselnder Interaktionspartner und individueller Optimierung Kooperation nicht stabil (vgl. Kondo 1990). Thomas Hobbes' These, im Naturzustand herrsche Krieg, ist durch die Axelrod-Ergebnisse keineswegs widerlegt. Wenn man jedoch der Auffassung anhängt, daß rationale langfristige Optimierer auch im Naturzustand kooperieren würden, dann bleibt nur, die Hobbessche Kriegshypothese als Folge menschlicher Irrationalität zu interpretieren (vgl. Hampton 1986, 75 ff.). Die zweite und dritte der von Hobbes selbst genannten Ursachen, Machtgier und Ruhmsucht, fänden damit eine weitere Erklärung. Die moralischen Ermahnungen Hobbes' könnte man im Rahmen dieses dritten Interpretationsansatzes als Ausdruck einer strukturellen Konzeption praktischer Rationalität interpretieren. An die Stelle des jeweils punktuell optimierenden Egoisten tritt ein Egoist, der die Strukturen seines Handelns so wählt, daß seine Lebensführung insgesamt optimierend wird. Wenn man für die Wahl dieser strukturellen Merkmale Transparenz annimmt, d. h. davon ausgeht, daß andere Personen in der Regel wissen, in welcher Weise man diese Strukturierung vorgenommen hat, so wäre die Wahl kooperativer Dispositionen unter bestimmten Bedingungen optimierend. Dieser Ansatz, der einen der bedeutendsten Ethikentwürfe der Gegenwart auszeichnet (Gauthier 1986), würde allerdings den Leviathan überflüssig machen, wenn nicht kurzsichtige Optimierung diese strukturelle Optimierung verbauten. In dieser Interpretation wären also erneut (angesichts der hedonistischen Grundauffassung irrationale) Neigungen für die Notwendigkeit einer staatlichen Zentralgewalt verantwortlich.

Nach diesem letzten Interpretationsmodell (vgl. Hampton 1986, 80–89 sowie die Kontroverse zwischen Haji 1991 und Hampton 1991) wäre aufgeklärte Rationalität für sich hinreichend, um den Friedenszustand zu realisieren. Der Staat hat nur eine Hilfsfunktion, um die durch Irrationalität verursachten Übergriffe zu begrenzen. Das erste Interpretationsmodell hielt dagegen auch, ja gerade, für vollständig rationale Personen eine staatliche Zentralgewalt, die die natürlichen Gesetze hinreichend wirksam sanktioniert, für unverzichtbar. Das zweite Interpretationsmodell bezog moralische Handlungsorientierungen in die anthropologische Grundlegung ein, hielt dies aber nicht für ausreichend, um den Friedenszustand auch bei vollständig rationalen Individuen ohne staatliche Zwangsgewalt herzustellen.

Jedes dieser drei Interpretationsmodelle findet eine gewisse Stützung in einzelnen Passagen des *Leviathan*. Die Tatsache, daß keines dieser drei Modelle eine kohärente Rekonstruktion der Gesamttheorie erlaubt, ist noch kein Beleg für die Inkohärenz der Hobbesschen Ausführungen. Es mag durchaus sein, daß Hobbes' anthropologische Theorie, die sich ja nicht nur in Ausführungen über die physiologischen Grundlagen, sondern in Definitionen von Charaktermerkmalen und Tugenden, von Strategien und Dispositionen niederschlägt (vgl. Kap. 6, 8 und 10), zu differenziert ist, um in eines dieser drei Paradigmen nahtlos eingepaßt zu werden. Es kann durchaus sein, daß Hobbes seine Theorie durch die hohe Komplexität der Forschungsergebnisse dynamischer Spieltheorie heute bestätigt sähe und die unterschiedlichen Akzentsetzungen sich als komplementär erwiesen.

Literatur

Alexandra, A. 1992: Should Hobbes's State of Nature be Represented as a Prisoner's Dilemma? In: Southern Journal of Philosophy 30, 1–16.
Axelrod, R. 1988: Die Evolution der Kooperation. München.
Bittner, R. 1983: Thomas Hobbes' Staatskonstruktion – Vernunft und Gewalt. In: Zeitschrift für philosophische Forschung 37, 389–403.
Gauthier, D. 1969: The Logic of Leviathan. The Moral and Political Theory of Thomas Hobbes. Oxford.
- 1986: Morals by Agreement. Oxford.
- 1988: Hobbes's Social Contract. In: Perspectives on Thomas Hobbes. Hrsg. v. G. A. J.

Rogers und Alan Ryan. Oxford, 125–52.
- 1990: Thomas Hobbes: Moral Theorist. In: Ders.: Moral Dealing. Contract, Ethics, and Reason. Ithaca, London, 11–23 (zuerst erschienen in Journal of Philosophy 76, 1979, 547–59).

Haji, I. 1990: The Symmetry Enigma in Hobbes. In: Dialogue 29, 189–204.
- 1991: Hampton on Hobbes on State-of-Nature Cooperation. In: Philosophy and Phenomenological Research 51, 589–601.

Hampton, J. 1985: Hobbes's State of War. In: Topoi 4, 47–60.
- 1986: Hobbes and the Social Contract Tradition. Cambridge.
- 1991: Cooperating and Contracting: A Reply to I. Haji's „Hampton on Hobbes on State-of-Nature Cooperation". In: Philosophy and Phenomenological Research 51, 603–9.

Hood, F. C. 1964: The Divine Politics of Thomas Hobbes. Oxford.

Kavka, G. S. 1983a: Hobbes's War of All against All. In: Ethics 93, 291–310.
- 1983b: Right Reason and Natural Law in Hobbes's Ethics. In: Monist 66, 120–33.
- 1986: Hobbesian Moral and Political Theory. Princeton, NJ.

Kern, L./Nida-Rümelin, J. 1994: Logik kollektiver Entscheidungen. München–Wien.

Kersting, W. 1992: Thomas Hobbes zur Einführung. Hamburg.
- 1994: Die politische Philosophie des Gesellschaftsvertrags. Darmstadt.

Kondo, T. 1990: Some Notes on Rational Behavior, Normative Behavior, Moral Behavior, and Cooperation. In: Journal of Conflict Resolution 34, 495–530.

Nida-Rümelin, J. 1987: Der Vertragsgedanke in der politischen Philosophie. Eine Entgegnung auf Ottmanns Kritik der modernen Vertragstheorie. In: Zeitschrift für Politik 34, 200–6.
- 1991: Practical Reason or Metapreferences? An Undogmatic Defense of Kantian Morality. In: Theory and Decision 30, 133–62.

Rapaczynski, A. 1987: Nature and Politics. Liberalism in the Philosophies of Hobbes, Locke, and Rousseau. Ithaca–London.

Sen, A. K. 1974: Choice, Ordering and Morality. In: Practical Reason. Hrsg. v. Stephan Körner. Oxford, 54–67.

Taylor, A. E. 1938: The Ethical Doctrine of Hobbes. In: Philosophy 13, 406–24, wiederabgedruckt in Hobbes Studies. Hrsg. v. Keith C. Brown. Oxford 1965, 35–55.

Warrender, H. 1957: The Political Philosophy of Hobbes. His Theory of Obligation. Oxford.

Watkins, J. 1973: Hobbes's System of Ideas, 2nd revised edition. London. (Reprint: Aldershot: Gower 1989).

Weiß, U. 1980: Das philosophische System von Thomas Hobbes. Stuttgart-Bad Canstatt.

6

Crawford B. Macpherson

Naturzustand und Marktgesellschaft*

Hobbes' Naturzustand ist ... eine logische Hypothese. Die Tatsache, daß er eine logische und keine historische Hypothese ist, wird allgemein verstanden, und es hätte hier kaum eines Hinweises bedurft, hätte sie nicht offensichtlich hin und wieder zu einer falschen Schlußfolgerung geführt. Anscheinend wird oft angenommen, daß der Naturzustand, da er keine historische Hypothese ist, eine logische Hypothese sein muß, zu der man gelangt, indem man alle historisch erworbenen Eigenschaften des Menschen vollständig außer acht läßt. Handelt sie schon nicht von primitiven Menschen, so müssen es wenigstens natürliche im Gegensatz zu zivilisierten sein. Dies folgt aber keineswegs. Der Naturzustand war für Hobbes ein Zustand, der logisch der Errichtung einer perfekten (d. h. vollständig souverän regierten) bürgerlichen Gesellschaft vorausgeht; was er aus dem Naturzustand deduzierte, war der Drang des Menschen nach Anerkennung eines vollkommen souverän regierten Staates anstelle des mangelhaft souverän regierten, in dem sie jetzt lebten. Er war deshalb in der Lage, sein Verständnis der historisch erworbenen Natur der Menschen in den bestehenden bürgerlichen Gesellschaften seiner Deduktion des Naturzustandes zugrunde zu legen. Seine „Folgerungen aus den Leidenschaften" (XXIII, 10)[1] konnten aus den Leidenschaften existierender Wesen, aus

---

* Der folgende Text verbindet Auszüge aus: C. B. Macpherson, Die politische Theorie des Besitzindividualismus, Frankfurt/M. 1967 (orig. Oxford 1962), 34–38; 39–43; 50–53; 59–63; 76–86. Wortauslassungen sind durch drei Auslassungspunkte gekennzeichnet; Auslassungen von einem oder mehreren Abschnitten sind durch eingeklammerte Auslassungspunkte gekennzeichnet; der Titel „Naturzustand und Marktgesellschaft" stammt vom Herausgeber.

1 Da die Übersetzung der *Leviathan*-Zitate in der deutschen Fassung des Buches von Macpherson von der Euchner-Übersetzung abweicht, konnte nicht die Seitenzählung nach

den durch die Zivilisation geprägten Leidenschaften abgeleitet werden. Und so geschah es auch. Sein Naturzustand ist eine Feststellung über das Betragen, das Menschen, wie sie jetzt sind, Menschen, die in zivilisierten Gesellschaften leben und die Bedürfnisse zivilisierter Wesen haben, an den Tag legen würden, wenn niemand mehr die Einhaltung von Gesetz und Vertrag (sei es auch, wie gegenwärtig, bloß mangelhaft) erzwingen würde. Um zum Naturzustand zu gelangen, schob Hobbes das Gesetz beiseite, nicht jedoch die gesellschaftlich erworbenen Verhaltensweisen und Begierden des Menschen.

Der Grund, warum dies so allgemein übersehen wird, liegt, soweit ich sehe, darin, daß Hobbes' *Gesellschaftsmodell*, das er vor der Einführung des hypothetischen Naturzustandes entwickelte, fast ebenso bruchstückhaft ist wie seine Konzeption des Naturzustands. Sein Gesellschaftsmodell impliziert einen ähnlich unablässigen Kampf eines jeden um Macht über andere, wenn auch innerhalb eines Rahmens von Gesetz und Ordnung. Das Verhalten der Menschen in Hobbes' Gesellschaftsmodell ist, wenn man will, so anti-sozial, daß, wenn er dies Verhalten in seinen hypothetischen Naturzustand überträgt, es leicht als eine Feststellung über das Verhalten nicht-sozialer Menschen mißverstanden werden kann. Es handelt sich jedoch um eine Feststellung über das Verhalten sozialer, zivilisierter Menschen. Daß dem tatsächlich so ist, kann auf verschiedene Arten gezeigt werden.

Der eindringlichste Hinweis, wenn auch nicht der entscheidende, ist der, daß uns Hobbes, als eine Bestätigung der „natürlichen" Neigung der Menschen, sich gegenseitig zu überfallen und zu vernichten, auf das augenfällige Verhalten der Menschen in der damaligen Bürgerlichen Gesellschaft aufmerksam macht. „Es mag manchem, der diese Dinge nicht genau erwogen hat, merkwürdig erscheinen, daß die Natur die Menschen so [d. h. wie es im Naturzustand der Fall ist] dissoziieren und ihnen die Veranlagung geben sollte, sich gegenseitig zu überfallen und zu vernichten; und es könnte sich in ihm vielleicht, da er dieser Schlußfolgerung aus den Leidenschaften kein Vertrauen entgegenbringe, der Wunsch regen, sie durch die Erfahrung zu erhärten. Möge er sich daher selbst beobachten: macht er eine Reise, so bewaffnet er sich und bemüht sich darum, in guter Begleitung zu sein; geht er zu Bett, so verriegelt er die Türen; sogar wenn er selbst im Haus ist, verschließt er die Schränke; und dies, obwohl er weiß, daß es Gesetze und bewaffnete Beamte gibt, um jedes ihm zugefügte Unrecht zu ahnden. Welche Meinung muß er da von seinen Mitmenschen

---

der Fetscher-Ausgabe des Leviathan übernommen werden. Die *Leviathan*-Zitate werden in diesem Macpherson-Auszug mit Kapitelangabe und Abschnittsangabe ausgewiesen.

haben, wenn er bewaffnet reist; von seinen Mitbürgern, wenn er seine Türen verriegelt; und von seinen Kindern und Bediensteten, wenn er die Schränke verschließt?" (XXIII, 10). Und an einer anderen Stelle, kurz nachdem festgestellt wurde, daß der Naturzustand zu keiner Zeit überall zugleich herrschte, heißt es: „Wie dem auch sei, an dem Zustand, in welchen Menschen, die vorher unter einer friedlichen Regierung lebten, während eines Bürgerkriegs hineingeraten, läßt sich erfassen, wie das Leben dort aussähe, wo es keine allumfassende Gewalt zu fürchten gäbe" (XXIII, 11).

Das „natürliche" Verhalten der Menschen, dasjenige Verhalten, zu dem sie notwendig durch ihre Leidenschaften gedrängt werden, kann, wenigstens annäherungsweise, aus dem Verhalten zivilisierter Menschen ersehen werden, die unter einer bürgerlichen Regierung leben, und aus dem Verhalten zivilisierter Menschen, die, nachdem sie unter einer bürgerlichen Regierung gelebt haben, sich im Bürgerkrieg befinden. Und der Grund, warum dieses der Beobachtung zugängliche Verhalten zivilisierter Menschen die „Schlußfolgerung aus den Leidenschaften" bestätigt, ist eben der, daß diese Folgerung sich auf die Leidenschaften zivilisierter Menschen gründet.

Ein entscheidender Beweis dafür, daß der Naturzustand das Verhalten meint, zu dem zivilisierte Menschen geführt würden, gäbe es selbst den gegenwärtigen, unvollkommenen Herrscher nicht mehr, ist, daß der reine Naturzustand in der Tat durch sukzessive Stufen der Abstraktion von der zivilisierten Gesellschaft erreicht wird. Dies wird oft übersehen. Hobbes' Bild vom reinen Naturzustand ist ganz eindeutig die Negation der zivilisierten Gesellschaft: keine Industrie, keine Kultivierung des Landes, keine Schiffahrt, keine Architektur, keine Künste, keine Wissenschaften, kein gesellschaftlicher Umgang, nur „das menschliche Leben ... einsam, armselig, häßlich, roh und kurz" (XXIII, 9). So eindrucksvoll ist das Bild, daß wir leicht vergessen, auf welche Weise Hobbes dessen unvermeidliche Notwendigkeit begründet. Er leitet sie aus den Begierden von Menschen ab, die insofern zivilisiert sind, als sie nicht nur danach streben, zu leben, sondern gut und bequem zu leben. Von den „drei wesentlichen Streitursachen", die Hobbes „in der Natur des Menschen" findet (XXIII, 6) und die zusammen den Menschen in diesen rohen Naturzustand drängen würden, gäbe es keine alles überschattende Macht, entwickeln sich die beiden ersten (Konkurrenz und Mißtrauen) aus der menschlichen Neigung, gut zu leben.

Derjenige, der „einen behaglichen Landsitz bepflanzt, einsät, bebaut oder besitzt" (XXIII, 3), muß sich darauf gefaßt machen, von anderen, die danach streben, die Früchte seiner Arbeit zu genießen, überfallen und enteignet zu werden (diese Übergriffe sind der Kern der von Hobbes im Naturzustand gesehenen „Konkurrenz"). Und es ist der Besitzer solch kultivierter Ländereien und behaglicher Gebäude, der furchtsam oder mißtrauisch wird und danach streben muß, sich durch die Unterwerfung so vieler potentieller Gegner, wie überhaupt möglich, zu sichern, das heißt, „alle Menschen, bei denen das möglich ist, mit Gewalt oder List so lange zu unterjochen, bis es keine Macht mehr gibt, die groß genug ist, ihn zu gefährden". Selbst derjenige, der „froh wäre, in bescheidenem Rahmen behaglich leben zu können", sieht sich gezwungen, seine Macht auf Kosten anderer auszudehnen, will er eine Chance haben, den Übergriffen anderer zu widerstehen. Um es kurz zu sagen, der Gegenstand, an dem sich gewöhnlich Konkurrenz und Mißtrauen entzünden und der somit zum Kampf aller gegen alle führt, ist ein Gegenstand der Zivilisation – das kultivierte Land und die „behaglichen Landsitze".

Auch die dritte Streitursache (die Hobbes Ruhmsucht nennt) ist typischer für Menschen, die durch das Leben in der zivilisierten Gesellschaft zu ihrer Wertskala gelangten, als für „natürliche" Menschen. Es ist folgende: „Ein jeder achtet darauf, daß der andere ihn genauso schätzt wie er sich selbst. Auf alle Zeichen von Verachtung und Unterschätzung treibt ihn die Natur dazu, soweit es der Mut nur zuläßt (und der reicht bei denen, die von keiner umfassenden Gewalt befriedet werden, bei weitem zur gegenseitigen Vernichtung aus), von seinen Verächtern eine größere Wertschätzung zu erzwingen, indem er ihnen Schaden zufügt, und von den übrigen, indem er ein Exempel statuiert" (XXIII, 5). Alle drei Streitursachen werden als Faktoren dargestellt, die in jeder Art von Gesellschaft wirken, aber nur dann Unheil bringen, wenn sie von keiner umfassenden Gewalt im Zaum gehalten werden. Konkurrenz, Mißtrauen und Ruhmsucht, weit davon entfernt, nur für den rohen Naturzustand charakteristisch zu sein, sind die Faktoren der gegenwärtigen bürgerlichen Gesellschaft, die sie in den Zustand der Roheit zurückwerfen würden, gäbe es keine allgemein anerkannte Autorität. Sie sind „natürliche" Anlagen des Menschen der bürgerlichen Gesellschaft. Für Hobbes ist „natürlich" kein Gegensatz zu sozial oder bürgerlich. „Die natürliche Bedingung der Menschheit" ist ein Kapitel des *Leviathan* überschrieben, in dem Hobbes die gegenwärtigen Anlagen des Menschen bis zu ihrem tierisch rohen Zustand zurückverfolgt. Die natürliche Bedingung der Menschheit ist im jetzigen Menschen gegenwärtig, nicht abgesondert von ihm in Zeit und Raum. (…)

Es kann … wenig Zweifel darüber bestehen, daß der Naturzustand sowohl in den *Rudiments* als auch in den anderen beiden Werken eine logische Abstraktion aus dem Verhalten der Menschen in der zivilisierten Gesellschaft ist. In den *Rudiments* ist es sogar noch klarer als in den beiden anderen Abhandlungen, daß Hobbes die „natürlichen" Neigungen des Menschen entdeckte, indem er ein wenig hinter die bloße Erscheinungsform der damaligen Gesellschaft schaute, und daß der Naturzustand eine zweistufige logische Abstraktion ist, in der zunächst des Menschen natürliche Anlagen aus dem bürgerlichen Rahmen herausgelöst und dann im Kriegszustand zu ihrer logischen Konsequenz geführt werden. Denn die *Rudiments*, in denen die ganze physio-psychologische Analyse des Menschen als eines Systems sich bewegender Materie fehlt, werden mit einer brillanten Durchleuchtung des menschlichen Verhaltens in der gegenwärtigen Gesellschaft eröffnet, die des Menschen „natürliche" Anlagen offenbart und geradewegs zur Deduktion des notwendig folgenden Kriegszustands fortschreitet – vorausgesetzt, es gibt keinen Souverän.

„Wie und zu welchem Zweck sich die Menschen zusammenfinden, läßt sich am besten aus ihrem Verhalten während ihres Zusammentreffen ersehen. Wenn sie sich treffen, um zu handeln, so ist es klar, daß ein jeder nicht den Geschäftspartner im Auge hat, sondern nur sein Geschäft; wird ein Geschäft abgewickelt, so hat dies eine gewisse Geschäftsfreundschaft zur Folge, die mehr von Eifersucht an sich hat als von wahrer Freundschaft, und aus der gelegentlich Gruppenbildungen hervorgehen mögen, niemals aber wirkliches Wohlwollen; kommen die Menschen zusammen, um Vergnügen oder Erholung zu finden, so bereitet einem jeden das am meisten Vergnügen, was Lachen erregt, wobei er (gemäß der Natur des Lächerlichen) durch Vergleich mit eines anderen Defekten und Mängeln in der eigenen Meinung um so leuchtender erscheint; und wenn dies auch oft ganz unschuldig, ohne jemanden beleidigen zu wollen, geschieht, so offenbart sich doch, daß sich der Mensch weniger an der Gesellschaft als an seiner eigenen nichtigen Eitelkeit erlabt. Meistens jedoch wird bei dieser Art von Zusammenkünften den Abwesenden am Zeuge geflickt; ihr ganzes Leben, ihre Aussagen, ihre Tätigkeiten werden untersucht, verurteilt, verdammt; es ist selten, daß einen Anwesenden ein Seitenhieb trifft, bevor er geht; so war derjenige gut beraten, der es sich zur Gewohnheit machte, eine Gesellschaft immer als letzter zu verlassen. Und dies sind wahrlich die angenehmsten Freuden der Gesellschaft; sie werden uns von der Natur geschenkt, d. h. durch jene Leidenschaften, die allen Geschöpfen eingegeben sind ... Allen Menschen, die die menschlichen Angelegenheiten etwas genauer erforschen, ist es durch Erfahrung klar geworden, daß alle freien Zusammenkünfte ihren Ursprung entweder in gemeinsamer Armut oder in eitler Ruhmsucht haben. Kommen sie daher zusammen, so bemühen sie sich darum, entweder einen Gewinn mit heim zu nehmen, oder Achtung und Ehrerbietung ... bei denen zu hinterlassen, mit denen sie sich zusammenfanden. Zu demselben Ergebnis gelangt auch der Verstand allein aufgrund der Definition von Wille, Güte, Ehre, Vorteil" (*Rudiments*, I, 2, 22–24; vgl. *CI*, I, 2, 77 f.).

Die Natur des Menschen wird also in erster Linie durch die Beobachtung der zeitgenössischen Gesellschaft ermittelt und zusätzlich durch die Prüfung von Definitionen bestätigt.

Aus dieser Analyse der Natur des gesellschaftlichen Menschen folgert Hobbes die notwendige Tendenz zum Kriegszustand. Seine Deduktion schließt zunächst das Element der Furcht aus, nämlich Furcht sowohl vor dem Herrscher als auch vor anderen Individuen. Nimm die Menschen wie sie jetzt sind, lasse ihre Furcht vor unangenehmen oder tödlichen Folgen ihrer Handlungen beiseite, und ihre gegenwärtigen natürlichen Neigungen werden direkt zum Kriegszustand führen. Die Zergliederung des menschlichen Verhaltens in der gegenwärtigen Gesellschaft zeigt, daß jede Gesellschaft „entweder auf Gewinn oder auf Ruhm aus ist; d. h. nicht so sehr auf Liebe zu unseren Mitbürgern als auf Liebe zu uns selbst". Da man Gewinn und Ruhm „besser durch Beherrschung anderer als durch ihre Gesellschaft erlangt, so wird, wie ich hoffe, niemand daran zweifeln, daß die Menschen, wäre alle Furcht beseitigt, durch ihre Natur viel eher dazu gedrängt würden, zur Herrschaft als zur Gesellschaft zu gelangen" (ebd.).

Lassen wir also hypothetisch alle Furcht (sowohl vor einem Herrscher als auch vor anderen Individuen) beiseite, so folgt der reine Naturzustand (der Kriegszustand). Nun ist aber der reine Naturzustand ein Zustand, in dem die Furcht vor anderen Individuen allgegenwärtig sein muß. Vergegenwärtigen wir uns daher noch einmal die Furcht vor anderen Individuen (die in der Tat nie fehlt), so sehen wir, daß sie durch das Fehlen eines Herrschers noch verstärkt wird. Daraus folgt, daß der reine Naturzustand oder Kriegszustand der (begierigen und furchtsamen) Natur des Menschen widerspricht. „Und so geschieht es, daß es uns infolge der gegenseitigen Furcht als ratsam scheint, uns dieses Zustands zu entledigen und Gleichgesinnte zu finden", indem wir einen Herrscher, der fähig ist, uns zu schützen, einsetzen oder anerkennen (Rudiments I, 1, 3; 29; *CI*, I, 13; 84).

Der Kriegszustand ist in den *Rudiments* also ein hypothetischer Zustand, zu dem man durch rein logische Abstraktion gelangt. Wenn nun Hobbes diesen Zustand als „Naturzustand" bezeichnet, so macht er es uns leicht, diesen „Naturzustand" mißzuverstehen: entweder als eine der bürgerlichen Gesellschaft historisch vorausgehende Situation oder als einen hypothetischen Zustand, deduziert aus den „natürlichen" Eigenschaften der

Menschen, die völlig unabhängig von ihren gesellschaftlich erworbenen gesehen werden. Die Schwierigkeit, in die uns Hobbes' Begriff des Naturzustands führt, ist die, daß er zwei Zustände miteinander zu vermengen strebt: den der Antipathie und der Konkurrenz, in dem die Menschen aufgrund ihrer Natur ständig befangen sein sollen, und den rohen Zustand des Krieges. Die Wahrscheinlichkeit einer solchen Vermischung ist größer als beim Gebrauch des Terminus „Naturzustand" (wie in den *Rudiments*) als bei seiner Vermeidung; gänzlich fehlen wird sie hingegen nie. Wenn wir uns jedoch ständig die Tatsache vor Augen halten, daß die Menschen, die ohne eine höchste Gewalt dem Kriegszustand verfallen würden, zivilisierte Menschen sind, mit verfeinertem Streben nach angenehmem Leben und verfeinertem Geschmack an erhabenen Empfindungen, dann brauchen wir nicht den Fehler zu begehen, Hobbes' Naturzustand als eine Analyse entweder des primitiven Menschen oder des aller sozialen Errungenschaften enthobenen Menschen zu verstehen.

Eine dritte Bestätigung, daß Hobbes' Naturzustand nicht von den gesellschaftlich erworbenen Merkmalen des zeitgenössischen Menschen abstrahiert, sondern nur von der Möglichkeit, Gesetze und Verträge durchzusetzen, also von der Furcht vor einem Herrscher (und zeitweilig auch, wie wir bei den *Rudiments* gesehen haben, von der Furcht vor anderen Individuen), ergibt sich aus dem, was Hobbes' Mensch im rohen Naturzustand als schmerzlichen Mangel empfinden würde – gerade die Güter des zivilisierten Lebens würde er vermissen: Eigentum, Industrie, Handel, Künste und Wissenschaften, aber auch Sicherheit für sein Leben. Ohne diese Güter zu leben, widerspricht der Natur des Menschen. Und ihre Entbehrung ist es, die den Hobbesschen natürlichen Menschen dazu treibt, einen Ausweg aus dem Naturzustand zu suchen. „Die Leidenschaften, die den [natürlichen] Menschen dem Frieden geneigt machen, sind die Furcht vor dem Tode; die Begierde nach jenen Dingen, die für ein angenehmes Leben nötig sind; und die Hoffnung, sie durch Fleiß zu erreichen" (*L*, XXIII, 14). Die Schwäche für ein angenehmes Leben ist eine Schwäche des Hobbesschen natürlichen Menschen. Ein natürlicher Mensch ist ein zivilisierter Mensch, nur ohne die Beschränkung durch Gesetze. (...)

„Da aber die Macht des einen den Auswirkungen der Macht der anderen Widerstand entgegensetzt und sie behindert, so kann Macht schlechthin nichts anderes sein als die Überlegenheit der Macht des einen über die des anderen. Denn gleiche Quanten an Macht, einander gegenübergestellt, zerstören sich gegenseitig; darum heißt ihr Gegenüberstehen Kampf und Streit" (*Elements/NR*, I, 8; 4).

Eines jeden Menschen Macht trifft auf den Widerstand der Macht anderer, so daß die „Macht schlechthin" als eine komparative und nicht absolute Größe neu definiert werden kann. Dieses Postulat der Machtopposition bei Individuen ist neu: in den früheren Thesen über den Menschen als einen sich selbst bewegenden, die Fortsetzung oder Erweiterung seiner Bewegung erstrebenden Mechanismus ist es nicht enthalten.

Gäbe es irgendeinen Zweifel an der Allgemeingültigkeit der von Hobbes in diesem Postulat konstatierten Machtopposition, so würde er ausgeräumt durch seine Untersuchung verschiedener spezifischer Machtkonstellationen in der Gesellschaft und seine Analyse von Wert- und Ehrbegriffen, die sowohl im *Leviathan* als auch in den *Elements* jenen Machtdefinitionen folgen. Der Grund, warum Dinge wie Reichtum und Ansehen Macht bedeuten, ist im *Leviathan* der, daß sie Angriffs- und Abwehrstärke gegenüber anderen garantieren: „Reichtum verbunden mit Freigiebigkeit ist Macht, weil man dann Freunde und Diener gewinnt; nicht so ohne Freigiebigkeit, weil man in diesem Falle nicht geschützt, sondern dem Neid zur Beute gegeben wird. Der Ruf, mächtig zu sein, ist Macht, da sich dann all jene um uns scharen, die Schutz suchen ... Auch ist jede Eigenschaft, die dazu führt, daß ein Mensch von vielen geliebt oder gefürchtet wird, oder auch nur der Ruf einer solchen Eigenschaft Macht, denn dann sind uns Hilfe und Dienst vieler gewiß" (X, 4 ff.).

Alle erworbenen Machtmittel, die Hobbes beschreibt, sind defensive und offensive Möglichkeiten anderen gegenüber. Und alle bestehen sie in der Befehlsgewalt über einen Teil der Machtmittel anderer Menschen; sie sind das Produkt einer Transferierung von Macht. Hobbes definiert erworbene Macht letztlich als Fähigkeit, über die Dienste anderer Menschen zu verfügen. Des Menschen Macht über die Natur, seine Fähigkeit, die Natur aus eigener Kraft, Intelligenz und Geschicklichkeit umzuformen, muß offensichtlich seiner ursprünglichen, nicht seiner erworbenen Macht zugerechnet werden. Die Macht von Menschen, die sich vereinigen, um die Natur umzuformen, wird nicht berücksichtigt.

Hobbes' Analyse von Wert- und Ehrbegriffen – sie folgt der Beschreibung der verschiedenen Machtkategorien – vervollständigt sein Bild der menschlichen Beziehungen in der Gesellschaft. Machttransferierungen erscheinen als so üblich, daß sozusagen ein Macht-Markt entsteht. Die Macht eines Menschen wird als Ware betrachtet, die, da regelmäßig mit ihr gehandelt wird, einem Marktpreis unterliegt. „Die *Geltung* oder der *Wert* eines Menschen ist, wie bei allen anderen Dingen, sein Preis, d. h. das, was man für den Gebrauch seiner Macht zu geben bereit ist. Er ist also kein absoluter Wert, sondern von Bedarf und Urteil anderer abhängig

... Wie bei anderen Dingen, so bestimmt auch beim Menschen nicht der Verkäufer, sondern der Käufer den Preis. Ein Mensch mag sich selbst so hoch einschätzen, wie er will (und die meisten tun es), es zeigt sich doch sein wahrer Wert nur im Urteil anderer" (X, 16).

Der Wert, den sich die Menschen gegenseitig zubilligen, richtet sich im Gegensatz zu dem Wert, den sie sich selbst beimessen, nach dem Maß von Verehrung oder Verachtung, das ihnen von anderen zuteil wird, wie es der positive oder negative Respekt zeigt, den man ihnen auf diese oder jene Weise zollt: „Der gegenseitig zuerkannte Wert ist das, was gewöhnlich Ehre oder Verachtung genannt wird. Jemanden hoch einschätzen, bedeutet ihn *ehren*, jemanden niedrig einschätzen, ihn *verachten*. Hoch und niedrig aber muß in diesem Fall im Vergleich zu dem verstanden werden, was jeder von sich selbst hält" (X, 17). Das Maß der einem Menschen erwiesenen Ehre bestimmt also seinen tatsächlichen Wert, im Gegensatz zu dem Wert, den er sich selbst beimißt. Aber der tatsächliche Wert ist bestimmt durch das, was andere für die Nutzung seiner Macht geben würden. Ehre, wie sie der Betroffene subjektiv auffaßt, ist die Differenz zwischen dem Wert, den er sich selbst beimißt, und seinem Wert auf dem Markt. Aber objektiv gesehen entspricht die Ehre dem Marktwert, der sowohl seine tatsächliche Macht begründet als auch selbst wieder von seiner tatsächlichen oder anscheinenden Macht abhängt. Seine tatsächliche oder anscheinende Macht besteht wesentlich aus seiner Macht, über die Dienste anderer zu verfügen, und die Macht, die Dienste anderer in Anspruch zu nehmen, gründet sich auf die Einschätzung seiner gegenwärtigen Macht durch die anderen: „*Ehrenhaft* ist alles – Besitz, Handlung, Eigenschaft –, was als Beweis und Zeichen der Macht angesehen wird ... [So] gereicht zur Ehre Herrschaft und Sieg, weil sie durch Macht gewonnen wurden ... Reichtum ist ehrenhaft, denn er bedeutet Macht ... Schnelle Entschlüsse fassen und Anordnungen treffen, was jemand tun soll, ist ehrenhaft, denn man beweist, daß man kleine Beschwernisse und Gefahren nicht scheut ... Hervorragen, d. h. durch Reichtum, Ämter, große Unternehmungen, bedeutende Güter bekannt sein, ist ehrenhaft, denn nur wer Macht hat, kann so berühmt werden ... Gier nach großen Reichtümern und Verlangen nach großen Ehren sind ehrenhaft, denn sie sind Zeichen für die Macht, sie erringen zu können ... Auch ist es für die Ehrenbezeigung gleichgültig, ob eine Handlung (wenn sie nur großartig und schwierig war und folglich von großer Macht zeugt) gerecht oder ungerecht war. Denn Ehre ist immer nur Anerkennung von Macht" (X, 37 ff.).

Wir haben hier die wesentlichsten Charakteristika des freien Marktes vor uns. Der Wert eines jeden Menschen, ausgedrückt durch die ihm von anderen bezeugte Ehre, wird durch das bestimmt und bestimmt seinerseits wieder das, was die anderen von seiner Macht halten und was sich in dem ausdrückt, was sie für die Benutzung dieser Macht zu geben bereit wären. Wertschätzung oder Ehrerbietung ist nicht einfach eine Beziehung zwischen einem, der Ehre oder Verachtung gibt, und einem, der sie empfängt; es ist vielmehr eine Beziehung zwischen demjenigen, der sie empfängt, und allen anderen, die sie ihm geben, d. h. allen anderen Menschen, die sich, wie zufällig und begrenzt auch immer, dafür interessieren, auf welche Weise er seine Macht gebraucht. Sie alle machen sich unabhängig voneinander ein Bild über seine Macht, und zwar im Vergleich zu der Macht, die andere haben, denn seine Nützlichkeit für sie ist keine absolute Größe, sondern eine Größe, die von dem Angebot der anderen abhängt. Und ein jeder wird nicht nur von allen anderen, die sich für die Anwendung seiner Macht interessieren, bewertet, auch er selbst bewertet alle diese anderen. Doch aus dieser enormen Anzahl unabhängiger Werturteile kristallisiert sich der objektive Wert eines Menschen heraus. Dies ist nur dadurch möglich, daß eines jeden Macht als Ware aufgefaßt wird, d. h. als ein Ding, das gewöhnlich zum Tausch bereit steht und im Wettbewerb angeboten wird. Ein jeder befindet sich auf dem Macht-Markt, entweder als Lieferant oder als Interessent, denn jeder hat entweder einen Teil seiner Macht anderen anzubieten oder möchte die Macht anderer erwerben. (...)

Doch müssen wir festhalten, was aus der Auffassung folgt, Hobbes habe (manchmal) gemeint, alle Menschen strebten von Natur aus nach Überlegenheit und Macht über andere, ohne jede Einschränkung. Wenn dies für alle Menschen postuliert wird, ist für den Beweis, daß im *Naturzustand* alle Menschen in ständiger Opposition zueinander stehen, keine weitere Voraussetzung nötig. Es würde allein aus dem physiologischen Postulat folgen. Dann wären wir aber auch berechtigt zu sagen, Hobbes habe im Grunde in seine physiologischen Postulate eine wesenhaft soziale Annahme mithineingenommen. Denn das angeborene Streben aller Menschen nach unbegrenzter Macht über andere ist kein so offensichtlich physiologisches Postulat wie ihr Streben nach fortdauernder Bewegung. Das Postulat, alle Menschen hätten den angeborenen Drang nach mehr Macht, ohne sich hierin eine Grenze zu setzen, ist offensichtlich nur haltbar bei Menschen, die schon in einer durch und durch konkurrenzbestimmten Gesellschaft leben.

Wir brauchen jedoch diesen Punkt nicht weiter zu verfolgen. Wichtiger ist zu erkennen, daß, selbst wenn man das Postulat als ein physiologisches anerkennt, nichts anderes daraus folgt – falls man keine weitere soziale Annahme macht –, als daß alle Menschen *im Naturzustand* in beständiger

Opposition zueinander stehen. Eine zusätzliche Annahme wird jedoch benötigt, wenn man beweisen will, daß alle Menschen *in der Gesellschaft* in beständiger Opposition zueinander stehen und somit gezwungen sind, nach immer mehr Macht über die anderen zu streben; und gerade das versucht Hobbes in seiner Analyse von Macht, Wertschätzung und Ehre zu beweisen. Jene notwendige weitere Annahme ist zumindest die einer Gesellschaft, die es zuläßt, daß jedes Menschen natürliche Macht ständig den Übergriffen anderer ausgesetzt ist, einer Gesellschaft, in der jeder ständig danach trachten kann, sich etwas von der Macht anderer anzueignen.

Keine Gesellschaft könnte es zulassen, daß dies durch individuelle Gewalttätigkeit geschieht. Gäbe es einen solchen dauernden Konflikt zwischen allen Individuen, so gäbe es keine Gesellschaft, jedenfalls keine zivilisierte Gesellschaft. Aber Hobbes erkennt gerade in dem tatsächlichen Verhalten der Menschen in der zivilisierten Gesellschaft jene unaufhörliche Begierde eines jeden nach Macht über die anderen. Seine ganze Beschreibung des Machtmarktes, und auch die von Wert und Ehre als der Bundesgenossen der Macht, soll für existierende Gesellschaften gelten. Alle jene verschiedenen Möglichkeiten der Ehrerbietung oder Verachtung, durch die eines Menschen Wert und Macht ausgedrückt, bestätigt oder errungen wird, werden der bürgerlichen Gesellschaft zugeschrieben, wenn auch manche gleichermaßen im Naturzustand vorhanden sein sollen ... Da Hobbes nun dieses notwendige Verhalten den Menschen in der Gesellschaft zuspricht, muß er eine Gesellschaftsordnung vor Augen haben, die friedliche, nicht-gewalttätige Wege kennt, auf denen ein jeder ständig nach Macht über andere streben kann, ohne die Gesellschaft zu zerstören.

So verlangt also Hobbes' Gedankengang von der physiologischen zu der sozialen Bewegung des Menschen, gleichgültig wie man ihn interpretiert, neben den physiologischen Postulaten eine soziale Prämisse. Wir haben zu untersuchen, welche Art von Gesellschaft dieser Prämisse entspricht ... Ich werde zeigen, daß nur eine Art von Gesellschaft – ich nenne sie Eigentumsmarktgesellschaft – den Ansprüchen der Hobbesschen Argumentation genügt, und ich werde darlegen, daß Hobbes diese Gesellschaft mehr oder weniger bewußt als sein Modell der Gesellschaft schlechthin auffaßte ...

Die Konstruktion von Gesellschaftsmodellen ist ein ungewöhnliches und, so mag man denken, unnötiges Verfahren bei der Analyse einer politischen Theorie. Welcher Wert ihm zukommt, mag der Leser an den Ergebnissen beurteilen, aber seine voraussichtliche Nützlichkeit für die Analyse der Hobbesschen Theorie wird durch Hobbes' eigene Methode indiziert. Er entwarf ein Modell des Menschen, indem er postulierte Elemente der menschlichen Natur logisch miteinander verband. Auch entwickelte er ein bemerkenswertes Modell der zwischenmenschlichen Beziehungen, ein bewußt eng umrissenes Gebilde: den Naturzustand. Man könnte es als Modell einer Nicht-Gesellschaft bezeichnen. Es ist so eindrucksvoll, daß es möglicherweise sein in der Untersuchung von Macht, Ehre und Wert enthaltenes Gesellschaftsmodell überschattet. Die Tatsache, daß Hobbes, genau genommen, ein vom Naturzustand verschiedenes Gesellschaftsmodell kannte, wird oft völlig übersehen. Sein Modell der Gesellschaft ist nicht so ausdrücklich dargestellt wie seine anderen Modelle, aber für seine Beweisführung gleichermaßen wichtig. Wir können daher hoffen, durch einen Vergleich seines Modells mit schärfer formulierten Gesellschaftsmodellen seinen Gedankengang genauer, als es sonst möglich wäre, zu analysieren. Dadurch sollte es auch möglich sein, die Folgerichtigkeit seines Modells und den Grad seiner Annäherung an bestehende Gesellschaften zu prüfen.

Dieses Vorhaben hat Natur und Zahl der hier entwickelten Modelle bestimmt. Es ging darum, die geringste Zahl möglicher Modelle, unter die alle bekannten Gesellschaftsordnungen subsumiert werden können, zu ermitteln und diese Modelle so darzustellen, daß sich ihre charakteristischen Merkmale genügend hervorheben, um einen Vergleich mit dem Modell von Hobbes zu ermöglichen. Drei Modelle scheinen auszureichen. Es braucht wohl kaum betont zu werden, daß die hier verwendeten Modelle den Anforderungen einer allgemeinen soziologischen oder historischen Untersuchung nicht genügen. Das erste Modell beispielsweise, das ich traditionsgebundene oder ständische Gesellschaft nenne, ist so weit gefaßt, daß es so überaus verschiedenartige Gesellschaften wie die antiken Imperien, Feudal- und Stammesgesellschaften einschließt. Das zweite Modell, die einfache Marktgesellschaft, ist sehr eng umrissen; sie ist weniger das Modell irgendeiner historischen Gesellschaft als ein analytisches Hilfsmittel, das gewisse Züge der vollentwickelten Marktgesellschaften der modernen Zeit besser zur Geltung bringen soll. Das dritte Modell, das diesen modernen Marktgesellschaften korrespondiert, nenne ich Eigentumsmarktgesellschaft (*possessive market society*) ... Unter Eigentumsmarktgesellschaft verstehe ich eine solche, die im Gegensatz zu einer auf Tradition und ständischer Ordnung beruhenden Gesellschaft keine autoritative Verteilung von Arbeit und Belohnung kennt, und in der es im Gegensatz zu einer Gesellschaft unabhängiger Produzenten, die nur ihre Produkte auf den Markt bringen, sowohl einen Markt für Erzeugnisse als auch einen Markt für Arbeit gibt. Wollte man für diese Gesellschaftsordnung ein einziges Kriterium nennen, so wäre es dieses: des Menschen Arbeit ist eine Ware, das heißt, daß seine Kraft und Geschicklichkeit ihm zwar gehören, jedoch nicht als integrierender Bestandteil seiner Person betrachtet werden, sondern als Besitz, dessen Gebrauch und Nutzen er nach Belieben einem anderen gegen einen Preis überlassen kann. Um dieses Merkmal der voll ausgebildeten Marktgesellschaft hervorzuheben, habe ich sie *Eigentums*marktgesellschaft genannt ... Der Begriff Eigentumsmarktgesellschaft ist weder eine neue noch eine willkürliche Konzeption. Er lehnt sich eng an die von Marx, Weber, Sombart und anderen gebrauchten Begriffe der bürgerlichen oder kapitalistischen Gesellschaft an, die den Markt für Arbeit zum Kriterium des Kapitalismus machten, und wie die Begriffe jener, so soll auch der unsrige ein Modell oder Idealtyp sein, dem sich die modernen (d. h. post-feudalen) europäischen Gesellschaften angenähert haben. (...)

Alles deutet ... darauf hin, daß die englische Gesellschaft des siebzehnten Jahrhunderts in ihrem Wesen zu einer Eigentumsmarktgesellschaft geworden war. Die Frage jedoch, wieweit Hobbes sich dessen bewußt war, bleibt bestehen. Glücklicherweise finden sich einige sie betreffende Aussagen. Zunächst die Feststellung von Hobbes, daß „die Arbeit eines Menschen so gut wie jedes andere Ding eine zum eigenen Vorteil austauschbare Ware" ist (*L*, XXIV, 4); wenn auch nur im Zusammenhang mit dem Außenhandel gemacht, deutet sie doch darauf hin, daß er den Lohn als eine ganz normale Erscheinung auffaßte. Wichtiger ist seine Erörterung über ausgleichende und austeilende Gerechtigkeit, die darauf schließen läßt, daß er ganz bewußt das Modell der traditionellen ständischen Gesellschaft zurückwies, da er in ihm die noch weithin akzeptierte Alternative zu seinem eigenen Modell sah.

Die überkommenen Begriffe der ausgleichenden und austeilenden Gerechtigkeit sind, wie Hobbes sie auffaßte, Bestandteile des Modells einer traditionsgebundenen Gesellschaft. Sie sorgen für die Aufstellung und Einhaltung von Lohn-Standards, die anders sind als die vom Markt bestimmten. Den „Gelehrten" zufolge sagt Hobbes, „liegt die ausgleichende Gerechtigkeit in der Wertgleichheit der Vertragsgegenstände, und die austeilende in der Verteilung gleicher Vorteile unter Menschen von gleichem Verdienst" (XV, 14). Hobbes verachtet diese Vorstellungen ganz unverhohlen. Beide zerreißt er mit einem Satz: „Als ob es ein Unrecht wäre, etwas teurer zu verkaufen, als wir es eingekauft haben, oder jemanden mehr zu geben, als er verdient." (ebd.) Was die alte Konzeption zum Gegenstand der Verachtung machte, ist eines der Attribute der Marktgesellschaft, nämlich daß der Wert eines Gegenstandes einfach der zwischen Angebote und Nachfrage sich einpendelnde Preis ist. „Der Wert jeglicher Vertragsgegenstände richtet sich nach dem Verlangen der Vertragspartner, und deshalb ist das, was sie zu zahlen bereit sind, auch der gerechte Preis" (ebd.). Da es keinen anderen Wertmaßstab als den Marktpreis gibt, ist jeder Austausch von Werten zwischen freien Vertragspartnern per definitionem ein Ausgleich gleicher Werte. Der alte Begriff der ausgleichenden Gerechtigkeit wird damit bedeutungslos. „Ausgleichende Gerechtigkeit ist richtig verstanden die Gerechtigkeit eines Vertragspartners, d. h. die Erfüllung eines Vertrages durch Kaufen und Verkaufen, Pachten und Verpachten, Leihen und Verleihen, Wechseln, Tauschen und sonstige vertragliche Handlungen" (ebd.).

Ähnlich ist es mit der austeilenden Gerechtigkeit: die Zuteilung gleicher Vorteile an Menschen gleichen Wertes wird als übergeordnetes Prinzip, das über die Gerechtigkeit einer tatsächlich vorgenommenen Belohnung entscheidet, bedeutungslos, denn Hobbes' Modell kennt keinen anderen Wertmaßstab als die vom Markt vollzogene Festsetzung des Wertes eines Menschen. In seinem Modell ist, anders als in dem der ständischen Gesellschaft, kein Platz für eine Festsetzung des Wertes verschiedener Menschen gemäß der Verdienste, die sie sich um die Gesellschaft als Ganze erworben haben, oder gemäß ihrer Bedürfnisse als integrierender Bestandteile des sozialen Organismus. Austeilende Gerechtigkeit bedeutet daher lediglich „die Gerechtigkeit eines Schiedsrichters, das heißt der Akt des Definierens, was gerecht ist ... Man sagt dann, er [der Schiedsrichter] teile einem jeden das Seine zu" (XV, 15). Und was dem Menschen wahrhaft zukommt, kann nicht von vornherein durch irgendeinen Begriff gesellschaftlicher Nützlichkeit festgestellt werden, sondern allein durch einen Maßstab, der davon so weit entfernt ist, wie Hobbes es sich nur denken kann; einen Maßstab, der von allen sozialen Wertgebungen frei ist: was einem Menschen ursprünglich zukommt, soll *„durch Los bestimmt werden.* Denn ... andere Wege gleicher Zuteilung sind nicht vorstellbar" (XV, 26). Indem Hobbes die ausgleichende und austeilende Gerechtigkeit in dieser Weise behandelt, zieht er die logische Folgerung aus seinem Gesellschaftsmodell: wo alle Werte auf Marktwerte reduziert werden, wird Gerechtigkeit selbst auf einen Marktbegriff reduziert. Und indem er fordert, daß der traditionelle Begriff der Gerechtigkeit durch deren Marktbegriff ersetzt werde, scheint er sowohl die Berechtigung einer entwickelten Marktgesellschaft anzuerkennen als auch einzuräumen, daß sie erst vor kurzem entstanden ist.

In seinem dem Langen Parlament und dem Bürgerkrieg gewidmeten Buch finden sich weitere Anzeichen dafür, daß Hobbes die wettbewerbsbedingten Marktbeziehungen als einen Eingriff in ein früheres Modell der englischen Gesellschaft begriff. Einen der Gründe für das Abfallen so vieler Bürger vom König und damit für den Bürgerkrieg sah Hobbes darin, daß „das Volk im allgemeinen" (d. h. diejenigen mit einigem Vermögen, denn

„nur sehr wenige aus dem einfachen Volk kümmerten sich um die verfochtenen Ideen, sie hätten für Geld oder Beute auf jeder Seite stehen können" [*BE*, 2]) der Ansicht war, daß ein jeder „so sehr Herr seines ganzen Besitzes sei, daß er ihm unter keinem Vorwand der allgemeinen Sicherheit weggenommen werden könne, wenn er nicht selbst zustimme" (*BE*, 4). Hobbes erkannte genau, daß diese Ansicht nichts mit der früher vorherrschenden feudalen Eigentumskonzeption zu tun hatte, und daß die neue Überzeugung so wirksam geworden war, daß sie sogar für den Bürgerkrieg verantwortlich gemacht werden konnte. Er bemerkte auch, daß die Anhänger des neuen Begriffs des unbedingten individuellen Rechts auf Eigentum die alte Rangordnung nur dazu nutzten, ihre neuen Ziele zu fördern: „König, so meinten sie, ist bloß ein Titel für die höchste Ehre, und Herr, Ritter, Baron, Graf, Herzog sind bloß Stufen dorthin, die mit Hilfe von Reichtum erklommen werden" (ebd.).

Hobbes sah die Ursache für den Bürgerkrieg in der nunmehr starkgewordenen Marktmoral und dem neuen marktbedingten Reichtum. Der Krieg war für ihn ein Versuch, die alte Verfassung zu zerstören und sie durch eine den neuen Marktinteressen günstigere zu ersetzen. Die Königsfeinde, „die vorgaben, dem Volk Steuererleichterungen und andere Vorteile zu verschaffen, besaßen die Unterstützung der City von London und der meisten anderen Städte und Stadtvereinigungen in England, außerdem die Unterstützung vieler Privatpersonen".(*BE*, 2) Das Volk wurde teils durch die neuen religiösen Lehren zum Aufstand verführt (von denen eine der wichtigsten, die presbyterianische, nicht zuletzt deshalb mit Wohlwollen aufgenommen wurde, weil sie nicht „die lukrativen Laster von Handelsleuten und Handwerkern anprangerte ..., was die Mehrheit der Bürger und der Einwohner von Marktflecken als Erleichterung empfand" [*BE*, 25]), teils durch seinen neuen Glauben an das unbeschränkte Recht auf Eigentum (*BE*, 4). Diese Verführung und die Tatsache, daß die Kaufleute genügend Mittel zur Ausrüstung einer Armee besaßen, war eine ausreichende Erklärung für den Krieg. Ein leichter Harringtonscher Einschlag ist in dem Gedanken zu spüren, den der Gesprächspartner des Hobbesschen Dialoges an dieser Stelle vorträgt: „In einer solchen Verfassung der Leute, so dünkt mich, ist der König bereits seiner Herrschaft enthoben, so daß sie keine Waffen gegen ihn erheben müssen. Denn ich kann mir nicht vorstellen, durch welche Maßnahmen der König ihnen zu widerstehen vermöchte."[2]

---

[2] Ebd.; vgl. Harrington, *Oceana*: „Weswegen die Auflösung dieser Regierung den Krieg verursachte und nicht der Krieg die Auflösung der Regierung" (*Works*, 1771, 65).

In seiner Analyse kehrt Hobbes schließlich zu der entscheidenden Rolle des neuen, dem Markt abgewonnenen Reichtums zurück. Das parlamentarische Heer wurde unterstützt von „der City von London und anderen vereinigten Städten" (*BE*, 110), die sich über de Steuer beklagten, „die von den Bürgern, d. h. den Kaufleuten, deren Beruf ihr privater Gewinn ist, von Natur aus als Todfeind aufgefaßt werden; ihr einziges Heil ist es, durch die Weisheit des Kaufens und Verkaufens möglichst reich zu werden" (*BE*, 126). Hobbes war sich durchaus bewußt, daß ihr Reichtum auf dem Ankauf fremder Arbeitskraft gründete. Er verwirft die übliche Rechtfertigung ihrer Existenz, „daß von allen Berufen der ihrige als der für den Staat nützlichste gilt, da sie den ärmeren Leuten Arbeit verschafften", mit der kurzen Bemerkung: „das heißt, da sie die Armen dazu zwingen, ihnen ihre Arbeitskraft zu dem von ihnen diktierten Preis zu verkaufen, so daß die Armen zum größten Teil sogar bei der Arbeit in Bridewell[3] besser leben könnten als durch Spinnen, Weben und andere Tätigkeiten, die sie ausüben, falls sie nicht, zum Mißvergnügen der Fabrikbesitzer, durch langsames Arbeiten sich selbst ein wenig Erleichterung verschaffen" (ebd.). Hobbes durchschaute die patriarchalische Rechtfertigung der Lohnarbeit. Er empfand es als anachronistisch, sie in Begriffen des patriarchalischen Gesellschaftsmodells, das in seinem Wesen dem Marktsystem widerspricht, zu rechtfertigen.

Das von Hobbes im *Behemoth* beschriebene England ist eine nahezu vollständige Marktgesellschaft. Arbeit ist eine Ware, die in solchem Übermaß zur Verfügung steht, daß ihr Preis durch die Käufer auf die Stufe des Existenzminimums gedrückt wird.[4] Der durch das Marktgeschehen begründete Reichtum hat durch die Akkumulation jenen Punkt erreicht, der es seinen Eigentümern erlaubt, einen Staat, dessen Steuergewalt sie als einen Eingriff in ihre Rechte betrachten, herauszufordern. Die Herausforderung ist erfolgreich, weil sie genügend Geld haben, eine Armee zu unterhalten; die Herausforderung wurde überhaupt erst möglich, weil die Menschen der Erlangung von Reichtum mit Hilfe des Marktes jetzt einen höheren Wert beimessen als traditionellen Pflichten und überkommenen Rangordnungen. Nur weil die englische Gesellschaft solchen Veränderungen unterworfen wurde, konnte es zu einem Bürgerkrieg kommen.

Die Erklärung, die Hobbes von den Ursachen des Bürgerkriegs gibt, impliziert in gewissem Maße die Anerkennung der Tatsache, daß die

---

3 Arbeitshaus für Landstreicher und Arbeitsscheue. Anm. des Übers.

4 Es wäre zu untersuchen, ob Hobbes durch diese Beobachtung zur Ansicht gelangte, daß der Wert oder ein Preis eines Menschen durch den Käufer, nicht den Verkäufer, festgesetzt wird (*L*, X; Fetscher-Ausgabe S. 67).

Marktgesellschaft einen Eingriff in eine frühere Gesellschaftsordnung darstellt. Doch diese Erkenntnis ist unklar und unvollständig. Denn sonst könnte er das Wesen der Gesellschaft schlechthin nicht als eine Reihe von Marktbeziehungen auffassen, wie er es im *Leviathan* und den anderen theoretischen Abhandlungen tut. Aber auch in ihnen findet sich, etwa bei der Erörterung über ausgleichende und austeilende Gerechtigkeit, eine gewisse Anerkennung der Differenz zwischen marktbedingter und traditioneller Moral. Wir können vermuten, daß die Selbstverständlichkeit, mit der Hobbes allen Gesellschaften Marktbeziehungen zusprach, daher rührte, daß er die in der Renaissance übliche Ansicht eilte, die zivilisierte Gesellschaft beschränke sich auf das klassische Griechenland und Rom und das westliche Europa der nachmittelalterlichen Zeit. Da die klassischen Gesellschaften in gewissem Maße Marktgesellschaften waren, konnte er sie leicht einem vor allem von den entwickelteren Marktgesellschaften seiner eigenen Zeit abgeleiteten Modell subsumieren. Und es fiel nicht schwer, das einmal aufgestellte Modell auf die am meisten zivilisierten Schichten aller anderen Gesellschaften anzuwenden, d. h. auf deren aktive Oberklasse, denn die Beziehungen zwischen Angehörigen der Spitze in Nicht-Marktgesellschaften waren eine Art wettbewerbsbestimmter Machtkampf, der den Marktbeziehungen ähnelte. Ob dies nun Hobbes' Gedankengang war oder nicht, und ob er mehr oder weniger bewußt sein Gesellschaftsmodell aus der Erkenntnis der Marktbezogenheit der Gesellschaft des siebzehnten Jahrhunderts entwickelte – fest steht jedenfalls, daß sein Modell einer Eigentumsmarktgesellschaft sehr nahe kommt.

Ich habe gezeigt, daß Hobbes' Folgerung von der physiologischen Natur des Menschen in der Gesellschaft, immer mehr Macht über andere zu erringen, die Voraussetzung erfordert, daß die Macht eines jeden der Macht des anderen entgegensteht und sie behindert; daß diese Voraussetzung, selbst wenn sie abgeleitet ist von dem physiologischen Postulat, alle Menschen strebten ihrer Natur gemäß nach grenzenloser Macht über andere, zumindest die weitere Annahme eines Gesellschaftsmodells erfordert, das einen beständigen friedlichen Kampf aller gegen alle zuläßt; und daß jene Voraussetzung, wenn man annimmt, sie sei abgeleitet aus dem physiologischen Postulat, nur eine begrenzte Anzahl von Menschen strebe von Natur aus nach mehr, ein Gesellschaftsmodell verlangt, das nicht nur die fortwährende Bedrohung aller durch alle zuläßt, sondern auch die Gemäßigten zu dieser Kampfhandlung zwingt. Weiter zeigte ich, daß das einzige Modell, das diesen Erfordernissen genügt, die Eigentumsmarktgesellschaft ist, die in ihren Grundzügen den modernen, auf Konkurrenz gegründeten Marktgesellschaften entspricht; daß die von Hobbes ausdrücklich aufgestellten

Postulate (besonders die, daß Arbeit eine Ware ist, daß manche Menschen den ihnen zukommenden Betrag an Vergnügen zu erhöhen trachten, und daß einige mehr natürliche Macht besitzen als andere) die wesentlichen Merkmale einer Eigentumsmarktgesellschaft sind; daß ferner das von Hobbes in seiner Analyse von Macht, Wert und Ehre erarbeitete, durch seine Analyse der ausgleichenden und austeilenden Gerechtigkeit gestützte Gesellschaftsmodell im wesentlichen mit dem Eigentumsmarktmodell übereinstimmt; und daß man, wenn Hobbes sich dieser Korrespondenz auch nicht voll bewußt war, doch vermuten kann, daß er sich der Angemessenheit seiner Analyse an die Gesellschaft des siebzehnten Jahrhunderts bewußt war ...

Wir haben nun diesen Punkt erreicht, wo Hobbes von seiner ursprünglichen physiologischen Prämisse zu der Folgerung gelangte, alle Menschen suchten notwendig nach immer mehr Macht über andere, indem er Voraussetzungen einführte, die nur für die Eigentumsmarktgesellschaft Gültigkeit haben. Und erst nachdem er seine Folgerung etabliert hatte, alle Menschen einer Gesellschaft strebten nach immer mehr Macht über die anderen, führte er den hypothetischen Naturzustand ein, aus dem er dann wiederum die Notwendigkeit einer souveränen Herrschaft deduzierte. Ich äußerte bereits die Vermutung, Hobbes' gesellschaftliche Voraussetzungen seien nicht nur für die Deduktion seiner These erforderlich, daß alle Menschen notwendig nach mehr Macht über andere suchen, sondern auch für seine Deduktion des menschlichen Verhaltens im Naturzustand. Man mag einwenden, dies müsse noch bewiesen werden. Denn es wurde noch nicht im einzelnen gezeigt, daß seine Folgerung, alle Menschen suchten nach mehr Macht über andere, bzw. seine dazu führende gesellschaftliche Analyse auch für seiner Deduktion des menschlichen Verhaltens im Naturzustand unabdingbar aus den physiologischen Postulaten ableiten können, ohne vorher darlegen zu müssen, daß die Menschen in der Gesellschaft mehr Macht über die anderen begehren? Die Frage ist vielleicht ohne größere Bedeutung, da er sich in der Tat zunächst große Mühe gab zu zeigen, daß alle in der Gesellschaft lebenden Menschen immer mehr Macht erstreben müssen, und erst dann diese Menschen in der hypothetischen Naturzustand versetzte. Indes vermögen wir leicht zu sehen, daß er das Verhalten im Naturzustand aus den physiologischen Postulaten allein nicht hätte herleiten können.

Allerdings hätte er die Möglichkeit gehabt, das Verhalten im Naturzustand allein aus dem physiologischen Postulat, daß alle Menschen ihre Bewegung beizubehalten suchen, und aus dem Postulat, daß *einige* Menschen immer mehr Macht über andere erstreben, abzuleiten: Diese beiden Postulate wurden, wenn alles Recht und Gesetz kraft Hypothese ausgeschaltet wäre, die Notwendigkeit ergeben, daß *alle* Menschen nach mehr Macht über andere streben, d. h. das Verhalten im Naturzustand. Das zweite Postulat ist jedoch nicht aus physikalischer Beobachtung oder Analyse gewonnen, sondern aus der Beobachtung und Analyse gesellschaftlicher Verhältnisse. Wenn wir es ein physiologisches Postulat nennen, müssen wir festhalten, daß auch Hobbes' physiologische Sätze von Physiologie vergesellschafteter Menschen handeln. Wir wollen jedoch nicht auf Definitionen beharren. Es gibt noch einen anderen Grund, warum Hobbes das Verhalten im Naturzustand nicht aus den physiologischen Postulaten allein deduzieren konnte, selbst man das Postulat, *einige* Menschen strebten nach mehr Macht über andere, als physiologisches gelten läßt. Es hätte seiner Methode und seiner Absicht widersprochen.

Denn es war seine Absicht, die Menschen davon zu überzeugen, daß sie einen Herrscher anerkennen müssen, und seine Methode, dies zu erreichen, war es, „den Menschen nur vor Augen zu führen, was sie schon kennen oder durch eigene Erfahrung kennen lernen können" (*Elements/NR*, I, 1, 2). Der ganze Erfolg seiner Bemühungen hing von dieser Methode ab: Er mußte die Menschen dazu bringen, sich selbst in der Gesellschaft zu erkennen. Vielleicht hätte er die Notwendigkeit eines Herrschers auch ohne die künstliche Hypothese eines Naturzustandes beweisen können, einfach durch Deduktion von der Folgerung, daß alle Menschen in der Gesellschaft notwendig immer mehr Macht über andere suchen. Aber er hätte nicht hoffen dürfen, seinen Lesern die Notwendigkeit eines Herrschers aus dem hypothetischen Naturzustand *allein* klarmachen zu können, ohne vorher das notwendige menschliche Verhalten in der Gesellschaft dargelegt zu haben. Nur insoweit das menschliche Verhalten im hypothetischen Naturzustand mit dem notwendigen Verhalten in der Gesellschaft korrespondierte, konnte die aus dem Naturzustand gewonnene Erkenntnis irgendwelche Gültigkeit für die bereits in einer (zugegebenermaßen unvollständigen) Gesellschaft lebenden Menschen haben.

A. E. Taylor

Eine naturrechtliche Interpretation der politischen Philosophie Hobbes'*

Die moralische Doktrin von Thomas Hobbes ... wird m. E. durch ihre gängige Auslegung perspektivisch verzerrt. Dadurch werden ihre wirklichen Bezüge jedoch erheblich verdunkelt. Dies ist zweifellos der Tatsache zu verdanken, daß die meisten zeitgenössischen Leser das Studium der Hobbesschen Ethik mit dem *Leviathan* beginnen und es dabei belassend auch beenden. Dieser ist eine rhetorische und in vielerlei Hinsicht populäre *Streitschrift*, die auf dem Kulminationspunkt einer, wie es damals schien, permanenten Revolution veröffentlicht wurde. Weniger Aufmerksamkeit hingegen wird den behutsamer vorgebrachten Argumenten dieser Lehre entgegengebracht, die sich in den *Elements of Law* , die bereits vor dem Ausbruch des Bürgerkriegs zirkulierten, und in der Abhandlung *De Cive* , die geschrieben worden war, bevor an eine Konfliktbereinigung durch „das Schwert" gedacht wurde, finden. Die folgenden Seiten sollen dazu dienen, die Mißverständnisse, die sich durch die einseitige Konzentration auf den *Leviathan* ergeben, zu korrigieren. Dabei werde ich mich fast ausschließlich auf *De Cive* beziehen, wobei die englische Version *Philosophical Rudiments concerning Government and Society*, (gedruckt 1651, wiederabgedruckt im Band II der von *Molesworth* herausgegebenen englischen Ausgabe der Werke) zugrundegelegt wird.

* Der folgende Text ist eine übersetzte und leicht gekürzte Fassung von A. E. Taylor, *The Ethical Doctrine of Hobbes*, Philosophy XIII, 1938, 406–424; wiederabgedruckt in: K. C. Brown (Hrsg.), *Hobbes Studies*, Oxford 1965, 35–56; ebenfalls in Preston King (Hrsg.), *Thomas Hobbes. Critical Assessments*, vol. II, London 1993, 22–39. Auf Kürzungen wird durch Auslassungszeichen hingewiesen. Auf die umfangreichen Anmerkungen wurde weitgehend verzichtet. Der Titel „Eine naturrechtliche Interpretation der politischen Philosophie Hobbes'" stammt vom Herausgeber.

Der Eindruck, den der gewöhnliche Leser nach Lektüre des *Leviathan* zurückbehält, läßt sich m. E. einigermaßen angemessen so zusammenfassen: ... Die Antwort auf die Frage, *wie ein guter Mensch handeln soll*, lautet einfach, daß er dem politischen „Souverän" untertänigst zu gehorchen hat, ohne irgendwelche Fragen zu stellen oder Schwierigkeiten zu bereiten. Der Grund, warum er so verfahren soll, ist gleichermaßen simpel: Es läßt sich zwar nicht beweisen, aber gleichwohl mit an Sicherheit grenzender Wahrscheinlichkeit zeigen, daß er sich persönlich schlechter stellen würde, handelte er anders, und der Gegenstand menschlichen Begehrens ist „immer ein Gut für ihn selbst". Es liegt in meinem persönlichen Interesse, das Elend der Anarchie zu vermeiden. Mißachte ich die einzelnen bürgerlichen Rechte, dann leiste ich Beihilfe zur Rückkehr zur Anarchie. *Ergo* ist es immer zu meinem Vorteil, wenn ich dem Gesetz folge. Zu sagen, daß dies zu meinem Vorteil ist, ist gleichbedeutend mit der Behauptung, daß es meine Pflicht ist, und Pflicht bedeutet hier faktisch mein persönliches Wohl – moderat verstanden. Daß derartiges in der Öffentlichkeit gemeinhin als eine adäquate Darstellung von Hobbes' moralphilosophischer Lehre akzeptiert wird, mag zu Teilen durch historische Ursachen erklärt werden. Als Butler daran ging, die Fehlerhaftigkeit einer „egoistischen" Handlungspsychologie darzulegen, fand er in Hobbes' Analyse der „Leidenschaften" einige bemerkenswerte Beispiele. Und da er bei seiner Widerlegung überaus gründlich gearbeitet hatte, ist es möglich, daß er damit zugleich die Sichtweise erzeugt hat, es lasse sich außer dieser „egoistischen Psychologie" bei Hobbes nichts finden ... Allerdings muß man wohl auch Hobbes selbst, wenngleich unbeabsichtigterweise, mitverantwortlich für ein derartiges Ergebnis machen. Der *Leviathan* ... war konzipiert als ein Aufruf, den Zustand fruchtloser gesellschaftlicher Zwietracht zu beenden. Für seine unmittelbare Zweckbestimmung als einer Ermahnung zum Frieden, war es seitens des Autors durchaus gerechtfertigt und angemessen, die Position, daß der Frieden das wahrhaftige Interesse seiner Landsleute sei, so überzeugend wie möglich zu entwickeln. Es überrascht daher auch nicht, aufgrund der diesem Ziel zugewiesenen Dimension, daß der Anschein entsteht, daß dies bereits schon alles – oder beinahe alles ist, was Hobbes mitzuteilen hat.

Dem ist jedoch nicht so. Hobbes geht es vielmehr um zwei voneinander zu unterscheidende Fragen. Zum einen geht es darum, weshalb man ein guter Bürger sein *sollte*, und zum anderen, welche Anreize gegeben werden können, wenn ein Wissen um eine derartige Verpflichtung aus sich selbst heraus nicht hinreichend effektiv ist. Seinen wiederholten Erklärungen zufolge, ist es ein gesichertes psychologisches Faktum, daß ich das Gesetz übertreten und den Frieden brechen werde, sollte ich mir davon einen Nutzen versprechen.¹ Daraus erhellt unmittelbar die Relevanz der Argumentation, daß sich derlei Verhalten niemals als nutzbringend erweisen kann, da die Rückkehr zu einem Zustand des „Krieg eines jeden gegen jeden" einen durch keinerlei kompensatorische Vorteile aufzuwiegenden Nachteil darstellt. Die Hobbessche Antwort auf die andere Frage jedoch, weshalb man ein guter Bürger sein sollte bzw. dazu verpflichtet ist, lautet anders: Explizit ist es der Fall, daß ich, ausdrücklich oder stillschweigend, garantiere, daß meinerseits ein Wort auch ein Wort ist, und mein Wort zu brechen, mich zu weigern, meinen „Vertrag [covenant] wie eingegangen einzuhalten", ist *Ungerechtigkeit* [iniquity], *malum in se*. Hobbes' eigentliche Ethik, einmal entkoppelt von einer egoistischen Psychologie, zu der sie in keinerlei logisch notwendiger Verbindung steht, erweist sich als eine sehr strikte deontologische Ethik, die merkwürdigerweise, obwohl da natürlich interessante Unterschiede bleiben, bereits an einige charakteristische Thesen Kants denken läßt.

Dies wird besonders deutlich in den Passagen von *De Cive* III, 5, in denen Hobbes den Unterschied zwischen der Rechtmäßigkeit von Handlungen [justice of an act] und der Gerechtigkeit der Person [justice of a person] erläutert. Rechtmäßige Handlung ist „dasjenige, was in Übereinstimmung mit dem Gesetz getan wird", aber ein Mensch, der in Übereinstimmung mit dem Gesetz handelt, ist nicht *eo ipso* ein gerechter *Mensch*. „In bezug auf Personen heißt gerecht sein soviel wie sich am Rechthandeln erfreuen, der Gerechtigkeit sich zu befleißigen oder sich bemühen, in allen Dingen nur das Rechte zu tun; und ungerecht sein bedeutet die Vernachlässigung gerechten Umganges oder die Ansicht, daß die Gerechtigkeit sich nicht bemißt anhand meines Vertrags, sondern an einem augenblicklichen Vorteil ... Gerecht heißt derjenige, der rechtmäßige Dinge tut, weil es das Gesetz verlangt, unrechtmäßige Dinge aber nur aufgrund seiner Schwachheit, und man sagt gerechtfertigterweise von demjenigen, er sei ungerecht, der Gerechtigkeit übt aus Furcht vor der dem Gesetz verbundenen Strafe,

---

1 Daher (De Cive, V, 1): „Es ist durch sich offenbar, daß die Handlungen der Menschen vom Willen, und der Wille von Hoffnung und Furcht ausgeht, dergestalt, daß die Gesetze mit Willen verletzt werden, sooft sich ein größeres Gut oder ein kleineres Übel von ihrer Verletzung als von ihrer Beachtung erwarten läßt." Aufgrund dessen hält Hobbes auch daran fest, daß die moralische Schuld für Delikte, wenn Untertanen zu solchen aufgrund des unzureichenden Charakters der damit assoziierten Strafmaße verleitet werden, nicht bei diesen selbst liegt, sondern beim Souverän. „Bestimmt also der Gesetzgeber für ein Vergehen eine zu kleine Strafe, so daß die Furcht nicht das Übergewicht über die Begierde erhält, vielmehr der Überschuß der Begierde über die Furcht vor der Strafe das Vergehen veranlaßt, wodurch eine Sünde begangen wird, so trifft die Schuld den Gesetzgeber, d. h. den Herrscher" (De Cive, XII, 16).

und Ungerechtigkeit ausübt aufgrund der Ungerechtigkeit [iniquity] seiner Gesinnung."[2]

Dies ist jedoch auch genau die Kantsche Unterscheidung zwischen solchen Handlungen, die nur in äußerlicher Übereinstimmung mit dem Gesetz stehen [in accord with law], und anderen, die aus Achtung vor dem Gesetz vollzogen werden [from law]. Allerdings ergibt sich ein charakteristischer Unterschied. Hobbes versucht das Gesetz nach dem ein tugendhafter Mensch handelt, auf das folgende eine zu reduzieren: Ein Versprechen auf Treu und Glauben [a promise once duly fulfilled] muß eingehalten werden. Dabei ergibt sich allerdings die Möglichkeit eines Einwands, der – zu Recht oder zu Unrecht – auch gegen Kant vorgebracht wurde. Dieser lautet, daß ein „guter Wille", der die Übereinstimmung mit dem Gesetz bloß um des Gesetzes willen will, ein bloß formaler und inhaltsleerer Wille ist.

Hobbes antizipiert in der Tat weitgehend Kants Versuch, moralisch unzulässiges Wollen darauf zurückzuführen, daß Kontradiktorisches gewollt wird, und Kontradiktorisches zu wollen, ist irrational. Daher heißt es (*De Cive*, III, 3, wobei dieses Argument auch an anderer Stellen auffindbar ist): „Zwischen dem, was im gewöhnlichen Leben Unrecht genannt wird, und dem, was man in den Schulen absurd zu nennen pflegt, besteht eine gewisse Ähnlichkeit. Von dem, der durch Gründe genötigt wird, seine frühere Behauptung zu verneinen, pflegt man zu sagen, daß er ad absurdum geführt worden; und so begeht auch der, welcher aus Unbeherrschtheit etwas tut oder unterläßt, was er früher durch einen Vertrag nicht zu tun oder nicht zu unterlassen versprochen hatte, ein Unrecht und gerät ebenso in Widerspruch wie der, welcher in den Schulen ad absurdum geführt worden ist. Denn wenn er eine zukünftige Handlung verspricht, so will er, daß sie geschehen solle; indem er sie aber nicht tut, will er, daß sie nicht geschehe; also will er, daß sie zugleich geschehe und nicht geschehe, was ein Widerspruch ist. Das Unrecht ist daher eine Art Widersinn im menschlichen Umgang, wie der Widersinn eine Art Unrecht in der Disputation ist." „Jeder gebrochene Vertrag beinhaltet eindeutig einen Widerspruch; derjenige, der einen Vertrag eingeht [covenateth], will bezüglich eines zukünftigen Zeitpunkts etwas tun oder unterlassen, und jemand der handelt, will dies in der Gegenwart, welche teilhat an der Zukunft, und diese ist in jedem Versprechen enthalten. Derjenige, der einen Vertrag bricht,

---

2 Cf. *De Cive*, IV, 21: „Und wenn auch jemand alle seine Handlungen in betreff des äußeren Gehorsams so einrichten würde, wie das Gesetz gebietet, es aber nicht des Gesetzes wegen tut, sondern der angedrohten Strafe wegen oder um des Ruhmes willen, so ist er trotzdem ungerecht."

will daher zugleich daß dasselbe zum selben Zeitpunkt getan und nicht getan wird, was ein offensichtlicher Widerspruch ist. Das Unrecht ist daher eine Art Widersinn im menschlichen Umgang, wie der Widersinn eine Art Unrecht in der Disputation ist." Der hier zugrundeliegende Gedanke ist im Grunde der gleiche wie bei Kant, allerdings mit dem Unterschied, daß Hobbes aus ihm eigenen Motiven erstens jegliches „Unrecht" auf den Bruch eines ausdrücklichen oder impliziten Versprechens zurückführt, und daß sich zweitens bei ihm nicht der Gedanke findet, daß die „Universalisierbarkeit einer Maxime" ein Kriterium für deren Widerspruchsfreiheit ist. Von Wichtigkeit ist allerdings, daß Hobbes bezüglich des „imperativischen" Charakters des Moralgesetzes [the moral law] mit Kant genauso übereinstimmt wie in der Ansicht, daß es sich dabei um das Gesetz „rechter Vernunft" handelt.

Hobbes' Anerkennung des imperativischen Grundzugs des natürlichen Gesetzes [natural law], welches zugleich das Moralgesetz ist, wird für den eiligen Leser dadurch unkenntlich, daß Hobbes wiederholt die natürlichen Gesetze als „Lehrsätze" beschreibt, die genau wie diejenigen der Mathematik von unserer Vernunft aufgestellt werden, und dabei sogar so weit geht zu behaupten, daß diese Lehrsätze nur in der bürgerlichen Gesellschaft auch eigentlich zu *Gesetzen* werden.

So sind „diejenigen, welche wir die natürlichen Gesetze nennen (da sie nichts sind als gewisse Folgerungen, welche die Vernunft erkennt und die sich auf Handlungen und Unterlassungen beziehen; dagegen ist das Gesetz nach dem strengen Sprachgebrauch die Rede dessen, der andern etwas zu tun oder zu unterlassen mit Recht befiehlt) dem Wortsinn nach keine Gesetze, sofern sie aus der Natur selbst hervorgehen. Jedoch, sofern sie von Gott in der Heiligen Schrift gegeben worden sind, ... heißen sie recht eigentlich auch Gesetze" (*De Cive*, III, 33); und analog: „Diese Weisungen der Vernunft werden von den Menschen gewöhnlich als Gesetze bezeichnet, aber ungenau. Sie sind nämlich nur Schlüsse oder Lehrsätze, die das betreffen, was zur Erhaltung und Verteidigung der Menschen dient, während ein Gesetz genau genommen das Wort dessen ist, der rechtmäßig Befehlsgewalt über andere innehat. Betrachten wir jedoch dieselben Lehrsätze als im Wort Gottes verkündigt, der rechtmäßig allen Dingen befiehlt, so werden sie zu Recht Gesetze genannt" (*L*, XV, 122). In den *Elements of Law* wird über die „natürlichen Gesetze" gesagt, es seien einfach „diejenigen, welche uns die Wege des Friedens angeben, da, wo dieser eingehalten werden möge; und die der Verteidigung, wo dieses nicht möglich ist" (XV, 2). Hier fehlt der Hinweis auf einen imperativischen Grundzug, obwohl dort an anderer Stelle zu lesen ist, daß sie „gleichwohl als Gesetze heilig in Hochachtung vor dem Gesetzgeber, dem Allmächtigen sind" (XVIII, 1). Man könnte prima vista geneigt sein, diese Ausführungen so zu verstehen, als wären die natürlichen Gesetze in sich nichts weiter als Sätze, die Schlüsse auf die gemeinhin als dienlichst angesehenen Mittel eines friedlichen Zusammenlebens gestatten, und daß der imperativische Grundzug – von Gesetz im strengen Wortsinn – gänzlich sekundär ist. Er ergäbe sich erst in der bürgerlichen Gesellschaft, aufgeprägt vom Souverän und von diesem mittels strafender „Sanktionen" durchgesetzt. Außerhalb der Vertragsbrüche qua Sanktionen ahndenden bürgerlichen Gesellschaft hätte das „Gesetz", daß „Menschen eingegangene Verträge erfüllen", die bloße Bedeutung eines empirischen Satzes, der nicht mehr besagt, als daß in einer überwältigenden Mehrheit von Fällen und ggf. sogar in allen, der Mensch findet, daß es sich für ihn eher auszahlt, wenn er sein Wort hält als wenn er sein Wort bricht. In der bürgerlichen Gesellschaft, sofern es sich um rechtlich relevante Verträge handelt, wird, indem der Souverän den Vertragsbruch zur gerichtlichen Strafsache macht, diesem empirischen Satz ein „Du sollst" beigefügt, wodurch er die Bedeutung eines Imperativs erhält. Dies ist m. E. die Art und Weise, wie die Mehrzahl seiner Leser Hobbes versteht.

Meiner Ansicht nach sieht sich eine solche Lesart jedoch mit unüberwindlichen Schwierigkeiten konfrontiert.

(1) Es ist festzustellen, daß Hobbes von Anbeginn, und sogar dann, wenn er vom Stand der Dinge in seinem imaginären „Naturzustand" spricht, die in Form natürlicher Gesetze gegebenen Handlungsrichtlinien als *dictamina* oder Gebote und nie als *consilia* oder Ratschläge kennzeichnet, wobei schon der Sprachgebrauch einen imperativischen Grundzug impliziert ... Hobbes spricht hinsichtlich seiner Konzeption des natürlichen Gesetzes regelmäßig davon, daß dieses ein „Lehrsatz" sei, der gewisse Handlungen *verbietet* und verwendet zur Formulierung dieser [der Handlungsverbote und Handlungsgebote, d. Ü.] imperativische oder quasi-imperativische sprachliche Ausdrücke. So wird (*De Cive*, II, 1) das [erste, d. Ü.] natürliche Gesetz definiert als „das Gebot der rechten Vernunft in betreff dessen, was zu tun oder zu unterlassen ist (dictamen rectae rationis circa ea, quae agenda vel omittenda sunt)." Im *Leviathan* (XIV) heißt es: „Ein natürliches Gesetz, *lex naturalis*, ist eine von der Vernunft ermittelte Vorschrift oder allgemeine Regel, nach der es einem Menschen verboten ist, das zu tun, was sein Leben vernichten oder ihn der Mittel zu seiner Erhaltung berauben kann, und das zu unterlassen, wodurch es seiner Meinung nach am besten unterhalten werden kann." Und weiter (ebd.): „das grundlegende natürliche Gesetz" ist dasjenige, „das den Menschen befiehlt, sich um Frieden zu bemühen". Der

imperativische Grundzug und Charakter des Gesetzes ist von diesem somit unablösbar. Sogar im „Naturzustand" ist das „grundlegende Gesetz" nicht, daß „der Mensch sich ans Leben klammert und es ihm widerstrebt, dieses zu verlassen" sondern, daß „ich – was auch immer – *tun soll*, was, so weit ich dies voraussehen kann, mein Leben erhält, und dasjenige *nicht darf*, von dem ich urteile, daß es diesem gefährlich ist". (Der Suizid wäre offensichtlich sogar im Elend des „Naturzustands" ausgeschlossen.)

Es ist mit dieser Anerkennung der Imperativität des natürlichen Gesetzes in striktem Einklang, daß Hobbes immer zugrunde legt, daß die *Verpflichtung* nicht vom Souverän ausgeht, wenn dieser seine durch Strafandrohungen gestützten Verordnungen erläßt. Die moralische Verpflichtung, das natürliche Gesetz zu befolgen, besteht vor einer Existenz des Gesetzgebers und der bürgerlichen Gesellschaft. Sogar im „Naturzustand" verpflichtet das Gesetz „in foro interno"; allerdings nicht *immer*, wie Hobbes hinzufügt, „in foro externo" ... Hobbes hätte seine Meinung vielleicht deutlicher zum Ausdruck bringen können, wenn er stärker betont hätte, daß das grundlegende natürliche Moralgesetz seiner Vorstellung nach ein Gesetz wechselseitiger Verpflichtung ist. Es gebietet den Frieden mit demjenigen, der ebenso gewillt ist, mit mir in Frieden zu leben, „daß man den Frieden suche, *soweit er zu haben ist*" und, „jedermann ... hat sich um Frieden zu bemühen, *solange* dazu Hoffnung besteht". Der Einwurf, die „natürlichen Gesetze verpflichten *in foro interno* ..., aber *in foro externo*, das heißt zu ihrer Anwendung, nicht immer", dient vor allem dazu, uns daran zu erinnern, daß die Verpflichtungen durch diese Gesetzen reziprok sind, daß dort, wo keine allgemeine Schutzmacht existiert, es der Entscheidung jedes Einzelnen obliegt, ob ein Streben nach Frieden seinerseits von mir erwidert wird. Es ergibt sich sogar eine weiterreichende Implikation ... Während gegen bürgerliches Recht nur mittels potentiell öffentlicher Handlungen und Reden verstoßen werden kann, wird das Moralgesetz durch einen verfehlten Gedanken oder eine unangemessene Zwecksetzung verletzt. „Und jedes Gesetz, das *in foro interno* verpflichtet, kann nicht nur durch eine gegen das Gesetz verstoßende, sondern auch durch eine dem Gesetz entsprechende Handlung gebrochen werden, dann nämlich, wenn jemand glaubt, das Gegenteil zu tun. Denn obwohl seine Handlung in diesem Falle dem Gesetz entspricht, so war doch seine Absicht gegen das Gesetz gerichtet, was bei einer Verpflichtung *in foro interno* ein Gesetzesbruch ist" (*L*, XV). „Die das Gewissen verpflichtenden Gesetze können nicht bloß durch eine ihnen widersprechende Handlung, sondern auch durch eine damit äußerlich übereinstimmende verletzt werden: wenn nämlich der Handelnde das Entgegengesetzte beabsichtigt; denn dann stimmt zwar die äußere Handlung mit dem Gesetz überein, aber nicht das Gewissen" (*De Cive*, III, 28).

Hobbes ist nur konsistent, wenn er darauf besteht, daß die natürlichen Gesetze – ungleich denen des bürgerlichen Rechts – „unveränderlich und ewig sind: Was sie verbieten, kann niemals erlaubt sein, was sie gebieten, niemals unerlaubt. Denn niemals werden *Stolz*, *Undank*, *Vertragsbruch* (oder *Mißbrauch*), *Unmenschlichkeit* oder *Schmähung* erlaubt sein, noch die entgegengesetzten Tugenden unerlaubt, soweit sie als Formen der Gesinnung verstanden werden, d. h. vor dem Gewissen, vor welchem sie allein verpflichten und als Gesetze gelten" (*De Cive*, III, 29). (...)

Um Hobbes Gerechtigkeit widerfahren zu lassen, muß man daran erinnern, daß die Privatperson im bürgerlichen Staat außer der Verpflichtung, einen geschlossenen Vertrag einzuhalten, noch weitere hat, nämlich alle Ge- und Verbote des bürgerlichen Rechts zu befolgen. Zudem gibt es einen weiten Bereich möglichen Handelns, für den durch den „Souverän" keine spezifischen Verhaltensvorgaben festgelegt wurden. Hier, so Hobbes, bin ich durch das natürliche Gesetz verpflichtet, die Art von Gerechtigkeit [equity] an den Tag zu legen, die von ihm in der traditionellen Maxime zusammengefaßt wird, die da lautet: Dasjenige, von dem man nicht will, das es einem seitens Anderer zugefügt werde, das solle man auch selbst nicht zufügen ... Es wird leicht vergessen, daß Hobbes uns ebenfalls lehrt, daß wir unter einem „ewigen Obligat" stehen – dem Obligat, eine Gerechtigkeit zu praktizieren, die Barmherzigkeit, Güte, und Dankbarkeit erfordert und dies deshalb, weil das Gesetz es fordert.

Da jegliche Verpflichtung, inklusive derer, meinen „Vertrag" durch strikten Gehorsam dem Souverän gegenüber zu ehren, von Hobbes aus einem natürlichen Gesetz, einem „Vernunftdiktat" abgeleitet wird, entgeht er dem von Cudworth gegen ihn erhobenen Vorwurf, moralische Fundamentalunterscheidungen zu Kreationen eines „bloßen Willens" zu machen. Zugestandenermaßen gibt es eine Unterscheidung, die der Souverän aufgrund seines „bloßen Willens" vornimmt: die zwischen *rechtmäßig* und *unrechtmäßig*, wobei *unrechtmäßig* per definitionem meint, was bürgerliches Recht verbietet, während *rechtmäßig* dasjenige meint, was es gestattet. Aber die Unterscheidung zwischen gerecht und ungerecht verdankt sich *nicht* dem Souverän. Die durch Gehorsamsverweigerung entstehende Ungerechtigkeit – wenn wir den Gehorsam verweigern, den wir dem Souverän versprachen, hat ihren Ursprung nicht in seinem Willen. Der großartige Hinweis, daß ja der Souverän die Unterscheidung zwischen Rechtmäßigem und Unrechtmäßigem schafft, verliert in der Exposition erheblich an theoretischem Gewicht und wird zum stumpfen Stachel.

Wir erfahren nämlich, daß der Souverän keinen kreativen Anteil hat, am vorgängigen Bestehen der Verpflichtung einen „Vertrag" einzuhalten. Er verfügt lediglich, daß die Erfüllung bestimmter Verträge illegal ist und schreibt die genaue Form absichtsvoller Erklärungen unsererseits vor, die vor seinen Gerichtshöfen als vertragskonstitutiv und vertragsverbindlich gilt ... Trivialerweise ist das Recht dabei genausowenig unfehlbar wie nach Hobbes nicht auszuschließen ist, daß ein Monarch gegen einen anderen einen ungerechten Krieg führt. Aber, so führt er bezüglich dieser Illustration aus, die Ungerechtigkeit des Krieges ist moralisch nicht demjenigen anzulasten, den man zu den Waffen befohlen hat. Sein Geschäft als guter Bürger ist einfach, die Anordnungen seines Souveräns, demgegenüber er sich vertraglich verbunden hat, loyalitätspflichtig zu sein, zu befolgen, will er nicht das natürliche Gesetz, daß Verträge zu erfüllen sind, brechen. Damit ist sein Gewissen entlastet. Wenn die Anordnung ungerecht wäre, wäre die Ungerechtigkeit Sache desjenigen, der die Anordnung getroffen hat – also nur des Souveräns, und dieser hat sich vor Gott zu verantworten. Wenn eine Gehorsamsverweigerung und damit ein Bruch des „Vertrages" seitens des Untertans aufgrund einer persönlichen Überzeugung bezüglich der Ungerechtigkeit des Angeordneten zustande kam, dann läge die Ungerechtigkeit allerdings bei ihm selbst. Dies ist natürlich nur die altbekannte Doktrin, daß es „nicht an ihnen sei, über's Warum zu räsonieren, sondern, zur Tat wohl schreitend zu krepieren;" ein Prinzip, das wohl die wenigsten unter uns bereit wären, so uneingeschränkt zur Geltung zu bringen wie Hobbes, ohne dessen Anerkennung in den Grundzügen es aber nachgerade aussichtslos wäre, gesellschaftlich zu handeln und gemeinsam Geschäfte zu machen.[3]

Es sei hier daran erinnert, daß Hobbes eine derartig unqualifizierte Unterwerfung unter den Willen des Souveräns nicht allein aus Sicherheitserwägungen heraus als geboten versteht. Für ihn handelt es sich um eine strikte moralische Verpflichtung. Als solche erhält sie ihren verpflichten-

---

[3] *De Cive*, XII, 3: „Jede Handlung gegen das Gewissen ist eine Sünde; denn wer so handelt, verachtet das Gesetz. Indes muß man unterscheiden: die Sünde ist die meine, wenn ich bei der Handlung weiß, daß es *meine* Sünde ist; wenn ich es aber für die Sünde eines andern halte, so kann ich bisweilen die Handlung ohne Sünde tun. Wenn ich auf Befehl etwas tue, was für den Befehlenden eine Sünde ist, so begehe ich, wenn ich es tue, keine Sünde, sofern der Gebieter mein Herr von Rechts wegen ist ... Wer diesen Unterschied nicht beachtet, verfällt, sooft ihm etwas befohlen wird, was unerlaubt ist oder er dafür ansieht, in die Notwendigkeit zu sündigen, denn er handelt gegen sein Gewissen, wenn er gehorcht, und gegen das Recht, wenn er nicht gehorcht ... Denn indem wir uns selbst das Urteil über das Gute und Böse anmaßen, bewirken wir, daß sowohl unser Gehorsam als auch unser Ungehorsam eine Sünde wird."

den Charakter durch das „ewige", jeder politisch gegründeten Gesellschaft vorgängige natürliche Gesetz, das da besagt, daß einmal gelobte Treue bindend ist. Er vertritt dabei keineswegs die Ansicht, daß in der bürgerlichen Gesellschaft das natürliche oder Moralgesetz durch ein anderes abgelöst und außer Kraft gesetzt wurde. Gerade dank seiner Theorie der bürgerlichen Gesellschaft, bei der Gesellschaft entsteht aufgrund eines Vertrages eines jeden mit einem jeden, die Befehle des Souveräns als Regiment über das eigene Leben selbst dann anzuerkennen, wenn ich den einen oder den anderen Befehl mißbillige, bin ich streng durch eine „vorgängige Verpflichtung" gebunden. Eine Mißachtung derselben kann meinerseits nur bösgläubig geschehen. Sie nötigt mich sogar für den Fall, daß einzelne Vorschriften von mir abgelehnt werden sollten, diesen gleichwohl zuzustimmen, so wie ein Richter kraft Amtes und unabhängig davon, ob er ein einzelnes Gesetz für unzulänglich erachtet, verpflichtet ist, den Buchstaben des Gesetzes entsprechend Recht zu sprechen.

Wenn wir Hobbes' Annahmen bezüglich der Dependenz von bürgerlicher Gesellschaft und „Vertrag" (covenant) sowie der normativen Struktur des Vertrags selbst einmal zugestehen, dann ist die Pflicht, dem bürgerlichen Recht auch dann Folge zu leisten, wenn es meiner persönlichen Meinung nach ungerecht ist, deontologisch zwingend. Dabei ist es logisch-systematisch keineswegs notwendig, seine egoistische Moralpsychologie zu akzeptieren. Sogar, wenn wir diese *in toto* ablehnen, ergibt sich die von ihm angestrebte Schlußfolgerung, daß ich nur dann frei bin, mich durch meine persönlichen Überzeugungen bezüglich der Gerechtigkeit leiten zu lassen, wenn mir das bürgerliche Recht auch diesbezüglich Freiheit gewährt. (...)

(2) Der streng deontologische Zug in Hobbes' Denken kommt auch in einer anderen, für seine Argumentationslinie wesentlichen Lehre zum Ausdruck. Sie besagt, daß selbst der bürgerliche Souverän (der ja ersichtlicherweise nicht seiner eigenen Gerichtsbarkeit unterstehen kann, sondern, wie Hobbes es ausdrückt, bereits vorgängig „autorisiert" worden ist, nach eigenem Ermessen zu ge- und verbieten) wie seine Untertanen einem strengen Prinzip moralischer Verpflichtung unterworfen ist. Es ist seine Pflicht, Gerechtigkeit zu üben und das natürliche Gesetz (oder Moralgesetz) zu respektieren. Dies bedeutet im Endergebnis, daß er daran gebunden ist, immer mit Hinblick auf das Wohl der Gemeinschaft zu ge- und verbieten (und damit, wie Hobbes ausdrücklich hervorhebt, verpflichtet ist, gerecht zu urteilen und Menschlichkeit, Gnade und Güte zu praktizieren). Es ist Hobbes' erklärte Ansicht, daß, obwohl kein weltliches Gericht berechtigt ist, diesbezügliche Verfehlungen des Souveräns zum Gegenstand einer Untersuchung zu machen, dieser doch immer mit seiner Verantwortlich-

keit vor Gott rechnen muß, der als Weltenrichter unparteiisch und ohne Ansehen der Person urteilt. Ein vorschneller Leser des *Leviathan* ... mag den Eindruck gewinnen daß Hobbes' Souverän erhebliche Rechte hat, aber auf seiten der Pflichten sich nichts Entsprechendes findet. Dies sollte er durch eine Lektüre von *De Cive* XIII: *Von den Pflichten der Inhaber der höchsten Staatsgewalt* korrigieren, ein Kapitel aus dem ich besonders die Schlußabschnitte (15-17) empfehlen möchte. In ihnen geht es darum, wie o. g. Pflicht durch die „Fürsten" verletzt wird, die unnötig die „unschädlichen Freiheiten" der Untertanen durch eine Vielzahl überflüssiger Gesetze einschränken, die es zulassen, daß das Recht durch das Verhängen unzureichender Strafen verkümmert oder durch ungerechtfertigte Härten verabscheuungswürdig wird und die gestatten, daß die Administration durch die stillschweigende Toleranz richterlicher Korruption mithilfe von Bestechungsgeldern und Geschenken moralisch verdorben wird. Alle diese Verfehlungen seitens der „Fürsten" bezeichnet Hobbes konstant als ungerecht und sündhaft.

Hier könnte allerdings eine Schwierigkeit lauern. Wie wir wissen, versucht Hobbes ja, alle Ungerechtigkeit letztendlich auf den Bruch eines ausdrücklichen oder impliziten Vertrages zurückzuführen. Weiterhin gehört es aber zu seinen Hauptpunkten, daß die am ursprünglichen [original], die bürgerliche Gesellschaft konstituierenden Vertrag Beteiligten nicht der „Souverän" und der „Untertan" sind (die der Vertrag selbst ja erst hervorbringt). Beteiligt sind bloße Einzelelemente einer „dissolutiven Vielheit" [individual items of a „dissolute Multitude"], die noch keine Gesellschaft ist und noch keinen Status als Rechtsperson besitzt. Wenn der ursprüngliche, nicht zu brechende Vertrag keine Bedingungen hinsichtlich der zukünftigen, willkürlichen Befehlsgewalt des Souveräns formuliert, wie soll es dann möglich sein, daß dieser ungerecht handelt, sollte er sich dazu entscheiden, ein ganzes Kontingent altväterlicher Vorschriften zu erlassen, diese auf brutale Weise willkürlich durchzusetzen oder auf ihre Durchsetzung zu verzichten oder die Bestechung seiner Richter augenzwinkernd hinzunehmen? Er hat nie mit seinen Untertanen vertraglich festgelegt, daß er derlei nicht tun würde. Wenn er derlei tut, dann bricht er keinen Vertrag und kann daher auch nicht ungerecht sein; zumindest dann nicht, wenn Vertragsbruch und Ungerechtigkeit dasselbe sind. Unter solcher Lesart ist es durchaus nicht abwegig, Hobbes zu unterstellen, daß er mit all seiner Rede von den „Pflichten" des Souveräns bloß gemeint hat, daß ein Souverän, der sich in der von ihm getadelten Weise verhält, für sich selbst unangenehme Konsequenzen heraufbeschwört und sonst nichts weiter. Allerdings ist es m. E. geradezu unmöglich, nicht zu spüren, daß Hobbes im gesamten Kapitel des *De Cive*, in dem es um die Pflichten der „Inhaber der Staatsgewalt" geht, ernsthaft der Meinung ist, daß die jeweiligen Herrscher, wenn sie die von ihm dargelegten Regeln der Staatsführung einhalten, bloß eine Schuld *[debitum]* tilgen; und Hobbes wäre er der erste, der darauf bestehen würde, daß man vernünftigerweise nicht sagen kann, daß man eine Schuld gegenüber sich selbst hat. Man sollte nicht vergessen, daß er nachhaltig darauf besteht, daß der Souverän, wenn er ausschließlich mit Blick auf das öffentliche Wohl regiert, tut, wozu er durch das „natürliche Gesetz" *verpflichtet* ist, und daß es in seiner Terminologie einen wesentlichen Unterschied ausmacht, ob man einem *Rat [counsel]* folgt oder ein Gesetz befolgt. „*Rat* ist die *Präzeption [precept]*, bei der der Grund des Befolgens aus *der angeratenen Sache selbst* entnommen wird; das *Gebot* ist aber eine *Präzeption* wo der Grund der Befolgung im *Willen* des Gebietenden gründet. Denn man könnte nicht wohl sagen: *Ich will es so und ich gebiete es so*, wenn der Wille nicht eben für einen Grund stünde. Wenn nun der Gehorsam gegen die Gesetze sich nicht auf die geratene Sache selbst, sondern auf den Willen des Gebieters gründet, so ist das Gesetz kein *Rat* sondern ein *Gebot* und ist so zu definieren: *Gesetz ist das Gebot einer Person, sei es ein Einzelner oder ein Gerichtshof [man or court] deren Präzeption den Grund des Gehorsams in sich enthält* ... Das Gesetz eignet demjenigen, welcher über diejenigen, die er anweist, Macht hat; Rat eignet denjenigen, welche keine Macht haben. Zu tun, was das *Gesetz* gebietet, ist *Pflicht*, was der Rat nahelegt, *Sache des freien Willens*" (*De Cive*, XIV, 1). Wäre Hobbes der Meinung gewesen, daß ein Souverän, der dasjenige tut, was in Hobbes' Augen verurteilungswürdig ist, dies *schlechtberaten* tut, also etwas tut, das ihn nach der Tat höchstwahrscheinlich reut, und nicht mehr, dann hätte Hobbes gemäß seiner eigenen Definitionen die „Präzeptionen" im *De Cive*, XIII nicht Pflichten, sondern bloß Ratschläge nennen dürfen. Wenn von einem Herrscher gesagt werden kann, er habe Pflichten, dann muß er selbst einem *Gesetz* unterstehen, also der *Verfügungsmacht* von „Personen, deren Gebot den Grund des Gehorsams in sich enthält". (...) Wenn Hobbes' Ansichten konsistent sind, dann muß erklärt werden, wie es laut seiner Theorie möglich ist, daß ein Souverän sich überhaupt eines Treuebruchs schuldig machen kann und wie ein solcher eine Gehorsamsverweigerung gegenüber dem Gebot einer Person im Hobbesschen Sinn sein kann: einem Gebot, das als Gebot den „Grund des Gehorsams in sich enthält".

Bezüglich des ersten Punktes ist auf etwas aufmerksam zu machen, das Hobbes selbst nicht so betont hat, wie er es hätte tun sollen. Der Souverän ist seiner Ansicht nach ja das Ergebnis einer freiwilligen Übertragung dessen, was im „Naturzustand" das personale Recht jedes zukünftigen Untertans war. Was jeder von uns dem Souverän in dieser Transaktion übertragen hat, war das Recht im eigenen Ermessen zu reglementieren, was zu tun, und was zu unterlassen ist. Der Zweck dieser Übertragung war die Beförderung eines sicheren und angenehmen Lebens aller. Dabei wurde unsererseits bei der Übertragung der individuellen Ermessensansprüche bezüglich des Erreichens eines solchen damit jedoch nicht auch der Anspruch auf ein solches mitübertragen. Und obwohl die „Abtretung" nicht durch einen Vertrag zwischen dem Souverän „auf der einen Seite" und dem „Volk" andererseits, sondern durch einen Vertrag jedes Einzelnen mit jedem anderen Einzelnen zustande kam, bei dem der Souverän nur ein Nutznießer aber kein Vertragspartner ist, macht Hobbes doch deutlich, daß, um die Transaktion zu vollenden, seitens des Nutznießers selbst ein Zustimmungszwang hinsichtlich der angestrebten Übertragung von Rechten besteht. „Zur Übertragung eines Rechts gehört aber nicht bloß der Wille des Übertragenden, sondern auch des Annehmenden. Fehlt dieser Wille auf einer von beiden Seiten, so bleibt das [natürliche, d. Ü.] Recht unverändert" (*De Cive*, II, 5). Obwohl Hobbes nicht gerade viel zu diesem Punkt sagt, so gibt es doch einen Handel, an dem der Souverän bei der Konstituierung der bürgerlichen Gesellschaft Anteil hat. Er hat keinen Anteil an dem Handel, von dem Hobbes insbesondere spricht, dem Handel zwischen mir und dir, uns des größten Teil unseres „natürlichen Rechts" zu begeben – er als einziger hat ja diesbezüglich nichts aufgegeben. Aber als Nutznießer des Handels der Übertragung der „Rechte", die ich und Du niederlegen, *akzeptiert* er die Übertragung. Indem er diese akzeptiert, muß von ihm angenommen werden, daß er die Modalitäten akzeptiert. D. h. er versteht, daß die ihm übertragene Macht von ihm für die Erhaltung und Wohlfahrt aller einzusetzen ist. Dies tangiert in keiner Weise die Schlußfolgerung, auf die Hobbes so nachdrücklich hinauswill, daß wir nicht dem Souverän gleichwertig Berechtigte sind und ihn daher nicht ertragsbeflissen zum Rapport nötigen können. Schließlich wird von uns angenommen, daß wir schon vorgängig eingewilligt haben, jedwede Anordnung, die der Souverän in willkürlichem Ermessen für gut befindet, zu autorisieren. Wir dürfen, gerade weil wir ausdrücklich unser Einverständnis gaben, daß *er* befindet, was als förderlich gilt, nicht rebellieren, auch wenn *wir* der Ansicht sind, daß seine Anordnungen den Zwecken bezüglich derer die Rechtsübertragung stattfand nicht förderlich sind. Es ist hinreichend, wenn gezeigt werden kann, daß es realiter so etwas wie eine Abmachung gibt, an der der Souverän durch seine Zustimmung zu der Rechtsübertragung Anteil hat und deren Gegenstand ist, daß dabei übertragene Rechte ausschließlich auf eine Weise zu nutzen sind, von der der Souverän selbst ehrlich und aufrichtig annimmt, daß es die mittels der Rechtsübertragung angestrebten Zwecke befördert. Und dies ist auch hinreichend, um zu erklären, warum selbst unter der Annahme, daß alle Ungerechtigkeit auf einen Vertragsbruch zurückzuführen ist (eine These, von der kaum behauptet werden kann, daß es Hobbes gelungen ist, sie erfolgreich durchzuhalten), dem Souverän potentiell „Ungerechtigkeit", eine Bindung an das natürliche Gesetz sowie eine Reihe anspruchsvoller Pflichten zugeschrieben werden kann. Indem er in die Rolle als Souverän eingewilligt hat, ist er zwar nicht faktisch, aber gleichwohl vom Ergebnis her die Vereinbarung eingegangen, seine Anordnungen nach bestem Wissen und Gewissen zum Zwecke der allgemeinen Sicherheit und des allgemeinen Wohls zu treffen, und diese in der Tat weder dem Urteilsspruch einer Ratsversammlung noch dem eines Ministerialkabinetts zu unterwerfen. Seinerseitige Ungerechtigkeit kann daher erforderlichenfalls – wenngleich auch nicht als Angelegenheit irgendeines Gerichts – ohne Abweichung von Hobbes' gedanklichem Hauptanliegen unter den Titel gebracht werden: „Menschen erfüllen einmal geschlossene Verträge."

(3) Es bleibt ein weiterer Punkt zu berücksichtigen: Souveräne haben wie es heißt Pflichten. Pflicht bedeutet, „dem Folge zu leisten, was das Gesetz gebietet". Gesetz ist „das Gebot der Person, ... deren Vorschrift den Grund des Gehorsams in sich enthält".

Wenn die Erfüllung des natürlichen Gesetzes eine Pflicht des Souveräns ist, dann folgt, daß es sich beim natürlichen Gesetz um ein Gebot handelt. Dieses findet den Grund für seine Befolgung darin, daß es die Präzeption einer „Person" mit dem Recht, zu befehlen ist. Nun ist zu fragen, um welche Art „Person" es sich handelt, deren Gebote, weil es ihre Gebote sind, „Fürsten" bindet? Es ist selbstverständlich nicht die „natürliche Person" irgendeines Menschen, denn Hobbes leugnet die Existenz eines irdischen universalen Herrschers; und es ist auch kein „Gerichtshof", zusammengesetzt aus mehreren „natürlichen Personen", da es keinen mit Jurisdiktion ausgestatteten „Gerichtshof" über die unabhängigen Fürsten dieser Erde gibt. Hobbes' Ansichten sind m. E. nur dann kohärent formulierbar, wenn man annimmt, daß er durchaus ernsthaft meinte, was er so oft sagt, daß das „natürliche Recht" auch Gebot Gottes ist, daß es zu befolgen ist, *weil* es Gottes Gebot ist. Seine Statuten sind „Lehrsätze", weil sie bloß durch klares und vernünftiges Denken und ohne weitere Hilfe entdeckt werden können. Aber wenn es sich bei ihnen um Gebote handelt, dann sind sie Hobbes' Prinzipien zufolge auch Gebote, die von einem Willen über einen anderen verfügt worden sind. Niemand ist in der Lage, so Hobbes, sich selbst zu verpflichten, weil er als gleichzeitig Verpflichtender und in der Pflicht Stehender sich jederzeit willkürlich von seiner Pflicht entbinden könnte. „Es wäre für einen Menschen gänzlich ohne Wirkung, sich selbst verpflichtet zu sein, da er sich beliebig davon befreien könnte, und wer dies kann, ist in Wirklichkeit schon frei" (*De Cive*, VI, 14). „Nur einem andern kann man sich verpflichten" (ebd., XII, 4). Daraus folgt, so hat es den Anschein, daß die Regeln der natürlichen „Gerechtigkeit" keine Gebote oder Gesetze sein können und ein Befolgen derselben daher auch keine *Pflicht* ist – zumindest solange wir von ihnen nicht mehr wissen, als daß es sich bei ihnen um korrekte Vernunftschlüsse handelt. Um sie als *Gesetze* anzuerkennen, müssen wir zugleich wissen, daß sie Gebote Gottes sind. Da Hobbes lehrt, daß ein *foro interno* bindendes Gesetz nicht realiter befolgt wird, wenn nicht auch die formale Absicht besteht, es als Gesetz einzuhalten, genügen wir den von der Gerechtigkeit erhobenen Ansprüchen nicht wirklich, wenn wir nicht Gottes Gebot um seiner selbst willen, weil es Gottes Gebot ist, befolgen.

Bezüglich der Frage, wie wir wissen können, daß die „Lehrsätze" aus Hobbes' Text Gebote Gottes *sind*, scheint mir, daß seine Antworten von einer Darlegung seiner Ansichten zur anderen variieren. Bei der Passage, die bereits aus den *Elements of Law* zitiert wurde, sieht es so aus, als erhielten die „Lehrsätze" diesen volleren Zug als göttliche Gesetze dadurch, daß sie sich in der Heiligen Schrift niedergelegt finden. Wenn dem so ist, dann sollte konsequenterweise hinzugefügt werden, daß sie somit keine Gesetze sind. Überall außerhalb des „Reichs Gottes durch den Bund" handelt es sich einfach um wahre „Lehrsätze". Erst für diejenigen, die die Autorität der Heiligen Schrift anerkennen, an die hier Hobbes appelliert, also für Juden und Christen, sind sie *Gesetze*. Im *De Cive* (XV, 4–5) begegnet uns eine andere Theorie. Da heißt es, Gott habe ein zweifaches Reich, „ein *natürliches*, wo er durch die Gebote der rechten Vernunft regiert; dieses Reich umfaßt all diejenigen, die die Macht Gottes anerkennen, aufgrund der vernünftigen Natur, die allen gemeinsam ist", und ein „*prophetisches*, in dem Gott auch durch das *prophetische Wort* regiert; dies ist ein besonderes Reich, da er nicht allen Menschen positive Gesetze gegeben hat, sondern nur einem bestimmten Volke und bestimmten, von ihm ausgewählten Menschen". Es wird sodann hinzugefügt, daß „in dem natürlichen Reich, Gottes Recht zu herrschen ausschließlich seiner *unwiderstehlichen Macht* entspringt" (wohingegen im *prophetischen* Reich, wie Hobbes detailliert in den religionsbezogenen Teilen des *De Cive* und des *Leviathan* darlegt, die Macht Gottes über die „Auserwählten" auf einem Vertrag bzw. Bund beruht). Aus dieser Variante der Lehre scheint zu folgen, daß das natürliche Gesetz für alle außer für die Atheisten (die Hobbes nicht als ungehorsame Untertanen Gottes sieht, sondern als dem Reich Gottes gar nicht zugehörige Fremdlinge) ein *Gesetz* ist (und nicht bloß eine Ansammlung wahrer

Lehrsätze).[4] Konsequenterweise wäre zuzugestehen, daß das Wissen darum, daß das natürliche Gesetz zugleich Gottes Gebot ist, unabhängig von einer Kenntnis der Thora oder der Heiligen Schrift erworben werden kann. Ich weiß nicht, ob überhaupt eine Möglichkeit besteht, derartig voneinander abweichenden Passagen miteinander in Einklang zu bringen. Ebensowenig bin ich mir darüber klar, wie Hobbes (unter Berücksichtigung der Ausführungen im *De Cive*) dazu kommt, daß Personen, die keine Kenntnis des Heiligen Schrifttums haben, gleichwohl herausfinden können, daß das natürliche Gesetz zugleich Gottes Gebot *ist*. Nichtsdestotrotz sind wir m. E. gezwungen, anzunehmen, daß er meint, was er sagt, wenn er das natürliche Gesetz ein Gebot Gottes nennt. Auf keinem anderen Weg lassen sich seine expliziten Annahmen über die Verbindung zwischen den Begriffen von *Pflicht*, *Gebot* und *Gesetz* theoretisch ineinander integrieren. Für die innere Stimmigkeit des Hobbesschen Theorieprogramms erweist sich eine gewisse Art des Theismus als absolut notwendig (im Original: „A certain kind of theism is absolutely necessary to make the theory work").

Die Gründe, die im 19. Jh. für die Annahme vorgebracht wurden, es habe sich bei den theistischen Äußerungen Hobbes' bloß um fragwürdige verbale Zugeständnisse an den Zeitgeist gehandelt, sind angesichts der Intelligenz und des Wissens derjenigen, die sie vorgebracht haben, wohl nicht ganz ernst zu nehmen. Substantiell laufen sie schließlich bloß darauf hinaus, daß Hobbes immer auf der Unbegreiflichkeit der göttlichen Natur und der Unmöglichkeit unsererseits einen Gottesbegriff zu entwickeln, beharrt, und insbesondere immer wieder auf die Gefahren des Anthropomorphismus hinsichtlich der Ausstattung Gottes mit Intellekt und Willen hingewiesen hat ... Derlei Äußerungen sind jedoch weit davon entfernt, einen notwendig atheistischen Bedeutungsgehalt zu haben. Sie gehören vielmehr zum Standardvokabular christlich scholastischer Orthodoxie. Wenn Hobbes sagt, daß wir über keinen positiven Gottesbegriff verfügen, dann handelt es sich dabei um die scholastische Lehre, daß das *Wesen* Gottes uns in diesem Leben verborgen ist. Obwohl wir die Frage *an sit Deus* beant-

---

4 Ich gestehe, daß ich einige Schwierigkeiten habe, zu verstehen, wie Hobbes der Ansicht sein konnte, daß bloße, *unwiderstehliche Macht* das Fundament einer moralischen *Verpflichtung* bilden kann. Hätte er, aus Gründen der Konsistenz, nicht eher argumentieren sollen, daß die moralische Verpflichtung, das natürliche Gesetz, welches zugleich auch das göttliche Gesetz ist, zu befolgen, nur bei den Israeliten (in der Vergangenheit) und die Christen (in der Gegenwart) betrifft, da sie es sind, die durch einen „Bund", der sie zur „Gläubigkeit und Unterwerfung" (oder, sollten sie aus Schwäche vom rechten Weg abirren, zur Buße) nötigt, verpflichtet sind? Gott in seiner Allmacht ist Herrscher über „die Unglücklichen" nur insofern er auch über die Tiere herrscht, deren Unterwerfung unter seine „unwiderstehliche Macht" in keinerlei Hinsicht irgendwelche Verpflichtungen aufkommen läßt.

worten können, müssen wir die Beantwortung der Frage *quid Deus sit* für eine bessere Welt aufsparen. Weder Wille noch Intellekt noch irgendetwas anderes kann gemäß der Worte des größten unter den Scholastikern *univok* von Gott oder irgendeinem anderen Wesen prädiziert werden (...)

Die Lehre von der „Unbegreiflichkeit" Gottes, ist weit entfernt davon, mit der These vom göttlichen Gebotscharakter des natürlichen Gesetzes unverträglich zu sein. Sie dient vielmehr dazu, einen möglichen Einwand aus dem Weg zu räumen. Wäre Gott uns begreiflich, dann wäre es auch möglich, daß ein akkurates Wissen um seine Natur erweisen könnte, daß er gerade qua seiner Natur für uns keine Quelle von uns verpflichtenden Gesetzen ist. Aber wenn die Natur Gottes ein unbegreifliches Mysterium ist, dann ist es gerade diese Unbegreiflichkeit selbst, die es unmöglich macht, die Unfähigkeit zu begreifen als ein Argument gegen das Faktum einzusetzen, daß er es ist, der gebietet. Voraussetzung ist allerdings, daß dieses Faktum hinreichend authentifiziert ist. *Wenn* allerdings dieses Faktum evident ist, sei es aufgrund unserer intuitiven Einsicht in den Sinn imperativer Verpflichtung selbst, sei es dank der Koinzidenz der „Lehrsätze rechter Vernunft" mit den Injunktionen der Heiligen Schrift, dann kann ein Hobbesianer diesem gerade nicht entgegnen – und ich gebrauche hier einmal eine der unschönen Diktionen des modernistischen Jargons –, daß die „letzte und höchste Realität amoralisch ist", und daher *nicht* die Quelle moralischer Ge- und Verbote sein kann. Da wir trivialerweise nicht wissen, was die „letzte und höchste Realität" ist, keinen Begriff von ihr haben, ist unsere Rede nichtssagend und gehaltlos, wenn wir zu wissen prätendieren, daß sie amoralisch („non-ethical") ist.

Meine eigene Überzeugung, was auch immer diese wert sein mag, ist, daß Hobbes wirklich meinte, was er bezüglich des göttlichen Gebotscharakters des natürlichen Gesetzes sagte. Allerdings neige ich dazu zu glauben, daß er zu dieser Überzeugung weniger aufgrund der von ihm in solcher Überfülle vorgelegten Zeugnisse aus der Heiligen Schrift gelangte, sondern dies eher auf den ihm eigenen tiefen Sinn moralischer Verpflichtung zurückzuführen ist. Der Eindruck, der sich mir durch das wiederholte Studium seiner Werke aufdrängt, ist, daß Hobbes eine fundamental ehrlicher, ehrbarer Mensch war, ein Mensch, wie Professor Laird es einmal ausgedrückt hat, von geradezu „überwältigendem Pflichtgefühl. Für einen derartigen Menschen ist die Annahme, daß dasjenige, was pflichtgeboten auch gottgeboten ist, so natürlich, daß es nahezu unmöglich erscheint, dies nicht auch formal so zu konzipieren".

Ins Deutsche übertragen von Ingolf Ebel

8

S. M. Brown

Kritik der naturrechtlichen Interpretation der politischen Philosophie Hobbes'*

Im Jahre 1938 stellte A. E. Taylor die kühne These auf, daß Hobbes' ethische Theorie logisch unabhängig von der egoistischen Psychologie und streng deontologisch sei.

(...) In *The Political Philosophy of Hobbes* (Oxford 1957) ... stimmt Warrender der Taylor-These zu und erläutert sie in mehreren Passagen in einer Art und Weise, die deutlich Taylor widerspiegelt. „Hobbes schreibt so viel über die Selbsterhaltung, daß man leicht dazu kommt, diese auch als einen zentralen Punkt seiner Theorie der Verpflichtung anzusehen. Dies ist allerdings weit von der Wahrheit entfernt: sie ist kein Teil der Theorie als solcher, sondern ein empirisches Postulat, das zu den Anwendungsbedingungen gehört Eine Verneinung von Hobbes' Psychologie wirft deshalb lediglich ein neues Anwendungsproblem auf, läßt aber die Theorie der Verpflichtung in ihrem eigentlichen Sinn unberührt" (Warrender 1957, 93). „Der Grund, warum ich meine Pflicht erfüllen *kann* ist Hobbes zufolge der, daß ich in der Lage bin (mit entsprechender Deliberation etc.), dies als ein Mittel meiner Selbsterhaltung anzusehen. Der Grund aber warum ich meine Pflicht tun *sollte* ist der, daß Gott es mir befiehlt" (Warrender 1957, 213).

Warrender behauptet, daß es bei Hobbes eine *eigenständige*, sich selbst genügende ethische Theorie gibt, d. h. eine Theorie der Verpflichtung *im*

---

* Der folgende Text ist eine übersetzte und besonders in den Anmerkungen gekürzte Fassung von S. M. Brown, *Hobbes: The Taylor Thesis*, Philosophical Review 68/1959, 303–343; wiederabgedruckt in: Preston King (Hrsg.); *Thomas Hobbes. Critical Assessments*, vol. II, London 1993, 99–115. Wortauslassungen im Text sind durch Auslassungspunkte kenntlich gemacht. Das Auslassen von einem oder mehreren Absätzen wird durch drei eingeklammerte Punkte angezeigt. Der Titel „Kritik der naturrechtlichen Interpretation der politischen Philosophie Hobbes'" stammt vom Herausgeber.

eigentlichen Sinn, und daß diese in logischer Hinsicht unabhängig ist von den empirischen Aussagen, die Hobbes' Psychologie und seine Weltanschauung beinhalten.

(...) Die Taylor-These ist falsch: Hobbes behauptet tatsächlich nicht, daß die Darlegungen seiner Psychologie keine logischen Auswirkungen hinsichtlich der Annahmen seiner ethischen Theorie haben, und kann dieser Interpretationsthese auch grundsätzlich nicht zustimmen. Ich werde im folgenden nachweisen, daß die These der logischen Unabhängigkeit falsch ist und daß die Interpretationen der Hobbesschen Philosophie, die sich auf sie stützen, Hobbes' Sicht der Dinge vollständig verfälschen.

Obwohl verschiedene gleichwertige Überlegungen angestellt werden können, aus denen heraus sich die Taylor-These als falsch erweisen läßt, werde ich nur auf zwei davon eingehen. Zunächst ist da Hobbes' wiederholtes und konsistentes Selbstzeugnis hinsichtlich dessen, was er in den politischen Abhandlungen tut. Nach Hobbes haben die Prinzipien einer politischen Theorie praktische Auswirkungen, die den Interessen der Menschen nicht immer entsprechen und deshalb häufig unentschieden und kontrovers bleiben. Um diese Schwierigkeit zu überwinden und einen bestimmten Grad an Akzeptanz für seine Theorie zu gewinnen, muß der politische Philosoph seine Prinzipien durch eine rigorose Beweisführung etablieren, die auf Prämissen beruht, deren Wahrheit nicht angezweifelt werden kann. In allen drei politischen Abhandlungen erhebt Hobbes den Anspruch, die Schwierigkeit in genau dieser Weise zu überwinden. „Um diese Lehre der Gerechtigkeit und des Staates im allgemeinen auf die Regeln und die Unfehlbarkeit der Vernunft zurückzuführen, gibt es keinen anderen Weg als diesen: zuerst muß man solche rationalen Prinzipien als Fundament wählen, denen die Leidenschaft nicht mißtraut und die sie nicht zerstört, um sich selbst an die Stelle der Vernunft zu setzen; und dannach muß man Schritt für Schritt die Wahrheit hinsichtlich der Einzelfälle, die bisher bloß auf Luft gebaut war, in das Naturrecht einbauen, bis das Ganze unwiderleglich wird" (*Elements*, The Epistle Dedicatory, xvii/*NR* 33). „So gelangte ich zu den zwei sichersten Forderungen der menschlichen Natur: die eine ist die Forderung der natürlichen Begierde vermöge deren jeder den Gebrauch der gemeinsamen Dinge für sich allein verlangt; die andere ist die Forderung der natürlichen Vernunft, vermöge der jeder dem gewaltsamen Tode als dem höchsten übel der Natur auszuweichen versucht. Von diesen Grundlagen aus glaube ich die Notwendigkeit der Verträge und der Einhaltung der Treue und damit die Grundlagen der moralischen und der bürgerlichen Klugheit (rudiments both of moral and of civil prudence) in dieser kleinen Schrift in völlig klaren Folgerungen dargelegt zu haben"

(*CI*, Widmung, 62). „Und in bezug auf die gesamte Lehre kann ich nichts anderes erkennen, als daß ihre Prinzipien richtig wahr und zutreffend und ihre Schlußfolgerungen hieb- und stichfest sind. Denn ich gründe das politische Recht des Souveräns ebenso wie die Pflicht und auch die Freiheit der Untertanen auf die bekannten natürlichen Neigungen der Menschheit und auf die Grundsätze des natürlichen Gesetzes, die keinem Menschen unbekannt sein dürfen, der den Anspruch erhebt, genug Vernunft zu besitzen, in seiner eigenen Familie zu herrschen" (*L*, Rückblick und Schluß, 541).

So widerspricht Hobbes selbst direkt der Taylor-These. Er verneint explizit, daß seine ethische Theorie von seiner Psychologie unabhängig ist und er kann auch aus seinem Verständnis von politischer Theorie heraus diese These prinzipiell nicht zugestehen. Als Wiedergabe dessen, was Hobbes selbst denkt und theoretisch zu erreichen versucht, ist die Taylor-These daher falsch. (...)

Die zweite Überlegung, die zeigt, daß die Taylor-These falsch ist, zielt darauf ab, daß die moralische Lehre, die aus dem Hobbesschen Werk herauspräpariert und dann wohlwollend zu einer in sich geschlossenen Theorie erklärt wird, tatsächlich inkonsistent und philosophisch unhaltbar ist.

Diejenigen, die die Taylor-These akzeptieren, müssen bei Hobbes eine Theorie in Anschlag bringen, die den Begriff der Verpflichtung weder rational noch rechtstheoretisch sondern moralisch faßt und in der dieser Moralbegriff ohne einen Rückgriff auf psychologische Annahmen erläutert wird. Diese Aufgabe ist jedoch nicht erfüllbar. Denn Hobbes verwendet den Vertragsbegriff als ein unverzichtbares logisches Scharnier zwischen politischen Verpflichtungen einerseits und psychologischen Erwägungen andererseits. Er wird benutzt, um die Verpflichtung, dem Gesetz zu gehorchen, mit den menschlichen Strebungen, Wünschen und Aversionen zu verbinden, durch die jeder Bürger ein Interessensanteil an der Institution der Regierung hält. Die Bürgerpflichten setzen eine Verpflichtung im Rahmen eines Vertrags voraus, und der Abschluß von Verträgen setzt vertragsrelevante Interessen voraus. Bei der Taylor-These muß die Kette der Voraussetzungen an einem bestimmten Punkt unterbrochen werden, und zwar da, wo moralische Erwägungen zusammenlaufen. Er muß aber gleichwohl vollständig getrennt sein von in psychologischen Begriffen ausgedrückten Annahmen hinsichtlich des Eigeninteresses. Die moralischen Begriffe sind aber bei Hobbes logisch so mit den psychologischen verbunden, daß man sie nicht ohne vollständigen Sinnverlust voneinander trennen kann. Die Konzeption der Verpflichtung, wie sie von Taylor und anderen herausgearbeitet wurde, präsentiert sich deshalb auch mehr als eine rechtstheoretische und weniger als eine moralische. Taylor, Oakeshott und Warrender wollen die Hobbessche Theorie der Verpflichtung aber ausdrücklich in moralischer Hinsicht auslegen. Deshalb führen sie moralische Erwägungen ein, zu denen weder sie, noch Hobbes, zumindest gemäß ihrer Interpretation theoretisch überhaupt berechtigt sind; und die Hobbes derart zugeschriebene moralische Lehre wird inkonsistent.

Bei Oakeshott zeigt sich diese Inkonsistenz als krasser Selbstwiderspruch (vgl. Michael Oakeshott, *Introduction to Leviathan*, Oxford 1946, lxviii–lxi). Seine erste Erklärung der Verpflichtung, dem Herrscher zu gehorchen, wird in Vertragsbegriffen ausgedrückt und ist moralisch: der Grund, warum ich verpflichtet bin zu gehorchen, ist, „daß ich diesen Herrscher ermächtigt habe, sein Handeln verbürgt habe und so ‚durch meinen eigenen Akt gebunden bin'" (1946, lx). Im folgenden zweiten Satz aber wird dieser moralischen Erklärung platt widersprochen, wenn sie in Begriffen des positiven Rechts reformuliert wird: der Vertrag selbst ist nicht „moralisch bindend und, da er kein Gesetz (Wille des Souveräns) ist, ergibt sich aus ihm selbst heraus keine moralische Pflicht, ihn einzuhalten". Oakeshott fährt dann fort und behauptet, daß „dieser und jeder andere Vertrag dann verpflichtend werden kann, wenn die herrschende Autorität seine Einhaltung befiehlt". Oakeshotts Darstellung der Verpflichtungen ist daher letztlich eher juristisch als moralisch begründet, obwohl er, um den Preis der Selbstwiderlegung, versucht, sie eher moralisch als juristisch zu begründen.

Exakt die gleiche Schwierigkeit findet sich bei Taylor selbst. Taylor beginnt mit der Behauptung, daß laut Hobbes der Mensch verpflichtet ist, ein guter Bürger zu sein, weil er Vertragspartei ist und sein Wort verpfändet hat, einer zu sein (Taylor 1938, 408 [hier 128 f.]). Taylor argumentiert dann aber weiter, daß alle Verpflichtungen, einschließlich der, geschlossene Verträge einzuhalten, von Hobbes aus den natürlichen Gesetzen abgeleitet werden welche wiederum als Gebote Gottes verstanden werden (Taylor 1938, 419 f. [hier: 140 f.]). Nochmals der Widerspruch: Ich bin verpflichtet, weil ich vertraglich gebunden bin; aber da es keine Verpflichtung zur Einhaltung des Vertrages gäbe, wenn keine Autorität, göttlich oder weltlich, dies befohlen hätte, verpflichten Verträge nicht aus sich selbst heraus.

In der Warrenderschen Auslegung von Hobbes wird diese Schwierigkeit versteckt. In Weiterentwicklung eines Arguments von Taylor, behauptet Warrender, daß die natürlichen Gesetze entweder in der einen oder der anderen von zwei logisch unterschiedlichen Weisen interpretiert werden müssen. Entweder müssen sie in Begriffen der psychologischen Theorie gedeutet werden: als Klugheitsregeln bezüglich dessen, wie Menschen, von ähnlicher Veranlagung und in ähnlicher Situation, nach gründlicher Überlegung handeln würden; oder sie müßten rechtstheoretisch gedeutet werden: als eigentliche Gesetze und als Gebote Gottes. Es gibt aber keine moralische Verpflichtung, Regeln zu befolgen, die festlegen, wie Menschen nach gründlicher Überlegung und Abwägung aller relevanten Fakten agieren werden. Da Hobbes glaubt, daß es im Naturzustand die moralische Verpflichtung gibt, Frieden anzustreben und Verträge einzuhalten, und weil diese Verpflichtungen naturrechtsterminologisch formuliert sind, muß das natürliche Gesetz als wirkliches Gesetz, als Gebot Gottes, interpretiert werden. Wenn sie nicht so interpretiert werden, so wendet Warrender ein, gibt es bei Hobbes keine ausdrückliche Theorie der Moral (Warrender 1957, 212–213; 220; 232–233). Folglich behauptet Warrender immer, der Grund menschlicher Verpflichtung liege in den Geboten Gottes. Er vermeidet den Widerspruch, der bei Taylor und Oakeshott deutlich wird, indem er bei Hobbes niemals eine Verpflichtung anerkennt, die ausschließlich auf Verträgen oder Versprechen beruht.

Das verdeckt aber nur die Schwierigkeit um den Preis einer Absurdität, die dann Hobbes zuzuschreiben wäre. Denn Warrender zieht aus seiner Begründung des Vertragsbegriffes den folgenden Schluß: „Nicht alle Verpflichtungen des Bürgers resultieren aus dem Vertrag und seiner Zustimmung; es gibt Verpflichtungen, die den vertraglichen logisch vorangehen. Es sind diejenigen, die uns von den natürlichen Gesetzen auferlegt werden. Das erste dieser Gesetze gebietet uns, den Frieden anzustreben, und davon ist, neben anderen Prinzipien, die Regel abgeleitet, die von den Menschen verlangt, gültige Verträge zu ehren. Im logischen Sinne ist daher das erste Mittel der Verpflichtung das natürliche Gesetz – welches nicht unter den Vertrag fällt, aber den verpflichtenden Charakter des Vertragsinhaltes garantiert; und der Ursprung der Verpflichtung offenbart sich, wenn die Pflicht zur Einhaltung des natürlichen Gesetzes erläutert wird" (Warrender 1957, 248).

Die Absurdität in diesen Passagen liegt in der eindeutigen Implikation, daß es im Prinzip gültige Verträge ohne eine Verpflichtung zu deren Erfüllung geben könnte. Das natürliche Gesetz, interpretiert als Willen Gottes, garantiert nicht deren Befolgung. Es garantiert nur, was schon die Benennung des Begriffes Vertrag impliziert, die Verpflichtung zu deren Ausführung.

Die gleiche Art Absurdität kommt noch auf andere und sogar wesentlich ernstere Weise bei Warrenders Behandlung des Unterschiedes hinsichtlich der Verpflichtung bei Atheisten und Theisten zum Ausdruck (Warrender 1957, 315–317). Der Atheist versteht die natürlichen Gesetze als Klugheitsmaximen und nicht als Gebote Gottes. Er leugnet sogar explizit, daß es sich um solche handelt, und damit sind sie keine Gesetze im strengen Sinn. Aus diesem Grund hat der Atheist keine Verpflichtungen. Er steht zu

Gott wie zu einem Feind im Kriegszustand. Der Theist dagegen ist schon dadurch verpflichtet, daß er die Existenz Gottes und dessen Souveränität in einem natürlichen Reich anerkennt und die natürlichen Gesetze als göttliche Gebote betrachtet. Unter diesen Umständen haben die natürlichen Gesetze jedoch keinen wirklich moralischen Gehalt; anderenfalls wäre der Atheist verpflichtet, sie zu befolgen. Außerdem impliziert ‚Gesetz' im strengen Sinn, d. h. als Anordnung eines Souveräns, der zu gehorchen der einzelne sich verpflichtet hat, keine moralische Verpflichtung; ansonsten wäre der Atheist wiederum verpflichtet, und es bestände keine Notwendigkeit, eine Garantie für den Verpflichtungscharakter der Verträge zu liefern. Daraus folgt jedoch, daß niemand, nicht einmal der Theist, verpflichtet ist. Zu sagen, daß das natürliche Gesetz Gebot Gottes ist, besagt einfach, daß eine Reihe von Regeln, die keinen moralischen Gehalt haben, Gesetze im strengen Sinne sind. Wenn auch ein Atheist keine Verpflichtung eingehen kann, bürgerliches Recht aufgrund der bloßen Anerkennung des Status des bürgerlichen Souveräns zu befolgen, dann kann weder ich noch irgend jemand sonst überhaupt eine Verpflichtung eingehen, dem natürlichen Gesetz Folge zu leisten, wenn dies nur dadurch ermöglicht wird, daß der Status Gottes als Souverän eines natürlichen Reiches anerkannt wird. Die Theorie der Verpflichtung, die Warrender Hobbes zuschreibt, ist eine Position, derzufolge niemand überhaupt verpflichtet sein kann. Diese Konsequenz ist absurd, und es ist daher nicht verwunderlich, wenn dann mit der Annahme begonnen wird, daß die Erwägung privater Interessen moralisch irrelevant sei, daß man sich binden kann, ohne Verpflichtungen einzugehen und daß die Anerkennung des Status eines bürgerlichen Souveräns keine Pflichten mit sich brächte.

Aufgrund dieser Absurditäten, die Hobbes nach der Taylor-These zugeschrieben werden müssen, scheitert die These. Der Sinn der Annahme dieser These war der, Hobbes eine Moraltheorie zuzugestehen, die frei ist von größeren Ungereimtheiten und Widersprüchen. Die Behauptung, die sie aufstellt lautet, daß Hobbes' Theorie in sich schlüssig und philosophisch haltbar gemacht werden könne, wenn sie logisch unabhängig von der Psychologie interpretiert würde. Aber diese Behauptung ist falsch. Entweder tauchen die altbekannten Schwierigkeiten der Hobbesschen Theorie in neuem Gewand wieder auf, oder es werden gänzlich neue Schwierigkeiten kreiert, die auf Fehlern beruhen, die ihm nicht anzulasten sind. Unabhängig davon, welche der beiden Möglichkeiten zutrifft, scheitert die Taylor-These.

Tatsächlich trifft die zweite Möglichkeit zu. Die Taylor-These erzeugt gänzlich neue Probleme, und diese sind auf Fehler zurückzuführen, die Hobbes selbst nicht begangen hat.

In allen politischen Abhandlungen ist die für Hobbes zentrale Frage: Warum sind Menschen verpflichtet, sich dem Staat bedingungslos zu unterwerfen? Hobbes ist vollständig überzeugt davon, daß Menschen verpflichtet sind, sich dem Staat bedingungslos zu unterwerfen, und er ist sich der extremen Strittigkeit dieser Überzeugung völlig bewußt. Seine Aufgabe besteht deshalb darin, diese Verpflichtung darzulegen, indem er sie von unstrittigen Annahmen ausgehend argumentativ stringent ableitet. In den politischen Abhandlungen ist Hobbes' Interesse an anderen Fragen wenig entwickelt und diese sind für ihn nebensächlich oder dieser einen untergeordnet. Schon von daher ist es deshalb ein Fehler, mit Taylor und Warrender anzunehmen, daß sich Hobbes zwei logisch unterschiedlichen Fragen zuwendet und daß diese lauten: „Warum sollte ich meine Pflicht tun?" und „Wie ist mir das psychologisch möglich?" Die erste Frage impliziert, daß der Mensch seine Pflichten bereits kennt, aber nicht weiß, warum er sie erfüllen soll. Dies führt direkt zu der Absurdität, Garantien für den verpflichtenden Charakter gültiger Verträge zu erlangen. Außerdem wird dadurch die Notwendigkeit verdeckt, die extrem kontroverse These von der bedingungslosen Unterwerfung theoretisch aufzuweisen. Die zweite Frage: „Wie ist es mir oder sonst jemandem psychologisch möglich, die Pflicht zu erfüllen?", ist nur von untergeordnetem Interesse. Wenn die Verpflichtung zur bedingungslosen Unterwerfung begründet werden kann, dann ist der Herrscher berechtigt, die Sanktionen einzuführen, die nötig sind, um Gehorsam zu garantieren. Es ist schlicht falsch, anzunehmen, daß die Tatsache, daß Hobbes diese zwei Fragen stellt, impliziert, daß er eine radikale Trennung zwischen rein moralischen und rein klugheitsorientierten Fragen anstrebt. Hobbes vollzieht keine solche Trennung. Was er behauptet, in *De Cive* ausgebreitet zu haben, sind „die Grundlagen von sowohl moralischer als auch staatsbürgerlicher Klugheit" (*CI*, Widmungsbrief, 63). Tatsächlich wäre es ein schwerer Argumentationsfehler seinerseits, wenn die Verpflichtung zur bedingungslosen Unterwerfung nur auf nicht-prudentiellen, von aller klugen Interessenverfolgung absehenden Erwägungen basierte.

Hobbes' grundlegende Frage ist prima facie keine direkt philosophische. Es ist eine Frage moralischer und staatsbürgerlicher Klugheit, wie im *De Cive* „die Grundlagen sowohl des moralischen als auch des bürgerlichen Staates" begründet werden können. Eine verlockend einfache Antwort auf diese Frage steht Hobbes nicht offen. Obwohl er berechtigt sein könnte, als Ergebnis seiner Untersuchung Verpflichtung rechtsbegrifflich zu fassen und zu begründen, kann er nicht von vornherein und direkt auf eine solche Definition zurückgreifen. Dadurch würde er seine eigenen Voraussetzungen in Frage stellen und würde niemanden überzeugen. Eine Person, die ernsthaft daran zweifelt, ob es eine Verpflichtung ist, Verträge einzuhalten, zeigt durch ihre Zweifel, daß sie nicht weiß, was ein Vertrag ist. Aber eine Person, die die Verpflichtung zur bedingungslosen Unterwerfung unter das Gesetz anzweifelt, zeigt damit nicht analog, daß sie nicht versteht, was Gesetz oder Verpflichtung bedeuten. Was eine solche Person anzweifelt und verneint, ist, daß rechtliche Pflichten, denen sie zustimmt, Priorität vor allen anderen, einschließlich der Klugheitsverpflichtungen und den Geboten des eigenen Gewissens, haben. Hobbes' Argumentation muß so aufgebaut sein, daß sie die Zweifel eines Menschen zerstreuen kann, der den Begriff Verpflichtung bereits im Sinne von gültigen Verträgen versteht und den Begriff Gesetz im Sinne von Diebstahl, Vergehen, Anklage und ähnlichem.

Nun gibt es zwei unterschiedliche theoretische Terrains, auf denen Hobbes' Behauptung bezüglich der bedingungslosen Unterwerfung angezweifelt werden kann. Es gibt das Terrain moralischer Gründe und das Terrain der Klugheitsgründe. Beide Bereiche umfassen weitgehend akzeptierte Regeln oder Prinzipien, die unter bestimmten denkbaren Umständen Akte des zivilen Ungehorsams rechtfertigen. Es gibt dann auch noch das philosophische Terrain der Zweifelsgründe. Dies umfasst verschiedene logische Überlegungen, welche zeigen, daß der Begriff der Verpflichtung konditional ist, und sodann das Rätsel, wie, obiges einmal vorausgesetzt, es eine Verpflichtung zur bedingungslosen Unterwerfung geben kann.

Die Schönheit der Hobbesschen Theorie liegt darin, daß die beiden ersten Terrains hinsichtlich anzumeldender Zweifel mit Hilfe eines direkten Arguments flurbereinigt werden. Es wird nicht nur zugestanden, daß Verpflichtung ein konditionaler Begriff ist; sondern die Bedingungen werden auch detailliert aufgeführt. Unser Gebrauch von ,Sollen', so behauptet Hobbes, hat nur dann einen Sinn, wenn wir voraussetzen oder als gegeben annehmen, daß Menschen ihre Pflicht tun können und daß Pflichten insgesamt, direkt oder indirekt, die Menschen dabei unterstützen, das zu erreichen, was sie für sich selbst als eigenen Vorteil ansehen (vgl. *L*, XIV). Daraus folgt jedoch, daß es nur dann eine Verpflichtung zu unbedingtem Gehorsam gegenüber dem Gesetz gibt, wenn, bezogen darauf, was Menschen als ihren eigenen Vorteil ansehen, der Interessensanteil jedes Menschen an der Erhaltung bürgerlicher Regierungsgewalt eine übergeordnete Größe ist. Hobbes versucht zu zeigen, daß der Interessensanteil diesen Zuschnitt hat. Das Argument, das dieses zeigt, neutralisiert den moralischen – unterschieden vom philosophischen – Angriff auf seine grundlegende Annahme. Es wird hauptsächlich in der Psychologie entwickelt und verwendet psychologische Konzepte wie Begehren und Abneigung. Unabhängig davon, ob es sich als vollständig erfolgreich erweist oder nicht, ist es von bemerkenswerter Stringenz.

Entwickeln läßt sich das Argument wie folgt:

1. Die Menschen streben unaufhörlich nach bestimmten Gegenständen [objects] und trachten danach andere zu vermeiden; aber unterschiedliche Menschen oder sogar derselbe Mensch zu unterschiedlichen Zeiten streben nach unterschiedlichen Gegenständen (vgl. *L*, VI; XI; *CI*, XIV, 17, 228f.).

2. Die Gegenstände, deren Erhalt die Menschen anstreben, nennen sie Gut [good]; die, die sie zu vermeiden versuchen, nennen sie Übel [evil] (vgl. *L*, VI; *CI*, XIV, 17, 228f.; *Elements*, I, 7, 3).

2.1. Jeder Mensch erstrebt zwangsläufig, ein Gut für sich zu erreichen (vgl. *L*, XIV; *Elements*, I, 14, 12; I, 17, 14)

2.2. Was der eine Mensch als Gut bewertet, kann ein anderer als Übel bewerten.

3. Macht [power] besteht letztlich aus nichts anderem als den Mitteln des Menschen, Güter zu erreichen und Übel zu vermeiden (*L*, VI, X, XI; *Elements*, II, 8, 3–4; II, 7, 7).

3.1. Menschen streben unaufhörlich nach Macht.

3.2. Die Macht, die Menschen realiter anstreben, ist sowohl von den Zielen jedes einzelnen als auch von der privaten Einschätzung der Mittel, die der einzelne anhäufen muß, um seinen späteren Erfolg zu sichern, abhängig.

4. Menschen als Individuen sind substantiell gleich hinsichtlich der natürlichen oder originären im Gegensatz zur erworbenen Macht (*L*, XIII; *CI*, I, 3; *Elements* I, 14, 2).

4.1. Erfolg hinsichtlich des Erreichens der eigenen Ziele ist nicht von der Überlegenheit bezüglich irgendeiner natürlichen Macht wie z. B. der physischen Tüchtigkeit abhängig.

4.2. Menschen sind substantiell gleich in ihrer individuellen Unfähigkeit, sich selbst und ihren Besitz gegen Verwüstungen [ravage] zu verteidigen.

5. Die Abwesenheit einer bürgerlichen Regierungsgewalt ist in korrekter Bezeichnung ein Naturzustand.

5.1. Der Naturzustand impliziert die Abwesenheit institutioneller Beschränkungen bezüglich des Erlangens von Macht, und, abgesehen von der Selbsthilfe, Schutzlosigkeit von Personen und Gütern.

5.2. Der Naturzustand ist ein Kriegszustand aller Menschen gegeneinander, in dem niemand ernsthaft erwarten kann, Güter zu erwerben und sie in Sicherheit zu genießen.

6. Alle Regeln, die die zum Erwerb von Gütern notwendigen Bedingungen festschreiben und die diejenigen Handlungen spezifizieren, die von

allen Menschen in gleicher Weise ausgeführt werden müssen, um diese Bedingungen zu erfüllen, sind natürliche Gesetze.

6.1. Der bürgerliche Frieden ist eine solche Bedingung. Die Regeln, die die Handlungen und Bestrebungen spezifizieren, die von allen Menschen abgefordert werden müssen, um den Frieden zu sichern, sind natürliche Gesetze.

6.2. „Derjenige, der den ganzen Weg zu seiner Selbsterhaltung voraussieht ... muß dieses Gut nennen und den Gegensatz Übel. Und das ist das Gut und Übel, das nicht jeder Mensch mit Leidenschaft so nennt, aber alle vernünftigerweise. Und deshalb ist die Erfüllung aller dieser Gesetze ein Vernunftgut; und das Brechen der Gesetze ein Übel." (*Elements*, I, 17, 14; *NR*, 119; vgl. *L*, XV; *CI*, 3, 31)

7. Die erste Bedingung für den Frieden ist, daß ein Mensch den anderen nicht behindert und daß alle in allgemeiner Sicherheit belassen werden, Güter zu erwerben und zu genießen (vgl. *L*, XIV; *CI*, 2, 4; *Elements* II, 15, 3).

7.1. Um Menschen dazu zu bringen, den anderen nicht zu behindern und um der Vernunft Anreize zu bieten, das zu tun, muß es eine wirksame Form des Schutzes außer der Selbsthilfe geben.

7.2. Neben der Selbsthilfe ist der einzige Schutz gegen Verwüstung institutionell, in irgendeiner Form von bürgerlichem Recht.

7.3. Es ist deshalb ein Vernunftgut und ein natürliches Gesetz, daß sich jeder Mensch dem Gesetz bedingungslos unterwirft.

8. Die moralische Praxis, durch die Menschen sich selbst normalerweise Güter verschaffen und gleichzeitig das Gut anderer Menschen sichern, ist die vertragliche Vereinbarung.

8.1. Selbst in einem Naturzustand ist es für einen Menschen, der von einem Feind gefangengenommen wurde, ein Vernunftgut, sein Leben und seine Freiheit durch die Vereinbarung der Zahlung eines Lösegeldes zu erhalten, und ein solcher Vertrag ist gültig (*L*, XIV; XV).[1]

---

[1] Hobbes behauptet explizit, daß es sogar im Naturzustand gültige Verträge gibt und daß Menschen aus dem Grund verpflichtet sind, Versprechen einzuhalten, weil sie das Versprechen gegeben haben (*CI*, XIV, 2). So weit ich das bestimmen kann, hat Hobbes niemals die generelle Gültigkeit von Verträgen angezweifelt und benötigte insoweit niemals eine Garantie für ihren verpflichtenden Charakter. Was Hobbes jedoch anzweifelt, ist (1), daß gültige Verträge im Naturzustand beachtet werden und (2), daß die Menschen im Naturzustand Verträge abschließen, abgesehen von Extremfällen, wie z. B. solche, in denen ein Mensch Leben und Freiheit für ein Lösegeld einhandelt. Im Naturzustand ist die soziale Nützlichkeit und nicht die Gültigkeit von Vertragsabschlüssen beeinträchtigt. Daß es eine moralische Praxis gibt, Verträge abzuschließen, ist demnach eine implizite Voraussetzung in Hobbes' Argument.

8.2. Die Interessensanteile bei der Alternative zwischen bürgerlichem Frieden und Bürgerkrieg sind in ihrer Größenordnung mit denen vergleichbar, die die Alternative zwischen Leben auf Kosten des Lösegeldes und Tod ausmachen.

8.3. Die Verpflichtung zu bedingungsloser Unterwerfung unter das Gesetz könnte von denen, die es niemals anerkannt haben oder von denen, die es ernsthaft in Frage stellen, als hergestellt durch eine Art von Vertrag angesehen werden, mit dem Leben und Freiheit um den Preis der Unterwerfung erkauft werden.

Soweit Hobbes' Argument. Es ist elegant, zwingend und bemerkenswert in seiner Sparsamkeit beim Gebrauch ersichtlich empirischer Aussagen. Das Hauptgewicht der Argumentation wird getragen von logischen Aussagen, Festsetzungen und Tautologien, die auf diesen beruhen. Es muß auf diese Weise entwickelt werden, um Hobbes' eigenen Kriterien theoretischer Angemessenheit zu genügen. Bezogen darauf, was er Wissenschaft nennt und was wir als Theorie bezeichnen würden, besteht er darauf, daß es sich bei der Wissenschaft nicht um ein aus der Erfahrung erworbenes Faktenwissen handelt, sondern „um das Wissen um alle Konsequenzen, die sich aus den Namen der in Frage stehenden Gegenstände ergeben" (*L*, V). Empirische Aussagen berechtigen nicht zu der Behauptung oder der Annahme logisch notwendiger Verbindungen, während theoretische Aussagen solche Verbindungen aufstellen, behaupten oder bestätigen. Aussagen wie „Menschen wollen notwendig ihr eigenes Bestes" oder „Menschen wollen notwendig ihre Selbsterhaltung" müssen deshalb als logische Aussagen interpretiert werden. Im Gegensatz zu einer der Hauptaussagen derjenigen, die die Taylorsche Sichtweise vertreten, besteht Hobbes' Psychologie nicht in erster Linie aus empirischen Aussagen. Die Lehren bezüglich des Egoismus und der Selbsterhaltung können nicht als empirische Postulate interpretiert werden, die man, ohne seiner Theorie Schaden zuzufügen, verneinen könnte.

Hobbes' Egoismus ist kein empirisches Postulat. Deshalb können die natürlichen Gesetze in Hobbes' Theorie nicht so mit seinem Egoismus verbunden sein, wie es die Klugheitsmaximen mit bestimmten Wünschen und Aversionen sind. Es gibt aus diesem Grund keine Berechtigung für die Ansicht Taylors und anderer, wonach die natürlichen Gesetze entweder in der einen oder der anderen der zwei logisch voneinander zu unterscheidenden Weisen interpretiert werden müssen: entweder als rationale Maxime, die keine Verpflichtung impliziert, oder als verbindliche Gebote Gottes. (...)

Bei Hobbes stellen die natürlichen Gesetze Regulative dar, die spezifizieren, was jeder einzelne zu tun hat, um die Bedingungen für eine erfolgreiche Sicherung und den Erwerb von wie auch immer geartetem Wohlstand zu erfüllen und aufrechtzuerhalten. Selbst wenn es ein übergeordnetes, allen Menschen gemeinsames Bestreben gibt, können die natürlichen Gesetze nicht mit ausschließlichem Bezug darauf interpretiert werden. Sie können nur entsprechend Hobbes' Aussage interpretiert werden, daß die Menschen unaufhörlich danach streben, bestimmte Gegenstände und Dinge zu erreichen und daß, was immer die Menschen anstreben, von ihnen ‚gut' genannt wird. Die Tautologie, „jeder Mensch will notwendig sein eigenes Bestes" basiert auf der Aussage, die den Gebrauch von ‚gut' festlegt, und die Bedeutung von ‚sein eigenes' beinhaltet das explizite Eingeständnis, daß das, was ein Mensch als ‚Gut' ansieht, von einem anderen als ‚Übel' angesehen werden kann. Da es sich hierbei um eine Tautologie handelt, kann ihre Widerlegung nicht auf der empirischen Annahme beruhen, daß es Menschen gibt, die mit allen Mitteln versuchen, das für andere Menschen zu erreichen, was diese wollen, oder daß es Menschen gibt, die andere Dinge mehr als ihren Tod fürchten. Hobbes gesteht selbst zu, daß es Menschen gibt, die die Demütigung der Niederlage mehr fürchten als den Tod in der Schlacht (vgl. *Elements*, I, 9, 6; *NR*, 4). Was immer ein Mensch auch begehrt, ist für ihn ein Gut, im ursprünglichen Sinne von Gut. Die Behauptung eines Menschen, daß etwas gut sei, kann nur in bezug auf die Wünsche dieses Menschen oder die Bedingungen zu deren Befriedigung widerlegt werden. Frieden ist ein Gut, ob Menschen ihn tatsächlich wollen oder nicht, da Frieden für jederman die Bedingung zur Befriedigung seiner, wie auch immer gearteten, Wünsche darstellt. Deshalb sind die einzigen Menschen, für die die natürlichen Gesetze keine Bedeutung haben diejenigen, die in vollständiger Isolation leben oder die, die keine Ziele anstreben, die durch menschliche Voraussicht und Bemühung erreicht werden können. Keine natürliche Klasse von Kreaturen, für die die natürlichen Gesetze prinzipiell keine Bedeutung hat, kann als ‚Mensch' im wirklichen Sinne bezeichnet werden.

Meiner Ansicht nach hat Hobbes recht mit der Annahme, daß es natürliche Gesetze im o. g. Sinn gibt. Ob er jedoch mit dieser Annahme recht hat oder nicht – wichtig ist, daß er diese Annahme macht, d. h. sie als natürliche Gesetze benutzt, um aus ihnen die Verpflichtung zur Unterordnung unter den Staat abzuleiten. Wenn aber natürliche Gesetze in diesem Sinn gedacht werden, dann gibt es, genau wie von Hobbes behauptet, eine Verpflichtung sie zu respektieren, und diese Verpflichtung bedarf keines göttlichen Gebots als Garantie. Nur rein aus einer moralischen Perversion heraus könnte jemand solche natürlichen Gesetze anerkennen, dann aber verneinen, daß sie verpflichten. Hobbes' Argumentation, basierend auf natürlichen Gesetzen, mag natürlich fehlerhaft sein. Es mag möglich sein, und meiner Ansicht nach ist es auch so, die natürlichen Gesetze anzuerkennen und die Verpflichtung zu bedingungslosem Gehorsam gegenüber dem Staat zu leugnen. Aber indem man diese eine Verpflichtung in der bedingungslosen Form, wie sie Hobbes auszumachen versucht leugnet, leugnet man nicht, daß natürliche Gesetze in der einen oder anderen Weise verpflichten und daß diese Weise auch festgestellt werden kann. Würden diese Gesetze nicht auch unabhängig davon, daß sie gottgeboten sind verpflichten, so wären sie keine natürlichen Gesetze. Gott, der Schöpfer und Konstrukteur der Natur, könnte nicht plausibel Ungehorsam gegen diese Gesetze verlangen oder per Gebot die sich aus ihnen ergebende Verpflichtung unwirksam machen. Im prophetischem Reich, so gesteht Hobbes zu, könnte Gott per Dekret den natürlichen Gesetzen den Status von geoffenbarten Gesetzen zuweisen. Wenn wir als Gläubige von ihm annehmen, daß er in dieser Weise verfährt, dann ist ein natürliches Gesetz für uns ein Gesetz im strengen Sinn. Das ist möglich, aber nicht notwendig und zwingend.

Als Zusammenfassung: Hobbes' Psychologie ist unentbehrlich, da er in ihr den Sinn des Begriffs ‚Gut' erläutert, indem er argumentiert, daß der Interessensanteil eines jeden einzelnen an der Institution der Regierung eine übergeordnete Größe ist. Was bei Hobbes vollständig entbehrlich ist, sind die verpflichtenden Maximen und die Gebote Gottes. Durch die Taylor-These werden Hobbes' Ansichten grob verfälscht, weil in ihr das Unentbehrliche entbehrlich und das Entbehrliche zum Kern der Theorie gemacht wird.

Ins Deutsche übertragen von Ingolf Ebel

Thomas Nagel

Moralische Verpflichtung und rationales Selbstinteresse*

(...) Ich werde zu zeigen versuchen, daß eine genuin moralische Verpflichtung im *Leviathan* überhaupt keine Rolle spielt, sondern daß das, was Hobbes moralische Verpflichtung nennt, ausschließlich auf rationalem Eigeninteresse beruht. Viele Interpreten haben die Sichtweise abgelehnt, daß Hobbes ausschließlich an das Eigeninteresse appelliert und haben Anstrengungen unternommen, die offensichtliche Anwesenheit eines solchen Themas mit einer moralischen Interpretation von Hobbes' Konzept der Verpflichtung zur Deckung zu bringen. Ich werde versuchen zu zeigen, wie diese Ansätze scheitern und werde eine Interpretation vorstellen, von der ich meine, daß sie seine [Hobbes', d. Ü.] Sichtweisen konsistent entwickelt.

Man kann die Argumente im *Leviathan*, die auf dem Eigeninteresse beruhen, nicht übersehen. Eine egoistische Theorie der Motivation durchzieht das ganze Buch. Ich werde nicht versuchen, diese Argumente im Detail zu verfolgen, da sie in keiner Weise verborgen sind. Sie ergeben sich mit besonderer Klarheit aus der Darstellung der natürlichen Gesetze, die unsere grundsätzliche Verpflichtung skizzieren und von der alle anderen abgeleitet werden. Hobbes definiert ein natürliches Gesetz als „eine von der Vernunft ermittelte Vorschrift oder allgemeine Regel, nach der es einem Menschen verboten ist, das zu tun, was sein Leben vernichten oder ihn der Mittel zu seiner Erhaltung berauben kann, und das zu unterlassen,

---

* Der folgende Text ist die übersetzte und gekürzte Fassung von Thomas Nagels Aufsatz *Hobbes: His Concept of Obligation*, Philosophical Review, 68/1959, 68–83; wieder abgedruckt in: Ted Hondrich (Hrsg.), *Philosophy Through Its Past*, Harmondsworth 1984, 100–115, Preston King (Hrsg.), *Thomas Hobbes. Critical Assessments*, London 1993, 116–129. Kürzungen des Herausgebers sind durch eingeklammerte Auslassungspunkte kenntlich gemacht. Der Titel „Moralische Verpflichtung und Selbstinteresse" stammt vom Herausgeber.

wodurch es seiner Meinung nach am besten unterhalten werden kann." (99) Er leitet dann neunzehn solcher Gesetze ab und die Begründung eines jeden einzelnen basiert bei ihm auf dem Argument, daß Ungehorsam gegenüber dem Gesetz den Menschen in den Kriegszustand führt; eine für jeden Menschen furchtbare Aussicht. (...)

Warrender ist der Ansicht, daß es bei Hobbes zwei separate Systeme gibt. Eine Theorie der Motivation und eine Theorie der Verpflichtung. Die erste hat die Selbsterhaltung als oberstes Prinzip, basierend auf der Tatsache, daß alle Menschen den Tod als das größte Übel ansehen. Die zweite fußt auf der Verpflichtung, dem natürlichen Gesetz, angesehen als Wille Gottes, zu gehorchen. Er erklärt das egoistische Erscheinungsbild der Theorie der Verpflichtung dadurch, daß es mit der Theorie der Motivation konsistent sein müsse. Er behauptet jedoch, daß die Selbsterhaltung eine „wirksammachende [validating] Bedingung" der Verpflichtung sei und nicht Grund der Verpflichtung. Er definiert eine solche Bedingung als eine, die erfüllt werden muß, wenn ein Grund zur Verpflichtung wirksam werden soll.(Warrender, *The Political Philosophy of Hobbes*, Oxford 1957, 14) Bekannte Beispiele für wirksammachende Bedingungen sind solche Dinge wie Zurechnungsfähigkeit und Reife, die, obwohl sie sicherlich keine Grundlagen von Verpflichtung konstituieren, bei einem Individuum vorhanden sein müssen, bevor es verpflichtet sein kann. (...)

Für die Rolle des Eigeninteresses bei Hobbes gibt Warrender folgende Erklärung: „Die natürlichen Gesetze, die dem Individuum gebieten, den Frieden zu suchen, Verträge einzuhalten etc., sind von einem Standpunkt aus rationale Maximen der Selbsterhaltung; und eine Antwort auf die Frage, warum der Bürger dem bürgerlichen Recht gehorchen muß, ist die, daß Gehorsam das beste Mittel zu seinem Schutz darstellt ... Dieser Antwort, gegeben in Begriffen des Eigeninteresses, geht es jedoch um Motivation und nicht um Verpflichtung ... diese Überlegung sichert nicht ihren verpflichtenden Charakter. Nur unter dem Aspekt, daß sie Gebote Gottes sind, sind sie Gesetze und somit verpflichtend. Daher ist der Grund, warum ich meine Pflicht erfüllen *kann* ist der, daß ich in der Lage bin, dies als ein Mittel zur Selbsterhaltung anzusehen. Der Grund aber, warum ich meine Pflicht tun *muß*, ist der, daß Gott es befiehlt" (Warrender 1957, 212 f.; diese Unterscheidung wird auch von A. E. Taylor vorgenommen in *The Ethical Dotrine of Hobbes*, Philosophy 13/1938, 408 [hier 140 f.]).

Warrender interpretiert Hobbes so, als würde dieser behaupten, daß es eine Klasse von klugheitsmotivierten Handlungen gibt. Eine Unterklasse davon ist auf die Selbsterhaltung ausgerichtet und eine weitere Unterklasse auf den Frieden und nicht lediglich auf Selbsterhaltung des Individuums.

Letztere können als Gebote Gottes angesehen werden und sind deshalb verpflichtend, weil wir vorgängig verpflichtet sind, Ihm zu gehorchen und nicht weil sie dem Eigeninteresse förderlich sind. Ich werde zunächst diskutieren, was Warrender über das Eigeninteresse bei Hobbes sagt und vorerst seine Behauptung, daß der Grund der Verpflichtung im Wort Gottes liegt, nicht einbeziehen.

Warrender implantiert in Hobbes' moralische Doktrin bestimmte wirksammachende Bedingungen für die Verpflichtung [validating conditions of obligation], von denen er behauptet, daß sie durch Hobbes' willenstheoretischen Egoismus erzwungen werden. Er ist damit – wie Taylor – der Ansicht, daß Hobbes' Konzept der Verpflichtung einen moralischen Sinn beibehalten kann, wenn zwischen der Theorie der Verpflichtung und der Theorie des Willens eine Trennlinie gezogen wird. Er behauptet, daß die Handlungen, zu denen ein Mensch nach Hobbes nicht verpflichtet werden kann, aus einer Analyse dessen abgeleitet werden können, was im Verpflichtet-Sein impliziert ist. Jedes Gesetz muß, um zu verpflichten, die wirksammachenden Bedingungen für die Verpflichtung erfüllen, die „in der Aussage zusammengefaßt werden können, daß das Individuum da nicht verpflichtet werden kann, wo dieses logisch unmöglich ist" (Warrender 1957, 94). Darunter fallen die Bedingungen, daß das Gesetz wißbar und daß der Gesetzgeber bekannt sein muß, sowie, daß ein Mensch, der sich in ernster Gefahr für sein Leben befindet, wenn er gegen das Gesetz verstößt, um sich selbst zu retten, nicht anzuschuldigen ist. Bis zu diesem Punkt stimme ich sicherlich mit allem überein, was Warrender sagt. Ich stimme jedoch nicht mit seiner Behauptung bezüglich des Ursprungs dieser wirksammachenden Bedingungen überein. Er behauptet, daß die letzte Bedingung sich aus der logischen Tatsache ableiten läßt, daß eine Person, um verpflichtet zu sein, imstande sein muß, ein adäquates Motiv zu haben um dem Gesetz zu gehorchen (was, wie er behauptet, bereits in der Bestimmung enthalten ist, daß Sollen Können impliziert). Dazu kommt noch die empirische Tatsache, daß Menschen nur diejenigen Handlungen vollziehen, von denen sie annehmen, daß sie ihrem eigenen Nutzen dienen. Nur unter sehr seltenen Umständen kann jemand ein adäquates Motiv haben, zu seiner eigenen Vernichtung beizutragen oder anderen bei Angriffen auf sein Leben keinen Widerstand zu leisten. Alle verpflichtenden Handlungen müssen zumindest der *Möglichkeit* nach von dem betreffenden Individuum als in seinem persönlichen Interesse seiend angesehen werden können. Daher ist Selbstzerstörung und dergleichen niemals verpflichtend. Dies ist Warrenders Ausweg bezüglich der Annahme, daß die Grundlage der Verpflichtung bei Hobbes das Eigeninteresse ist.

Aber ist diese Bedingung wirklich, wie Warrender sagt, eine logische Erweiterung des Ansicht, daß Sollen Können impliziert? Es könnte vielleicht zugestanden werden, daß, wenn jemand nicht in der Lage ist, ein adäquates Motiv für eine bestimmte Handlung zu haben, auch von seiner *Unfähigkeit* dieses zu tun, gesprochen werden könnte. Es könnte sogar sein, daß wir ihn aus diesem Grund von der Verpflichtung entbinden müssen, es zu tun. Wenn jemand mit einer pathologischen Angst vor Wasser dabeisteht, während eine andere Person ertrinkt, werden wir ihn weniger hart beurteilen als ein normales Individuum. Allerdings denke ich nicht, daß der Sinn, in dem hier gesagt wird, er könnte nicht anders handeln, derselbe ist, wie der, der hinter „Sollen impliziert Können" steht. Wenn wir sagen: „Er hat es nicht tun können, deshalb war er nicht verpflichtet", dann wollen wir normalerweise herausstellen, daß, sogar wenn er es hätte tun wollen, es ihm nicht gelungen wäre. Er ist von dem Versäumnis zu handeln entschuldigt, weil sein Versäumnis kein Ausdruck seines Wollens war.

Aber die Person, die soviel Angst vor Wasser hat, daß nichts sie dazu bringen kann hineinzugehen, könnte in anderer Hinsicht moralisch durchaus normal und allen gewöhnlichen Arten von Verpflichtung unterworfen sein. Nun ist der Fall des Hobbesschen Menschen zu bedenken. Er kann nur dann etwas freiwillig tun, wenn er glaubt, daß es in seinem persönlichen Interesse ist. Es gibt bestimmte selbstzerstörerische Handlungen, die unmöglich als im persönlichen Interesse seiend angesehen werden können. Deshalb sind sie ihm als freiwillige Handlungen unmöglich. Warrender meint, daß, wenn dieses für jemanden wahr ist, er nicht verpflichtet sein kann, diese Handlungen auszuführen.

Ich bin der Ansicht, daß es einen Unterschied zwischen diesem Fall und dem des Hydrophobikers gibt. Der Unterschied wird verdunkelt, wenn wir nur solche Handlungen in Betracht ziehen, zu denen der Hobbessche Mensch *niemals* hinreichend motiviert werden kann. Es scheint dann einer Phobie vor einer bestimmten Menge von Handlungen sehr ähnlich zu sein. Aber diese wenigen Handlungen, die er niemals freiwillig ausführen kann, begründen nur einen kleinen Teil der Malaise des Hobbesschen Menschen. Er kann niemals irgendeine Handlung ausführen, wenn er nicht davon überzeugt ist, daß sie seinem eigenen Nutzen dient. Im Unterschied zu dem Hydrophobiker, der nur einen kleinen Riß im Gewirk seines moralischen Verhaltens hat, während der Rest recht normal ist, ist der Hobbessche Mensch nicht nur in bezug auf einige spezifische Handlungen unfähig.

Anhand seines Verhaltens unter normalen Umständen können wir feststellen, daß der Hydrophobiker versteht, was moralische Verpflichtung ist.

Wenn er bereit ist, seine eigenen Interessen in irgendeiner Weise aufzugeben, um Versprechen einzuhalten, Menschen in Not zu helfen und so weiter (so weit die Ausübung der Pflicht nicht beinhaltet, in das Wasser zu steigen) dann wissen wir, daß er ein moralisches Empfinden [moral sense] hat. Aber wir finden bei dem Menschen, der niemals gegen seine eigenen Interessen handelt, kein Verhalten, das zu einem vergleichbaren Urteil führt. Sein Fall ist nicht der eines ansonsten normalen Individuums, das nur nicht in der Lage ist, einige wenige, spezifizierbare Handlungen auszuführen. Die Tatsache, daß der Egoist absolut unfähig ist, einige bestimmte Handlungen auszuführen, ist nur ein Aspekt seiner Unfähigkeit hinsichtlich eines ganzen Verhaltensmusters. Er ist nur einer selbstsüchtigen Motivation zugänglich und deshalb unfähig zu jeder Handlung, die deutlich als moralisch zu bezeichnen ist. Tatsächlich müßte er am besten als ein Mensch ohne moralisches Empfinden beschrieben werden.

Warrenders und Taylors Akzeptanz der Hobbesschen Ansicht, daß kein Mensch jemals freiwillig handelt, wenn er nicht auch sein eigenes, persönliches Wohlergehen zum Ziel hat, ist der Ruin eines jeglichen Ansatzes, ein wahrhaft moralisches Gebäude auf Hobbes' Konzeption der Verpflichtung zu errichten. In gewisser Weise schließt sie überhaupt den Sinn einer Rede von moralischer Verpflichtung aus. Sie beraubt sie jedes Wirkungsraumes. Moralische Verpflichtung spielt bei Deliberationen eine Rolle. Sie hat in solchen Situationen einen Einfluß, in denen eine Person eine Handlung nicht ausführen würde, wenn sie nur auf ihren eigenen Vorteil bedacht wäre, wohingegen die Erwägung einer moralischen Verpflichtung – zum Beispiel anderen zu helfen, dazu führt, es so oder so zu tun. Von einer moralischen Verpflichtung kann prinizipiell nur dann die Rede sein, wenn die Möglichkeit eines Konflikts mit dem Eigeninteresse besteht. Nach der Motivationsheorie aber, die Warrender Hobbes meiner Ansicht nach korrekt zuschreibt, ist das einzige, was Menschen jemals motiviert, die Erwägung des Eigeninteresses. Deshalb kann ein echtes Gefühl moralischer Verpflichtung bei ihren Handlungsabsichten niemals eine Rolle spielen. Und wenn Hobbes irgend etwas als einen Faktor der menschlichen Motivation anerkennt, was er moralische Verpflichtung *nennt*, dann muß es sich dabei um eine Erwägung des Eigeninteresses handeln.

Es ist Warrenders Ansicht, daß unsere Verpflichtung gegenüber den natürlichen Gesetzen sich aus der Pflicht ableitet, den Geboten Gottes zu gehorchen. Das fungiert sowohl als Erklärung des letzten Grundes der Verpflichtung als auch als eine Widerlegung der Position, daß die Verpflichtung bei Hobbes auf dem Eigeninteresse beruht. Die Annahme Hobbes', mit der er seine Interpretation begründet, ist die folgende Bemerkung über die natürlichen Gesetze, die auf deren Ableitung folgt: „Diese Diktate der Vernunft werden von den Menschen gewöhnlich als Gesetze bezeichnet, aber ungenau. Sie sind nämlich nur Schlüsse oder Lehrsätze, die das betreffen, was zur Erhaltung und Verteidigung der Menschen dient, während ein Gesetz genaugenommen das Wort desjenigen ist, der rechtmäßig Befehlsgewalt über andere innehat. Betrachten wir jedoch dieselben Lehrsätze als im Worte Gottes verkündigt, der rechtmäßig allen Dingen befiehlt, so werden sie zu Recht Gesetze genannt" (122). Das gründet sich auf Hobbes' Definition von Gesetz: Ein Gesetz ist ein Gebot, das sich an denjenigen richtet, der bereits vorgägig verpflichtet ist, dem Gebieter zu gehorchen. Wenn wir also die natürlichen Gesetze Gesetze nennen, dann müssen sie Gebote von jemandem sein, dem wir schon vorgänig verpflichtet waren, und wer anders als Gott könnte das sein?

Warrender interpretiert dies (und ich möchte herausheben, daß es sich dabei lediglich um eine Interpretation handelt) in der Weise, daß die natürlichen Gesetze nur als Gebote Gottes *verpflichtend* sind (Warrender 1957, 97 f.). Er behauptet, daß im Naturzustand und folglich auch in der Gesellschaft für den Atheisten die natürlichen Gesetze leidglich Klugheitsmaximen sind – Anleitungen zur Selbsterhaltung. Er kann sie jedoch nicht als Gesetze ansehen, weil sie nicht Gebote von jemandem sind, gegenüber dem er eine Pflicht zum Gehorsam anerkennt. Daraus folgt, daß man von ihnen nicht sagen kann, sie würden den Atheisten verpflichten. Warrender wirft denjenigen Kommentatoren, die faktisch Hobbes' gesamte Theorie von Moral und Politik mit diesem atheistischen Standpunkt gleichsetzen, vor, daß sie über die Feststellung, daß die natürlichen Gesetze Gesetze sind, weil sie von Gott ausgehen, hinwegsehen. Er irrt sich jedoch. Hobbes sagt an keiner Stelle, daß nur die Gebote einer Autorität *verpflichtend* sein können. Er behauptet lediglich, daß nur die Gebote einer Autorität *Gesetze* sein können. Das ist alles, was in den Passagen behauptet wird, die Warrender zur Unterstützung seiner Sichtweise zitiert; und ich habe in Hobbes' Schriften nichts Weitergehendes finden können. Es gibt einen Unterschied zwischen der Zurückweisung der Annahme, daß sie ihren Status als *Gesetze* erhalten, weil sie auf Gott zurückgeführt werden, und der Zurückweisung der Behauptung, daß sie ihren *verpflichtenden* Status erhalten, weil sie auf Gott zurückgeführt werden. Ich verneine das letztere und behaupte, daß Warrender bei Hobbes keine Grundlage dafür findet, dies zu bejahen. Meiner Ansicht nach entspricht es Hobbes' System recht genau, daß die natürlichen Gesetze als göttliche Gebote und Gesetze betrachtet werden. Ich denke aber nicht, daß diese Aussage im Gegensatz zu der Vorstellung steht, daß Hobbes' ursprüngliche Grundlage der Verpflichtung im klug besorgten Selbstinteresse zu finden ist. Ich glaube, daß er sogar unsere Verpflichtung Gott zu gehorchen als in Klugheit begründet ansieht. Ich werde vorerst nichts weiter über diesen Punkt sagen. Das bedeutet allerdings nicht, daß ich behaupte, Hobbes wäre Atheist oder daß er dachte, aus Gottes Geboten würden sich keine Verpflichtungen ableiten.

Hobbes skizziert in der fraglichen Passage schon eine Art von Unterschied zwischen natürlichen Gesetzen als Maximen klugen Verhaltens und als Geboten Gottes. Dies könnte jedoch nichts weiter sein als ein Hinweis auf die unwichtige, auf der Definition von Gesetz basierende Unterscheidung, daß sie nur als Gebote einer Autorität *wirklich Gesetz genannt werden können* (dies sind Hobbes' eigene Worte). Wir sind verpflichtet, sie nach unterschiedlicher Maßgabe zu befolgen: grundsätzlich aus Gründen der Klugheit, aber auch als Gebote Gottes und des Souveräns, wobei dies meiner Ansicht nach ebenfalls auf Klugheitsfundamente zurückführbar ist. Meine Interpretation ist die, daß er nach der Entwicklung der natürlichen Gesetze, als Nachsatz, einen Kommentar zum Sprachgebrauch machte. Er sagte, die Benennung dieser Präzeptionen als „Gesetze" sei strenggenommen nicht korrekt, da nur die Gebote einer Autorität wirklich Gesetze genannt werden.

Warrender ist der Ansicht, die getroffene Unterscheidung bedeute, daß sie [die natürlichen Gesetze, d. Ü.] als Klugheitsmaximen nicht verpflichtend sind, während sie es als Gesetze sind. Zur Unterstützung der Sichtweise, daß dieses Hobbes' Ansicht entspricht, könnte ich mir nur die Unterscheidung zwischen Rat und Gebot vorstellen. Im Kapitel 25 des *Leviathan* sagt Hobbes, daß ein Mensch verpflichtet sein kann, sich einem Gebot zu unterwerfen, das ausschließlich dem Vorteil des Gebietenden dient: „nicht aber dazu, einen Rat zu befolgen, da der Schaden, der durch Nichtbefolgung entsteht, sein eigener ist" (196). Es gibt in dem ganzen Buch nichts, was dieser Passage vergleichbar wäre, nichts was auf eine Ansicht Hobbes' schließen ließe, daß die Verpflichtung nicht auf das Eigeninteresse zurückgeführt werden könnte. Diese eine Passage scheint jedoch zu implizieren, daß nicht das Eigeninteresse der Grund der Verpflichtung sein kann, sondern die Autorität eines Gebietenden. Sie impliziert anscheinend tatsächlich, daß jemand nicht verpflichtet sein kann, einer Präzeption zu folgen, bei der der Schaden der Nichtbefolgung der eigene ist. Das würde aber implizieren, daß man nicht verpflichtet werden könnte, den natürlichen Gesetzen zu gehorchen. Damit führt diese Interpretation der Textstelle zu einem so drastischen Ergebnis, daß es nicht leichthin akzeptiert werden kann. Wenn wir die Textstelle gründlicher betrachten, wird sich meiner Ansicht nach jedoch zeigen, warum diese Einschränkung die natürlichen Gesetze nicht berührt.

Hobbes schreibt: „daß jemand verpflichtet sein kann, das Befohlene zu tun, z. B. wenn er sich vertraglich zu Gehorsam verpflichtet hat", und er sagt, wenn sich jemand verpflichtet, einen Rat zu befolgen, „dann nimmt der Rat die Natur eines Befehls an" (197). Hobbes beschreibt zwei Arten imperativischer Äußerungen (Das Kapitel behandelt den Rat und die Stellung von Ratgebern.). Er sagt, daß wenn wir eines Menschen Rat befolgen, wir dies tun, weil wir es wollen. Wenn wir verpflichtet sind, ihm zu gehorchen, dann tun wir dies nicht, weil wir annehmen, daß jedes seiner Gebote in unserem eigenen Interesse ist, sondern weil wir verpflichtet sind, *ihm* zu gehorchen, und daher handelt es sich nicht länger um einen Rat, sondern um ein Gebot. Hobbes analysiert die Begriffe Rat und Gebot im Rahmen der unterschiedlichen Gründe, aus denen heraus wir beiden Arten von Imperativen Folge leisten. In einem Fall folgen wir, weil uns die einzelnen Vorschriften auf unseren Vorteil hin ausgerichtet erscheinen. Im anderen Fall folgen wir, weil wir allgemein verpflichtet sind, die Vorschriften dieses bestimmten Individuums zu befolgen. Das schließt jedoch die Möglichkeit nicht aus, daß unsere allgemeine Verpflichtung, demjenigen zu folgen, dem wir uns vertraglich zu folgen verpflichtet haben, sich letztlich auf Eigeninteresse gründet. Meiner Ansicht nach soll lediglich ausgedrückt werden, daß es logisch ausgeschlossen ist, daß wir verpflichtet sein sollten, was auch immer zu tun, was uns jemand sagt und daß dieses gleichzeitig Rat genannt wird. Dies gilt sowohl für die Befehle Gottes als auch für die des staatlichen Souveräns. Aber dies ist völlig irrelevant für den verpflichtenden Status von irgend etwas Verschiedenem von Imperativen, geäußert von einer Person bestimmten Zuschnitts. Hobbes behauptet nicht, wie Warrender anscheinend denkt, daß der einzig mögliche Ursprung einer Verpflichtung etwas zu tun, das Gebot von jemandem mit Befehlsgewalt ist. Er trifft lediglich eine kleine grammatikalische Feststellung mit beschränktem Skopus.

Es ist möglich, sich unter den natürlichen Gesetzen etwas anderes als Befehle oder Ratschläge vorzustellen. Warrender ist der Ansicht, daß ihre Benennung als Klugheitsmaximen bedeutet, daß sie als Ratschläge klassifiziert und daß sie daher in Hobbes' System zwangsläufig als nicht-verpflichtend angesehen werden müssen. Wenn Hobbes jedoch von einem Rat spricht, dann meint er den Rat einer bestimmten Person. Hobbes würde es m. E. nicht abstreiten, daß eine Anzahl von Maximen, wie die Menge der natürlichen Gesetze, obwohl sie nicht jemandem von jemandem geboten wurden, trotzdem verpflichtend sein könnten. Tatsächlich glaube ich, daß er unsere fundamentalen Verpflichtungen nicht als autoritäts- sondern als prinzipienbezogen versteht, bezogen auf die Menge der natürlichen

Gesetze, und, daß unsere Verpflichtungen hinsichtlich einer Autorität daraus abgeleitet werden.

Wenn ich jedoch leugne, daß Gott Grund der Verpflichtung ist, was kann ich dann über die Stellung Gottes in Hobbes' Theorie, bezogen auf die natürlichen Gesetze und die Verpflichtungen des Menschen, sagen? Ich bin der Ansicht, daß ihm verschiedene Rollen zukommen.

Eine Rolle ist die des allmächtigen Herrschers des natürlichen Reiches, von der Hobbes in Kapitel 31 [des *Leviathan*, d. Ü.] spricht. Die Untertanen diese Reiches sind diejenigen, die daran glauben, daß Er existiert und mit Lohn und Strafe bei Gehorsam bzw. Ungehorsam regiert. Er verkündet seine Gesetze mittels der Diktate der natürlichen Vernunft, mittels Offenbarung und durch die Propheten. Hobbes behauptet, daß sein Recht zu herrschen und unsere Verpflichtung, ihm zu gehorchen, nichts damit zu tun haben, daß wir seine Geschöpfe sind und ihm daher Dank schulden, sondern dies nur aus seiner unwiderstehlichen Macht entspringt. Er sagt, dies wäre genauso, als ob ein Mensch im Naturzustand aus sich selbst heraus die Macht gehabt hätte, allein alle zu unterwerfen. Da jeder Mensch im Naturzustand das Recht auf alles hat, könnte dieser Mensch einfach die Herrschaft übernommen haben. Das einzige, was dies faktisch unmöglich macht, ist die Tatsache, daß kein Mensch diese Stärke besitzt, somit macht die Einsetzung eines Souveräns es erforderlich, daß alle anderen ihr Recht auf alles aufgeben. „Hätte es aber einen Menschen von unwiderstehlicher Gewalt gegeben, dann hätte kein Grund dafür bestanden, weshalb er nicht nach eigenem Gutdünken mit Hilfe dieser Gewalt sich selbst und die anderen hätte regieren und verteidigen sollen. Deshalb besitzen diejenigen, deren Macht unwiderstehlich ist, auf Grund ihrer überragenden Macht oder Gewalt von Natur aus die Herrschaft über alle Menschen, und folglich liegt es an dieser Gewalt, daß die Herrschaft über die Menschen und das Recht, sie nach seinem Belieben heimzusuchen, von Natur aus Gott dem Allmächtigen zusteht, und zwar nicht in seiner Eigenschaft als Schöpfer oder Gnadenspender, sondern als Allmächtiger" (273). Was könnte deutlicher sein? Wir müssen gehorchen, sonst ... Man könnte sogar Gott selbst als im Naturzustand vorzufindendes Wesen vorstellen. Aber er befindet sich im Krieg aller gegen alle nicht in Gefahr, so daß er den natürlichen Gesetzen nicht folgen muß, die als Prinzipien entworfen wurden, um schwächere Individuen zu schützen und ihr Leben zu verlängern. Wir sind erfüllt von einer Pflicht, Gott zu verehren, sagt Hobbes: „Die Verehrung, die wir ihm bezeugen, entspringt unserer Pflicht und richtet sich, unserer Fähigkeit entsprechend, nach den Regeln der Verehrung, die den Verschriften der Vernunft zufolge der schwächere Mensch einem Mächtigeren gegenüber zu befolgen hat, in der Hoffnung auf einen Vorteil, aus Furcht vor Schaden oder aus Dankbarkeit für eine schon erhaltene Wohltat" *(276)*.

Warrender gesteht zu, daß diese Interpretation gut mit der Theorie menschlicher Motivation zusammenpaßt, behauptet jedoch, daß sie die eigentliche moralische Klangfarbe bei Hobbes nicht hinreichend berücksichtigt. Daß es bei Hobbes, wie von Warrender und A. E. Taylor behauptet, tatsächlich so etwas wie eine eigentümliche moralische Dimension gibt, ist eine Sichtweise, die meiner Ansicht nach stark in Zweifel gezogen werden kann. Was daran auch immer wahr sein mag, es kann den streng klugheitsbegründeten Sinn, den der Begriff der Verpflichtung in Hobbes' System hat, nicht ändern.

Eine andere Rolle Gottes ist die des Ursprungs aller Dinge. Alle menschlichen Wünsche, Leidenschaften und Neigungen sind letztlich in Gottes Willen begründet, somit sind alle menschlichen Handlungen notwendig vorherbestimmt. In diesem Sinne: „Wenn wir deshalb Gott einen *Willen* zuschreiben, so ist er nicht wie der des Menschen als eine *vernünftige Neigung* anzusehen, sondern als die Macht, durch die er alles bewirkt" (277). Durch die Kontrolle unserer individuellen Wünsche kontrolliert er unsere kollektiven Handlungen. In Kapitel 17 beschreibt Hobbes diese Wirkung am Beispiel sozialer Tiere, den Bienen. Sie handeln für das Gemeinwohl, indem sie einfach ihren individuellen Neigungen folgen. Der Mensch jedoch, ein stolzes und kritisches Wesen, muß sich Prinzipien bürgerlicher Herrschaft ausdenken, um in dieser Weise zu leben. Nichtsdestotrotz sind sogar diese Diktate der Vernunft und die fundamentalen Wünsche, auf die sie zurückzuführen sind, durch den Willen Gottes im Menschen vorhanden. Da wir nach Hobbes nur in einer Weise handeln können, von der wir annehmen, daß sie unseren Interessen entspricht, und da all unsere Handlungen durch den Willen Gottes bestimmt sind, kann behauptet werden, daß wir eine Verpflichtung zum Gehorsam nur in dem weit hergeholten Sinn haben, in dem von Steinen gesagt werden könnte, sie hätten eine Verpflichtung, den Hang abwärts zu rollen. Und das ist in keinerlei Hinsicht eine moralische Verpflichtung. Auch wenn wir die deterministische Seite der Theorie außer acht lassen, könnten wir behaupten, daß die Menschen eine Verpflichtung haben, ihren eigenen Vorteil auf bestimmte, von Gott erdachte Weisen zu suchen (durch das Befolgen der natürlichen Gesetze und den Aufbau einer bürgerlichen Gesellschaft). Diese sind rational die besten Wege und konsequentiell diejenigen, durch die die Menschen mit eigennützigen Handlungen im öffentlichen Interesse agieren. Aber auch das ist keine moralische Verpflichtung. Der Grund, warum sich ein Individuum zur Befolgung der natürlichen Gesetze entscheidet, ist immer noch völlig eigennützig.

Die einzige Rolle, die Gott m. E. in Hobbes' Theorie der Verpflichtung auf keinen Fall innehat, ist die eines Urgrundes moralischer Verpflichtung, der nach Warrenders und Taylors Behauptung in Seinem Wort zu finden ist. Die Verpflichtung, Gott zu gehorchen, scheint mir nicht die zentrale Position bei Hobbes einzunehmen, die Warrender ihr zuschreibt. Warrender argumentiert, daß jede moralische Verpflichtung auf dem natürlichen Gesetz basiert und daß die Gesetze nur in ihrem Status als Gebote Gottes verpflichten, dem wir schon vorab verpflichtet sind. Er sagt, daß es letztlich zur Frage wird, ob die ultimative, unhinterfragbare Appellationsinstanz hinsichtlich des Wesens unserer Verpflichtung sich auf die Autorität einer Person oder auf die einer Regel bezieht. Sogar abgesehen von dem Streitpunkt, ob es sich überhaupt um ein System moralischer Verpflichtung handelt, scheint es mir in deutlich stärkerem Maße auf Gesetzen als auf Geboten zu beruhen. Die natürlichen Gesetze sind aus sich selbst heraus verpflichtend. Sie können auch Gebote Gottes sein und daraus einen Verpflichtungscharakter erhalten. Aber Hobbes leitet sie nicht daraus ab, daß er sagt, „Wir sind verpflichtet das zu tun, was immer Gott gebietet. Er hat diese Gesetze angeordnet; deshalb bilden diese unsere grundlegenden Verpflichtungen." Er sagt, daß die Naturgesetze unveränderlich und ewig sind, weil Krieg immer das Leben zerstören und Frieden es immer erhalten wird; und nicht weil Gott niemals Seine Instruktionen verändert (vgl. *L* XV, 121). Es ist ein Fehler, zu behaupten, daß Gott die ultimative Instanz für Hobbes darstellt, da in diesem Fall alles, was Gott anordnet, gleichermaßen verpflichtend wäre und daß immer dann, wenn er seine Anordnungen änderte, sich auch unsere Verpflichtungen ändern würden. Die Essenz des Hobbesschen Systems liegt in einer Anzahl von Prinzipien, die sich in erster Linie mit dem Erhalt der menschlichen Gesellschaft beschäftigen. Würden diese Prinzipien verändert, wäre es nicht mehr dasselbe System.

Ich bin auch, trotz einiger Unsicherheiten, der Ansicht, daß ein System der Verpflichtung, an dessen Spitze die Autorität einer Person steht und kein Prinzip, nicht wirklich ein moralisches System genannt werden kann. Ich merke diesen Punkt an (obwohl ich ihn nicht gründlich diskutieren werde), weil Warrender glaubt, daß er mit der Implementierung dieser Art von Grundlage in Hobbes' Konzeption der Verpflichtung aufzeigen kann, daß es sich dabei um moralische Verpflichtung handelt. Bei der Überprüfung eines Rechtssystems ist die Frage, ob ein Gesetz oder eine Person an dessen Spitze steht, sicherlich präsent. Wir beantworten sie durch die Untersuchung, woran die Menschen innerhalb des Systems in letzter Instanz appellieren. Handelt es sich jedoch um ein Moralsystem, und es stellt sich heraus, daß die oberste Autorität bei einer Person liegt, so bin ich geneigt zu behaupten, daß es nicht wirklich moralisch ist. Meine Begründung ist nicht, daß ich denke, daß diese Art von Appell sich auf Eigeninteresse oder Furcht gründen muß. Wenn ein Vater ein Kind auffordert etwas zu tun, „einfach weil ich es so gesagt habe!", dann muß er nicht auf irgendwelche körperlichen Strafen Bezug nehmen, die mit seinen Anordnungen verbunden sind, sondern auf seine einfache, ursprüngliche Autorität. Wie Warrender ausführt, sind viele Menschen der Meinung, daß dies die einzige Grundlage von Verpflichtung darstellt, und sie handeln daraufhin in vielerlei Hinsicht sehr ähnlich wie ich hinsichtlich meiner Ansichten bezüglich der Gründe der Verpflichtung handeln würde. Die Stärke des Gefühls ist in beiden Fällen gleich, und Schuld und Tadel und Lob spielen bei beiden Arten des Diskurses ähnlich aktive Rollen. Ich leugne, daß die andere Art wirklich moralisch genannt werden kann; zum Teil, weil in ihr rationale Überlegung und menschliches Gefühl keine Rolle bei der Entscheidung über Recht oder Unrecht spielen. Zum anderen verneine ich sie, weil sich aus diesem Glauben für eine andere Person die Möglichkeit ergibt, eine Menge von Vorschriften als Moralgesetze zu akzeptieren, die sich vollständig von der unterscheidet, die ich als moralisch akzeptieren würde, da die Möglichkeit besteht, daß derjenige dem sich die andere Person verpflichtet fühlt, etwas Beliebiges gebieten kann und dieses dann moralisches Gesetz ist. Es ist Teil des Begriffs von Moral, daß bestimmte Vorschriften in einem Regelsystem enthalten sind, wenn wir es als moralisches System bezeichnen. Es müssen Vorschriften sein, die die freundliche und faire Behandlung anderer betreffen, Vorschriften gegen das Zufügen von unnötigeem Leid und anderes mehr. Nichts kann als moralischer Grund bezeichnet werden, was die Möglichkeit gibt, daß diese Vorschriften nicht Teil unserer Verpflichtungen sind.

Ich glaube gezeigt zu haben, daß das, was von Hobbes innerhalb des im *Leviathan* entwickelten Systems von Verpflichtungen moralische Verpflichtung genannt wird, ausschließlich auf Eigeninteresse beruht. Nicht einmal appelliert er im *Leviathan* daran, sich mit anderen um ihrer selbst willen zu befassen, sondern er hat immer das Eigeninteresse im Blick. Dennoch ist er deutlich am Wohlergehen der Menschheit interessiert; das Buch befaßt sich schließlich mit gesellschaftlichen Problemen. Man könnte sogar versucht sein zu sagen, daß es sich dabei seinerseits um moralische Empfindungen handelt und daß diese auf bestimmte Weise in seinem Werk Ausdruck finden. Ich glaube aber, daß man den moralischen Aspekt der Hobbesschen Empfindungen als etwas von dem System deutlich abgegrenztes betrachten muß. Seine Theorie der Motivation, nach der Menschen ausschließlich aus eigennützigen Motiven handeln, schließt aus, daß es sich bei seiner Arbeit um eine Ermahnungsschrift handelt, die an altruistische Motive appelliert.

Der *Leviathan* zeigt den Menschen also, wie sie am besten in ihrem eigenen Interesse handeln sollten, wobei, handelten alle in der gleichen Weise, sich für alle ein Nutzen ergeben würde. Hätte Hobbes bewiesen, daß bestimmte Institutionen und Handlungen dem allgemeinen Wohl dienten und dann behauptet, daß jeder Mensch, unabhängig von seinen speziellen Interessen, verpflichtet wäre, für deren Aufbau zu arbeiten, dann könnte eine solche Konzeption der Verpflichtung moralisch genannt werden. Aber nichts davon wird gesagt. Geht man von Hobbes' Theorie der Motivation aus, kann man nicht erwarten, in einem Buch, in dem er versucht Menschen davon zu überzeugen, bestimmte Dinge zu tun, Hinweise für eine echte moralische Verpflichtung zu finden. Ich glaube, das ist der Grund, warum Warrenders Ansatz zum Scheitern verurteilt ist. Die Versuchung es trotzdem zu probieren, entstammt der Idee, daß Hobbes in diesen Dingen moralische Empfindungen gehabt haben muß, um ein solches Buch zu schreiben; was sehr wahrscheinlich eine vernünftige Folgerung ist. Aber Fragen bezüglich Hobbes' Empfindungslandschaft dürfen nicht mit inhaltlichen Fragen des Textes vermischt werden.

Warrender ist der Ansicht, daß Hobbes von dem Stigma befreit werden muß, seine Argumente zur politischen Verpflichtung basierten auf dem Eigeninteresse. Ich meine, daß nichts Seltsames daran ist, ein System der politischen *Theorie* auf dem Eigeninteresse aufzubauen und verschiedene staatliche Institutionen und Praktiken mit Hobbes' Methoden zu rechtfertigen. Ich stimme damit überein, daß es ein Fehler ist, dieses wie es Hobbes tut, als ein System moralischer Verpflichtung zu kennzeichnen. Als ein Versuch zur Analyse moralischer Konzepte scheitert der *Leviathan*. Wenn aber jemand versucht, ein System sozialen und politischen Verhaltens auszuarbeiten, von dem er hofft, daß alle Menschen dieses in seiner Ausformung als akzeptabel empfinden, so scheint es natürlich, an das weitblickende, rationale Eigeninteresse zu appellieren, auf das Hobbes' System aufbaut. Und es ist außerordentlich wichtig, diese Art von Eigeninteresse von einer anderen abzugrenzen. Wenn Hobbes sagt, ein natürliches Gesetz sei: „eine von der Vernunft ermittelte Vorschrift oder allgemeine Regel, nach der es einem Menschen verboten ist, das zu tun, was sein Leben vernichten oder ihn der Mittel zu seiner Erhaltung berauben kann, und das zu unterlassen, wodurch es seiner Meinung nach am besten erhalten werden kann" (99), könnte man versucht sein zu behaupten, daß die natürlichen Gesetze dem einen Befehl „erhalte dich selbst" entsprechen. Und dieses erscheint natürlich als eine recht ungewöhnliche Regel zur Errichtung eines sozialen Systems. Würden alle Menschen dem gewöhnlichen Sprachgebrauch der einfachen Regel „erhalte dich selbst" folgen, gereichte das Resultat, der Hobbessche Krieg aller gegen alle mit der Bestrebung jedes einzelnen, seinen unmittelbaren sofortigen Vorteil zu sichern, zum allgemeinen Schaden für die Menschheit. Man könnte die Regel dadurch befolgen, daß man eine Waffe kauft und jeden Menschen niederschießt, der die eigenen Interessen beeinträchtigt. Aber angesichts dieser Erkenntnis und angesichts der allerwichtigsten Erkenntnis, daß es sich bei der stärksten menschlichen Motivation, mit der er es zu tun hat, um das Eigeninteresse handelt, versucht Hobbes herauszufinden, wie die Menschen mit dieser Motivation umgehen können, um ihre Lage dadurch zu verbessern, daß sie dem Kriegszustand entzogen werden. Seine natürlichen Gesetze sind Vorschriften, die damit rechnen, daß Menschen im Naturzustand, die nur nach ihrem individuellen Nutzen streben, im Gegensatz zu den Bienen, hinsichtlich der menschlichen Sicherheit und Überlebensfähigkeit nicht den optimalen Zustand erreichen. Die natürlichen Gesetze schreiben dem Menschen nicht vor, seine ursprüngliche Motivation, den eigenen Vorteil zu suchen, aufzugeben. Sie erzwingen die Implementierung von Voraussetzungen, unter denen sich das Resultat menschlicher Handlungen aus dieser Motivation heraus vom allgemeinen Kriegszustand unterscheidet. Und sie enthalten Qualifikationen, die sicherstellen, daß in keinem Fall ein Befolgen dem Eigeninteresse eines bestimmten Individuums entgegensteht. Das bedeutet nicht nur, daß, im Falle, daß jedermann diese Regeln befolgt, das Ergebnis das Gemeinwohl ist, sondern auch, daß ein einzelner, der diese Regeln befolgt, auch wenn es sonst niemand tut, nicht sein eigenes Wohl riskiert. Aus diesem Grund ist es zu jedermanns Vorteil, diese Regeln zu befolgen. Sie stellen tatsächlich die beste und rationalste Weise dar, in der ein Mensch in seinem eigenen Interesse handeln kann. In einem Sinne ist die Behauptung somit wahr, daß sie auf die Vorschrift „erhalte dich selbst" hinauslaufen; aber dies führt andererseits in die Irre. Denn wird diese Vorschrift als Essenz einer Menge von Regeln, „die den Frieden befehlen, als ein Mittel zur Erhaltung der Menschheit im Ganzen", betrachtet, dann erhält sie eine ganz andere Bedeutung als wenn sie an ein einzelnes Individuum gerichtet würde. Es gibt zumindest zwei Arten von Appellen an das Eigeninteresse durch die die Annahme von der Verhaltensregeln gerechtfertigt werden kann. Und eine davon ist wesentlich raffinierter als die andere und findet bei der Entwicklung eines politischen Systems entscheidende Anwendung.

Ins Deutsche übertragen von Ingolf Ebel

# 10

Wolfgang Kersting

Vertrag, Souveränität, Repräsentation

Zu den Kapiteln 17 bis 22 des *Leviathan*

10.1 Die Lektion des Naturzustands

Das Hobbessche Lehrstück vom Naturzustand läßt sich als dreiphasiger Lernprozeß der menschlichen Vernunft rekonstruieren. Am Anfang steht die Vernunft des offensiven Mißtrauens, die weiß, daß man im Naturzustand „jederzeit in Kriegsrüstung seyn muß" (Kant, Ges. Schriften, Akad.-Ausg. XIX, Refl. 7646), sich daher um eine stetige Vergrößerung des Selbstbehauptungspotentials bemüht und zu präventiver Gewaltanwendung grundsätzlich bereit ist. Die Individuen machen dann freilich die Erfahrung, daß genau diese rationale Strategie des Wettrüstens den Naturzustand in einen Kriegszustand verwandelt; je rationaler sie sich einzeln bei ihrer Selbsterhaltungspolitik verhalten, um so irrationaler und selbsterhaltungsriskanter wird der Gesamtzustand, ihr gemeinsame Lebensraum. Eine erste Ursachenanalyse führt die Vernunft zu der Erkenntnis, daß der Kriegszustand nur dann überwunden werden kann, wenn die Individuen ihr Verhalten freiheitseinschränkenden und handlungskoordinierenden Regeln unterwerfen, wenn sie die Politik individueller Selbsterhaltung durch eine kooperative Politik der gesellschaftlichen Friedenssicherung ersetzen. Daher entwirft die Vernunft in der zweiten Entwicklungsphase eine Kooperationsstrategie. In ihrem Mittelpunkt steht ein System der „natürlichen Gerechtigkeit", eine Reihe aufeinander abgestimmter Regeln der gesellschaftlichen Befriedung. In der dritten Phase muß die Vernunft dann einsehen, daß es mit der Aufstellung des Friedensgebots und der Formulierung der Kooperationsvorschriften noch lange nicht getan ist. Sie erkennt, daß *niemandem* eine Befolgung der natürlichen Gesetze des Friedens und der gesellschaftlichen Kooperation zugemutet werden kann, wenn nicht sichergestellt ist, daß *alle* die mit der Kooperativität und Friedfertigkeit verbundene Selbstdisziplin aufbringen. Sie leitet aus dieser Erkenntnis die Aufgabe ab, die Umstände so zu verändern, daß eine allgemeine Befolgung der Vernunftregeln gewährleistet ist und somit auch der einzelne risikolos das tun kann, was ihm seine Vernunft im Interesse der Sicherung seines Lebens und der Beförderung seines Glücks vorschreibt; und dies kann er erst dann ungefährdet tun, wenn eine unwiderstehliche Zwangsgewalt den Vernunftvorschriften Wirksamkeit verschafft und die Einhaltung aller Absprachen garantiert. „Die bloße Übereinstimmung oder das Übereinkommen zu einer Verbindung ohne Begründung einer gemeinsamen Macht, welche die einzelnen durch Furcht vor Strafe leitet, genügt daher nicht für die Sicherheit, welche zur Übung der natürlichen Gerechtigkeit nötig ist" (*CI*, 5, 5; 127). Den gesellschaftlichen Frieden *allein* wechselseitiger vertraglicher Selbstbindung anzuvertrauen, ist kein erfolgversprechendes Rezept, um die Krankheit Kriegszustand zu kurieren: „Verträge ohne das Schwert sind bloße Worte und besitzen nicht die Kraft, einem Menschen auch nur die geringste Sicherheit zu bieten. Falls keine Zwangsgewalt errichtet worden oder diese für unsere Sicherheit nicht stark genug ist, wird und darf jedermann sich rechtmäßig zur Sicherung gegen alle anderen Menschen auf seine eigene Kraft und Geschicklichkeit verlassen" (131). Um „dem elenden Naturzustand zu entkommen", haben die Menschen nur den einen Weg der vertraglichen Gründung einer „sichtbaren Gewalt, die sie im Zaume zu halten und durch Furcht vor Strafe an die Erfüllung ihrer Verträge und an die Beachtung der natürlichen Gesetze zu binden vermag".

10.2 Die Struktur des Vertrags

Häufig wird gegen die Hobbessche Theorie vom Staatsvertrag eingewendet, daß sie notwendig an ihren eigenen Voraussetzungen scheitern müsse. Dieser Einwand stützt sich auf die Anwendung dessen, was Hobbes über die Gültigkeit von Verträgen im Naturzustand gesagt hat, auf den Vertrag, der, im Naturzustand geschlossen, aus ihm herausführen soll. Wenn Verträge im Naturzustand nicht wirksam sein können, weil keinerlei Sicherheit besteht hinsichtlich der Bereitschaft des Partners, seine versprochene Leistung zu erbringen, dann kann auch der Staatsvertrag nicht wirksam sein, weil die Macht, die für seine Einhaltung einsteht, ja erst durch ihn instituiert wird.

Diese Kritik leuchtet ein, wenn man die Vertragskonzeption realistisch interpretiert und Naturzustand, Vertrag und Staat als Abfolge von Ereignissen narrativ verknüpft. Hobbes' Theorie erzählt aber keine Geschichte, sondern entwickelt ein bedingungslogisches Argument, das die Voraussetzungen staatlicher und gesellschaftlicher Existenz bis in die kleinsten Verästelungen hinein ausfindig machen und in ihrem internen logischen Zusammenhang ausweisen will. Der Einwand, daß der Staatsvertrag den Staat bereits voraussetzen müsse, um als valider Vertrag den Staat unter Naturzustandsbedingungen erzeugen zu können, geht ins Leere. Denn der Staatsvertrag ist ja anders als die gedachten Verträge im Naturzustand, die aufgrund der Vertragsunsicherheit nicht zustande kommen werden, ein diese Situation reflektierender Vertrag, der nur den einen Zweck hat, die Bedingungen zu erschaffen, die erfüllt sein müssen, damit sich friedliche gesellschaftliche Verhältnisse und zuverlässige vertragliche Kooperation entfalten können. Oder anders und mit Blick auf den Adressaten der Hobbesschen Philosophie formuliert: der Vertrag benennt die Bedingungen, die beachtet werden müssen, damit die gesellschaftliche Ordnung nicht zerfällt. Denn die Hobbessche Philosophie klärt keine Naturzustandsbewohner auf, wie sie den Naturzustand überwinden können; sie klärt Bürger darüber auf, was sie tun müssen, um ein Eintreten des Naturzustandes, der Anarchie, des Bürgerkriegs, kurz: des politischen *summum malum* zu verhindern.

Der Hobbessche Vertrag ist ein Vertrag eines jeden mit einem jeden. Seine Gestalt korrespondiert genau der individualistischen Konfliktstruktur des Naturzustandes. So wie der Naturzustand ein Zustand des Krieges eines jeden gegen ein jeden war, muß auch der ihn beendende Vertrag ein Vertrag eines jeden mit einem jeden sein. Waren im mittelalterlichen und ständischen Herrschaftsvertrag Volk und Herrscher die Vertragspartner, traten die Individuen hinter der körperschaftsrechtlich begriffenen Volksgesamtheit, hinter dem magistral-ständischen Vertretungssystem, das die *bellua innumerorum capitum*, das Untier mit den zahllosen Köpfen, zähmte und in eine organisierte Einheit integrierte, zurück, so werden sie bei Hobbes zu den Protagonisten des staatsphilosophischen Kontraktualismus. Und die Partner des traditionellen Herrschaftsvertrages werden im individualistischen Kontraktualismus zu vertragsunbeteiligten Produkten der Übereinkunft der asozialen Individuen, denn weder ist der durch den Vertrag eingesetzte Souverän Vertragspartner noch vermag die durch vertragliche Vereinigung der Individuen unter den souveränen Willen des Leviathan sich erst konstituierende Gesellschaft als Vertragssubjekt zu fungieren (vgl. Kersting 1990).

Hobbes' Vertrag ist Gesellschaftsvertrag und Staatsvertrag in einem. Die durch ihn herbeigeführte Errichtung des bürgerlichen Zustandes ist in derselben logischen Sekunde Errichtung einer Herrschaftsordnung und

Herstellung einer Gesellschaft. Im Lichte der radikalen individualistischen Prämissen des Hobbesschen Philosophierens sind Vergesellschaftung und Herrschaftsetablierung nicht unabhängig voneinander denkbar: der Vertrag ist Grund der Vergesellschaftung der Individuen nur insofern er auch zugleich Grund der Herrschaftserrichtung ist, und er besitzt diese herrschaftsbegründende Funktion nur als eine die Individuen assoziierende und wechselseitig bindende Rechtsfigur. Der vertragliche Zusammenschluß enthält das Modell der Gesellschaft, deren Bestand durch den Leviathan garantiert wird.

10.3 Rechtsverzicht und Begünstigung

Einzig das Recht eines jeden auf alles und alle erweist sich in der Analyse des Naturzustandes als eine Konfliktursache, die menschlicher Veränderung zugänglich ist: die menschliche Natur kann nicht verändert werden, auch das Regiment der Knappheit kann nicht abgeschüttelt werden, jedoch kann die unbegrenzte menschliche Handlungsfreiheit Regeln unterworfen werden. Der erste Schritt auf dem Weg aus dem Naturzustand muß also der wechselseitige Verzicht auf das *ius in omnia et omnes* sein. Damit nimmt das Vertragsversprechen die Weisung der Vernunft auf, die im zweiten natürlichen Gesetz, das den Verzichtsvertrag als Königsweg der Naturzustandsüberwindung aus dem grundlegenden Friedensgebot ableitet, zum Ausdruck gebracht wird

Allerdings wäre mit einem wechselseitigen Verzicht auf das *ius in omnia et omnes* allein noch nicht die erhoffte Verbesserung des Zustandes erreicht. Zusätzlich ist die Existenz eines machhabenden Willen erforderlich, der den Freiheitsgebrauch der Individuen koordiniert und die divergierenden Willen der vielen in seinem Willen vereinigt (vgl. *CI*, 5, 6; 128). Wie aber kann die Handlung des wechselseitigen Rechtsverzichts Souveränität konstituieren, ein Herrschaftsrecht erzeugen, einen Willen hervorbringen, der alle in eine politische Einheit einbindet? Wie kann auf der Grundlage der wechselseitigen Selbstentwaffnung aller Naturzustandsbewohner ein mit Gewaltmonopol ausgestatteter allgemeiner Wille entstehen? Hobbes' Antwort auf diese Frage nach dem Legitimationsgrund der staatlichen Autorität liegt in einer eigentümlichen Auffassung der normativen Wirkung von Rechtsverzichtsakten. „Auf das Recht auf irgend etwas *verzichten* heißt *sich der Freiheit begeben*, einen anderen daran zu hindern, den Nutzen aus seinem Recht hierauf zu ziehen. Denn verzichtet jemand auf sein Recht oder überträgt er es, so gibt er damit niemandem ein Recht, das dieser nicht vorher schon besessen hätte. Er gibt vielmehr dem anderen nur den Weg frei, damit dieser sein eigenes ursprüngliches Recht ohne eine von ihm verursachte Behinderung ausüben kann" (100).

Durch die Rechts- und Willensnegation der Vertragspartner wird der Weg frei für den rechtsbestimmenden Willen des Einen. Wo vordem ein Selbstbehauptungs- und Machtsteigerungskrieg aller gegen alle stattfand, wird jetzt durch vollständige Selbstaufgabe der Individuen eine tabula rasa geschaffen, in die der Souverän seine allgemein verbindliche und gegen jedermann durchsetzbare Ordnung eingravieren kann. Die Konstitution staatlicher Herrschaft durch den Rechtsverzichtsvertrag fügt dem Recht keine neue Dimension zu, schafft kein neues Recht. Das Herrschaftsrecht ist vom *ius in omnia* weder formal noch inhaltlich unterschieden. Es ist das *ius in omnia* des einen, der dem Vertrag nicht beigetreten ist und darum Nutznießer des vertraglichen Rechtsverzichts sein können. Hinderten im Naturzustand die vielen *iura in omnia* einander in der Entfaltung, so kann sich jetzt das *ius in omnia* des übriggebliebenen Naturzustandsbewohners, des *lupus intra muros*, frei entfalten. Die stabilitätspolitische Grundidee dieser Konstruktion ist die Idee der Friedensstiftung durch Machtmonopolisierung. Und da ein stabiles Machtmonopol auf natürlichem Wege aufgrund der natürlichen Gleichheit der Menschen nicht zu erreichen ist, muß es durch ein vertragliches Arrangement hergestellt werden. Der begünstigende Rechtsverzicht hebt die Konkurrenz der *iura in omnia et omnes* auf und setzt ein *ius in omnia et omnes*-Monopol an seine Stelle. Der Souverän ist ein *ius in omnia et omnes*-Monopolist. Er ist eine natürliche Person, die zur Ermöglichung der Friedensordnung ihr *ius in omnia* als einzige behält und ungehindert ausüben kann. Souveränität und Herrschaftsrecht verdanken sich also keiner genuinen rechtsschöpferischen Aktion (vgl. Brandt 1980).

10.4 Autorisierung, Repräsentation und politische Einheit

„Der alleinige Weg zur Errichtung einer solchen allgemeinen Gewalt, die in der Lage ist, die Menschen vor dem Angriff Fremder und vor gegenseitigen Übergriffen zu schützen und ihren dadurch eine solche Sicherheit zu verschaffen, daß sie sich durch eigenen Fleiß und von den Früchten der Erde ernähren und zufrieden leben können, liegt in der Übertragung ihrer gesamten Macht und Stärke auf einen Menschen oder eine Versammlung von Menschen, die ihre Einzelwillen durch Stimmenmehrheit auf einen

Willen reduzieren können. Das heißt soviel wie einen Menschen oder eine Versammlung von Menschen bestimmen, die deren Person verkörpern sollen, und bedeutet, daß jedermann alles als eigen anerkennt, was derjenige, der auf diese Weise seine Person verkörpert, in Dingen des allgemeinen Friedens und der allgemeinen Sicherheit tun oder veranlassen wird, und sich selbst als Autor alles dessen bekennt und dabei den eigenen Willen und das eigen Urteil seinem Willen und Urteil unterwirft. Dies ist mehr als Zustimmung oder Übereinstimmung: Es ist eine wirkliche Einheit aller in ein und derselben Person, die durch Vertrag eines jeden mit jedem zustande kam, als hätte jeder zu jedem gesagt: *Ich autorisiere diesen Menschen oder diese Versammlung von Menschen und übertrage ihnen mein Recht, mich zu regieren, unter der Bedingung, daß du ihnen ebenso dein Recht überträgst und alle ihre Handlungen autorisierst.* Ist dies geschehen, so nennt man diese zu einer Person vereinte Menge *Staat*, auf lateinisch *civitas*. Dies ist die Erzeugung jenes großen Leviathan oder besser, um es ehrerbietiger auszudrücken, jenes *sterblichen Gottes*, dem wir unter dem *unsterblichen* Gott unseren Frieden und Schutz verdanken. Denn durch diese ihm von jedem einzelnen im Staate verliehene Autorität steht ihm so viel Macht und Stärke zur Verfügung, die auf ihn übertragen worden sind, daß er durch den dadurch erzeugten Schrecken in die Lage versetzt wird, den Willen aller auf den innerstaatlichen Frieden und auf gegenseitige Hilfe gegen auswärtige Feinde hinzulenken. Hierin liegt das Wesen des Staates, der, um eine Definition zu geben, *eine Person ist, bei der sich jeder einzelne einer großen Menge durch gegenseitigen Vertrag eines jeden mit jedem zum Autor ihrer Handlungen gemacht hat, zu dem Zweck, daß sie die Stärke und Hilfsmittel aller so, wie sie es für zweckmäßig hält, für den Frieden und die gemeinsame Verteidigung einsetzt"* (134 f.).

Während Hobbes den Gedanken der Rechtsübertragung im Sinne eines Verzichts auf Widerstand gegenüber dem Rechtsgebrauch des Vertragsnutznießers bereits in seinen ersten staatsphilosophischen Traktaten ausgearbeitet hat, kommt im *Leviathan* der Gedanke der Autorisierung neu hinzu. Entsprechend wird dem Recht auf alles ein „Recht auf Selbstregierung" zur Seite gestellt, das im Vertrag ausdrücklich auf den Souverän übertragen wird. Das Geburtsereignis des Leviathan ist der wechselseitig versprochene Souveränitätsverzicht der Individuen. Die Selbstentmündigung der Menschen erzeugt den sterblichen Gott, der die größte Macht auf Erden besitzt und für die Menschen denkt und handelt. Die Rede von der Selbstentmündigung ist keine überzogene Metaphorik. Während das Recht auf alles sich auf das Äußere bezieht, auf das Dingliche und Körperliche, auch auf die Körper und äußeren Handlungen der Konkurrenten, kommen mit dem Recht auf Selbstregierung die Momente des Willens, der Subjektivität und Personalität ins Spiel. Damit gewinnt die Vorstellung der Formierung einer handlungsfähigen, dem Modell der personalen Einheit nachgebildeten, mit Subjektivitätsmerkmalen ausgestatteten politischen Einheit an Deutlichkeit und innerer Stringenz. Der Verzicht beseitigt nur die naturzustandstypische Konkurrenzsituation und läßt den Vertragsbegünstigten als letzten Inhaber des Rechts auf alles übrig: seine natürliche Macht, deren Maß ehedem durch das Kräfteparallelogramm des Kriegszustandes bestimmt wurde, verliert alle einschränkende Konkurrenz und gewinnt damit absolute Qualität. Die Übertragung des Selbstregierungsrechts auf den Souverän hingegen ist ein Akt der personalen Selbstenteignung, der aus der Perspektive des vertragsbegünstigten Souveräns die Gestalt eines Aktes der Konstitution eines genuinen Herrschaftsrechts annimmt. Die Übertragung des Selbstbestimmungsrechts und der Autorisationsakt explizieren sich wechselseitig. Mit dem Autorisierungskonzept gewinnt die staatsphilosophische Argumentation Hobbes' schärfere Kontur. Die Bedeutung, die ihm der Autor selbst beigemessen hat, ist vom Titelbild der Erstausgabe gut abzulesen, dessen emblematische Darstellung ja genau die erst durch die Autorisierung ermöglichte imaginär-symbolische Vereinigung aller zu einem politischen Körper mit einem einzigen Willen zum Gegenstand hat: die Selbstregierungsfähigkeit des künstlichen Menschen ist das Ergebnis der vertraglichen Übertragungen der individuellen Selbstbestimmungsrechte; das Herrschaftsrecht des Souveräns hat seinen Rechtsgrund in der vertraglichen Übertragung des Selbstregierungsrechts und ist nach dem Modell der Selbstbestimmung, der Herrschaft des Willens über den Körper konstruiert.

Durch die Autorisierungskomponente gewinnt der Vertragsbegünstigte auch zuallererst politisches Profil. Ein einfacher Verzicht auf das *ius in omnia et omnes* führt ja nur dazu, daß der Vertragsbegünstigte als letzter Wolf sein *ius in omnia et omnes* ungehindert entfalten kann; eine neue herrschaftsrechtliche Qualität kann dadurch nicht entstehen, denn, wie Hobbes ausdrücklich sagt, jemand, der ein natürliches Recht auf alles besitzt, kann durch Rechtsübertragung keine neue rechtliche Befugnis dazugewinnen, sondern nur eine Garantie für die ungehinderte Durchsetzung seines Rechts auf alles erhalten. So wenig aus dem selbsterhaltungsdienlichen Recht auf alle Dinge und alle Handlungsweisen auch eine genuin politische, auf Ordnungsstiftung und Friedensbewahrung ausgerichtete politische Motivation und Aufgabenstellung ableitbar ist, so wenig kann erwartet werden, daß der Nutznießer des wechselseitigen Rechtsverzichts das ihm zufallende Machtmonopol für allgemeinheitsgerichtete Befriedungszwecke einsetzt, daß er eine Herrschaftsordnung etabliert und nicht einfach nur als mächtigster Privatmann seine Interessen verfolgt. Aber selbst wenn man unterstellt, was Hobbes in seinen frühen Arbeiten zweifellos getan hat, daß mit Rechtsverzicht, Machtübertragung und Versprechen, keinen Widerstand zu leisten, zugleich eine den Vertragsbegünstigten und restlichen Wolf irgendwie bindende politische Aufgabenstellung verknüpft wäre, ist damit immer noch nicht eine neue herrschaftsrechtliche Qualität erreicht. Erst die neue Rechtsfigur der Autorisierung behebt diesen Mangel. Sie erzeugt ein genuines politisches Herrschaftsrecht. Die Autorisierung schafft die Voraussetzung für die Verwandlung des übrig gebliebenen Wolfs in den Leviathan, in die menschenschuppige Riesengestalt des Titelkupfers von 1651, erschafft die politisch-rechtliche Einheit des Staates. Das Autorisierungskonzept erfüllt getreu das methodologische Postulat der generativen Erkenntnistheorie: die Autorisierung ist die fundamentale Konstruktionshandlung, die die immaterielle, aus Rechten, Pflichten und Bedeutungen bestehende Wirklichkeit des Staates erzeugt. Sie konstituiert ihn als moralische Person und als entscheidungs- und handlungsfähiges politisches Subjekt

Jean Hampton hat in ihrer Analyse des Hobbesschen kontraktualistischen Arguments die These vertreten, daß der Hobbessche Vertrag gar kein Vertrag, sondern eine durch das Selbstinteresse motivierte Übereinkunft sei. Der Unterschied zwischen beiden sei der, daß egoistisch motivierte Übereinkünfte von beiden Parteien allein aus Gründen des Selbstinteresses eingehalten würden, wohingegen Verträge einen Austausch von Versprechen beinhalteten und damit moralische Motive einführten, die die selbstinteressierten Motivationen der Parteien entweder ergänzten oder ersetzten (Hampton 1986, 145 f.). Eine derart motivationstheoretische Charakterisierung des Vertrages ist befremdlich. Die Motive, aus denen eine Übereinkunft eingehalten werden, entscheiden nicht darüber, ob wir es mit einem Vertrag oder keinem Vertrag zu tun haben. Hobbes läßt keinen Zweifel daran, daß das motivationale Fundament seiner gesamten Argumentation das rationale Selbstinteresse ist. Die absolute Souveränität ist der notwendige rational-motivationale Umweg, den die Hobbesschen Menschen gehen müssen, um ihr natürliches Interesse an Frieden und einem erfolgreichen Leben zu verwirklichen. Und der diesen Umweg bildende Vertrag wird aus selbstinteressierten Beweggründen eingegangen und gehalten. Aber damit verliert er nicht den Charakter des Vertrags. Denn der Vertrag ist eine Rechtsfigur und eine Quelle freiwilliger Verpflichtung. Und in genau dieser Funktion wird er von den Hobbesschen Menschen eingesetzt, und aufgrund allein dieser Funktion kann er als Ursprung eines Herrschaftsrechts dienen und als symbolischer Geburtsort des Leviathan und der von ihm verkörperten emphatischen politischen Einheit betrachtet werden. Es geht um die künstliche Schaffung eines aus dem natürlichen Recht der einzelnen ummittelbar nicht ableitbaren Herrschaftsrechts; und die ist nur durch vertragliche Selbstbindung der Individuen zu bewerkstelligen. Hampton halbiert gleichsam die innovatorische Modernität Hobbes'. Hobbes hat nicht nur die substantielle *recta ratio* der Tradition durch das Interessenkalkül der instrumentell-strategischen Vernunft ersetzt und das Selbstinteresse zum dominierenden Beweggrund menschlicher Aktivitäten erklärt; Hobbes hat auch erkannt, daß in säkularisierter Zeit herrschaftsrechtliche Kompetenzen nur auf der Grundlage einer vertraglichen Freiheitsentäußerung und Selbstbindung der Individuen fundamentalphilosophisch begründet werden können.

Wenn wir jemanden autorisieren, dann geben wir ihm das Recht, in unserem Namen, an unserer Stelle etwas zu tun. Der Autorisierungsakt hat dann den Charakter einer befristeten und zweckgebundenen Bevollmächtigung, die keinerlei Rechtsverzicht seitens dessen, der eine Vollmacht gibt, impliziert. Mit diesem geläufigen Verständnis von Autorisierung hat Hobbes Autorisierungskonzept nichts gemein: die Autorisierung des Souveräns durch die Vertragsschließenden umfaßt keine Rechtswahrnehmungsvertretung, sondern einen Verzicht auf das Selbstregierungsrecht. Der Sinn des Hobbesschen Autorisierungskonzepts liegt nicht in der Begründung eines rechtlichen Vertretungsverhältnisses; und es ist keinesfalls so, daß die Autorisierung den Rechtsverzichtsvertrag korrigiert und die in ihm begründete rechtliche Bindungsfreiheit des Souveräns aufhebt (so irrtümlich Gauthier 1969, 120; Weiß 1980, 186). Mit der Aufnahme der Autorisierungskomponente ändert sich die formale Struktur des Hobbesschen Grundvertrages nicht im mindesten. Es ist nach wie vor ein Vertrag der Individuen untereinander, der zugunsten eines vertragsunbeteiligten Dritten geschlossen wird. Der Autorisierungsakt stiftet kein unmittelbares rechtliches Verhältnis zwischen den Individuen und dem Souverän; die den Souverän konstituierende Autorisierung ist allein Inhalt des wechselseitigen Vertragsversprechens der Naturzustandsbewohner. Durch das Autorisierungskonzept wird daher die absolutistische Souveränitätskonzeption auch nicht abgeschwächt, sondern im Gegenteil noch schärfer konturiert (vgl. Hampton 1986, 127). Obwohl nichts anderes als ein rechtliches Erzeugnis der Bürger, ist der Souverän doch zugleich frei von aller rechtlichen Bindung an den Bürger: genau diese freiheitstheoretische Paradoxie steht im Zentrum des kontraktualistischen Absolutismus Hobbes'.

„Eine Menge von Menschen wird zu einer Person gemacht, wenn sie von einem Menschen oder einer Person vertreten wird und sofern dies mit der besonderen Zustimmung jedes einzelnen dieser Menge geschieht. Denn es ist die Einheit des Vertreters, nicht die Einheit der Vertretenen, die bewirkt, daß eine Person entsteht. Und es ist der Vertreter, der die Person ... verkörpert – anders kann Einheit bei einer Menge nicht verstanden werden. Und da eine Menge von Natur aus nicht aus Einem, sondern aus Vielen besteht, können sie nicht als ein Autor, sondern müssen als viele Autoren alles dessen angesehen werden, was ihre Vertretung in ihrem Namen sagt oder tut, da jedermann dem gemeinsamen Vertreter seine Vollmacht besonders überträgt und als Handlungen des Vertreters als eigene anerkennt, sofern er ihm uneingeschränkte Vollmacht gab" (125 f.).

Durch die vertraglichen Akte der Übertragung des Rechts auf Selbstregierung wird die Menge zu einer politischen Einheit, die durch den Souverän verkörpert wird; oder genauer: durch diese Akte der Rechtsübertragung und Autorisierung wird die Menge zu einem politischen Körper, der durch den Souverän beseelt wird – Hobbes hat die Souveränität ja selbst in der berühmten Einleitungs-Passage des *Leviathan* als „künstliche Seele" bezeichnet, „die dem ganzen Körper Leben und Bewegung gibt". Der Autorisierungsakt ist das Fiat der politischen Welt, die Beseelung des politischen Körpers. Der Wille des Souveräns regiert und bewegt den politischen Körper so wie die Menschen im Naturzustand unter Wahrnehmung ihres Rechts auf Selbstregierung ihren Körper regiert und zu Handlungen bestimmt haben. Und jeder aus der Menge der Vertragsschließenden hat sich durch den Autorisierungsakt zum moralisch-rechtlichen Autor der Handlungen des Souveräns gemacht. Eine Menge kann nur zu einer politischen Einheit werden, wenn eine wirkliche Willensvereinigung stattfindet. Eine wirkliche Willensvereinigung kann aber nur stattfinden, wenn entweder alle Individuum dasselbe wollen oder wenn sie das, was einer will, als von ihnen selbst gewollt anerkennen. Hobbes' Konzept der politischen Einheit beruht auf der zweiten Möglichkeit. (Rousseau wird dann später bei seiner Konzeption der politischen Einheit auf die erste Möglichkeit zurückgreifen.) Durch die Autorisierung macht sich jedes Element der Menge zum Autor der Handlung des Souveräns; sie schafft so die Grundlage für ein absorptiv-identitäres Repräsentationsverhältnis: Rex est populus.

10.5 Commonwealth by acquisition und Commonwealth by institution

Mit dem Konstitutionsvertrag sind die wesentlichen rechtlichen und politischen Strukturmomente des Staates festgelegt. Aus den Vertragskomponenten des Rechtsverzichts und der Rechtsübertragung, der Autorisierung und der politischen Einheitsherstellung lassen sich alle Rechte des Souveräns und alle Pflichten des Bürgers ableiten. Jedoch ist mit diesem Konstitutionsvertrag der Naturzustand noch lange nicht verlassen: der Konstitutionsvertrag ist unvollständig, er enthält nur das formale Kompetenzschema absoluter Souveränität, das seinerseits noch konkreter Ausfüllung bedarf, um die ihm zugewiesene Naturzustandsvermeidungsfunktion wahrnehmen zu können.

Hobbes unterscheidet zwei Wege, wie mit dem Mittel des Rechtsverzichts-, Begünstigungs- und Autorisierungsvertrages eine politische Einheit entstehen kann; der eine führt zu einem „government by acquisition", der andere zu einem „government by institution". „Die erste Weise nimmt ihren Ausgang von der natürlichen Macht und kann der natürliche Ursprung des Staats genannt werden. Die andere beruht auf der Beratung und Beschlusse der sich Verbindenden, und dies ist der Ursprung des Staates durch Institution. Daher gibt es zwei Arten von Staaten: die eine ist die natürliche, wie der väterliche oder despotische Staat; die andere ist die institutive, die auch die politische heißen kann. Bei der ersten Art erwirbt der Herr die Bürger durch seinen Willen, bei der anderen setzen die Bürger durch ihren Willen einen Herrn über sich, der die höchste Gewalt hat, sei es ein einzelner oder eine Versammlung" (*CI*, 5, 12; 130).

Akquisitionsvertrag und Institutionsvertrag sind alternative Wege der empirischen Bestimmung der Souveränitätsinstanz. Im Rechtsverzichts-, Begünstigungs- und Autorisationsvertrag ist die Souveränitätsposition noch eine vakante Stelle, die besetzt werden muß. Der Begünstigte, der als *ius in omnia*-Monopolist seinen Willen ungehindert an die Stelle aller anderen Willen setzen kann, der Autorisierte, der die ihm übertragenen Rechte auf Selbstregierung wahrnimmt, muß erst noch bestimmt werden. Der ursprüngliche Vertrag selbst ist nur eine Art Souveränitätsschema, das das rationale Programm der Naturzustandsüberwindung in nuce enthält und die Grundstruktur von Staatlichkeit überhaupt festlegt. „Ein Staat wird eingesetzt genannt, wenn bei einer Menge von Menschen jeder mit jedem übereinstimmt und vertraglich übereinkommt, daß jedermann, sowohl wer dafür als auch wer dagegen stimmte, alle Handlungen und Urteile jedes Menschen oder jeder Versammlung von Menschen, denen durch die

Mehrheit das Recht gegeben wird, die Person aller zu vertreten, daß heißt, ihre Vertretung zu sein, in derselben Weise autorisieren soll, als wären sie seine eigenen, und dies zum Zweck eines friedlichen Zusammenlebens und zum Schutz vor anderen Menschen" (136).

Da grundsätzlich nicht damit zu rechnen ist, daß sich die mit der Menge der vertragsschließenden Naturzustandsbewohner identische demokratische Institutionsversammlung, gleichsam die Hobbessche Constituante, auf eine Herrschaftsform oder auf das Herrschaftspersonal einigen wird, muß als pragmatisches Scharnier zwischen Begriff und Realität eine einmütige Einigung auf das Mehrheitsprinzip als gültige Entscheidungsregel für die Einsetzung des Souveräns erfolgen. Die so durch das Zusammenspiel von Vertragseinmütigkeit und Majoritätsprinzip instituierten Souveräne können monarchischen, aristokratischen und auch demokratischen Zuschnitts sein. Die Herrschaftsorganisationen sind unterschiedliche institutionelle Kleider der Souveränität und unterscheiden sich folglich nicht hinsichtlich der Legitimität, sondern allein hinsichtlich der „Angemessenheit oder Eignung für den Frieden und die Sicherheit des Volkes" (146).

Es ist auch die Umkehrung denkbar, nämlich eine gewaltsame Staatserrichtung, in der die Vereinigung unter einen machthabenden Willen der Autorisierung und der vertraglichen Anerkennung vorauseilt. „Ein Staat durch Aneignung liegt vor, wenn die souveräne Macht mittels Gewalt erworben wurde. Mittels Gewalt wurde sie angeeignet, wenn die Menschen entweder einzeln oder viele zusammen durch Stimmenmehrheit aus Furcht vor Tod oder Knechtschaft alle Handlungen des Menschen oder der Versammlung als eigene anerkennen, die ihr Leben und ihre Freiheit in Gewalt haben" (155). Hobbes' Äußerungen über die gewaltsame Aneignung eines Staates berichten von keiner Naturzustandsepisode. Sondern die gewaltsame Aneignung ist neben der einvernehmlichen Instituierung eine andere Möglichkeit der empirischen Ausfüllung des Souveränitätsschemas, dessen Grundelemente durch den Fundamentalvertrag zum Ausdruck gebracht werden. Der Fundamentalvertrag ist die Begriffsform, unter die die politische Empirie gebracht werden muß, um wissenschaftlicher Erkenntnis zugänglich zu sein; er stellt das Interpretationsraster dar, unter das geschichtliche Staatsgründungsvorgänge subsumiert werden müssen, um politisch begriffen werden zu können. Ohne die normativbegrifflichen Voraussetzungen der Vertragstheorie ist eine gewaltentsprungene Herrschaft keine staatliche Herrschaft, keine Ausübung eines Souveränitätsrechts, sondern nur ein instabiler natürlicher Zustand; erst durch eine vertragstheoretische Interpretation dieser kontingenten gewaltentsprungenen Herrschaft kann aus der physischen Übermacht ein Souveränitätsrecht werden, kann aus der Unterwerfungseinheit eine politische Einheit werden. Ohne den Akt der Autorisierung wird aus dem Stärksten kein Souverän. Der künstliche Mensch, der allein das Naturzustandsproblem lösen kann, existiert nur in der vertragstheoriekonformen Interpretation geschichtlicher, gewaltentsprungener oder durch einvernehmliche Einsetzung entstandener staatlicher Realität. Nur durch sie sind die Rechte zu erkennen, die der Souveränität zukommen, und die Pflichten zu bestimmen, die die Bürger zu erfüllen haben. Der Akquisitionsvertrag dient der Überführung eines Gewaltverhältnisses in ein Rechtsverhältnis; die Gewaltnahme wird durch ihn verrechtlicht; die faktische Unterwerfung wird durch den Rechtsverzichtsvertrag aufgefangen und in eine vertraglich besiegelte, Pflichten erzeugende politische Situation verwandelt. Obwohl der Akquisitionsvertrag offenkundig aus Furcht geschlossen worden ist, ist er nicht ungültig. Es ist auch nicht so, daß die Institutionslösung normativ ausgezeichnet wäre. Die Entstehungsart der staatlichen Herrschaft ist legitimationstheoretisch gänzlich irrelevant. Ob durch gewaltsame Aneignung oder durch bürgerliche Einsetzung entstanden, „die Rechte und Folgen der Souveränität sind in beiden Fällen die gleichen" (155).

10.6 Souveränitätsrechte und Bürgerpflichten

Hobbes' Vertrag ist ein Herrschaftsbegründungsvertrag, kein Herrschaftsbegrenzungsvertrag. Der Verzicht auf das Recht auf alles, die Aufgabe der natürlichen Freiheit und die Autorisierung und Übertragung des Rechts auf Selbstregierung sind allesamt vorbehaltlose Entäußerungen, die keinerlei Freiheit und keinerlei Recht auf seiten der Vertragsparteien zurückbehalten. Dieses Vertragskonzept steht in der Geschichte des Kontraktualismus einzig da. In der Zeit nach Hobbes ist der Vertrag immer auch zu Zwecken der Herrschaftsqualifizierung verwandt worden. Der Lockesche Vertrag etwa wird auf der Grundlage unveräußerlicher individueller Grundrechte geschlossen und überträgt dem Souverän nur die Befugnis, für den Schutz dieser seiner Disposition gänzlich entzogenen Grundrechte zu sorgen. Bei Locke errichtet der Vertrag also explizit die individuellen Grundrechte als Herrschaftsgrenze. Bei Kant wird dann die Struktur des Vertrages sogar selbst zu einer herrschaftseingrenzenden Verfassung. Hobbes' Vertragsstaat besitzt jedoch absolute Macht; er ist weder durch liberale Grundrechte noch durch Menschenrechte, weder durch eine vernunftrechtliche noch durch eine naturrechtliche Verfassung in seiner Herrschaftsbefugnis eingegrenzt. Hobbes' politische Philosophie bietet das merkwürdige Bild einer radikalindividualistischen Begründung absoluter Macht, einer Legitimierung des Staatsabsolutismus durch die vertragliche Selbstbindung der Individuen. So übermächtig ist der Leviathan, so furchteinflößend, so sehr all unseren Vorstellungen von Konstitutionalismus und Menschenrechtsschutz, von Gewaltenteilung und Rechtsstaat, von Partizipation und diskursiv-prozeduraler Legitimation entgegengesetzt, daß immer wieder daran erinnert werden muß, daß der normative Individualismus, der unserem politisch-kulturellen Selbstverständnis zugrunde liegt, von Hobbes entwickelt worden ist und auch die Konstruktion und die Legitimationsgrundlage seines Staatsabsolutismus prägt.

Die Rechtspositionen, die nach Hobbes das „Wesen der Souveränität" (142) ausmachen, sind durchgängig aus der inneren Logik des Vertrags ableitbar. Sie in ihrer Gesamtheit zu erhalten, nicht zu schmälern oder gar aufzugeben, ist der Souverän verpflichtet: der „Zweck, zu dem er mit der souveränen Gewalt betraut wurde, nämlich die Sorge für die Sicherheit des Volkes" gebietet es (255). Der Souverän ist also nicht ohne alle Pflichten: zwar ist er nicht durch vertragliche, selbstauferlegte Pflichten gebunden, aber doch durch den Zweck, dem er seine Entstehung verdankt. Man könnte hier von einer funktionalen Pflicht reden: der Staat ist ein Friedensinstrument, und der Souverän ist funktional verpflichtet, den Staat nicht zu beschädigen und seine friedensinstrumentelle Eignung zu bewahren.

Der Vertrag ist seitens der Untertanen nicht kündbar; die Autorisierung kann nicht zurückgenommen werden; die bestehende Herrschaft ist rechtmäßig nicht antastbar und die Gehorsamsverpflichtung der Bürger ist nicht minder absolut als die Macht, der sie gilt. „Da von den Vertragsschließenden das Recht ihre Person zu verkörpern, demjenigen, den sie zum Souverän ernennen, nur durch einen untereinander und nicht zwischen ihm und jedem einzelnen von ihnen abgeschlossenen Vertrag übertragen wurde, kann seitens des Souveräns der Vertrag nicht gebrochen werden, und folglich kann sich keiner seiner Untertanen von seiner Unterwerfung befreien, indem er sich auf Verwirkung beruft" (137). So dient der Vertrag befremdlicherweise zur rechtlichen Absicherung der Rechtsfreiheit der Herrschaftsbeziehung. Aus der Logik des Vertrags folgt auch, daß die Untertanen nicht gegenüber dem Souverän verpflichtet sind, sondern daß sie sich allein untereinander verpflichtet haben. Den aus Rechtsaufgabe und Autorisierung erwachsenden absoluten politischen Gehorsam schulden sie rechtlich nicht dem Souverän, sondern allein den Mitbürgern. Der Grund für die vertragsexterne Position des Souveräns hängt eng mit den allgemeinen Vorstellungen Hobbes' über die notwendigen und hinreichenden Bedingungen staatlicher Friedenssicherung und dem Letztinstanzlichkeitsargument zusammen: wenn ein Souverän Vertragspartei wäre, wer sollte dann im Fall eines Streites zwischen den Vertragsparteien über die Vertragsbestimmungen schlichten? Der Streit muß also im Rahmen einer gewaltsamen Auseinandersetzung entschieden werden, damit wäre der Naturzustand zurückgekehrt. Eine vertraglich übertragene Souveränität wäre also ein völlig ungeeignetes Mittel, den Naturzustand zu befrieden.

Wie der unsterbliche Gott ist der durch den Vertrag geborene „sterbliche Gott" im Besitz aller Macht und aller Pflichten ledig. Wie dieser ist er auch unfehlbar. Seine Erzeugungsbedingungen garantieren seine Unfehlbarkeit; er kann nicht Unrecht tun: „Da jeder Untertan ... Autor aller Handlungen und Urteile des eingesetzten Souveräns ist, so folgt daraus, daß dieser durch keine seiner Handlungen einem seiner Untertanen Unrecht zufügen kann, und daß er von keinem von ihnen eines Unrechts angeklagt werden darf. Denn wenn auf Grund der Autorität eines anderen eine Handlung vornimmt, tut damit dem kein Unrecht, auf Grund von dessen Autorität der handelt. Bei dieser Einsetzung des Staates ist aber jeder einzelne Autor alles dessen, was der Souverän tut, und folglich beklagt sich, wer sich über ein Unrecht seitens seines Souveräns beklagt, über etwas, wovon er selbst Autor ist und darf deshalb niemanden anklagen als sich selbst" (139). Das ist das Motto aller Verträge: volenti non fit iniuria – dem, der eingewilligt hat, kann aus dem, worin er eingewilligt hat, kein Unrecht erwachsen.

Die Unfehlbarkeit des Souveräns läßt sich auch mit einem anderen Argument begründen: der Souverän agiert in einem gänzlich rechtsfreien Raum; sein Handeln ist durch keinerlei normative Vorgaben eingeengt. Seine Aufgabe ist es, durch Gesetzgebung allererst rechtliche Verhältnisse zu schaffen. Diese staatlichen Gesetze definieren folglich, was als ‚recht' und ‚unrecht' zu gelten hat. Da aber normierende Regeln nicht ihr eigener Anwendungsfall sein können, ist aus Gründen der Logik jeder Möglichkeit staatlichen Unrechts der Weg verlegt; zumindest kann es keine ungerechten Gesetze geben. Hobbes gibt zwar zu, daß es gute und schlechte Herrscher gibt, doch ist die Herrschaftsqualität nicht nach rechtlichen Kriterien zu messen, sondern nur nach politisch-instrumentalistischen. Die Herrschaftsausübung des Souveräns ist umso besser, je wirksamer er das sich in den Vernunftvorschriften oder in der Regeln der natürlichen Gerechtigkeit manifestierende Naturzustandsüberwindungsprogramm betreibt. Dieses Argument begründet auch die Unmöglichkeit einer strafrechtlichen Verfolgung des Souveräns. Alle Entscheidungen über die Mittel zur Sicherung des inneren und äußeren Friedens müssen beim Souverän liegen; er allein befindet über den Bedrohungsgrad und definiert, wer als innerer und äußerer Feind zu behandeln ist.

Die legitime Macht des Leviathan reicht so weit wie sich die Gehorsamserzwingungschance erstreckt: in allem äußerlichen Handeln, Reden und Schreiben haben die Bürger in jeder Hinsicht dem Souverän absoluten Gehorsam zu leisten. Moral und Religion haben sich in ihren öffentlichen Äußerungen strikt der Politik unterzuordnen. Was die Bürger jedoch im Innern denken, woran sie heimlich glauben, welche Überzeugungen sie haben, das alles geht den Souverän nichts an. Er ist für die definitorische Festlegung des Rechten und Unrechten zuständig, es ist jedoch nicht seine Aufgabe, zu bestimmen, nach welchem moralischen Muster die Menschen innerlich geformt werden sollen. Der Leviathan ist kein Erziehungsstaat – seine legitime Macht erstreckt sich nur auf den zwischenmenschlichen Ordnungsbereich. Er ist Verhaltensbildner, kein Seelenbildner; der Bereich des Inneren – damit nimmt der Hobbessche Machtabsolutismus ein wesentliches Element des Liberalismus vorweg – bleibt unzugänglich; in Angelegenheiten des Gewissens kann politisch nicht interveniert werden; aber es wird erwartet, daß es still bleibt und die Öffentlichkeit meidet.[1]

Ein Staat, der nur zur Naturzustandsabwehr erschaffen wurde, ist von vornherein unter den Bann des Naturzustandes gestellt; er verharrt in ordnungspolitischer Eindimensionalität; er ist auf den Naturzustand fixiert und sein Souverän ist aufgrund seiner Sicherungsaufgabe zu Argwohn und Naturzustandsfurcht verpflichtet. Der Leviathan ist kein liberaler Nachtwächterstaat, die negative Präsenz des Naturzustands in seinem innersten Wesen zwingt ihn dazu, auch tagsüber stets auf der Hut zu sein. Die Verhaltenslogik des Naturzustandes wird notgedrungen auch zu seiner eigenen: die schreckliche Vereinfachung, auf die sich das Naturzustandsleben reduziert sieht, wird vom Staat als fundamentales Einschätzungs- und Bewertungsprinzip des politischen Lebens übernommen: Tod oder Leben, Freund oder Feind. Der Souverän wiederholt nur den Selbsterhaltungskampf der Menschen im Naturzustand und übernimmt die ihn ihm entwickelte Logik der Prävention und Verdächtigung.

---

1 Aus diesem Grunde basiert die These, der Hobbessche Leviathan nehme die totalitären Regimes des 20. Jahrhunderts vorweg, auf einer fehlerhaften Analyse. Der Totalitarismus des 20. Jahrhunderts ist in allen seinen Ausprägungen ideologisch fundiert, verzichtet nicht auf die Integrationskraft einer einheitlichen Weltanschauung, verwendet die Ideologie zur Selbstlegitimierung und zur Diskriminierung und moralischen Liquidierung des Gegners. Die leviathanische Friedensmaschine hingegen hält zwar eine Beaufsichtigung der gesellschaftlichen Überzeugungssysteme für friedenspolitisch unerläßlich, verzichtet aber ihrerseits vollständig auf eine ideologisch vermittelte Integrationspolitik, die auf der Grundlage inhaltlicher Wertüberzeugungen soziale Kohärenz herbeiführen möchte. Das ihr eingeschriebene rationale Stabilitätsprogramm kulminiert in einer Friedenstechnik der Wahrheitsferne.

Hobbes' politische Philosophie will wie die von ihr verdrängte Ethik der Alten Pflichtenlehre sein, die Bedingungen des Friedens, die Gesetze eines geordneten bürgerlichen Zustandes und die Pflichten der Bürger lehren. Hobbes' Bürgerethik ist nicht lang; sie umfaßt nur einen Artikel: Gehorche, kooperiere mit dem Souverän, widersetze dich nicht. Sie entwickelt diese unbedingte Gehorsamspflicht als logische Konsequenz des Selbsterhaltungswunsches jedes einzelnen. Die Menschen, die zugleich Stoff und Hersteller des Staates sind, entnehmen das rationale Herstellungsgesetz des Leviathan ihrer natürlichen Ausstattung. Die generative Methode hat die Konsequenz einer Reduktion aller normativen Begriffe einer politischen Ethik auf die Klugheitssprache der guten Gründe einerseits und die deskriptive Begrifflichkeit der Verhaltenspsychologie andererseits. Die wissenschaftliche Antwort auf die Frage nach dem Verbindlichkeitsgrund des unbedingten politischen Gehorsams nimmt den Weg eines die rationale Motivationsgeschichte rückwärts durchlaufenden Rekurses auf das Ausgangsmotiv, auf das grundlegende, weil gesellschaftlich unvermittelte und jeden Menschen gleichermaßen erfüllende Friedensinteresse.

Für Hobbes besteht zwischen kriegszuständlicher Anarchie und absoluter Herrschaft eine vollständige Disjunktion: entweder Anarchie oder absolute Herrschaft – tertium non datur. Es ist jedoch nicht einzusehen, daß die institutionalistische Lektion, die der Naturzustand den Menschen erteilt, eine derart radikale Gestalt haben muß. Es ist auch schwer zu glauben, daß die Menschen, die sich nur aufgrund ihres rationalen Mißtrauens im Naturzustand behaupten konnten, mit dem Vertragsschluß zu der irrationalen Haltung eines blinden Vertrauens übergehen würden. So klug es immer sein mag, den Naturzustand zu verlassen, so töricht ist es doch auch, sich einer unkontrollierten, ungeteilten, weder gesetzesstaatlich noch verfassungsstaatlich gebunden Macht auszuliefern. John Locke hat den kontraktualistischen Absolutismus Hobbes' heftig kritisiert und das ihm zugrundeliegende Argument für ungültig erklärt, da die These von der absoluten Macht nicht aus den Prämissen ableitbar sei; zu einem derartigen Selbstauflieferungsvertrag hätten sich die Menschen nie bereitgefunden. „Als ob die Menschen, als sie den Naturzustand verließen und sich zu einer Gesellschaft vereinigten, übereingekommen wären, daß alle, mit Ausnahme eines einzigen, unter dem Zwang von Gesetzen stehen, dieser eine aber alle Freiheit des Naturzustandes behalten sollte, die sogar noch durch Gewalt vermehrt und durch Straflosigkeit zügellos gemacht wurde! Das heißt die Menschen für solche Narren zu halten, daß sie sich zwar bemühen, den Schaden zu verhüten, der ihnen durch Marder oder Füchse entstehen kann, aber glücklich sind, ja, es für Sicherheit halten, von Löwen verschlungen zu werden" (Locke 1977, 268). Und an anderer Stelle vergleicht Locke den Leviathan mit der „Höhle des Polyphem": „Die Höhle des Polyphem gibt uns ein vollkommenes Beispiel für einen solchen Frieden und einer solchen Regierung. Odysseus und seine Gefährten brauchten nichts anderes zu tun, als sich schweigend verschlingen zu lassen. Und Odysseus, der ein kluger Mann war, predigte ihnen ohne Zweifel passiven Gehorsam und ermahnte sie zu einer schweigenden Unterwerfung, indem er ihnen vorhielt von welcher Wichtigkeit der Friede für die Menschheit sei, und ihnen gleichzeitig die Nachteile vor Augen führte, die eintreten könnten, wenn sie beabsichtigten, Polyphem Widerstand zu leisten, der jetzt die Macht über sie hatte" (ebd., 343).

In der Tat leuchtet nicht ein, warum jemand, der wie Hobbes der Meinung ist, daß der Naturzustand verlassen werden muß, auf die staatsabsolutistische Position festgelegt sein müsse. Es gibt doch ein Drittes zwischen Naturzustand und Leviathan, nämlich die gemäßigte konstitutionelle Herrschaft; in ihr ist die Gewaltausübung nicht vorgabenfreie schöpferische Ordnungssetzung aus dem normativen Nichts heraus, sondern gesetzlich gebunden und institutionell domestiziert. Es gibt viele Organisationsformen gemäßigter Herrschaft, eine Vielfalt von Mäßigungsinstrumenten, normativen Vorgaben und institutionellen Bindungen: da ist an individuelle Grundrechte zu denken, die staatlichem Handeln eine Grenze ziehen, an vernunftrechtliche oder kontraktualistisch begründete Gerechtigkeitsprinzipien, aber auch an den Konstitutionalismus, der den Gesetzgeber an die Verfassung bindet, an das Prinzip der Rechtsstaatlichkeit und an die Gewaltenteilung. Hobbes hat all diese Mäßigungsinstrumente explizit oder implizit verworfen, sein Leviathan ist weder ein Verfassungsstaat noch ein Rechtsstaat, denn er lehnt sowohl die Verfassungsbindung als auch die Gesetzesbindung des Souveräns ab und betrachtet jede Form von Gewaltenteilung als schweren ordnungspolitischen Fehler.[2]

---

2 Der Text greift auf Material von Kersting 1992 und Kersting 1994 zurück.

Literatur

Brandt, R. 1980: Rechtsverzicht und Herrschaft in Hobbes' Staatsverträgen. In: Philosophisches Jahrbuch 87, 41–56.
Gauthier, D. 1969: The Logic of Leviathan. The Moral and Political Philosophy of Thomas Hobbes. Oxford.
Hampton, J. 1986: Hobbes and the Social Contract Tradition. Cambridge.
Kant, I.: Gesammelte Schriften. Hrsg. v. der Königlich Preußischen Akademie der Wissenschaften. Bd. XIX. Berlin–Leipzig 1934.
Kersting, W. 1990: Vertrag – Gesellschaftsvertrag – Herrschaftsvertrag. In: Geschichtliche Grundbegriffe. Lexikon zur politisch-sozialen Sprache in Deutschland. Hrsg. von O. Brunner/W. Conze/R. Koselleck. Bd. 6. Stuttgart.
– 1992: Thomas Hobbes zur Einführung. Hamburg.
– 1994: Die politische Philosophie des Gesellschaftsvertrags. Darmstadt.
Locke, J. 1977: Zwei Abhandlungen über die Regierung. Frankfurt/M.
Weiß, U. 1980: Das philosophische System von Thomas Hobbes. Stuttgart–Bad Cannstatt.

Otfried Höffe

„Sed authoritas, non veritas, facit legem"

Zum Kapitel 26 des *Leviathan*

Die Titelthese zeugt nicht nur von Hobbes' Fähigkeit zur aphoristischen Prägnanz. Die Alternative „Autorität oder Wahrheit" als Rechtsquelle erinnert an den Gegensatz von Rechtspositivismus und Naturrecht bzw., wie Hobbes sagt, Naturgesetz und läßt mit der Ablehnung der Wahrheit, sprich: des Naturgesetzes, Hobbes als Anhänger, sogar Vater des neuzeitlichen Rechtspositivismus erscheinen. Das Kapitel, in dem die Titelthese erscheint, billigt aber dem natürlichen Gesetz eine positive Rolle zu und setzt sich insofern für die Gegenposition ein. Wer Hobbes nicht einen allzu planen Widerspruch unterstellen will, sucht daher für die Titelthese eine nichtpositivistische, zumindest nicht rein positivistische Interpretation.

Im übrigen geht es dem Kapitel 26 um mehr. Unter dem Titel „Of Civil Laws" („Von bürgerlichen Gesetzen") skizziert es die Grundzüge dessen, was man später eine Allgemeine Rechtslehre nennt. Als ein (Einleitungs-)Teil der Rechtswissenschaft ist eine Allgemeine Rechtslehre allerdings schon dem professionellen Rechtsstudium zugeordnet. Nach Hobbes muß aber über die entsprechenden Kenntnisse jedermann verfügen (203). Da die Kenntnisse überdies Irrtümer, die zu falschem Handeln führen, vermeiden helfen, gehört Hobbes' Theorie vom Recht überhaupt weniger zu einer schon juristenbezogenen Allgemeinen Rechtslehre als zu dem, was bei Aristoteles praktische Philosophie heißt.

Der Aufbau des Kapitels folgt im wesentlichen Hobbes' rationalistischem (more geometrico) Verständnis von Sprache und Wissenschaft, das wir im *Leviathan* aus den Kapiteln 4, 5 und 9 kennen. Weil als erstes „die Namen richtig zu definieren sind: hierin liegt der Anfang aller Wissenschaft" (28), beginnt der Text (1) mit einer konzisen Definition seines Titelbegriffs „civil laws" (203–204); sie läuft auf die vor allem in Großbritannien wirkungsmächtige Imperativentheorie des Rechts hinaus. Es schließt sich (2) ein Berechnen der Folgen aus der allgemeinen Definition an – Hobbes zieht acht Folgerungen –; denn „Vernunft ist nichts anderes als ein (entsprechendes) Rechnen" (32). Diesem Teil geht es unter anderem um das Verhältnis von bürgerlichen und natürlichen Gesetzen. Weil zur Definition der „civil laws" ein Willenszeichen gehört, fragt Hobbes (3), welche ausreichenden Hinweise es für den Willen des Souveräns gibt (208–211). Die These, die Autorität, nicht die Wahrheit mache ein Gesetz, taucht (4) erst in der Anschlußfrage nach der authentischen Auslegung der Gesetze auf (211–216). (5) Den Schluß bilden verschiedene Einteilungen der Gesetze, wobei zwei Arten des näheren untersucht werden, die göttlichen positiven Gesetze und ein Grundgesetz (217–222).

11.1 Zur Einteilung der Gesetze

Nach seiner wörtlichen Bedeutung läßt der Titelbegriff „civil laws" an einen bestimmten Rechtsbereich denken, an jenes bürgerliche Recht bzw. Zivilrecht, das die Beziehungen von Privatpersonen regelt und sich mit dem Personen- und dem Vertragsrecht, mit Eigentum, Schadensersatz, mit dem Ehe- und Familienrecht sowie dem Erbrecht befaßt und sich vom öffentlichen Recht (einschließlich dem Strafrecht) unterscheidet. Ursprünglich, bei den Römern, kommt es aber zunächst auf den Adressatenkreis, darüber hinaus auf die Rechtsquelle an. „Bürgerliches Recht" heißt jener Teil des Rechts, vor allem des Privatrechts, der das Verhältnis der römischen Bürger untereinander regelt und auf römische Rechtssetzung, sei es auf Gewohnheitsrecht, sei es auf ausdrückliche Gesetzgebung, zurückgeht. In der Meinung, daß Fremde weder dem römischen Recht unterstellt noch mangels dieser Unterstellung rechtlos seien, müssen die Beziehungen der Bürger zu Fremden und die der Fremden untereinander einem nichtrömischen und trotzdem auch in Rom geltenden Recht unterstellt werden. Ein derartiges Recht muß allen Menschen gemeinsam sein – „ius omnium commune" – und kann nur von einer Instanz ausgehen, die alle Menschen miteinander teilen. Insofern eine Religion und der von ihr abhängige Gottesbegriff, zumindest in ihrer geschichtlich auftretenden Gestalt, gesellschafts- und kulturabhängig sind, bleibt als Instanz nur die natürliche Vernunft übrig. Weil das von ihr zwischen allen Menschen aufgerichtete Recht allen Völkern gemeinsam ist, wird es „Völkerrecht" („ius gentium") genannt. Als Völkerrecht bezeichnet man also ursprünglich nicht ein Recht, das für die Beziehung zwischen

Völkern bzw. Staaten zuständig ist, ein *ius inter gentes*, sondern ein allen Völkern gemeinsames (Privat-)Recht. Die Verantwortung dafür trägt in Rom ein eigener Prätor, der Fremdenprätor. Seit dem Hochmittelalter heißt der entsprechende Rechtsbereich nicht mehr Völkerrecht, sondern natürliches Gesetz (lex naturalis; z. B. Thomas von Aquin, *Summa theologica* I–II q. 91 a. 2c; q. 94 a. 5 ad 1). Im Verlauf der Neuzeit ändert sich die Terminologie. Noch nicht bei Hobbes, aber etwa bei Achenwall/Pütter (*Anfangsgründe des Naturrechts*, 1750/1995, § 20 u. ö.) und dem davon beeinflußten Kant (*Rechtslehre*, § A) tritt an die Stelle des Ausdrucks „natürliches Gesetz" jetzt „Naturrecht" („ius naturae").

In der grundlegenden Einteilung des Rechts ist der *Leviathan* keineswegs revolutionär. Durchaus traditionell, übernimmt Hobbes den aus dem Mittelalter stammenden, in der Sache sogar bis in die Antike zurückreichenden Gegensatz von bürgerlichem und natürlichem Gesetz, wenn er im Einleitungssatz von Kapitel 26 sagt (in der knapperen, lateinischen Fassung): „Als Menschen betrachtet, müssen wir den *natürlichen Gesetzen*, als Bürger aber den *bürgerlichen Gesetzen* Gehorsam leisten. Auch wenn der Mensch nicht innerhalb eines Gemeinwesens lebt, ist er nicht etwa von allen Rechtsverbindlichkeiten frei, sondern immer noch jenen natürlichen Gesetzen unterworfen, die allerorten und seit aller Ewigkeit Gesetze sind" (218). Die bürgerlichen Gesetze betreffen dagegen den Menschen nicht als natürliche Person, vielmehr als Mitglied eines Staates, weshalb man auch von „staatlichen Gesetzen" sprechen kann.

Insofern für das Völkerrecht in Rom eine staatliche Instanz, der Prätor, zuständig war, fällt es nach Hobbes' Definition unter die bürgerlichen Gesetze. Die Frage, ob die in Rom geltende Differenz von Bürger und Fremder eingezogen werden soll, wirft der Text aber nicht auf. Noch nicht in der einleitenden Grundentscheidung, wohl aber im Fortgang des Kapitels nimmt Hobbes eine aus dem jüdisch-christlichen Denken stammende, dem „alten Rom" aber unbekannte Rechtsart auf, die aus der Offenbarung stammenden Gesetze. Mit Blick auf die Rechtsquelle, einen positiven Gesetzgeber, und weil sie im Gegensatz zum natürlichen Gesetz weder von Ewigkeit her bestehen noch, für alle Menschen gleich, mittels natürlicher Vernunft erkannt werden, ordnet sie Hobbes nicht etwa den natürlichen Gesetzen, sondern einem neuen Gegenbegriff, den positiven Gesetzen zu. ‚Die göttlichen positiven Gesetze ... sind nur an ein bestimmtes Volk oder an bestimmte Personen gerichtet und werden von Menschen, die Gott dazu autorisiert hatte, dazu erklärt' (218). Zum positiven Gesetz gehören die aus der Offenbarung stammenden Gesetze allerdings nur unter zwei Bedingungen. Einerseits dürfen die Vorschriften dem „moralischen", hier:

natürlichen Gesetz nicht widersprechen; andererseits müssen sie von den staatlichen Gesetzen („laws of the Commonwealth") zum göttlichen Gesetz erklärt worden sein (220).

Folgende Tafel gibt Hobbes' nähere Einteilung wieder (218 ff.), wobei man die eingangs genannten bürgerlichen Gesetze mit den späteren positiven Gesetzen gleichsetzen dürfte.

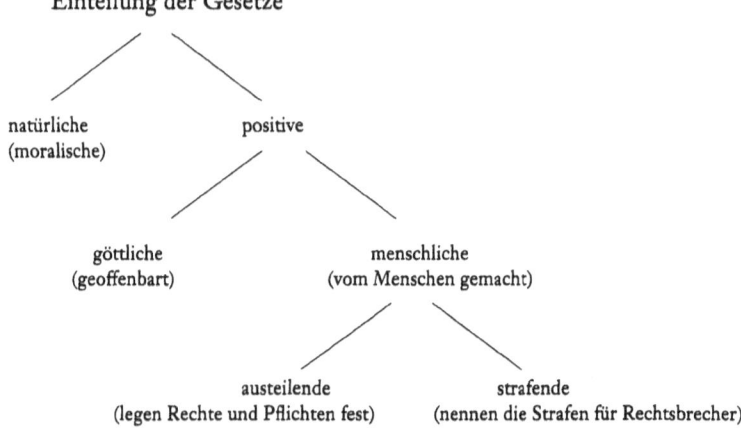

In dieser Einteilung taucht der Ausdruck „bürgerliche Gesetze" nicht mehr auf. Vom „alten Rom" aus gesehen, entsprechen die bürgerlichen Gesetze den menschlichen Gesetzen. Insofern die geoffenbarten Gesetze von einem Staat anerkannt werden, gehören sie zu den bürgerlichen Gesetzen dazu.

11.2 Die Imperativentheorie

Die bürgerlichen Gesetze in ihrer Besonderheit zu untersuchen, obliegt den professionellen Rechtsgelehrten. Nach dem Vorbild von Platon, Aristoteles und Cicero, also in bewußter Traditionsverbundenheit, nimmt Hobbes von dieser Aufgabe Abstand und konzentriert sich auf eine philosophische Betrachtung des Rechts. Dieses Vorgehen ist folgenreich; es beansprucht für die Aussagen, was einer speziellen Rechtskenntnis versagt bleibt: eine universale bzw. interkulturelle Gültigkeit. Die beiden ersten Definitionselemente sollen sogar für jedwedes Gesetz, mithin auch für das natürliche Gesetz, gültig sein.

Mit dem ersten Definitionselement vertritt Hobbes jene Befehls- oder Imperativentheorie, die, weil Bentham (*Of Laws in General*, 1791) und sein Schüler John Austin (*The Province of Jurisprudence Determined*, 1832) sie aufgreifen, über viele Generationen die britische Rechtstheorie prägen und hier erst durch Hart (*The Concept of Law*, 1961) nachhaltig kritisiert wird. Den von Hart als Alternative eingebrachten Regelbegriff verwendet Hobbes allerdings auch.

Der negative Teil seiner Befehlstheorie – das Gesetz sei kein Ratschlag („counsel") – trifft ohne Zweifel zu, während die positive Aussage – das Gesetz sei ein Befehl („command") – in mehrfacher Hinsicht problematisch ist. Wie das vorangehende Kapitel 25 erläutert, schlagen sich zwar beide, Gesetz und Befehl, in der Aufforderung nieder: "tu dies!" (196). Die weitere Erklärung – beim Befehl gebe es keinen anderen Grund als den Willen des Befehlenden (ebd.) – überzeugt dagegen nicht. Zu Recht sagt De cive (Kap. 14,1.), der Monarch sei nicht verpflichtet, „seine Räte nicht nur zu hören, sondern auch ihnen zu gehorchen". Gleichwohl muß er seine Räte anhören, was zugleich weniger als eine Begründungspflicht und mehr als bloße Willkür ist; ein auf vorangehende Beratung verpflichteter Befehl ist dem Gutdünken des Befehlenden nicht völlig anheimgestellt. Hobbes' anderslautende Ansicht arbeitet zwar seinem Gedanken der absoluten Staatssouveränität zu, gehört aber nicht zum Befehlsbegriff als solchem. Zumindest empfiehlt sich, zwischen einem engen und einem weiteren Befehlsbegriff zu unterscheiden und das Recht, wenn es überhaupt als Befehl angesehen wird, nicht dem engen, vielmehr dem weiten Begriff zuzuordnen.

Für den engen Begriff sind drei Elemente charakteristisch. Der „nackte" Befehl ist ein rein voluntativer Akt; er muß nicht sprachlich formuliert sein, kann auch als ein scharfer Pfiff erfolgen; und als Adressat kommen nicht bloß Menschen in Frage. Auf den engen Begriff trifft Canettis (1960) Satz zu: „Der Befehl ist älter als die Sprache, sonst könnten ihn Hunde nicht verstehen. Das Dressieren von Hunden beruht eben darauf, daß sie, ohne eine Sprache zu kennen, begreifen lernen, was man von ihnen will." Befehle in diesem Sinn sind die Gesetze aber nicht. Sie sind, was sich auch für Hobbes von selbst versteht, sprachlich formuliert, außerdem lediglich an Menschen gerichtet. Trotzdem bleibt Hobbes insofern bei einem relativ engen Begriff, als er dessen erstes Definitionselement anerkennt und den bloßen Willen des Befehlsgebers als zureichenden Befehlsgrund ansieht. Bei Gesetzen ist der Wille aber nur ein notwendiger, kein zureichender Befehlsgrund. Sachgerechter ist es, sie – etwa in Anlehnung an Aristoteles' Begriff der Entscheidung (*prohairesis: Nikomachische Ethik* III 1–7) – als Verbindung von einem voluntativen mit einem kognitiven Moment zu definieren.

Bedenken erheben sich auch gegen Hobbes' weitere These, der Befehl bezwecke den eigenen Vorteil des Befehlenden (196). Während es beim Ratschlag in der Tat nicht auf den Vorteil des Ratgebers, sondern auf den des Adressaten ankommt, stehen dem Befehlenden drei Optionen offen: das eigene Wohn, das Adressatenwohl und das Wohl beider Seiten. Und der Gesetzgeber ist, wie es später zu Recht heißt, auf das Wohl des Volkes („salus populi") verpflichtet (L, XXX). Also kann das Gesetz durch den bloßen Befehlscharakter nicht lediglich aufs Eigenwohl des Gesetzgebers bezogen sein.

Gegen Hobbes' Befehlsdefinition des Gesetzes spricht auch der Umstand, daß ein Befehl, der reinem Gutdünken entspringt, nur als etwas Fremdes empfunden werden kann. In der vom Befehl verlangten Reaktion kann sich der Angesprochene nicht als er selbst, sondern nur als jemand wiederfinden, der, selber ohnmächtig, einer unendlich überlegenen Macht ausgeliefert ist. Beim Gesetzesgehorsam dagegen mag so etwas vorkommen; es ist aber nicht die Regel, und noch weniger gehört es zum Gesetzesbegriff als solchem. Im Gegenteil erlauben Gesetze, was sich bei einem rein voluntativen Befehl verbietet: einen gewissen Widerspruch. Man kann Gesetze anders auslegen, außerdem Einspruch erheben, schließlich an den Gesetzgeber appellieren und ihn zu Gesetzesänderungen bewegen.

Aber selbst wenn Hobbes einen weiteren Befehlsbegriff hätte, würde er dem Wesen des Gesetzes nicht gerecht, es sei denn, er würde – noch vorsichtiger – lediglich vom „imperativen Charakter" sprechen. Dieses Merkmal trifft nämlich zumindest auf Zivil- und Strafgesetze zu. Die Zivilgesetze kann man als hypothetische Befehle formulieren: *„Vorausgesetzt*, Du willst X, beispielsweise eine Ehe schließen, *dann* mußt Du Y, eine bestimmte Formvorschrift, erfüllen." Und die Strafgesetze lassen sich auch dann als kategorische Befehle verstehen (Du darfst nicht stehlen, nicht töten ...), wenn der Gesetzgeber sie hypothetisch zu formulieren pflegt: *„Wenn* Du die Strafe X vermeiden willst, *dann* mußt Du Y (stehlen, töten ...) lassen." Ein Befehl ist aber mehr. Wie Hobbes mit der Erläuterung „tu dies!" andeutet, liegt eine konkrete Aufforderung vor, was im Rechtsbereich zwar auf das Handeln Vollzugsbeamter (Polizisten, Steuereinnehmer und Gerichtsvollzieher), aber nicht auf das Gesetz als einer allgemeinen Regel zutrifft. Die abschließende Definition läßt allerdings die entsprechende Vorsicht walten, da sie nicht mehr von einem konkreten Befehl, sondern von einer Regel spricht (203). Der Text schwankt also zwischen einer problematischen Imperativentheorie des Rechts und einer sachgerechten Regeltheorie.

Bei Austin (1832/1954, 13 ff. u. a.) verbindet sich das Befehlsmoment mit verschiedenen Begriffen – überlegene Macht und Übelsandrohung auf seiten des Urhebers und gewohnheitsmäßiger Gehorsam beim Adressaten

–, die man mit einem Interesse an empirisch beobachtbaren Machtbeziehungen erklären kann. Mit diesem Interesse verfehlt Austin aber nicht bloß sein eigenes wissenschaftstheoretisches Ziel, die Begründung einer selbständigen Rechtswissenschaft. Denn er nimmt statt der juristischen Innen- eine soziologische Außenperspektive ein. Bei ihm geht auch der Unterschied verloren, der zwischen einem Rechtsgesetz und jener rechtswidrigen Nötigung besteht, die im Rahmen organisierten Verbrechens durchaus gewohnheitsmäßigen Gehorsam findet. Das Recht wird bei Austin mangels eines Moments von Befugnis bzw. Autorisierung zu bloßer Macht.

Im Unterschied dazu nimmt Hobbes die rechtliche Innenperspektive ein und stößt dabei auf ein Unterscheidungsmerkmal, das bei Austin fehlt. Hobbes hält die Gesetze für objektive Verbindlichkeiten, deren Objektivitätscharakter durch die zweiteilige Frage bestimmt ist: Unter welchen Bedingungen ist der Adressat der Gesetze zum Gehorsam verpflichtet und unter welchen Bedingungen der Urheber der Gesetze zum Erlassen der Verpflichtungen berechtigt? Nach Hobbes' zweitem Definitionselement führen Gesetze die Gehorsamsverpflichtung nicht einfach mit sich, vielmehr besteht eine vorlaufenden Gehorsamsverpflichtung (203), und ihretwegen unterscheidet sich das Gesetz von rechtswidriger Nötigung. In der abschließenden Definition klingt das zweite Element in den Ausdrücken „Untertan" und „Staat" an. Außerdem tauchen noch zwei weitere Elemente auf: (3) Gesetze werden durch Wort, Schrift und andere ausreichende Willenszeichen kundgetan; (4) Gesetze bezwecken die Unterscheidung von Recht und Unrecht, zu verstehen als: regelwidrig und regelgemäß Die vollständige Definition lautet: „*Die bürgerlichen Gesetze sind Regeln, die der Staat jedem Untertan durch Wort, Schrift oder andere ausreichende Willenszeichen befahl, um danach Recht und Unrecht, das heißt das Regelwidrige und das der Regel Entsprechende, zu unterscheiden*" (203).

Mit dem Hinweis, diese Definition enthalte nichts, was nicht auf den ersten Blick einleuchtet, erinnert Hobbes an das sprachphilosophische Theorem, daß die Sprache lediglich die im Geist sich abspielenden Gedanken in Wörter übertrage (*L*, IV). Hobbes versteht die Definition nicht als seine willkürliche Festsetzung, auch nicht als Ausdruck einer damals vorherrschenden Konvention und vor allem nicht als Parteinahme in einer Kontroverse. In Übereinstimmung mit dem Anspruch auf allgemeine Gültigkeit will Hobbes lediglich einen allgemein geteilten Gedanken richtig aufzeichnen. Er will auf den Begriff bringen, was bei entsprechendem Nachdenken jeder selber herausfindet.

Dieselbe Allgemeingültigkeit beansprucht er für die acht Folgerungen, die sich aus der Definition mit Notwendigkeit ergeben sollen. Die erste, in der Sache unproblematische Folgerung bekräftigt die Allgemeingültigkeit. Gemäß den drei denkbaren Staatsformen (vgl. *L*, XIX) kommen als Souverän in Frage: ein einzelner (Monarchie) oder eine Versammlung (Demokratie oder Aristokratie). Auch wenn Hobbes persönlich die Monarchie vorgezogen haben mag – seine Theorie ist an eine derartige Präferenz nicht gebunden.

Nach der zweiten, in der Sache anstößigen Folgerung hat der Souverän im wörtlichen Sinn von „legibus solutus" eine absolute Macht; er ist den bürgerlichen Gesetzen nicht unterworfen. Der gemeinsame Kern der zwei Argumente liegt in der Macht, Gesetze nach Gutdünken aufzuheben. Diese Macht – so das erste Argument – schließt die Macht ein, sich von geltenden Gesetzen zu dispensieren und läßt es – so das zweite Argument –, nicht zu, gegen sich selbst verpflichtet zu sein. Denn die zur Souveränität gehörende Macht, Verpflichtungen zu schaffen, schließe nämlich die Macht ein, jede Verpflichtung, mithin auch eine Selbstverpflichtung, aufzuheben.

Beide Argumente leuchten nur unter der Voraussetzung ein, daß die Menschen dem Souverän ihre gesamte Macht und Stärke übertragen („confer all their power and strength"). In der Tat macht Kapitel 17 diese Voraussetzung. Hobbes beansprucht für die Folgerungen aber, daß sie sich allein und unmittelbar aus der Definition des Gesetzes ableiten lassen. Die Frage, ob dies zutrifft, entscheidet sich am ersten Element der Gesetzesdefinition, das, wie gesagt, nicht eindeutig ist. Heißt das Element, wie zu Beginn des zweiten Absatzes unseres Kapitels, „Befehl" und wird dieser rein voluntativ bestimmt, so liegt eine notwendige Ableitung vor. Dagegen ergibt sich weder bei einem weiteren Befehlsbegriff noch beim Regelbegriff die zweite Folgerung. Folgen wir also der problematischen Imperativentheorie, so ist die zweite Folgerung eine schlüssige Konsequenz der Gesetzesdefinition, übernehmen wir die sachgerechtere Regeltheorie, so ist sie es nicht. In jedem Fall hat das Theorem der absoluten Staatssouveränität nicht jenen Rang, auf den Hobbes mit einer „notwendigen Schlußfolgerung" (204) anspielt. Die allem Zweifel enthobene Konsequenz eines vorurteilsfrei gewonnenen allgemeinen Gesetzesbegriffs ist es nicht.

Eine Imperativentheorie des Rechts hat noch weitere Schwierigkeiten. So richten sich Befehle nur an andere, viele Rechtsverbindlichkeiten gelten jedoch auch für den, der sie erlassen hat. Die Mitglieder der Gesetzgebungsorgane sind in der Regel an die Gesetze gebunden, die sie beschließen: an das Vertrags- und das Eherecht, an das Verkehrs-, das Strafrecht usw. Selbst wenn man den Parlamentariern eine besondere Immunität zubilligt, wird sie doch bei bedeutenderen Straftaten aufgehoben. Spätestens diese spezifische Reflexivität, der Umstand, daß Gesetzesbeschlüsse auch für diejenigen gelten, die sie fassen, macht es unumgänglich, den Verbindlichkeitscharakter des Rechts nicht als einen konkreten Befehl („tu dies!"), sondern als Handlungsregel zu verstehen. Dabei wird der Gebots- und Verbotscharakter von Rechtsverbindlichkeiten, ihr Sollensmoment, gewahrt, ohne daß man sich auf das Geheiß einer bestimmten Person oder Körperschaft und auf eine lineare Beziehung zwischen Autor und Adressaten von Befehlen festlegte.

Eine weitere Schwierigkeit wirft ein Rechtsbereich auf, das Gewohnheitsrecht, der nicht etwa nur einen peripheren Teil des (positiven) Rechts ausmacht. Ursprünglich war das Recht sogar insgesamt Gewohnheitsrecht; die ersten Niederschriften wollten nur das „immer schon geltende Recht" klar und eindeutig festhalten. Noch heute hat die entsprechende Gewohnheit dort eine positivrechtliche Bedeutung, wo (1) das kodifizierte Recht Lücken oder Ermessensspielräume läßt, (2) eine ständige und gleichförmige Übung vorliegt, die (3) nach der festen Überzeugung der Beteiligten rechtens ist. Wenn Hobbes in der dritten Folgerung das Gewohnheitsrecht als stillschweigenden Befehl des Souveräns definiert, wird Hobbes zwar der ersten Bedingung gerecht, daß das Gewohnheitsrecht heute das Gesetzesrecht nur ergänzt und der Gesetzgeber es jederzeit außer Kraft setzen darf. Vielleicht erfüllt er auch die zweite Bedingung, er verfehlt jedoch die dritte Bedingung. Selbst gegenüber dem Gewohnheitsrecht hat ein absolutistischer Souverän nur eine begrenzte Macht; er kann es aufheben, nicht erschaffen; er hat nur eine sekundäre und negative, keine primäre und positive Gewalt. Gegen diesen Einwand könnte man zwar die fünfte Folgerung anführen, die da sagt: „Gesetzgeber ist nicht der, durch dessen Autorität die Gesetze zuerst erlassen worden waren, sondern der, durch dessen Autorität sie nunmehr weiterhin Gesetze sind." Abgesehen davon, daß das Gewohnheitsrecht keinen ausdrücklichen Gesetzgeber kennt, dürfte es aber treffender sein, auch den, der die Gesetze zuerst erläßt, als Gesetzgeber, freilich nicht als derzeitigen, anzuerkennen.

11.3 Natürliche Gesetze als Korrektiv?

Manche Interpreten halten den Gedanken einer unbeschränkten Souveränität für „systemnotwendig". In Wahrheit erhebt sich ein dem Hobbesschen System immanentes Bedenken. Die im Naturzustand drohende Kriegsgefahr wird nicht durch irgendeine Staatsmacht, schon gar nicht durch eine mit Blankovollmacht überwunden. Die Aufgabe, auf die die Staatsmacht verpflichtet ist, schränkt ihre Reichweite ein, so daß sich ihre

Legitimation mit einer Limitation verbindet. In Kapitel 30 heißt es deutlich genug: „Die *Aufgabe* des Souveräns ... ergibt sich aus dem Zweck, zu dem er mit der souveränen Gewalt betraut wurde, nämlich der Sorge für die *Sicherheit des Volkes* (safety of the people)." Der Souverän besitzt also einen wohlbestimmten Auftrag und keine *carte blanche*.

Daß der Souverän nicht nur Rechte, sondern auch Pflichten hat und umgekehrt der Untertan nicht nur Pflichten, sondern auch Rechte, sagt Hobbes, dort im Blick auf den politischen Körper, schon in der Tafel der Einteilung der Wissenschaften (*L*, IX). Kapitel 26 führt drei Grundpflichten an: die Verteidigung gegen Feinde (von außen), den Schutz des Gewerbes und die Sorge für das Recht derer, denen Unrecht zugefügt wurde. Und nach der Erläuterung von Kapitel 30 vertritt Hobbes einen weiten, ersichtlich anspruchsvollen Begriff von Sicherheit: „Mit ‚Sicherheit' ist hier aber nicht die bloße Erhaltung des Lebens gemeint, sondern auch alle anderen Annehmlichkeiten des Lebens, die sich jedermann durch rechtmäßige Arbeit ohne Gefahr oder Schaden für den Staat erwirbt" (255). Der lateinische Text sagt lapidar, es gehe um das Wohl des Volkes („salus populi"). Nach Kapitel 14 gibt es einige Rechte, die niemand durch Worte oder andere Zeichen aufgeben oder übertragen kann. Die Sicherheit eines jeden beispielsweise ist ein derart hohes Gut, daß „niemand das Recht aufgeben kann, denen Widerstand zu leisten, die ihn mit Gewalt angreifen" (101; ähnlich 107). „Dasselbe gilt für die Anklage von Personen, deren Verurteilung jemand ins Elend stürzen würde, wie z. B. des Vaters, der Ehefrau oder des Wohltäters" (107).

Für die genauere Bestimmung der Limitation in der Staatsgewalt sind die natürlichen Gesetze zuständig und für die Anerkennung eine Instanz, die Rechenschaft einfordert: „Gott, der Schöpfer dieses Gesetzes, und er allein" (ebd.). Kapitel 15 führt zusätzlich, allerdings nur im lateinischen Text, das Gewissen an (121, Anm. 29).

Nimmt man all diese Aussagen zusammen, so ist eine verbreitete Ansicht nachdrücklich zu korrigieren. Hobbes ist nicht in dem Sinn Ahnherr des neuzeitlichen Rechtspositivismus, daß er sich jener überpositiven Rechts- und Staatskritik widersetzt, die – zunächst unter dem Titel „göttliches Gesetz", später als „Naturgesetz" oder „Naturrecht" und neuerdings als „Gerechtigkeit" – über Jahrhunderte das Abendland bestimmt. Unter „Naturrecht" bzw. „natürlichem Recht" versteht Hobbes zwar etwas anderes: die jedem Menschen von Natur aus zukommende Freiheit, „seine eigene Macht nach seinem Willen zur Erhaltung ... seines eigenen Lebens einzusetzen und folglich alles zu tun, was er nach eigenem Urteil und eigener Vernunft als das zu diesem Zweck geeignetste Mittel ansieht". (99) Mit dem Begriff des natürlichen Gesetzes verbleibt er aber in der Tradition der überpositiven Rechts- und Staatskritik.

Der *Leviathan* widmet zwei volle Kapitel, 14 und 15, diesem Thema und zählt nicht weniger als neunzehn natürliche Gesetze („leges naturales") auf, darunter ein so elementares Gerechtigkeitsprinzip wie die Forderung, jeden als seinesgleichen von Natur aus anzusehen (neuntes natürl. Gesetz). Kapitel 26 nennt ein weiteres natürliches Gesetz, das Verbot, Unschuldige zu bestrafen (213). Im übrigen kennt Hobbes noch andere natürliche Gesetze, etwa das Verbot der Trunksucht und aller anderen Arten von Unmäßigkeit; sie gehören aber nicht unbedingt in den Zusammenhang der Rechts- und Staatsphilosophie (120). Der Grund, den Hobbes selber nicht nennt: Es sind Pflichten gegen sich, die im Unterschied zu bestimmten Pflichten gegen andere nicht zu den Voraussetzungen jedes Staatswesens gehören. Hobbes hätte jedenfalls die Ansicht eines „radikalen" Rechtspositivisten wie Lundstedt (1947, 450), die Gerechtigkeit sei nichts anderes als Ideologie und reine Einbildung, scharf zurückgewiesen. Nur „Narren sagen sich insgeheim, so etwas wie Gerechtigkeit gebe es nicht" (111).

Erstaunlicherweise gibt es nach Hobbes auch natürliche Gesetze, die nur für bestimmte Gruppen von Menschen, vielleicht sogar nur für einzelne, gelten. Sei beispielsweise ein öffentlicher Beamter ohne geschriebene Richtlinien beschäftigt, so müsse er sich die Anordnungen der Vernunft zur Richtlinie nehmen und – etwa als Botschafter – das tun, „was am meisten den Interessen seines Souveräns dient" (209). Die Grundlage einer derartigen Richtlinie sieht Hobbes in der Treue („fidelity"), also in einer moralischen Eigenschaft, einer Tugend. Überhaupt hält Hobbes – was man gern überliest – zur Schaffung und Erhaltung des Friedens moralische Tugenden für notwendig (212). In diesem Sinn definiert er das Wissen des *Leviathan* auch als „Wissenschaft von Tugend und Laster" („science of virtue and vice") bzw. als „Wissenschaft von Recht und Unrecht" („science of just and unjust": Kapitel 9). Hier stoßen wir auf ein weiteres Element, das gegen eine nur positivistische Hobbes-Lektüre spricht.

Für die natürlichen Gesetze führt Hobbes auch ein Kriterium ein. Es liegt in jenem moralischen Grundsatz der Wechselseitigkeit, der als Goldene Regel in so gut wie allen Kulturen bekannt ist und sich, wie Hobbes sieht, auch in der Heiligen Schrift findet (vgl. *L*, 100; 114; 120 f.; zum ‚natürlichen Gesetz' vgl. *L*, 120 f.; 255). Hobbes scheint aber den Unterschied, der zwischen der negativen und der positiven Fassung der Goldenen Regel besteht, nicht gesehen oder aber für nicht relevant gehalten zu haben. Der englische Text von Kapitel 14 führt die Goldene Regel umstandslos zunächst in der positiven („Was ihr wollt, daß euch andere tun sollen, das tut ihnen"), dann auf Lateinisch in der negativen Formulierung an („Quod tibi fieri non vis, alteri ne feceris" / „Was du nicht willst, daß man dir tu, das füg' auch keinem anderen zu"). Und im Kapitel 26 bringt der englische Text die negative, der lateinische aber die positive Fassung. Ähnlich nennt *De cive* in Kap. 3 die negative, in Kap. 4 die positive Formel an. Die Differenz ist aber beträchtlich. Die bescheidenere, negative Regel entspricht in etwa den Pflichten, deren Anerkennung die Menschen einander schulden, den Rechtspflichten, während die anspruchsvollere, positive Regel auch Tugendpflichten, etwa ein breites Hilfsgebot, miteinschließt.

Hobbes wählt für die Instanz der Limitation und Kritik von Recht und Staat den traditionellen Ausdruck. Im Verlauf von Kapitel 26 spricht er die natürlichen Gesetze als moralische Gesetze an. Moralisch sind sie bei ihm aber nicht im Sinn von kategorischen Imperativen. Bestimmt als Gesetze „im Dienste freier Selbsterhaltung" (vgl. Höffe 1982), sind es (sozial-)pragmatische Verbindlichkeiten, Klugheitsregeln, während die genuin moralischen, kategorischen Verbindlichkeiten Hobbes fremd sind. Diese Interpretation ist freilich umstritten. Nach einem berühmten Aufsatz von A. E. Taylor (1938, s. Kap. 7 dieses Bandes) – aufgegriffen und bekräftigt von H. Warrender (1957) – sollen Hobbes' natürliche Gesetze keine bloßen Klugheitsregeln, sondern deshalb genuin moralische Pflichten sein, weil sie Gebote Gottes sind. Nach Taylor und Warrender haben Hobbes' natürliche Gesetze einen theonomen Charakter.

Richtig ist, daß Hobbes, den seine Zeitgenossen, wie er wußte, für einen Atheisten hielten, die natürlichen Gesetze problemlos als Gesetze Gottes anerkennt. Er behauptet aber nirgendwo, nur wegen ihres göttlichen Ursprungs seien sie verbindlich. Den Grund der Verbindlichkeit sieht er ausschließlich in ihrer Bedeutung für die Selbsterhaltung und den Frieden; es sind nämlich deren notwendige Bedingungen. Treffender als Taylor und Warrender hat schon Hegel den nicht theonomen, sondern in einem weiteren Verständnis autonomen Charakter der Hobbeschen Argumentation erkannt, wenn er sagt, sie versuche auf Prinzipien zurückzugreifen, „die in uns selbst liegen" (*Vorlesungen über die Geschichte der Philosophie*, in: Werke in 20 Bänden, Bd. 20, S. 226).

Die natürlichen Gesetze, die weder geschrieben noch sonstwie veröffentlicht sind – es sei denn, man akzeptiert „das Licht der Vernunft" als eine Form der Veröffentlichung (vgl. 211, 3) –, werden Kapitel 26 zufolge durch die eigene Vernunft erkannt. Seit Ewigkeit gültig und in ihrem Gehalt unveränderlich, stimmen sie mit der Vernunft aller Menschen überein. Mit einem Pathos, das man für eine überpositive Rechtsinstanz von Hobbes nicht erwartet, heißt es: „Fürsten folgen aufeinander, ein Richter geht, der andere kommt, ja, Himmel und Erde werden vergehen, aber kein einziger Rechtstitel (‚title') des natürlichen Gesetzes, denn es ist das ewige Gesetz Gottes" (212 f.).

In zweierlei Hinsicht haben natürliche Gesetze einen prekären Status. Einerseits bestehen sie zwar seit Ewigkeit, verbunden mit der Verpflichtung, ihrem Schöpfer, Gott, Rechenschaft abzugeben. In einem Staatswesen erhalten sie jedoch nur dann Geltung, wenn der Souverän sie anerkennt und zu einem Teil „seiner" bürgerlichen Gesetze macht. Insofern gehören sie nicht zu den Geltungsbedingungen staatlicher Gesetze; auch ein staatliches Gesetz, das natürlichen Gesetzen klar und eklatant widerspricht, verliert nicht deshalb seine Geltung. Annehmen könnte man, diese Sachlage folge aus der rein voluntaristischen Gesetzesdefinition. Die natürlichen Gesetze kennen aber einen Souverän, Gott bzw. die Vernunft, und dieser Souverän ist dem staatlichen Souverän vorgeordnet, so daß Hobbes seiner Gesetzesdefinition nicht widersprochen hätte, wenn er den bürgerlichen bzw. staatlichen Gesetzen die natürlichen Gesetze als Legitimationskriterium vorgeordnet hätte.

Andererseits sieht Hobbes, daß ihr Inhalt dem leicht zugänglich ist, der sich ohne Parteilichkeit und Leidenschaft der natürlichen Vernunft bedient. Doch erfüllen wenige Menschen diese Bedingung, weshalb das natürliche Gesetz „nunmehr zum dunkelsten aller Gesetze geworden" ist (214). Selbst von den Menschen, bei denen die Unparteilichkeit zum Beruf gehört, von Richtern (vgl. 115 f.), ist zu befürchten, daß sie sich im entsprechenden Urteil irren (212). Weil sogar die professionellen Kenner des natürlichen Gesetzes, die Moralphilosophen, nicht über die Fähigkeit zu einer unkontrovers eindeutigen Erkenntnis und Auslegung des natürlichen Gesetzes verfügen, haben die natürlichen Gesetze trotz ihrer Allgemeingültigkeit einen sowohl privaten als auch kontroversen Charakter.

Die siebente Folgerung läßt ahnen, was Hobbes deshalb befürchtet: endlose Streitigkeiten. Wird nämlich die private Vernunft als Gesetz aufgefaßt, so ergeben sich „bei den Gesetzen ebensoviel Widersprüche wie bei den Scholastikern" (207). Um trotzdem zu eindeutigen Entscheidungen zu gelangen, braucht es Personen, die zur authentischen Interpretation autorisiert werden; es sind die von der souveränen Gewalt eingesetzten Richter. Weil auch sie sich irren können, enthebt kein früheres Urteil den Richter der Mühe, jeweils selbständig aus den Grundsätzen der eigenen natürlichen Vernunft zu urteilen (212). Solange kein neues Urteil gefällt ist, gilt jedoch die Entscheidung des jeweiligen Richters.

In dieser Überlegung unterscheidet Hobbes nicht zwischen (1) dem natürlichen Gesetz selbst und (2) seiner Anwendung teils (2.1) auf Falltypen, teils (2.2) auf konkrete Fälle. Kontroversen gibt es zwar auf beiden Ebenen, mindestens einige natürliche Gesetze sind den Kontroversen aber so gut wie enthoben. Beispielsweise mag die Frage strittig sein, was aus dem entsprechenden Verbot folgt – das Verbot, Unschuldige zu bestrafen, ist als solches nicht umstritten.

Wenn Hobbes vom Inhaber der Souveränität sagt, er könne – zu ergänzen: nur – das zum Gesetz machen, was dem Gesetz der Natur nicht widerspricht (220 f.), so erscheint das natürliche Gesetz als Grenze der souveränen Gewalt. Freilich bleibt die Bedeutung des „kann nicht" unklar: Handelt es sich um eine begriffliche Unmöglichkeit, um ein moralisches Verbot oder um eine empirische Wahrheit? Nach der vierten Folgerung scheint es sich schlicht um eine Tatsache zu handeln: „Wenn einmal ein Staat errichtet ist, dann sind sie (sc. die natürlichen Gesetze) wirkliche Gesetze"; und „das Gesetz der Natur ist in allen Staaten der Welt ein Teil des bürgerlichen Gesetzes" (205). In diesem Sinn heißt es etwas später, es gebe keinen Ort der Welt, wo eine gewisse Folgerung aus dem Verbot, Unschuldige zu bestrafen, eine Auslegung des natürlichen Gesetzes sein kann (213).

Nach diesen Äußerungen sieht es so aus, als ob es die Situation, daß die natürlichen Gesetze nicht zum Bestandteil der bürgerlichen Gesetze werden, gar nicht gibt. Weil Hobbes aber keine Maßnahmen vorsieht, mit deren Hilfe diese Situation verhindert wird und die natürlichen Gesetze sowohl zum Bestandteil der bürgerlichen Gesetze werden als auch dem Recht des Souveräns, Gesetze aufzuheben, entzogen sind, erscheint dieser Gedanke als ein frommer Wunsch.

Nach Hobbes braucht es deshalb einen Staat, weil das Gewissen weder so irrtumsfrei noch immer so stark ist, daß sich die moralischen Gesetze von allein durchsetzen. Aus demselben Grund reicht die Rechenschaft lediglich vor Gott nicht aus. Damit die natürlichen Gesetze staatliche Macht erhalten, dürfen sie nicht länger zur Disposition des Souveräns stehen, sie müssen vielmehr zu seinen Definitionselementen gehören, also auf die eine oder andere Weise selber staatliche Macht haben. Andernfalls trifft Kants Bedenken zu: „Wer einmal die Gewalt in Händen hat, wird sich vom Volk nicht Gesetze vorschreiben lassen" (*Zum ewigen Frieden*, Akad. Ausg. Bd. 8, S. 371).

Hier stoßen wir auf eine grundlegende Unstimmigkeit in Hobbes' Theorie der natürlichen Gesetze. Einerseits, gemäß dem rationalistischen Wissenschaftsideal, erhebt Hobbes für die Aussagen über die natürlichen Gesetze einen strengen Wahrheitsanspruch; politische Philosophie sei wie eine Architektur, die stabile Häuser und Festungen baue. Andererseits, wegen des Theorems des uneingeschränkt autorisierten Stellvertreters (*L*, XVI), werden die Aussagen über die natürlichen Gesetze dem Gesetzgebungs- und Interpretationsmonopol des Souveräns unterstellt. Dort gelten Hobbes' Aussagen als uneingeschränkt wahr, hier als ein Vorschlag, über den sich der Souverän nach freiem Gutdünken hinwegsetzen kann.

11.4 Geltung kraft autorisierter Macht

Whiteheads Bonmot, die Geschichte der abendländischen Philosophie bestehe aus einer Reihe von Fußnoten zu Platon, trifft auch auf Hobbes' berühmtes Diktum zu, das wir in der Mitte von Kapitel 26 lesen: „sed authoritas, non veritas, facit legem". Die *Nomoi* (Buch X, 889d–890a) verwenden zwar die Alternative Natur-Kunst (*physis – technē*). Die näheren Ausführungen zeigen aber deutlich, daß „Natur" für „Wahrheit" und „Kunst" für die zufällige, sogar gewaltsame Satzung von Gesetzgebern steht. Platon führt nun die Behauptung an, nicht die Natur qua Wahrheit, sondern die Kunst qua (gesetzgeberische) Autorität mache ein Gesetz; er widersetzt sich aber der Behauptung. Aus diesem Grund, aber auch weil man Platons politische Philosophie in der Regel nur aus *Kriton*, *Gorgias* und *Politeia*, nicht den *Nomoi* kennt, wird der Satz nicht schon durch Platon, sondern erst durch Hobbes wirkungsmächtig.

Der längere englische Text macht deutlich, worauf es Hobbes ankommt: „Die Autorität der (sc. moralphilosophischen) Schriftsteller kann aus ihren Meinungen ohne staatliche Autorität kein Gesetz machen, mögen sie auch noch so richtig sein". Der Satz steht also im Zusammenhang mit der Frage nach der authentischen Interpretation. Unmittelbar geht es also nur um die richterliche Gewalt; sinngemäß trifft er bei Hobbes aber auf alle Rechts- und Staatsgewalt zu. Dabei vertritt Hobbes nicht eine positivistische Rechtstheorie, vielmehr hebt er in genialer Kürze drei Minimalbedingungen eines sachgemäßen Rechtsbegriffs hervor.

Erstens sind Rechtsbestimmungen keine rein theoretischen Gegenstände. Weder Gesetze noch Richtersprüche sind etwas Vorgegebenes, das nur darauf wartet, entdeckt zu werden; sie werden vielmehr vom Menschen hervorgebracht. Die entsprechende Teilthese stellt allerdings nur dann eine rechtstheoretische Einsicht dar, wenn das Machen in einem so weiten und zugleich formalen Sinn verstanden wird, daß es auch das Gewohnheitsrecht und das natürliche Gesetz mit umfaßt. Insofern ist der Ausdruck nicht im Sinne der historischen Entstehung, sondern der objektiven Geltung zu verstehen. Gemeint ist ein nichtkontemplatives Moment, jene Zustimmung oder Anerkennung, die das Gesetz nicht etwa aus dem Nichts erschafft, wohl aber aus vorhandenen Möglichkeiten auswählt; „facere" bedeutet soviel wie Selektion und Dignifikation.

Zweitens: Der von Hobbes abgewehrte Geltungsgrund, die Wahrheit, ist als objektive Einsicht und als dazu führende Argumentation, als rationale Begründung, zu verstehen. Selbst wenn der seltene Fall eintritt, daß sich Moralphilosophen über die Auslegung der natürlichen Gesetze einig sind, ihre Auslegung daher als unstrittig wahr gelten kann, ist die entsprechende Einsicht kein Geltungsgrund. Ebenso hat die Auskunft eines Rechtsgelehrten nur den Rang eines Rates; selbst der Verfasser eines Kommentars leistet keine authentische Interpretation des Gesetzes (214). Die Entscheidung, was Gesetz ist, obliegt dem Richter (210), der Hobbes zufolge nicht einmal Fachjurist sein muß. Hobbes stimmt der britischen Gerichtspraxis zu, in der einerseits die Lords, von denen „nur wenige besonders gesetzeskundig" sind, andererseits Schöffen, also Laienrichter, das Urteil fällen, dabei nicht nur über die Tatfrage, sondern auch über die Sachfrage entscheiden (216). Hobbes lehnt die Position „Geltung kraft Einsicht" ab und mit ihr jenen strengen Rechtsmoralismus, jene Position, die die bloße Einsicht in die Ungerechtigkeit für ein zureichendes Argument hält, um das entsprechende Gesetz oder Gerichtsurteil als ungültig anzusehen.

Das *dritte* Moment, Hobbes' positive These „Geltung kraft Autorität", operiert mit einem mehrdimensionalen Begriff. Was an der betreffenden Stelle freilich nicht deutlich herausgearbeitet ist: „Autorität" meint erstens einen „Autor", nämlich einen Urheber und Willen; der Ausdruck bedeutet zweitens die Macht, mit der sich der Wille durchsetzt. Die Macht besteht aber nicht in bloßer Machtfülle; sie verdankt sich, so das dritte Moment, einer Autorisierung. Hobbes sieht die Möglichkeit, daß Privatpersonen stark genug sein können, ihre eigenen Pläne zu verfolgen und als Gesetz zu verkünden, was ihnen beliebt (209). Gleichwohl verfügen sie nicht deshalb über Rechtsmacht; es fehlt, was Hobbes die „Vorwegverpflichtung" der Bürger auf den Gehorsam gegen den Souverän nennt (203).

Die Vorabverpflichtung hat im *Leviathan* sogar den Rang eines Grundgesetzes. Während wir heute darunter die Verfassung eines Staates verstehen, hat Hobbes einen engeren und strengeren Begriff. Wie er am Ende des Kapitels 26 ausführt, heißt „Grundgesetz" jenes Gesetz, „nach dessen Beseitigung der Staat zusammenbricht und auseinanderfällt, wie ein Haus, dessen Fundament zerstört ist". Und diesen Rang habe die an die Untertanen gerichtete Verpflichtung, jede dem Souverän verliehene Gewalt, ohne die der Staat nicht bestehen könne, zu unterstützen. Damit läßt sich die rechtstheoretisch wichtige Frage beantworten, was denn eine organisierte Verbrecherbande („Mafia") von einer Rechts- und Staatsordnung unterscheide: Im Unterschied zur „Mafia" gehört zum Gesetz eine autorisierte Macht.

Hobbes' These, „Geltung kraft Autorität", heißt also „Geltung kraft autorisierter Macht". Nicht ein beliebiger Zwang hat Rechtscharakter, sondern allein jener Zwang, der in einer Zwangsbefugnis gründet. Als Verkörperung der Rechtsbefugnis verfügt der Souverän nicht über „nackte

Macht", sondern über eine autorisierte Macht; er hat *potestas*, nicht *violentia*; eine Rechtsordnung beinhaltet Legalität.

Nicht erst in der Moderne wird die Rechtsmacht von speziellen Körperschaften wie etwa dem Gesetzgeber, der Verwaltung und dem Gericht ausgeübt, Körperschaften, die in Form von Entscheidungen tätig werden. Insofern läuft die These „Geltung kraft Autorität" auf die These hinaus „Geltung kraft autorisierter Entscheidung". Als autorisiert können aber auch informelle Instanzen gelten wie beim Gewohnheitsrecht die Rechtsüberzeugungen der Betroffenen. Die „Geltung kraft autorisierter Entscheidung" besagt natürlich nicht, einmal gefaßte Beschlüsse seien der Kritik und Veränderung entzogen. Im Gegenteil gehört zur Rechtsform sozialer Verbindlichkeiten die Möglichkeit hinzu, Entscheidungen anzufechten und eine Wiedererwägung, gegebenenfalls Neuentscheidung der Sache zu fordern. Auch Hobbes weiß, daß es irrige, sogar deutlich ungerechte Urteile gibt. Die einmal in Kraft getretene Rechtsentscheidung bleibt aber solange ein Bestandteil des geltenden Rechts, wie noch keine Neuentscheidung gefallen ist.

Bei Befugnissen stellt sich die Frage, woher sie kommen. Über das Theorem des autorisierten Stellvertreters vermittelt (*L*, XVI), stammt nach Hobbes die Zwangsbefugnis nicht „aus eigenen Gnaden" der Rechts- und Staatsgewalten, auch nicht „aus Gottes Gnaden"; sie erfolgt „kraft Zustimmung aller Betroffenen". Zum Moment der Rechtsbefugnis oder Legalität tritt hier eine Befugnis der Befugnis hinzu, eine Befugnis zweiter Stufe, die wir im Unterschied zur Legalität auch „Legitimität" nennen. Nach dem *Leviathan* besteht sie in der freien Anerkennung derjenigen, die ihr unterworfen sind. Die lapidare Formel „Geltung kraft Autorität" lautet deshalb vollständig entfaltet: „Geltung kraft einer von jedem Betroffenen autorisierten Macht", kürzer: „Geltung kraft frei anerkannter Befugnis" oder „Geltung durch Konsens".

Bei den Geltungstheorien des Rechts unterscheidet man in der Regel zwei Grundformen, die *Machttheorien* und die Zustimmungs- oder *Anerkennungstheorien*. Weil Hobbes eine „Geltung kraft Autorität" behauptet, wird er gern den Machttheoretikern zugeordnet. Da der Autoritätsbegriff beides enthält, Elemente von Willen und Macht und eine Basis-Anerkennung der Betroffenen, gehört Hobbes in Wahrheit zu beiden Theoriegruppen. Zusätzlich spielt das Moment der Befugnis eine Rolle, so daß Hobbes auch zu einer dritten Theoriegruppe, den *Befugnis*- oder *Ermächtigungstheorien* gehört.

Durch die freie Anerkennung der Betroffenen erhält Hobbes' Rechtstheorie eine klare Gerechtigkeitsbedeutung. Die Gerechtigkeit ist zunächst in dem formalen Sinn zu verstehen, daß jeder einzelne seine freie Zustimmung gibt. Die Betroffenen erteilen aber nur deshalb ihre Zustimmung, weil sie sich aus der Einsetzung des Souveräns einen Vorteil versprechen, der jedem zugute kommen soll, die wechselseitige Freiheitseinschränkung zugunsten der wechselseitigen Freiheitssicherung (vgl. das zweite natürliche Gesetz: *L*, XIV, 100). Die letzte Legitimationsgrundlage der Rechts- und Staatsordnung bildet eine nicht nur formale, sondern auch materiale Gerechtigkeit, womit sich Hobbes als deutlich antipositivistisch erweist. Wegen des Theorems des uneingeschränkt autorisierten Stellvertreters von Kapitel 16 enthalten aber die vorher, in den Kapiteln 14–15, entfalteten natürlichen Gesetze keine politisch bindende Macht. Somit erhält die Gerechtigkeit am Ende doch nur ein rechtslegitimierendes und kein rechtslimitierendes Gewicht. Was auch immer die Autorität gebiete – sie könne niemandem Unrecht tun (139). An keinerlei Vorgaben gebunden, erhält die oberste Staatsgewalt eine Blankovollmacht, die aber, wie gesagt, den Zweck, um dessentwillen die Staatsgewalt und ihre Gesetze eingerichtet werden, garantiert. Wo sich die Legitimation von Souveränität nicht mit der entsprechenden Limitation verbindet und der Untertan neben den Pflichten auch Rechte hat, dort bleibt seine freie Selbsterhaltung gefährdet.

Literatur

Achenwall, G. und Pütter J. S. 1750: Elementa iuris naturae / Anfangsgründe des Naturrechts. Hrsg. u. übers. v. J. Schröder. Frankfurt/M. 1995.
Aristoteles: Ethica Nikomachea. Hrsg. v. I. Bywater. Oxford 1894 (dt. Nikomachische Ethik. Übers. v. F. Dirlmeier, Stuttgart 1969).
Austin, J. 1832: The Province of Jurisprudence Determined. Mit e. Einführung hrsg. v. H. L. A. Hart. London 1954.
Bentham J. 1791: Of Laws in General. In: Works. Hrsg. v. J. Bowring. Edingburgh 1843.
Canetti, E.: Der Befehl. In: ders.: Masse und Macht. Düsseldorf 1960.
Euchner, W. 1982: Auctoritas non veritas facit legem? Zur Abgrenzung von Politik und Nicht-Politik bei Thomas Hobbes. In: U. Bermbach/K.-M. Kodalle (Hrsg.): Furcht und Freiheit. Leviathan-Diskussion 300 Jahre nach Thomas Hobbes. Opladen, 176–200.
Hart, H. L. A. 1961: The Concept of Law. New York/London 1961 (dt. Der Begriff des Rechts. Frankfurt/M. 1973).
Hegel, G. W. F.: Werke in zwanzig Bänden. Frankfurt/M. 1971.
Höffe, O. 1981: Widersprüche im Leviathan: Zum Gelingen und Versagen der Hobbesschen Staatsbegründung. In: Ders. (Hrsg.): Thomas Hobbes: Anthropologie und Staatsphilosophie. Freiburg/Schweiz, 113–142.
– 1982: Wissenschaft im Dienst freier Selbsterhaltung? Zum Theorie-Praxis Verhältnis in Thomas Hobbes' Staatsphilosophie. In: U. Bermbach/K.-M. Kodalle (Hrsg.): Furcht und Freiheit. Leviathan-Diskussion 300 Jahre nach Thomas Hobbes. Opladen, 30–78.

- 1987: Politische Gerechtigkeit. Grundlegung einer kritischen Philosophie von Recht und Staat. Frankfurt/M.
Kant, I. 1795: Zum Ewigen Frieden. In: Kants gesammelte Schriften. Hrsg. v. der Königlich Preußischen Akademie der Wissenschaften. Bd. 8. Berlin 1912 (Nachdruck 1968).
- 1797: Die Metaphysik der Sitten. In: Kants gesammelte Schriften. Hrsg. v. der Königlich Preußischen Akademie der Wissenschaften. Bd. 6. Berlin 1914 (Nachdruck 1968).
Lundstedt, V. 1947: Law and Justice: A Criticism of the Method of Justice. In: P. Syre (Hrsg.): Interpretations of Modern Legal Philosophy. New York, 450–483.
Platon: Nomoi. Hrsg. v. I Burnet. Oxford 1907 (dt. Gesetze. Übers. u. erl. v. O. Apelt. 2 Bde. Leipzig 1916).
Taylor, A. E. 1938: The Ethical Doctrine of Hobbes. Wiederabgedruckt in: K. C. Brown (Hrsg.): Hobbes-Studies. Oxford 1965, 35–55
Thomas von Aquin: Summa theologica. Hrsg. v. P. Caramello. Turin 1952.
Warrender, H. 1957: The Political Philosophy of Hobbes. Oxford 1970.

12

Dietmar Herz

Bürgerkrieg und politische Ordnung in *Leviathan* und *Behemoth*

Zum Kapitel 29 des *Leviathan*

12.1 Einleitung: Politische Ordnung und Bürgerkrieg

Gleichsam wie Christus auf dem „Berg der Versuchung" stehend (Lukas 3.4), ergibt sich für den Betrachter der Geschichte Englands zwischen den Jahren 1640 und 1660 ein umfassendes Bild menschlicher Torheiten und Ungerechtigkeiten (*EW*, VI, 165). Solchermaßen pathetisch beginnt Thomas Hobbes seine zwischen 1665 und 1668 verfaßte Geschichte des englischen Bürgerkrieges. In Form eines Dialogs, der die Ereignisse jener Zeit rekonstruiert, schildert er „die Zusammenhänge der Geschehnisse", „ihre Ursachen, Vorwände, Gerechtigkeit, Reihenfolge, Listen und Erfolge" (ebd.). Dieser Dialog, *Behemoth or the Long Parliament*, ist der Versuch des Philosophen, an einem herausragenden Beispiel zu illustrieren, welche Ereignisse, Menschen und vor allem Ideen die politische Ordnung Englands zerstören und zum Bürgerkrieg führen. Der Dialog ist somit analytische Geschichtsschreibung im Dienste der politischen Theorie. Mit dieser Analyse kommt Hobbes auf eine Thematik zurück, die alle seine politischen Schriften durchzieht: Bereits in seinem ersten, genuin politischen Text, *Elements of Law, Natural & Politic*, mit dem er 1640 in die politische Diskussion eingreifen wollte, hatte Hobbes sich sorgfältig und systematisch den Ursachen des beginnenden Bürgerkrieges gewidmet. Dabei interessierte er sich nicht so sehr für die tatsächlich im Parlament und am Hofe geführte Diskussion, sondern für die Wirkung der dieser zugrundeliegenden Ideen (vgl. Metzger 1991, 13–53). In der Widmung der *Elements of Law* betont Hobbes daher besonders die Neuartigkeit seines Vorgehens und die Vorzüge seiner Methode, die es erlauben „to examine cases thereby between (...) sovereign and subject" (*Elements*, XVI). Hobbes verwendet in dieser Schrift die aktuelle politische Diskussion anläßlich der Einberufung des Parlaments im Frühjahr 1640 – wie später in *Behemoth* die Geschichte des englichen Bürgerkrieges –, um allgemeine Erkenntnisse über Politik zu formulieren. Gegenstand seiner Analyse ist der Auflösungsprozeß souveräner Gewalt – sei es in der Diskussion über die Rolle des Parlaments oder in der verfassungsrechtlichen, politischen und schließlich militärischen Auseinandersetzung der Zeit nach 1640.

Das der Widmung der *Elements of Law* entnommene Zitat verweist darüber hinaus auf den übergeordneten Gegenstand, um den es Hobbes bei seinen Untersuchungen in diesem Zusammenhang geht – um die genaue Analyse des Verhältnisses zwischen dem Inhaber der souveränen Gewalt und seinen Untertanen, beziehungsweise um die möglichen Störungen in diesem Verhältnis. Hobbes' Ausführungen zu den Ursachen von Bürgerkriegen – in *Leviathan*, den *Elements of Law* und in *De cive* – wie seine konkrete historische Fallstudie über den englischen Bürgerkrieg *Behemoth or the Long Parliament* – sind, da es in diesen Passagen um die konkrete juristische Ordnung des Staates geht, Teil seiner Staatsrechtslehre. Diese Staatsrechtslehre ist von Hobbes in *Leviathan*, seinem wichtigsten Werk, positiv und negativ formuliert worden: Die mittels Vertrag geschaffene absolute Souveränität des Herrschers stellt das friedensstiftende Moment dar, die Unterwanderung und schließlich die Auflösung der Souveränität negiert den geschaffenen Friedenszustand und führt zum Bürgerkrieg. Die Voraussetzungen und Bedingungen dieser Souveränität, die, metaphorisch gesprochen, das Verhältnis zwischen „Leviathan" (Souveränität und Frieden) und „Behemoth" (Auflösung der Souveränität, Bürgerkrieg und Rückfall in den Naturzustand) konstituieren, sind die wichtigsten Elemente der Staatslehre (136). Von Interesse ist daher gerade auch die Analyse des Bürgerkrieges, ein für die gesamte Theorie wichtiges Korrelat der Staatswissenschaft. Denn der Zerfall der Souveränität ist Aufhebung oder Negation derjenigen Voraussetzungen, die den Naturzustand beendeten und die staatliche Ordnung schufen (245 ff.). Die am Frieden orientierte Staatswissenschaft muß sich also – um ihren praktischen Ansprüchen gerecht zu werden – beider Varianten annehmen. Sie muß Analyse der Bedingungen der Friedensschaffung wie Analyse der Ursachen ihrer Auflösung sein.

12.2 Die metaphorische Verdeutlichung: *„Leviathan and Behemoth"*

Hobbes benutzt zwei Metaphern, um das Verhältnis zwischen dem souveränen Machtinhaber und seinen Untertanen zu kennzeichnen: „Leviathan" und „Behemoth"; beide sind dem *Buch Hiob* des Alten Testaments entnommen. Steht „Leviathan" für den „gesunden" Staat, also für politische Ordnung, so bezeichnet „Behemoth" das dem Leviathan entgegenwirkende Prinzip der Unordnung. „Behemoth" ist bestimmt durch diejenigen Faktoren – ideologischer, juristischer und sozialer Art –, die Hobbes zufolge letztlich zur Auflösung eines Staates führen. „Behemoth" ist also die metaphorische Bezeichnung für die von Hobbes analysierte „Störung" in den Beziehungen zwischen Untertanen und dem Inhaber der souveränen Gewalt. Schon die kleinste institutionelle Einschränkung, selbst in eingeschränkter Form, – etwa durch den Parlamentarismus – wird Hobbes zufolge letztlich zum Bürgerkrieg führen.

Die Herrschaft des *Long Parliament* in England ist hierfür ein paradigmatischer Fall. In seiner Analyse dieser Herrschaft – eben *Behemoth or the Long Parliament* – benutzt Hobbes die „Behemoth"-Metapher zur Illustrierung der staatsrechtlichen Idee des *Long Parliament*, der Fesselung souveräner Gewalt mittels einer Institution. „Behemoth" ist *sowohl* die Machtergreifung des Parlaments durch Einschränkung der Rechte des Königs, *als auch* seine vollständige verfassungsrechtliche Fesselung *und zuletzt* sein physischer Tod als Folge der Auseinandersetzungen des Bürgerkrieges (245–248). Der Krieg ist damit aber noch nicht beendet, sondern setzt sich so lange fort, bis die Gewalt wieder uneingeschränkt in den Händen *eines* Souveräns liegt. Daher umfaßt der englische Bürgerkrieg für Hobbes nicht nur die relativ kurze Zeitspanne der eigentlichen militärischen Auseinandersetzungen, sondern auch die gesamte Zeit der verfassungsrechtlichen Auseinandersetzungen und der sich abwechselnden Rechtsformen (*EW*, IV, 407/408). „Leviathan" hingegen verkörpert das der „Unordnung" des Konstitutionalismus entgegengesetzte Prinzip der auf Machtkonzentration und ungeteilter Souveränität basierenden politischen „Ordnung". Historischer Bezugspunkt ist hierfür die Herrschaft der Stuart-Könige, deren Legitimität Hobbes allerdings weder begründet noch widerlegt. Die englische Monarchie erscheint in seinen staatsrechtlichen Texten allein als ein Ordnungsproblem – eine staatsrechtlich-theologische Legitimationsargumentation, wie sie James I. oder später Filmer vertreten, liegt ihm fern.

Es geht um die Ordnung der Souveränität. Ein Blick auf die wörtliche Bedeutung der von Hobbes verwendeten Metaphern mag dies verdeutlichen: Über die Herkunft des Begriffs „Leviathan" ist viel geschrieben worden (anstelle vieler: Brandt 1982 und Springborg 1995, 353–375), so daß es hier nur einiger Andeutungen bedarf: Das Alte Testament zeichnet den Leviathan als schreckenerregendes Seeungeheuer mit unvorstellbarer Macht und Gewalt (Hiob 40.25–41.26, Psalm 74.14, 104.26, Jesaja 27.1, Offenbarung des Johannes 13). Diese Gewalt ist von Gott gegeben, nur Gott allein kann den Leviathan beherrschen. Hobbes entwirft dieses mächtige Wesen als eine Art Maschine oder besser als einen komplizierten Mechanismus (*L*, 5; *EW*, V, 27). Das Material hierzu ist vorhanden – ein Blick auf die Titelseite der Erstausgabe des *Leviathan* genügt: Menschen sind die Bestandteile des Leviathan, der sich über der Landschaft nicht weniger furchtgebietend erhebt als das Seeungeheuer der Bibel. Die biblischen Erzählungen aufgreifend, weist Hobbes dem Leviathan die Stellung zwischen Menschen und Gott zu. Seine Gewalt fordert Gehorsam, und seine uneingeschränkte Macht schafft Ordnung.

Zu „Behemoth" sei angemerkt, daß Hobbes sicherlich auch von der Machtfülle wußte, die dem „Gegner" des Leviathan zugesprochen wird und dies in seinem Machtbegriff berücksichtigt wissen wollte: Behemoth, das erste von Gott erschaffene Tier des Landes (Hiob 40.15–24), ähnelt einem großen Nilpferd. Als Nilpferd symbolisiert Behemoth in apokryphen jüdischen und ägyptischen Texten die Irrationalität, Triebhaftigkeit und das Chaos. Im ägyptischen Mythos erlegt der Gott Horus das Tier der Unordnung und Unbeherrschtheit. Die Nilpferdjagd in Ägypten war ein ritueller Akt, in dem sich der Jagende durch den Sieg über das Nilpferd – Behemoth – und damit auch über die von ihm symbolisierten zerstörerischen Kräfte der Ordnung versicherte (vgl. Wilkinson 1988, 239–242; Keel 1978, 125 ff.). *Beide Metaphern verkörpern für Hobbes also die Idee großer Macht und Stärke; aber die Richtung der Macht ist verschieden.* Vereinfacht ausgedrückt: uneingeschränkte Macht und Ordnung durch den „Leviathan", geteilte Macht und daher ständige Auseinandersetzungen und schließlich Krieg durch den „Behemoth". Zwischen diesen Prinzipien muß es zum permanenten Kampf kommen. Wobei das Prinzip „Behemoth" bereits als solches auf Kampf und Anarchie verweist. Franz Neumanns Studie über die „anarchische Struktur" des nationalsozialistischen Staates trägt bezeichnender Weise den Titel *Behemoth* (Neumann 1942).

12.3 Die Auflösung der Ordnung: *Die Pathologie des Staates*

Die Analyse der Ursachen des Zerfalls einer staatlichen Ordnung erläutert – *e contrario* – auch die richtige Ordnung. In der Untersuchung des Zerfalls zeichnet Hobbes daher implizit das Bild von Ordnung nach, das er in seinen übrigen Werken erstellt hat. Er verdeutlicht diesen Zusammenhang in einer für seinen Stil typischen, lakonischen Formulierung, als er seinem politisch-literarischen Gegner Bischof Bramhall vorschlägt, seinen Versuch der Widerlegung des *Leviathan* doch einfach *Behemoth against Leviathan* zu nennen – „I can give them a fit title for their book, Behemoth against Leviathan" (*EW*, V, 27). „Politik" ist für Hobbes – vereinfacht formuliert – die Auseinandersetzung zwischen dem „Leviathan"-Prinzip der Ordnung und Friedensstiftung und dem „Behemoth"-Prinzip der Unordnung und Anarchie.

Die prägnanteste Darstellung der Gründe, die zum Verfall eines Staates führen können, gibt Hobbes im 29. Kapitel des *Leviathan*. Mit den Ursachen des Verfalls staatlicher Ordnung befaßte sich Hobbes jedoch auch in seinen beiden anderen großen politischen Abhandlungen – den *Elements of Law* und *De cive*. Um die Übersicht zu komplettieren, sei daher der im 29. Kapitel des *Leviathan* entworfenen Pathologie kurz die Systematik der Bürgerkriegsursachen in den *Elements of Law* und *De cive* vorangestellt.

Im zweiten Teil der *Elements of Law* – *concerning men as a body politic* – analysiert Hobbes *en detail* die „Ursachen" von Rebellionen (*NR*, II.8, 189–198): Er nennt zunächst drei Ursachen für Aufruhr und Rebellion: (1) *Unzufriedenheit,* (2) *das Anmaßen von Rechten* und (3) *die Hoffnung auf den Erfolg der Rebellion* . Außerdem fügt Hobbes eine psychologische Kategorie hinzu, die später in *Behemoth* ein wichtiges Element seiner Analyse ist: Es ist der „Ehrgeiz", der den potentiellen Rebellen antreibt. Demokratie gibt dem Ehrgeiz die nötige Entfaltungsmöglichkeit und ist also verantwortlich für einen Kampf der Ehrgeizigen untereinander. Ehrgeiz ist das wichtigste Motiv – neben der Furcht – für die innere Unzufriedenheit derjenigen, die nach Macht im Staat streben. Dabei maßen sie sich Rechte an, die nur dem Souverän zustehen: „And so much of the first thing that disposeth to rebellion, namely, discontent, consisting in fear and ambition ... The second thing that disposeth to rebellion, is pretence of right" (*Elements*, II.8, 170). *De cive* enthält im Anschluß an die Ausführungen über die Entstehung von Staaten die ausführlichste Darlegung der Ursachen des Zerfalls, allerdings nicht mit der Stringenz durchgeführt, die die parallele Passage des *Leviathan* auszeichnet. Die Systematisierung der verschiedenen Ursachen ist hier schwieriger als im 29. Kapitel des *Leviathan*, da Hobbes verschiedene Betrachtungsweisen miteinander verbindet (Bobbio 1993, 105). Hobbes zählt hier insgesamt dreizehn „innere Ursachen der Auflösung eines Staates" auf (*CI*, XII, 192), die im wesentlichen den Ursachen der Auflösung eines geordneten Staates im *Leviathan* gleichen.

Im 29. Kapitel des *Leviathan* widmet sich der Philosoph in systematischer Weise den „Dingen", „die einen Staat schwächen oder zu seiner Auflösung führen" (245). Der kurze Text entwickelt eine vollständige „Pathologie" des Staates. Hobbes wählt – wie zuvor in den *Elements of Law* – die Metaphern „Krankheit", „Gebrechen" und „Gift" zur Kennzeichnung der Ursachen des Zerfalls von politischer Ordnung. Keineswegs soll dies jedoch implizieren, der Staat sei dem menschlichen Organismus vergleichbar. Die Metaphern verweisen nicht auf eine mögliche Analogie, sondern dienen der Verdeutlichung und verweisen letztlich auf die Vorstellung, daß „Staat" wie „Mensch" nichts weiter als unterschiedlich komplexe Mechanismen – „Körper" – sind, die gleichen Prinzipien unterliegen. Spätere Vorstellungen vom Staat als einem lebenden Organismus sind dieser Idee diametral entgegengesetzt. Der Mensch als „Schöpfer" von staatlicher Ordnung – nicht als „Stoff" dieser Ordnung – ist der Urheber und Architekt sowohl des Staates als auch der zu seiner Auflösung führenden „Fehler": „Wenn sie sich daher nicht durch äußere Gewalt, sondern durch innere Unordnung auflösen, so liegt der Fehler nicht an den Menschen in ihrer Eigenschaft als *Stoff*, sondern in ihrer Eigenschaft als *Schöpfer* und Ordner der Staaten. Denn werden die Menschen schließlich des regellosen gegenseitigen Hauens und Stechens müde und wünschen von ganzem Herzen, sich zu *einem* festen und dauernden Gebäude zusammenzufügen, so können sie ohne die Hilfe eines sehr tüchtigen Architekten nur zu einem baufälligen Gebäude zusammengefügt werden, das kaum ihre eigene Lebenszeit überdauert und mit Sicherheit über den Köpfen ihrer Nachkommen zusammenstürzt, da ihnen die Kunst abgeht, zur Regelung ihrer Handlungen geeignete Gesetze zu erlassen, sowie die Bescheidenheit und Geduld, die rauhen und hinderlichen Stellen ihrer augenblicklichen Gestalt glätten zu lassen" (245). Das besondere an den politischen Krankheiten, von denen das 29. Kapitel berichtet, ist, daß sie nicht unmittelbar den politischen Körper eingreifen, sondern seine Seele, die Souveränität und über die Seele dann auch den Körper, da ein Körper ohne die ihn zusammenhaltende, organisierende und steuernde Seele zugrunde gehen muß. Politische Krankheiten sind für Hobbes Souveränitätskrankheiten, Bedrohungen der internen Organisation der Souveränität, Einschränkungen ihrer Entscheidungsgewalt und ihrer Bewegungsfreiheit.

Der später verfaßte *Behemoth* liefert die geschichtliche Fallstudie zu der politiktheoretischen Ursachenanalyse des *Leviathan*. Im *Behemoth* zeigt Hobbes, wie in einem konkreten historischen Fall die von ihm für den Niedergang eines Gemeinwesens konstatierten Ursachen zur Wirkung kamen und zu jenem politisch verheerenden Ergebnis führten, das die ordnungspolitische Konstruktion des *Leviathan* zu verhindern gedacht ist. Und auch hier sind es die Menschen und ihre Fehler als „Schöpfer", also als politisch handelnde Personen, die den Staat zerstören.

Hobbes beginnt seine Darstellung der verschiedenen Formen und Entwicklungsstadien der politischen „Krankheiten" im 29. Kapitel mit einer einfachen Unterscheidung: Entweder war der Staat von Anfang an krank bzw. schlecht eingerichtet *oder* der Zustand seiner Institutionen verschlechterte sich im Laufe seines „Lebens" durch schädigende Einflüsse unterschiedlicher Art: „Deshalb zähle ich zu den Gebrechen eines Staates an erster Stelle die Folgen einer unvollkommenen Errichtung, die den Krankheiten natürlicher Körper gleichen, die aus mangelhafter Zeugung entstehen" (245). „An zweiter Stelle nenne ich diejenigen Krankheiten eines Staates, die von dem Gift aufruhrstiftender Theorien herrühren" (246). Wir haben es also mit zwei Kategorien von „Krankheiten" zu tun, *anfänglich gegebenen* oder *nachträglich eingetretenen*. Hobbes beginnt seine Pathologie mit den anfänglichen „Gebrechen" eines Staates: Wie bei den Krankheiten natürlicher Körper gleicht das Gebrechen eines Staates der Folge einer „mangelhaften Zeugung", i. e. der Staat ist unvollkommen eingerichtet. Hierbei ist „mangelhafte Zeugung" in erster Linie die (Selbst)-Beschränkung des Souveräns in der Macht, die er eigentlich zur Verteidigung des Staates, i. e. der Ordnung, braucht. Verfügt er nicht über diese Macht, so ist er in ständiger Gefahr. Bedarf es in einer Notlage eines Mehr an Gewalt, so erscheint dies als „ungerecht" und führt zur Gegenwehr, die dann häufig von auswärtigen Mächten unterstützt wird (245). Die „mangelhafte Zeugung" ist das negative Abbild der Erzeugung des Leviathans. Dessen ursprüngliche Erzeugung durch den Vertrag aller mit allen und die diesem zugrundeliegenden Bedingungen legten die notwendige Ausstattung der Herrschaft mit denjenigen Institutionen fest, die den Leviathan sichern oder stabilisieren sollten. Ist die „Erzeugung" fehlgestaltet, erfolgt sie nicht in der richtigen Art und Weise, so ist der Same des Bürgerkrieges bereits gelegt. Hobbes beginnt bereits am Beginn des 29. Kapitels eine Argumentation, die den Zerfall immer in der Negation der Bedingungen der stabilisierenden Herrschaft sieht. Beispiele, der englischen, römischen und athenischen Geschichte entnommen, illustrieren dies: „Alle Staaten, deren Gewalt beschränkt ist, und sei es auch noch so wenig, haben notwendig Mängel ..." (246).

Soweit die erste Kategorie. Wichtiger scheint Hobbes die zweite Kategorie zu sein. Der unvollkommenen Einrichtung an die Seite gestellt ist das „Gift aufruhrstiftender Theorien". Hobbes zählt sechs solcher Theorien auf, die selbst einen gut eingerichteten Staat zerstören können. Die ihnen zugrundeliegende Idee widerspricht jeweils der von ihm konzipierten bürgerlichen Gesellschaft: (1) *Jeder Privatmann sei Richter darüber, ob eine Handlung gut oder böse ist.* (2) *Alles, was man wider sein Gewissen tut, ist Sünde.* (3) *Glaube und Heiligkeit sind nicht durch Studium und Vernunft, sondern durch übernatürliche Eingebung oder Einflößung zu erlangen.* (4) *Der Inhaber der souveränen Gewalt untersteht den bürgerlichen Gesetzen.* (5) *Jeder Privatmann besitzt das uneingeschränkte Eigentum an seinem Vermögen, so daß das Recht des Souveräns daran ausgeschlossen ist.* (6) *Die souveräne Gewalt ist teilbar* (246–249).

Diese sechs von Hobbes aufgeführten „Lehren" lassen sich auf zwei Grundaussagen zurückführen: (1) *Jedem Individuum steht eine Interpretationskompetenz in Glaubensfragen zu.* (2) *Die souveräne Gewalt erfährt eine Reihe von Einschränkungen* (dies faßt die vierte bis sechste Lehre zusammen). Damit ist das Grundübel und das zu behandelnde Problem gekennzeichnet: Die souveräne Gewalt ist beschränkt, beziehungsweise aus einem oder mehreren Bereichen der rechtlichen Ordnung völlig ausgeschlossen. Diese Zusammenfassung formuliert *ex negativo*, was Hobbes im 18. Kapitel als „die Rechte, die das Wesen der Souveränität ausmachen" (142) kennzeichnet. Es sind zwölf Rechte und deren Voraussetzungen, die Hobbes dort bestimmt (vgl. Kavka 1986, 180 f.): (1) Unaufkündbarkeit des Vertrags seitens der Bürger ohne die Zustimmung des eingesetzten Souverän; (2) Unmöglichkeit eines Vertragsbruchs seitens des Souverän; (3) Unanfechtbarkeit des von der Mehrheit beschlossenen Vertrags durch den Einzelnen; (4) Unanfechtbare Vertretung des Einzelnen durch den Souverän; (5) Unabhängigkeit des Souverän von den Gesetzen; (6) Recht und Pflicht des Souveräns zur Zensur unter der höchsten Priorität der Erhaltung des Friedens; (7) Zuständigkeit des Souverän für den Erlaß das Eigentum betreffender bürgerlicher Gesetze; (8) Recht des Souveräns auf Rechtssprechung; (9) Oberbefehlsgewalt über die militärischen Streitkräfte; (10) Recht auf Amtserhebung; (11) Ermunterung der Bürger zum Dienst am Staat durch Entlohnung und Bestrafung; (12) Regelung der Ehrenbezeugungen für verdiente Bürger (136–142). Es sind diese Voraussetzungen, die durch die „Irrlehren" in Frage gestellt werden; die Einschränkung oder gar Abschaffung der Rechte der Souveränitäten führen zur Negation der Staatsgründung und damit zurück in den Naturzustand.

Entsprechend definiert Hobbes im 30. Kapitel die Aufgaben des Souveräns: „Und da sich der Staat auflöst, wenn die oben im achtzehnten Kapitel genauer charakterisierten, wesentlichen Rechte des Souveräns entfallen und jedermann in den Zustand und die unglückliche Lage eines Kriegs gegen jeden zurückkehrt, was das größte Übel dieses Lebens ist, so ist es Aufgabe des Souveräns, diese Rechte in ihrer Gesamtheit zu erhalten und folglich eine Verletzung seiner Pflicht, erstens sie auf einen anderen zu übertragen oder eines dieser Rechte niederzulegen" (255). Eine tatsächliche oder auch bloße begriffliche „Teilung" entleert die Souveränität ihres Gehalts und führt letztlich zum Bürgerkrieg: „Und diese Teilung ist es, von der es heißt: Ein jegliches Reich, so es mit sich selbst uneins wird, das wird zunichte. Denn wenn diese Teilung nicht vorausgeht, so kann es nie zu einer Teilung in gegnerische Heere kommen. Hätte der größte Teil Englands nicht zuerst die Meinung angenommen, diese Gewalten seien zwischen dem König, dem Adel und dem Unterhaus aufgeteilt, so wäre das Volk niemals geteilt und in diesen Bürgerkrieg gestürzt worden, zuerst zwischen denen, die in Fragen der Religionsfreiheit verschiedener Ansicht waren. Diese Leute haben den Menschen in diesem Punkt der souveränen Rechte eine solche Lehre erteilt, daß es in England nur noch wenige gibt, die nicht sehen, daß diese Rechte untrennbar sind, und sie werden bei der nächsten Wiederkehr des Friedens so allgemein anerkannt werden und so lange fortbestehen, bis das Elend der Menschen vergessen worden ist, und nicht länger, es sei denn, das gemeine Volk wird besser belehrt, als das bisher geschehen ist" (142 f.). Die Wesensumgrenzung der Souveränität, wie sie in staatsrechtlicher Form im 18. Kapitel des *Leviathan* unternommen wird, verweist also bereits auf die Gefährdung dieser Ordnung, wie sie im 29. Kapitel dargestellt wird. Hobbes sieht den geschaffenen Staat als einen stets gefährdeten Mechanismus an. Kenntnis von den möglichen Gefährdungen zu haben, ist von höchster Wichtigkeit für eine ständig zu betreibende Prophylaxe. Die beiden Kapitel sind daher parallel zu lesen. Ihre Argumentation ergänzt sich.

Die uneingeschränkte Souveränität selbst stellt keine Gefahr dar. Eine Einschränkung der Souveränität zum Schutze der Untertanen, wie Locke dies später fordert (Locke, 1989, 258), ist nicht nötig, da der Souverän in Hobbes' Konstrukt „Werk" der Vertragsschließenden ist (um der Prägnanz des Ausdrucks willen im Original zitiert: „every particular man is author of all sovereign doth"; vgl. *EW*, XVIII, 139). Aus dieser Struktur des Vertragsschlusses erwächst dem Souverän seine prinzipielle „Freiheit" von allen Verpflichtungen und seine „Unfehlbarkeit". Zur Verwirklichung seiner friedensstiftenden Aufgabe muß der Souverän das ausschließliche Interpretations- und Wahrheitsmonopol (Kersting 1992, 182) in allen Fragen des öffentlichen Lebens an sich ziehen: „Denn die Handlungen der Menschen entspringen ihren Meinungen und eine gute Lenkung der menschlichen Handlungen, die Frieden und Eintracht unter ihnen bewirken soll, besteht in einer guten Lenkung ihrer Meinungen. Und obwohl in den mit Lehre zusammenhängenden Fragen ausschließlich an die Wahrheit zu denken ist, so steht dem doch die Regelung aus Gründen des Friedens nicht entgegen. Denn eine dem Frieden widersprechende Lehre kann nicht wahrer sein, als Frieden und Eintracht dem natürlichen Gesetz zuwiderlaufen können" (140). Zensur und Sprachregelung stehen im Dienste friedenserhaltender, die „Irrlehren" unterdrückender Maßnahmen. Dies gilt auch für die Religion: Da es konfessionell bedingte Auseinandersetzungen waren, die den englischen Bürgerkrieg ausgelöst hatten, muß im Konfliktfall gerade die Bestimmung religiöser Wahrheiten unter die Zuständigkeit des Souveräns fallen (Kersting 1992, 164 ff.).

Die „Krankheiten" des Staates, die Hobbes im 29. Kapitel diskutiert, sind also tatsächlich solche, da sie im offensichtlichen Widerspruch zur Natur der geschaffenen Souveränität stehen. Sie verdeutlichen die Dichotomie von Ordnung und Auflösung der Ordnung. Die Idee der Souveränität ist jedoch ausschließlich politisch-staatsrechtlich gestaltet. Sie beschränkt sich in ihrer Wirkung auf den „nach außen" in Erscheinung tretenden Bereich der menschlichen Lebenswelt. Hobbes schränkt den *Bereich* der Souveränität – nicht ihre Wirkung – also in einem wichtigen Punkt ein: Die Souveränität erstreckt sich auf alle Gebiete, *die ihrem Wesen nach der Politik zuzurechnen* sind, i. e. eben alle Handlungen, die eine nach außen gerichtete Wirkung entfalten. Die Kompetenz des Souveräns in Glaubensdingen – ein zentraler Aspekt der Souveränität – umfaßt also nicht den Bereich der persönlichen, nicht geäußerten Überzeugungen. Dieser bleibt dem einzelnen überlassen (vgl. *L*, 340). Die Souveränität ist eine nur im politischen Bereich uneingeschränkte Autorität. Sie ist ihrem Wesen nach *politisch und öffentlich*, der private Bereich bleibt davon unberührt. Die Ursachen der Auflösung eines Staates sind daher im öffentlichen Bereich zu bekämpfen. Die „Krankheiten" des Gemeinwesens sind nur solche, wenn sie nach außen wirken. Die „Bekämpfung" der Krankheitsursachen – um in Hobbes' Diktion zu bleiben – hat also Grenzen. Die Forderung nach *Homogenität* der Überzeugungen der Bürger eines Staates erhebt Hobbes nicht. Die das Interpretations- und Wahrheitsmonopol sichernde Zensur wirkt daher nur im öffentlichen Bereich.

Hobbes' weitere Ausführungen über den Verlauf der denkbaren „Krankheiten" des Staates illustrieren diese Grundtatbestände nur noch: Zur

Annahme dieser „Lehren" kommt es durch (1) „das Beispiel andersartiger Regierungen" und vor allem (2) durch die „Lektüre der politischen und historischen Schriften der alten Griechen und Römer" (249). Insbesondere Aristoteles und Cicero greift Hobbes im *Leviathan* und anderen Schriften immer wieder an (Wolfers 1991, 18 f.). Die Theorien dieser Autoren betrachtet Hobbes als die *theoretische Grundlage* der „aufrührerischen Lehre" seiner Zeit. Der Verweis auf Aristoteles und Cicero richtet sich gegen die „Mischverfassungslehre", die mit der politischen Theorie der genannten Autoren verbunden ist. Die antiken Ideen und das Zitieren von Beispielen – etwa dem in der politischen Diskussion der Zeit häufigen Verweis auf die Freiheit der Niederlande (249) – ist durch seine öffentliche Wirkung umso verderblicher. Aristoteles und Cicero – wie auch die Vielzahl religiöser Lehren – entfalten ihre für die Ordnung verheerende Wirkung, wenn sie von Kathedern und Kanzeln verkündet werden. Dies wird noch einmal schlimmer, wenn die Autorität der antiken Autoren für die Auflösung der Souveränität als Argument eingeführt wird. Im schlimmsten Fall führt diese zum „Königsmord", der von diesen Theoretikern als „Tyrannenmord" bezeichnet und damit gerechtfertigt wird: „Sie sagen nämlich nicht *regicidium*, das Töten eines Königs, sondern *tyrannicidium*, das Töten eines Tyrannen, sei rechtmäßig. Menschen, die unter einem König leben, entnehmen den gleichen Büchern die Meinung, die Untertanen genössen in einem demokratischen Staat Freiheit, die einer Monarchie dagegen seien alle Sklaven. Ich sage, die in einer Monarchie leben bilden sich diese Meinung, nicht diejenigen, die unter einer demokratischen Regierung leben, denn diese sehen hierfür keinen Grund, kurz, ich kann mir nicht vorstellen, was für eine Monarchie schädlicher wäre als zu erlauben, daß diese Bücher ohne die Beifügung richtigstellender Kommentare umsichtiger Gelehrter, die ihnen ihr Gift nehmen können, öffentlich gelesen werden. Ich stehe nicht an, dieses Gift mit dem Biß eines tollwütigen Hundes zu vergleichen, der zu der Krankheit führt, welche die Ärzte *Hydrophobia* oder *Wasserscheu* nennen. Denn so wie derjenige, welcher so gebissen wurde, unter ständigem Durst leidet und doch Wasser verabscheut und sich in einer Verfassung befindet, als wolle ihn das Gift in einen Hund verwandeln, so fehlt, wenn eine Monarchie von jenen demokratischen, diese Verfassung ständig anknurrenden Schriftstellern einmal ins Fleisch gebissen wurde, ihnen nichts mehr als ein starker Monarch, den sie aber, wenn sie ihn haben, trotzdem aus einer gewissen *Tyrannophobie* oder Furcht vor einer strengen Regierung verabscheuen" (250). Die Rechtfertigung der Tyrannenmorde ist somit die äußerste Irrlehre – sie fordert *expressis verbis* zum Bürgerkrieg auf. Somit widerspricht es den Pflichten des Souveräns,

„das Volk über die Ursachen und Gründe dieser wesentlichen Rechte in Unkenntnis zu lassen oder eine falsche Unterrichtung zu dulden, da auf Grund dessen die Menschen leicht zu verführen und dazu zu bringen sind, ihm Widerstand zu leisten, wenn Anwendung und Ausübung dieser Rechte im Interesse des Staates notwendig sind" (255 f.). Vereinfacht formuliert: Zensur und staatliche Definition des Zulässigen sind die Mittel, um die Verbreitung der „Irrlehre" zu unterbinden und damit den Rückfall in den Bürgerkrieg zu vermeiden. Dagegen ist kein Widerstand zulässig.

Neben den bislang behandelten Ursachen der Schwächung und des Zerfalls der staatlichen Ordnung führt Hobbes noch „andere, weniger gefährliche" Krankheiten auf, „die trotzdem beachtenswert sind". Auch sie untergraben die politische Selbstbehauptung der absoluten Macht und schwächen den Staat. Im einzelnen nennt Hobbes (1) „die Schwierigkeiten beim Aufbringen von Geld zu notwendigen Staatszwecken"; (2) die Konzentration von öffentlichem Einkommen in der Hand einer oder mehrerer Privatpersonen; (3) „die Volkstümlichkeit eines mächtigen Untertans"; (4) „die übermäßige Größe einer Stadt"; (5) die Existenz einer „großen Anzahl von Korporationen" und (6) die Möglichkeit ständiger Kritik am Souverän. Hinzu kommen die Folgen einer nicht überlegten Außenpolitik (252–254). Am Ende der Darstellung steht konsequenterweise der „Tod", i. e. die Auflösung des Staates in einem inneren oder auswärtigen Krieg, denn wenn der Souverän stirbt, stirbt auch der Staat, genauso wie der Körper zerfällt, wenn seine Seele stirbt. „Der Souverän ist die öffentliche Seele, die dem Staat Leben und Bewegung verleiht; wird sie ausgehaut, so werden die Glieder von ihr nicht mehr gelenkt als der Leichnam eines Menschen von seiner entwichenen ... Seele" (254).

12.4 Mischverfassung versus absolute Souveränität

Faßt man alle von Hobbes genannten Ursachen, die zur Auflösung eines Staates führen, unter staatsrechtlichen Aspekten zusammen, so ergibt sich ein klares Bild: Das verfassungsrechtliche Modell der Mischverfassung wird von Hobbes als *die* „Krankheit" identifiziert, die zum Bürgerkrieg führen muß: in ihr gibt es nicht nur eine Seele, die den politischen Körper zusammenhält, beherrscht und leitet, sondern mehrere Seelen, die notwendig in einen Streit um die Vorherrschaft geraten müssen, der den Staatskörper zerreißen wird, da die unterschiedlichen Seelen die Glieder des Staatskörpers, die Untertanen also in unterschiedliche und oft entgegengesetzte Richtungen treiben (vgl. *L*, 250 f.) . Die „Gelehrten", gegen die sich Hobbes wendet, sind zum einen die englischen Juristen, die das Staatsrecht mit der Lehre von der Mischverfassung und der konstitutionellen Herrschaftseinschränkung gleichsetzen und eben meinen, „es gebe in einem Staat mehr Seelen – das heißt, mehr Souveräne", und zum anderen die antiken Schriftsteller, allen voran Aristoteles, aus deren Texte die zeitgenössischen Absolutismusgegner ihre staatsrechtlichen Vorstellungen destilliert haben.

Die beste Verfassung, so argumentiert Aristoteles in der *Politik* sei diejenige, die aus verschiedenen Staatsformen zusammengesetzt sei und Elemente der Monarchie, der Aristokratie und der Demokratie verknüpfe (Aristoteles 1981, 1256b 33–66a–d). Eine ähnliche Auffassung vertritt Platon in den *Nomoi* (Platon 1988, 682e–685a, 690d–693c). Polybios und Cicero nehmen diese Theorien auf, so daß man mit einigem Recht von einer antiken Theorie der gemischten Verfassung sprechen kann (Polybios 1983, VI, 4.11–13, 9.10–14). Cicero hat die verschiedenen Varianten der Theorie der Mischverfassungen schließlich in einer Synthese zusammengefaßt. Aristoteles' *Politik* und Ciceros Synthese wurden als *die* antike Verfassungslehre verstanden (Cicero 1993, II, 133–135). Die englische Verfassungsentwicklung hatte in den ersten Jahrzehnten des 17. Jahrhunderts diese antiken Lehren rezipiert und mit der Tradition des *Common Law* zu einer wirkungsmächtigen Theorie verbunden. Ausgangspunkt war die systematisch erstmals von John Fortescue entwickelte Lehre von der Besonderheit der englischen Monarchie, die Fortescue als ein *dominium politicum et regale* bezeichnete (vgl. Fortescue 1885). Demgegenüber stehen die monarchischen Verfassungen anderer Staaten, die lediglich als *dominium regale* gekennzeichnet sind. *Politicum* bezeichnet in dieser Vorstellung einen Bereich staatlicher, durch ein Parlament repräsentierter Autorität, die *neben* der königlichen Macht besteht. Die englische Verfassung entfaltet sich nach Fortescue im *Zusammenwirken* der beiden Teile der Souveränität. Thomas Starkey führte diesen Gedanken in seinem *A Dialogue between Cardinal Pole and Thomas Lupset* fort und entwickelte, auf Aristoteles und Platons *Nomoi* aufbauend, eine für die englische Situation gedachte Theorie der Mischverfassung. Diese Theorie verband sich auf das Vorteilhafteste mit der Entwicklung der protestantischen Kirchen in England, die zunächst gegen die römische Kirche, sodann gegen die anglikanische Hochkirche auf *ihrer* Interpretationskompetenz in Glaubensdingen beharrten. Im Kern dieses theoretischen Amalgams finden sich also die beiden Lehren, die Hobbes in seiner Kritik als die Hauptübel von Verfassungen charakterisiert hatte: die Interpretationskompetenz in Glaubensfragen und die Einschränkung der Souveränität (Starkey 1871, vgl. Nippel

1980, 183-187). Diese Lehre besaß eine beträchtliche Anziehungskraft: Beschränkung von staatlicher Macht sichert die Freiheit der Bürger, gestattet ihnen Religionsfreiheit und fördert ihr wirtschaftliches Wohlergehen. Die neue Lehre ist daher im Interesse der Mehrheit der Bürger. Die neue Lehre spricht für das Volk – *for thousands and tenn thousands* (Coke 1826, V, 239/240) – und gegen den Souverän. So argumentierte Sir Edward Coke schon 1621 für eine einschneidende Beschränkung der königlichen Macht zugunsten der Rechte der Bürger, die sich im Parlament artikulieren.

Die Lehren der antiken Staatstheoretiker wie die ihrer englischen Bewunderer gehen im Entwurf ihrer politischen Ordnungsvorstellungen von der Prämisse aus, daß die Verfassung die Freiheit der Bürger zu sichern habe. Und Freiheit bedarf, der Lehre Aristoteles' folgend, auch eines Elements der Demokratie. Die englische Staatsrechtslehre versteht dieses Element als die überkommene „Freiheit" englischer Institutionen und Bürger. Die Bedrohung dieser Freiheit kommt in erster Linie vom Inhaber der staatlichen Gewalt. Leicht wird aus dem „König" ein „Tyrann" – gegen den dann die äußersten Mittel – der Tyrannenmord – gerechtfertigt erscheinen. Die auf der Grundlage der aristotelischen Verfassungstheorie aufgebaute Vorstellung, wie sie sich nach 1640 auch politisch durchsetzte, stellte dieser Gefahr der Tyrannis zwei Sicherungen entgegen: (1) *Sie schränkte die Souveränität des Königs ein* und (2) *sie sicherte die Glaubens- und Gewissensfreiheit und darauf aufbauend die Freiheit der Religionsausübung*. Es ist dies die verfassungsrechtliche Festlegung der Teilung der Souveränität.

Hiergegen argumentiert nun Hobbes: Eine solche Einschränkung der Souveränität des Herrschers sei schon aus logischen Gründen nicht denkbar: „Der Souverän eines Staates, ob Versammlung oder Einzelperson, ist den bürgerlichen Gesetzen nicht unterworfen. Denn da er die Macht besitzt, Gesetze zu erlassen und aufzuheben, so kann er auch nach Gutdünken sich von der Unterwerfung durch Aufhebung der ihm unangenehmen Gesetze und durch Erlaß neuer befreien – folglich war er vorher frei. Denn frei ist nur, wer frei sein kann, wenn er will. Es ist auch nicht möglich, gegen sich selbst verpflichtet zu sein, denn wer verpflichten kann, kann die Verpflichtung aufheben, und deshalb ist einer, der nur gegen sich selbst verpflichtet ist, nicht verpflichtet" (204). Es ist dies die wohl heftigste Zurückweisung der Idee der Mischverfassung – gleichzeitig auch eine Zurückweisung der aristotelischen Idee der Herrschaft des Gesetzes (Aristoteles 1981, 1281a 35-38). Erneut greift Hobbes damit (implizit) die sich aus dem Vertragsschluß ergebende Struktur des Souveräns auf: Der Vertrag enthält eine an keinerlei Bedingungen gebundene „Autorisierung" des Souveräns, die seine (rechtlich) unauflösbare und nicht einzuschränkende Autorität begründet. Genau dieser Form der Autorität bedarf es, will man der stets möglichen (tatsächlichen) Auflösung des Staates entgegenwirken. Die staatliche Ordnung beinhaltet eine *Selbstbeschränkung* der Bürger, die die „Rechte" der Mischverfassungskonzeption und der (äußeren) Freiheit in Glaubensdingen ausschließt (*L*, 131; vgl. Flathman 1987, 111-146). Hobbes weist letztlich nicht nur die verfassungsrechtlich begründete Souveränität zurück; er wendet sich prinzipiell gegen die Annahme, Herrschaft beruhe auf dem Gesetz; denn tatsächlich herrscht nur die Angst vor den Menschen, die diese Gesetze durchzusetzen befugt sind (*L*, 521).

Die englische Rezeption der Mischverfassungstheorie versuchte, an die Vorstellung eines „überkommenen" englischen Rechts anzuknüpfen und daraus eine Vielzahl von Rechten abzuleiten. Ziel war die Reform der Monarchie und ihre Beschränkung zugunsten des Parlaments. Die englische Staatsrechtslehre des 17. Jahrhunderts präsentiert die Mischverfassungstheorie also als eine Synthese, die zwei Grundgedanken beinhaltet: (1) *eine Form der Interorgankontrolle (king in parliament)*, und (2) *die Schaffung eines Bereichs, der staatlichem Eingreifen weitgehend entzogen ist* (Eigentum und Bekenntnisfreiheit). Ihre vollständige Ausprägung erlangt diese Lehre in Lockes' Staatstheorie und deren Weiterentwicklung im 18. Jahrhundert. Es ist deutlich zu sehen, daß Hobbes' Analyse im 29. Kapitel gerade diese beiden Grundgedanken als das grundlegende *Ordnungsproblem* identifiziert hatte. Das Wesen der Souveränität garantiert die staatliche Ordnung. Beschränkt man die Souveränität – für Hobbes schon logisch-begrifflich keine sinnvolle Aussage – durch Herrschaftsteilung und durch individuelle Grundfreiheiten, so zerstört man die staatliche Ordnung. Es kommt zum Bürgerkrieg.

12.5 Der englische Bürgerkrieg: *die Krankengeschichte des Staates*

In seiner Analyse der „Ursache, Vorwände, Gerechtigkeit, Reihenfolge, Listen und Erfolge" der englischen Geschichte zwischen 1640 und 1660 illustriert Hobbes die im *Leviathan* begrifflich entwickelte politische Pathologie. Dabei ist zu betonen, daß Hobbes auch im *Behemoth* ahistorisch vorgeht. Nicht die Rekonstruktion der Ereignisse erscheint ihm von Bedeutung und also berichtenswert, sondern die Analyse deren Ursachen, die er – seine eigene Theorie anwendend – auch hier *more geometrico* durchführt (Münkler 1991, 216).

Die Erzählungen des älteren der beiden Dialogpartner – sichtlich Hobbes selbst – ist Anamnese und Diagnose zugleich: Zunächst treten diejenigen Agitatoren auf, die dem englischen Staatswesen das „Gift" verabreichten, an dem es schließlich zugrundegeht: die Mitglieder verschiedener religiöser Gruppierungen; an erster Stelle die Papisten, dann die Presbyterianer, die Independenten, Anabaptisten, Fifth-Monarchy-Men, die Quäker und Adamisten (*EW*, VI, 167); daneben auch diejenigen Abgeordneten, die ihre Ideologie aus der Lektüre griechischer und römischer Autoren ableiteten; reiche Bürger großer Handelszentren, wie London, die versuchten, dem niederländischen Vorbild nachzueifern und Verfechter des gegen die Krone gerichteten *Common Law* (*EW*, VI, 168) und schließlich jene, die aus ihrem nackten ökonomischen Interesse heraus handelten.

Bereits diese Aufzählung enthält alle von Hobbes im *Leviathan*, *De cive* oder *Elements of Law* genannten „Krankheitsursachen". Schon deren bloßes Vorhandensein ist für den Staat eine tödliche Gefahr. „In such a constitution of people, me thinks, the King is already ousted of his government ..." (*EW*, VI, 169). So Hobbes zusammenfassend im *Behemoth*. Er spricht, dies weiter verdeutlichend, von der „Aussaat", dem „Wachstum in Deklarationen, Remonstranzen und anderen Schriften". Der englische Bürgerkrieg begann nach Hobbes nicht in der Schlacht von Edgehill, sondern in den verfassungsrechtlichen Auseinandersetzungen, die dieser vorangingen. Nicht immer war dabei die Gefahr klar zu erkennen: „They did not challenge the sovereignty in plain terms, and by that name, till they had slain the king" (*EW*, VI, 197). Aber sie war stets da. Das Gift aufrührerischer Theorien und deren Lehre wirkte.

Hobbes steht natürlich auf der Seite der Monarchie. Die Monarchie – die absolute Herrschaft *eines* Monarchen – ist unter den verfügbaren Regierungsmodellen für Hobbes die beste und sinnvollste Staatsform. Der Bezugspunkt ist auch hier wieder das politische Kardinalziel der Verhinderung des Bürgerkrieges. Absolute monarchische Herrschaft, so Hobbes' implizite Argumentation im *Behemoth*, „zähmt" den Behemoth. Daher vertritt die monarchische Herrschaft auch das fundamentale Interesse der meisten Menschen, die sich ja am politischen Kampf – bei dem sie nichts zu gewinnen haben – kaum beteiligen. Denn dieses Interesse verlangt vor allem anderen die Herstellung und Erhaltung des Friedens. Die Argumentation für die Monarchie fügt sich in die grundlegende Linie der Staatstheorie Hobbes' ein. Die Überlegenheit der Monarchie folgt für Hobbes schon aus der Tatsache, daß der Monarch *allein* entscheiden kann; eine souveräne Versammlung, die Hobbes allerdings ausdrücklich für denkbar erachtet (vgl. 143), würde „in sich" wieder das Problem der letztlichen

Interpretationskompetenz aufwerfen. Dies war in England der Fall. Die Verfassung, die Teilung der Gewalt, die Anmaßung der Interpretationskompetenz ermöglichten den von Ehrgeiz beseelten und von „Irrlehren" verblendeten politisch Aktiven den Kampf um die Macht.

Auch das weitere Vorgehen folgt dem im *Leviathan* entworfenen Schema der Diagnose, das damit im *Behemoth* zu einer „exemplarischen" Krankheitsgeschichte wird, die letztlich selbst als ein Schema für weitere Untersuchungen dienen kann. Schon wenige Beispiele zeigen dies: Hobbes analysiert – und widerlegt – die Begründung der Lehren der „Verführer". Dabei beschäftigt er sich zunächst mit den Ansprüchen der katholischen Kirche, die diese seiner Meinung nach aus *Deuteronomium* XVII.12 und *Matthäus* 28.18–20 ableiten. Diese Diskussion kreist erneut um eines der von Hobbes identifizierten zentralen Probleme der Ordnung des Staates – geistliche und weltliche Macht können nicht „nebeneinander" bestehen; zwangsweise wird eine von beiden den Primat fordern und zur absoluten Macht werden. Im Katholizismus ist dies in der Idee der Weisungsbefugnis *in ordine ad spiritualia* angelegt – neben der geistlichen Macht fordert die Kirche auch die weltliche Macht, soweit es um Belange der Religion geht (*EW*, VI, 170). Akzeptiert man diese Lehre, so steht dem König ein Machtzentrum gegenüber, das gegenüber der weltlichen Herrschaft ein Mehr an Autorität beansprucht. Es kommt zum Kampf. Dieser wäre, hätte man die dem *Leviathan* zu entnehmende Prophylaxe beachtet und weltliche und geistliche Macht in einer Hand vereinigt, zu vermeiden gewesen.

Keineswegs ist Hobbes' Kritik jedoch auf den Katholizismus beschränkt (Strauss 1965, 75–81). Auch die Presbyterianer wirken der Herrschaft des Königs entgegen: Denn auch die von den Reformkirchen proklamierte Interpretationskompetenz führt zu einer Teilung der Gewalt des Souveräns (*L*, 92 f.). Der Untertan muß sich überlegen, ob ein Gebot des Herrschers mit seinem Gewissen, i. e. seiner Auffassung von Glauben, im Einklang ist. Ist dies nicht der Fall, so kann er den Gehorsam verweigern (Bobbio 1993, 63 ff.). Tut er dies aber, so setzt er sich in Gegensatz zum Souverän, der auch sein geistliches Oberhaupt sein soll; es ist der Beginn der Insurrektion: „... consequently heresy may be said to bear the same relation to the power spiritual, that rebellion doth to the power spiritual, that rebellion doth to the power temporal, and is suitable to be persecuted by him that will preserve a power spiritual and dominion over men's consciences" (*EW*, VI, 174). Auch hier greift Hobbes implizit die Lehre von der Mischverfassung an, soweit diese – in der englischen Rezeption – die Interpretationskompetenz in Glaubensfragen zu ihrem wesentlichen Bestandteil macht: Denn die Interpretationskompetenz in Fragen des Glaubens führt – insbesondere in der englischen Tradition – zur Notwendigkeit der Interpretation auch anderer Regelsysteme. Damit würde dem Leviathan als dem Gesetzgeber eine Vielzahl von Interpretationen des Gesetzes gegenüberstehen. Hinter den Interpretationen stehen Interpreten, und diese, dies zeigt die Pathologie des 29. Kapitels des *Leviathan* wie die konkrete Fallstudie des *Behemoth*, entscheiden gemäß ihren Interessen, Leidenschaften oder ideologisch-religiösen Vorstellungen. Die „letztlichen Gründe" des Gesetzes bleiben ihnen verschlossen (211 f.). Die Souveränität muß also gerade diese Interpretationskompetenz als eine notwendige Bedingung ihrer Existenz einschließen. Kersting spricht in diesem Zusammenhang von einem „Letztinstanzlichkeitsargument" (Kersting 1994, 102). Die sich aus diesem ergebenden Forderungen für die politische Praxis wurden bereits genannt.

Die Zurückweisung der Lehre von der eingeschränkten Souveränität war für Hobbes damit hinreichend begründet. Die Entstehung des Bürgerkriegs zeigte nahezu alle möglichen Ursachen der Auflösung staatlicher Ordnung am Werke – in der Tat „ein umfassendes Bild menschlicher Torheiten" (*EW*, VI, 165). Hobbes greift hier die psychologische Argumentation seiner früheren Schriften auf und zeichnet das Bild eines vom Ehrgeiz getriebenen Menschen, der nicht rational handelt, sondern verblendet von religiösen oder ideologischen Vorstellungen (*EW*, VI, 280 f.). Dies macht die Krankheitsursachen um so gefährlicher – um im Bild zu bleiben: es besteht Ansteckungsgefahr, die Krankheit wird übertragen und führt zu einer tödlichen Epidemie, eben Bürgerkrieg, Anarchie und Naturzustand. Die Analyse Hobbes' war der Blick von jenem „Berg der Versuchung" – die erhöhte theoretische Perspektive, die eine Kenntnis der Krankheiten des Gemeinwesens ermöglicht. Die verfassungsrechtliche Entwicklung Englands hat dies jedoch kaum beeinflußt: 1688/89 kam es zu einer konstitutionellen Festlegung der zwischen 1640 und 1660 diskutierten Prinzipien. Die Einschränkung der Souveränität, das Prinzip des *king in parliament* setzte sich durch.

Literatur

Aristoteles 1981: Politik. Übers. v. Eugen Rolfes. Hamburg.
Bobbio, N. 1993: Thomas Hobbes and the Natural Law Tradition. Chicago und London.
Brandt, R. 1982: Das Titelblatt des Leviathan und Goyas El Gigante. In: U. Bermbach, K. M. Kodelle (Hrsg.): Furcht und Freiheit. Leviathan-Diskussion 300 Jahre nach Thomas Hobbes. Opladen, 201–231.
Cicero 1993: Vom Staat/De re publica. Hrsg. u. übers. von Karl Büchner. München.
Coke, Sir Edward 1826: Seventh Reports, Calvin's Case. London.

Flathman, R. E. 1987: The Philosophy and Politics of Freedom. Chicago–London.
Fortescue, J. 1885: De Laudibus Legum Anglie (1468/71). Hrsg. v. S. B. Chrimes. Oxford.
Kavka, G. S. 1986: Hobbsian Moral and Political Theory. Princeton, NJ.
Keel, Ot. 1978: Jahwes Entgegnungen an Hjob. Göttingen.
Kersting, W. 1992: Thomas Hobbes zur Einführung. Hamburg.
– 1994: Die politische Philosophie des Gesellschaftsvertrags. Darmstadt.
Locke, J. 1989: Zwei Abhandlungen über die Regierung. Hrsg. u. eingel. v. Walter Euchner. Frankfurt.
Metzger, H.-D. 1991: Thomas Hobbes und die Englische Revolution 1640–1660. Stuttgart.
Münkler, H. 1991 (Hrsg.): Thomas Hobbes: Behemoth oder Das Lange Parlament. Mit einem Essay von H. Münkler. Frankfurt/M.
Neumann, F. 1942: Behemoth. The Strucutre and Practice of National Socialism. New York
Nippel, W. 1980: Mischverfassungstheorie und Verfassungsrealität in Antike und früher Neuzeit. Stuttgart.
Platon 1988: „Nomoi". In: Sämtliche Dialoge, Bd. VII. Hrsg. und mit einer Einleitung versehen von O. Apelt, 7 Bde., Hamburg.
Polybios 1983: Historien, übersetzt und mit Anmerkungen und einem Nachwort vers. v. Karl Friedrich Eisen. Stuttgart.
Springborg, P. 1995: Hobbes's Biblical Beasts: Leviathan and Behemoth. In: Political Theory 23, 353–375.
Starkey, Th. 1871: A Dialogue between Cardinal Pole and Thomas Lupset, Lecturer in Rhetoric at Oxford. Hrsg. v. J. W. Cowper. London.
Strauss, L. 1965: Hobbes' Politische Wissenschaft. Hrsg. von Wilhelm Hennis und Hans Maier. Neuwied–Berlin.
Tönnies, F. 1990: Einleitung. In: Thomas Hobbes: Behemoth or the Long Parliament. Chicago–London.
Wilkinson, J. G. 1988: The Ancient Egyptians. Their Life and Customs. 2 Bde. Hier: Bd. I. New York.
Wolfers, B. 1991: „Geschwätzige Philosophie". Thomas Hobbes' Kritik an Aristoteles. Würzburg.

Michael Großheim

Religion und Politik
Die Teile III und IV des *Leviathan*

Das Verhältnis von Religion und Politik im *Leviathan* ist bis heute ein außerordentlich umstrittenes und unübersichtliches Forschungsgebiet. Um einen Überblick über den schillernden Stoff und die vielfältigen Interpretationen zu gewinnen, müssen zunächst verschiedene Arten der Fragestellung unterschieden werden. 1. Biographisch-psychologische Fragen: War Hobbes Christ oder Atheist? Wenn er gläubig war, welcher Konfession läßt er sich am ehesten zurechnen? Was sind Hobbes' Motive? Sind seine theologischen Ausführungen zynische Konzessionen an den Zeitgeist, Ausdruck eines genuinen religiösen Impulses, überlegt eingesetzte Instrumente zur Unterstützung seiner politiktheoretischen Ambitionen oder davon unabhängige Versuche der Aussöhnung von Wissen und Glauben? 2. Systematische Fragen: Ist die Theologie in Hobbes' System unerheblich oder zentral, ist sie zusätzliche Begründungshilfe oder vornehmliche Begründungsbasis? Welches Verhältnis herrscht zwischen Religion und Politik: Über- und Unterordnung, Symbiose oder Parallelität? Wird das Christentum als solches durch eine systematische Rolle ausgezeichnet oder ist es eine beliebige Religion unter anderen, die lediglich aufgrund ihrer zufälligen zeitgenössischen Verbreitung überhaupt berücksichtigt werden muß?

Im folgenden soll der Schwerpunkt der Untersuchung auf der Beantwortung der zweiten Fragegruppe liegen, weil hier aus dem Text heraus argumentiert werden kann und die Gefahr psychologischer Spekulation geringer ist.[1] Für die Interpretation soll eine Maxime maßgeblich werden,

---

1 Viel Energie ist bisher auf Argumentationen verwendet worden, die beweisen sollen, daß Hobbes Atheist, Kalvinist, Anhänger des Prädestinationsglaubens etc. gewesen sei (besonders

die Hobbes seiner eigenen Auslegung der Bibel zugrundelegt, die er aber zugleich in so auffälliger Weise allgemein formuliert, daß sie auch ein Hinweis für den angemessenen Umgang mit dem *Leviathan* zu sein scheint: „Denn nicht die bloßen Worte, sondern das Ziel des Verfassers wirft das wahre Licht, in dem jede Schrift auszulegen ist ..." (459).[2] Hobbes hat nun nach eigenem Bekunden mit seinem Werk nichts anderes im Auge als zu zeigen, was für die Lehre von der Regierung und vom Gehorsam notwendig ist (514). Sein Ziel ist ausdrücklich eine Lehre von der Politik (533), die die Absicht verfolgt, den Menschen die gegenseitigen Beziehungen zwischen Schutz und Gehorsam zu demonstrieren (544). Hobbes' Ziel ist also ein säkulares. Diesen Umstand muß man bei der Interpretation der theologischen Ausführungen stets im Auge behalten.[3]

Eine der wichtigsten Arbeiten zum Thema vertritt die Ansicht, daß ein kurzsichtiges Beim-Wort-Nehmen von Hobbes' absolutistischer Souveränitätslehre fast zwangsläufig dessen Ausführungen zur Religion als Ideologie und Taktik entlarven muß (Kodalle 1971, 25). Auch nach Kodalles Darstellung gilt Hobbes' Erkenntnisinteresse dem Staat und nicht dem Glauben (1971, 143, 157). Aber statt hier anzusetzen, erhebt der Autor das biblische Theorem des Bundes zum Fundamentum der konstruktiven politischen Wissenschaft bei Hobbes (1971, 105, 135), und zwar aufgrund einer bewußten und ausdrücklichen Akzentverschiebung, die sich auch gegen die Intentionen des Autors selbst richtet (1971, 11, 13). Demgegenüber kann und soll hier nichts anderes versucht werden als die „genuine" Hobbes-Interpretation, auf die Kodalle verzichten will.

Diesem Unternehmen wird hier zunächst ein kurzgefaßter Überblick über die Themenfolge von Buch III und IV des *Leviathan* vorausgeschickt: Im 31. Kapitel, dem letzten des zweiten Buches, beschäftigt sich Hobbes mit dem „natürlichen Reich" Gottes, während danach, also vor allem im Buch

---

in der englischen Wissenschaft, vgl. die Sammlungen von Brown 1965 und King 1993, darin vor allem die distanzierte Bestandsaufnahme von Sutherland). Seine eigene Theorie, nach der der innere Glaube jedes Menschen unsichtbar und unzugänglich ist, sollte jeden, der sich eine zufriedenstellende Klärung dieser Nebenfrage erhofft, skeptisch stimmen. Nicht zu beweisen ist auch die These, daß Hobbes aus Sorge um seine persönliche Sicherheit theologische Ausführungen aufgenommen hat (Polin 1969, 152), obwohl seine Aristoteles-Darstellung diese Vermutung stützen könnte (515).

2 Vgl. dazu auch 451 (Ziel des Evangeliums), 297, 471, 542 (Gesamtzweck der Schrift).

3 Sutherland hat einige Punkte in Hobbes' Denken zusammengestellt, an denen die Religion in der Politik eine (begrenzte) Rolle spielt, für die es keine Alternative zur Religion gibt (1993, 112f.). Dennoch gelingt es der Religion an den genannten Stellen nicht, sich aus der umfassenden politischen Argumentation zu selbständigem Dasein zu befreien.

über den christlichen Staat, auch das prophetische Wort Gottes Grundlage seiner Abhandlung wird. Die natürlichen Gesetze, ein zentrales Thema der ersten beiden Bücher, sind „natürlich" in bezug auf Gott als den Schöpfer der Natur und „Gesetze" in bezug auf Gott in seiner Eigenschaft als König aller Könige (270). Mit Hilfe der natürlichen Gesetze herrscht Gott im natürlichen Reich über den Teil der Menschheit, der seine Vorsehung anerkennt; im prophetischen Reich herrscht er über das jüdische Volk, das er sich zu seinen Untertanen auserwählt hat, und hier treten auch positive Gesetze hinzu, die Gott durch den Mund der Propheten verkünden läßt (272). Im dritten Buch will Hobbes die Natur und die Rechte eines christlichen Staates beschreiben und findet sich daher auf die übernatürliche Offenbarung göttlichen Willens verwiesen; ausdrücklich lehnt er bei diesem Vorhaben aber einen Verzicht auf Sinne, Erfahrung und Vernunft ab (285). Diese Fähigkeiten nämlich, nicht Schwärmerei und übernatürliche Eingebung, sind für eine „kluge und gelehrte Auslegung" der Heiligen Schrift nötig, und sie bilden auch die Grundlage für ein sorgfältiges Erschließen aller Regeln eines christlichen Lebens (289). Das Geschäft der Auslegung und Regelerschließung führt Hobbes dann auf einer ganzen Reihe von Feldern durch. Er klärt die Bedeutung von Geist, Engel und Inspiration, Reich Gottes, heilig, geheiligt und Sakrament, ewigem Leben, Hölle, Seligkeit, künftiger Welt, Erlösung und Kirche. Bei aller Detailerörterung verliert Hobbes dabei niemals sein Ziel aus den Augen, das Verhältnis von weltlicher und kirchlicher Gewalt einer eindeutigen Lösung zuzuführen. Das vierte Buch, vom Umfang her das kleinste, stellt eine unverhüllte Einmischung in konkrete Auseinandersetzungen der Zeit dar: Hobbes bemüht sich anhand der Frage „cui bono?" um eine ideologiekritische Entlarvung politischer Interessen der römischen Papstkirche und greift in diesem Zusammenhang auch die im Dienst dieser Partei stehende „Afterphilosophie" an, d. h. die vor allem scholastisch überformten Lehren des Aristoteles.

13.1 Religion und Christentum

Einige wichtige Grundlagen seines Verständnisses von Religion hat Hobbes bereits in den ersten beiden Büchern des *Leviathan* entwickelt, besonders im 12. und 31. Kapitel. Für Hobbes ist die Religion eine anthropologische Konstante, deren Keim der menschlichen Natur nie ganz ausgetrieben werden kann (90), so daß es unumgänglich erscheint, sich mit ihr zu beschäftigen. Der wichtigste Weg zur Religion führt nicht über das

Erleben des Menschen – das Hobbes nach Möglichkeit zu neutralisieren sucht –, sondern über die Wissenschaft, genauer gesagt, die Ursachenforschung. Vorsichtig, unter Rekurs auf den gewöhnlichen Sprachgebrauch, formuliert er: Die erste, unerforschliche und ewige Ursache, der keine frühere mehr zugrunde liegt, wird von den Menschen Gott genannt (80, 81, 83). Offenbar ist diese *Benennung* der ersten Ursache nicht unbedingt zwingend, während ihre Existenz unbezweifelbar feststeht. Indem Hobbes diesen Weg zu Gott favorisiert, befördert er bereits den Prozeß der Säkularisierung. Zugleich wird aber mit der Entdeckung einer ersten Ursache namens Gott eine wissenschaftliche Ableitung des Monotheismus geleistet; jeglicher Polytheismus begeht vor diesem Hintergrund den Fehler, sich auf zweite Ursachen zu beziehen. Hobbes' Gott ist hier der „Gott der Philosophen"; die besondere Bedeutung der Kategorie Ursache für die Philosophie zeigt sich deutlich an der Definition dieser Wissenschaft, vor allem in der lateinischen Fassung (507). Im dritten und vierten Buch des *Leviathan* tritt dieser abstrakte Gott zurück zugunsten des konkreten Gottes der Bibel, vor allem des Alten Testaments. Um eine Vermittlung beider hat sich Hobbes nicht bemüht (Glover 1965, 163); sie wäre auch schwer durchführbar, da die Gotteskonzepte gänzlich verschiedenen Kontexten des Denkens und Handelns zugehören: Da ist einmal der Gott der Erkenntnistheorie, der in eine durch vorausgesetzte hierarchische Ordnungsmodelle freigehaltene Begründungsposition eingesetzt wird, und dann der Gott des Lebens und der Moral, der für die Menschen existenziell bedeutsam ist, der als fordernde Autorität und strafende Instanz in ihr Handlungsleben eingewoben ist und ihr Gefühlsleben beherrscht, erhellt oder verfinstert. In Analogie dazu ließe sich auch Hobbes' Lehrstück von der doppelten Ursachenforschung oder dem wissenschaftlichen und dem existenziellen Kausalitätsinteresse verstehen.

Das menschliche Interesse an Ursachenforschung kann nämlich zwei Wege beschreiten, einen, der gewissermaßen in die aufgeklärte Zukunft weist, und einen, der der zu überwindenden Vergangenheit entstammt. Der erste ist der bereits angesprochene wissenschaftlich-besonnene Weg zu Gott, der dem Verlangen entspringt, die Ursachen der natürlichen Körper und ihrer Kräfte und Wirkungen kennenzulernen. Der zweite geht aus vom ganz persönlichen Interesse der Menschen, die (meistens unsichtbaren) Ursachen für ihr eigenes Glück und Unglück zu ermitteln und führt aufgrund der nicht zu beseitigenden Unwissenheit in diesen Dingen zu ständiger Furcht und schließlich zur Hypostasierung einer unsichtbaren Macht. Dies ist der Nährboden für den heidnischen Polytheismus und die Voraussetzung dafür, daß so viele Götter erdichtet werden wie es Menschen gibt, was Hobbes aus politischen Gründen ablehnt, da zu einem stabilen Staat ein einheitlicher Kult gehört. Der von Hobbes eindeutig höher bewertete Weg ist derjenige über das Interesse an objektiv-physikalischen Problemen und der Distanzierung von der Sorge um das eigene Schicksal (83, 80).

Die Neugier, nach natürlichen Ursachen zu suchen, ist jedoch nur sehr gering entwickelt (60, 84, 338); diese These gehört zum Komplex der menschlichen Schwäche, einem noch zu behandelnden Leitmotiv in Hobbes' Denken (vgl. 13.4). Das Ergebnis dieser Schwäche ist, daß Ursachenforschung nicht gründlich betrieben wird und auch wissenschaftlich weiter zu klärende Ursachen voreilig zu Göttern erhoben werden. Hier macht sich bei Hobbes der Geist des wissenschaftlichen Zeitalters bemerkbar, die Faszination durch die Kausalität. Jeder der vier Keime, die er für die Religion anführt, hat mit mangelnder wissenschaftlicher Kompetenz zu tun: Glaube an Geister, die Unkenntnis zweiter Ursachen, die Verehrung dessen, was man fürchtet, und der Umstand, daß zufällige Dinge für Vorzeichen gehalten werden (85). Der Geisterglaube steht nicht auf der Höhe des wissenschaftlichen Materialismus, bei der Unkenntnis zweiter Ursachen besitzt die Kausalanalyse nicht die nötige Tiefenschärfe und Reichweite, der Vorzeichenglaube ist ein irrationales Bedürfnis, unerwartete Ereignisse mit Bedeutung aufzuladen und das Definitionsmonopol der naturwissenschaftlichen Kausalität zu brechen. Gott ist, so gesehen, eine Geburt der menschlichen Schwäche, seiner mangelnden kognitiven Fähigkeiten wie seiner unterentwickelten lebenspragmatischen Fertigkeiten. In Hobbes' Augen gibt es demnach für die Religion zwei Arten von Keimen: einen legitimen, da der Anfang axiomatischer Wissenssysteme und kausalitätsdurchherrschter Seinsordnungen eben mit einer entsprechenden, für diese Position tauglichen Instanz besetzt werden muß; und einen illegitimen, der in der menschlichen Schwäche beheimatet ist und die Religion als Produkt kognitiver und psychologischer Defizienz erzeugt.

Bisher ist nur der Keim der Religion behandelt worden. Wie dieser sich weiterentwickelt, ist keineswegs ihm selbst zu entnehmen, vielmehr greifen jetzt Menschen mit politischen Interessen ein. Zwei Arten sind hier zu unterscheiden, von Gott autorisierte und selbstautorisierte Religionspfleger. *Beide* verfolgen die politische Absicht, die Menschen zur bürgerlichen Gesellschaft und ihren Tugenden zu erziehen und sehen in der Religion ein dazu taugliches Mittel. Dieses instrumentelle Verhältnis ist bei den Heiden ausgeprägter, denn dort ist Religion *Bestandteil menschlicher Politik*, wie Hobbes an einer der seltenen Stellen bemerkt, an denen der Leser direkt angeredet wird (89, 85).

Eine andere Möglichkeit gibt es für das Heidentum nicht, im Gegensatz zum Christentum. Handeln die Gestalter der Religion nämlich auf Grund göttlichen Befehls, dann geht es um „göttliche Politik", die Vorschriften für diejenigen liefert, die sich dem Reich Gottes unterworfen haben. In diesem „göttlichen Reich" sind Politik und bürgerliche Gesetze ein *Bestandteil der Religion* (90). Allerdings beschränkt Hobbes die Vertreter dieser Form religiöser Kultivierung auf drei historische Personen (Abraham, Moses und Christus) und bemüht sich an späterer Stelle um den detaillierten Nachweis, daß das Reich Gottes nicht in der Gegenwart und nicht in Gestalt der Kirche zu suchen ist. Damit ist die Möglichkeit göttlicher Politik zwar grundsätzlich eingeräumt, aber zu Hobbes' Zeiten ausgeschlossen.

Hobbes unterscheidet den „natürlichen Keim der Religion" vom „Grund des Glaubens", der nur im christlichen Staat eine Rolle spielt (während die auf Furcht gebaute „eigene Religion jedes Menschen" auch schon vor der bürgerlichen Gesellschaft in der Natur des Menschen angelegt ist, 108). Religion ist ein quasi-natürliches Einstellungsrepertoire, das (wenn überhaupt) nur ein Minimum an Institutionalisierung braucht. Glaube dagegen benötigt ein hochorganisiertes institutionelles Verbreitungs-, Verkündungs- und Durchsetzungssystem. Was kann nun Grund des Glaubens sein?

Vier mögliche Faktoren werden im Hinblick auf ihre Wirkungsfähigkeit diskutiert: staatlicher Befehl, übernatürliche Eingebung, Lehre und Studium sowie Gnade Gottes. Ohne jeden Einfluß ist der Befehl, weil der Glaube der Menschen zum Bereich des Inneren gehört und folglich einen effektiven Zugriff durch Äußeres nicht zuläßt (219, 381). Die Annahme, daß der Grund des Glaubens in übernatürlicher Eingebung ruht, widerspricht den Existenzgrundlagen der bürgerlichen Gesellschaft, denn auf diese Weise würden selbsternannte Propheten legitimiert werden, die sich als Privatleute zu Richtern über moralische (d. h. politische) Fragen aufschwingen und damit Auflösungstendenzen fördern könnten (247, 499). Prinzipiell entscheidend für die Entstehung von Glauben ist vielmehr die Gnade Gottes, die allerdings unerforschlich ist, so daß es keine Verpflichtung zum inneren Glauben gibt (360). Damit ist die Situation aber noch nicht vollständig erfaßt, denn konkret kommt der Glaube zustande auf ganz natürlichen Wegen, durch irdische Erziehung, Zucht und strenge Belehrung, und zwar von Kindheit an (247f., 449f.). Die zentrale Rolle der Volkspädagogik bei Hobbes wird leicht übersehen (vgl. 13.4). Er beruft sich auf das Paulus-Wort „Der Glaube kommt vom Hören" und unterstreicht so die Bedeutung der öffentlichen Lehrer, also derjenigen, die vom bürgerlichen Gesetz ermächtigt sind zu lehren. Nur durch diese kulturspezifische Erziehungsleistung kann er sich zurechtlegen, weshalb in christlichen Staaten alle Menschen entweder glauben oder bekennen, daß die Heilige Schrift das Wort Gottes sei, während dies in anderen Staaten kaum vorkommt. Die dennoch auch in christlichen Staaten konstatierbaren Ausnahmen werden durch das Ausbleiben der Gnade Gottes erklärt und damit als theoretisches Problem erledigt. Generell ergibt sich eine interessante Parallele in dem Umstand, daß sowohl Vernunft als auch Glaube jedenfalls prinzipiell durch Fleiß und Studium zu erwerben sind.

Hobbes unterscheidet die verschiedenen Formen der Religion sowohl im Rahmen einer klassifizierenden phänomenologischen Beschreibung als auch – was im Kontext der Staatsphilosophie wichtiger ist – hinsichtlich ihres Verhältnisses zur Politik, mit Blick auf ihre politische Dienlichkeit, ihre Übereinstimmung mit dem fundamentalen Ziel der Ordnungssicherung und inneren Friedensstiftung. Eine illusionslose politiktheoretische Analyse der gegebenen Lage muß mit der Größe Christentum rechnen, d. h. nicht nur mit seinem Potential zur Konflikterzeugung, sondern auch mit seinem Potential zur Konfliktvermeidung. Eine Schwächung der Monopolreligion Christentum oder eine Beförderung des Atheismus würde in dieser Situation lediglich bedeuten, das Feld für andere, konfliktfördernde Kräfte freizumachen, etwa für eine überaus risikoreiche Regeneration heidnischer Vorstellungen. Es ist daher Hobbes' politisches Interesse, die destabilisierenden Tendenzen des Christentums zu schwächen und die stabilisierenden Tendenzen zu stärken. Daher kann das Christentum nicht wie die heidnischen Religionen aufklärerisch entlarvt werden.

Hobbes' Strategie zur Rettung des Christentums vor der aufklärerischen Ableitung und Destruktion der heidnischen Religion nach dem Motto „timor facit deos" (83) ist der philosophische Ausweg zur ersten Ursache. Dieses Theorem bietet zugleich die bequeme Möglichkeit, den Pantheismus und Zweifel an der Erschaffenheit der Welt zurückzuweisen (276). Dennoch kann Furcht auch ein Motiv im christlichen Glauben sein (108f., 275), so daß die Abgrenzung zum Aberglauben noch auf anderen Wegen gesucht wird: „Furcht vor einer unsichtbaren Gewalt, die vom Geist erdichtet oder auf Grund öffentlich zugelassener Erzählungen eingebildet ist, ist Religion; sind sie nicht zugelassen, Aberglaube. Und ist die eingebildete Gewalt genauso beschaffen, wie wir sie uns vorstellen, so ist es wahre Religion" (44). Auch das Heidentum ist also Religion, nicht Aberglaube. Daß das Christentum dem Heidentum noch etwas voraus hat und nach Ansicht von Hobbes die Auszeichnung einer wahren Religion verdient, kann eine andere Erörterung belegen, in der es um die Frage nach der Autorschaft und der Vertretungsmöglichkeit geht. Ein Götze (für Hobbes eine bloße Erdichtung des Gehirns) kann vertreten werden, wie die heidnischen Götter durch Beamte vertreten wurden. Der „wahre Gott" hat ebenfalls diese Möglichkeit, realisiert durch Moses, Christus und den heiligen Geist. Der Unterschied läßt sich am Besitz von Autorität, d. h. dem Recht auf irgendeine Handlung, markieren: „Aber Götzen können keine Autoren sein, denn ein Götze ist nichts" (125). Die Autorität eines Götzen stammt allein vom Staat, der seine Verehrung anordnet, und das bedeutet, daß er im Naturzustand, vor Einführung einer bürgerlichen Regierung, nicht vertreten werden kann. Zugleich kann man daraus schließen, daß der wahre, der christliche Gott, auf die Autorität des Staates nicht unbedingt angewiesen ist und auch schon im Naturzustand vertreten werden kann.

Einen ausgedehnten Kampf führt Hobbes gegen die Dämonologie der heidnischen antiken Dichter. (vgl. 58ff., 86, 346, 349, 368, 472, 487ff.) Um dieser Gefahr für die öffentliche Ordnung (nicht so sehr für den christlichen Glauben, der solche Elemente sogar integrieren kann) Herr zu werden, greift er auf das Denkmodell der Projektion/Introjektion zurück: Die Dämonen, die nach antiker Ansicht als selbständige Mächte den Menschen ergreifen, sind in Wahrheit nichts als Wahnvorstellungen des Gehirns (83, 306, 464, 487f.). Diese immer wiederkehrende Kritik ist politisch-pädagogisch motiviert und entspringt nicht etwa einem theologischen Bedürfnis nach Rechtfertigung des christlichen Glaubens. Hobbes fürchtet nämlich den möglichen Mißbrauch von Macht durch die Instrumentalisierung derartiger Lehren: „Wäre diese abergläubische Furcht vor Geistern verschwunden ..., so wären diese Menschen viel eher zum bürgerlichen Gehorsam geeignet, als sie es jetzt sind" (17). Das gilt aber nur für die Gegenwart des Autors, nicht für die Zeit, in der das Heidentum unangefochten der Stabilisierung des Staates diente. Getreu der These, daß die Religion der Heiden ein Teil ihrer Politik war, haben deren Herrscher durch die Einführung der Geisterlehre die Furcht der Menschen so zu steuern versucht, daß dadurch der öffentliche Frieden und der Gehorsam der Untertanen gefördert wurde (488). Das entscheidende Kriterium ist für Hobbes eben die Wahrung des öffentlichen Friedens. Daher kann er die Dämonenlehre nur angreifen, wenn sie in der Gegenwart den friedenssichernden Monopolanspruch der am weitesten verbreiteten Religion stört. Um der Dämonenlehre jede Regenerationsmöglichkeit zu verbauen, muß er ihre offensichtliche Weiterwirkung in Gestalt des christlichen Heiligen Geistes negieren und die Differenz scharf herausarbeiten (304, 490, 499). Der Heilige Geist ist dann nach erfolgreicher Introjektion nur noch der der Frömmigkeit zugewandte Geist des Menschen selbst (59f.) oder – noch reduzierter – der „Verstand" (363). Kein vom Heiligen Geist besessener

Christ kann als falscher Prophet die öffentliche Ordnung mehr stören, denn er muß konsequenterweise als Wahnsinniger behandelt werden.

13.2 Das Reduktionsprogramm

Daß Hobbes das menschliche Leben mit Hilfe der drei Größen Körper-Bewegung-Ursache rekonstruieren möchte, zeigt sein Versuch, die Welt reduktionistisch in den Griff zu bekommen und dadurch vollständig zu entzaubern (vgl. Willms 1987; 1967, 86, 95; Kersting 1992, 68f.). Die Folgen sind weitreichend. Auch Gott wurde ja bereits als Ursache betrachtet; später, bei der Präsentation seiner anspruchsvollen Theorie, daß das ganze Universum aus Körpern bestehe, muß Hobbes darauf achten, Gott vor der Konsequenz dieses Materialismus zu schützen, um den daraus resultierenden Fundamental-Konflikt zu vermeiden (512f.). Seine Lieblingswendung in diesem Zusammenhang ist das klassische Motto des Reduktionismus: x ist „nichts anderes als" y, das schon in der Wahrnehmungslehre der ersten Kapitel zur Geltung kommt. In den Büchern III und IV des *Leviathan* wird nun parallel dazu ein großangelegtes Programm zur Reduktion religiöser Komplexität durchgeführt, mit dem Ziel, mögliche Konfliktherde zu beseitigen. Hobbes geht von politisch unerwünschten Wirkungen aus (Aufruhr, Bürgerkrieg), ermittelt die dazugehörigen religiösen Ursachen und entschärft sie durch inhaltliche Vereinfachung und anschließende Überweisung in den Zuständigkeitsbereich des Staates. Es geht also um zweierlei: 1. Reduktion der Interpretierbarkeit und 2. Festlegung der entscheidenden Interpretationsinstanz. Das Verdienst von Carl Schmitt ist es, auf die zentrale Bedeutung der Frage „quis interpretabitur?" bei Hobbes hingewiesen zu haben (1979b, 122); in gleichem Zusammenhang verwendet Schmitt auch die Version „quis iudicabit?" (1965, 64).[4] Die Kompetenz für beide Fragestellungen läuft bei *einer* Instanz zusammen, dem Souverän, denn dieser entscheidet darüber, welche Interpretation die richtige ist. Was Hobbes vor allem vermeiden möchte, ist ein herrschaftsfreier Diskurs.

Eine wichtige Voraussetzung für die Reduktion der Interpretierbarkeit ist bereits durch die philosophische Widerlegung des Polytheismus gewonnen.

---

4 Schmitt hat hier aber vornehmlich im Auge, daß die Wahrheit sich nicht von selbst vollzieht, weil es dazu vollziehbarer Befehle bedarf: „Wer münzt die Wahrheit in gültige Münze um?" (Schmitt 1979b, 122). Bei Hobbes kann von einer Wahrheit im Wartestand, die noch nicht vollzogen ist, eigentlich gar keine Rede sein. Im Politischen wird eine Wahrheit erst Wahrheit durch den Vollzug.

Herausragendes Kernstück des im folgenden durchgeführten Programms ist die Etablierung eines Minimal-Christentums durch Begründung der Formel „Jesus ist der Christus" als notwendiger und hinreichender Bedingung christlichen Glaubens. Wer dies nicht glaubt, ist kein Christ (391); dieser Satz ist das unum necessarium, der ganze zur Errettung erforderliche Glaube (450), und die Aufstellung dieses einen Glaubenssatzes ist das Ziel des gesamten Evangeliums (451, 453). Zweiflern, die weitere unentbehrliche Glaubenssätze anführen, hält Hobbes entgegen, daß diese in der Formel enthalten und aus ihr mehr oder weniger leicht abgeleitet werden können (455).

An diese Reduktion lassen sich andere, untergeordnete anschließen: Ein Märtyrer kann jetzt nur noch derjenige genannt werden, der für diesen einzigen Glaubensartikel gestorben ist (382f.), und niemand, der daran glaubt, kann wegen abweichender Ansichten in anderen Punkten exkommuniziert werden (391). Die Exkommunikation selbst wird in ihrer Bedeutung und Anwendbarkeit erheblich reduziert (390ff., 411, 430). Hobbes geht es hier also um eine Beschränkung der kirchlichen Möglichkeiten, einzelne Personen auszuzeichnen oder zu bestrafen; durch solche Rechte würde die Kirche mit dem Staat in Konkurrenz treten, der diese Aufgaben legitimerweise erfüllt (341). Das Blut der Märtyrer ist bekanntlich der Samen der Kirche. Um Märtyrer (als zur Nachfolge aufrufende Vorbilder für geistlich-politischen Widerstand) im christlichen Staat zu verhindern, ergänzt Hobbes die Glaubensformel um eine weltliche Komponente, den Gehorsam gegen die Gesetze (447, 456). Sein Ziel ist dabei, den Gehorsam gegen Gott mit dem Gehorsam gegen den bürgerlichen Souverän in Einklang zu bringen. Dazu wird auch eine Reihe anderer christlicher Tugenden (Reue, Liebe, Nächstenliebe, Rechtschaffenheit) auf Gehorsam reduziert (447). Der Häresie-Vorwurf, eine der schärfsten Waffen der Kirche, wird durch formale Definition erfolgreich neutralisiert: Entscheidend ist nicht mehr irgendein festgelegter Inhalt – über den man ja intensiv streiten könnte –, sondern die bloße Abweichung von der beliebigen Meinung, die der Souverän befohlen hat (442f.). Ketzerei ist nun nichts als private Meinung, die der öffentlichen Meinung widerspricht; wer also die (wie immer beschaffene) *angeordnete* Lehre vertritt, kann von der Kirche nicht als Ketzer bezeichnet werden. Das gilt namentlich für den Souverän selbst, der unter diesen Umständen sogar heidnisch sein kann, und der auch, wenn er die Verbreitung eines „Irrtums" autorisiert, aufgrund seiner Stellung gegen den Ketzer-Vorwurf immunisiert ist (443). Die Rede von einem „Irrtum" wird hier sogar sinnlos, weil es kein inhaltliches Kriterium mehr gibt.

Man kann bei Hobbes das allgemeine Bemühen um eine Entsubstantialisierung von Wahrheit erkennen; die am stärksten befestigte Bastion substantieller Wahrheit, das Christentum, muß daher, geleitet vom säkularen Gesamtzweck des *Leviathan*, funktional zersetzt werden. Dies geschieht durch Anpassung an die Anforderungen stabiler weltlicher Herrschaft, und dieser Prozeß der Unterordnung von Wahrheit geht sogar so weit, daß auch der Ungehorsam derer, die den Gesetzen widersprechende „wahre Philosophie" lehren, bestraft werden kann (524). Die inhaltlichen Festlegungen sind außerordentlich gering, damit den Entscheidungen eines Souveräns nicht vorgegriffen wird. Die Entsubstantialisierung dient einem politischen Zweck, denn sie nimmt den Untertanen eine potentielle Basis des Widerstandes, so wie sie eine potentielle Quelle von Streitigkeiten trockenlegt. Hobbes will ja die unter den Zeitgenossen herrschende Uneinigkeit durch Predigen, Schreiben und Unterricht beseitigt sehen (534). Hier liegt der Grund für seine Anstrengungen, den christlichen Glauben zu vereinfachen, für seine Forderung, „nicht durch die Entscheidung jedes kleinen Streites neue Glaubensartikel aufzustellen" (390), wie auch für sein Beharren darauf, daß Gott unbegreiflich, unerforschlich ist, daß wir nicht verstehen, *was* er ist, sondern nur, *daß* er ist (302). Nicht eine Kritik des Vernunftvermögens ließ Hobbes vor einer Thematisierung solcher religiösen Fragen warnen (Kodalle 1971, 133). Auschlaggebend ist sein politisch motivierter Reduktionismus der Religion. Er möchte vor allem die Einheitlichkeit des öffentlichen Gottesdienstes gewährleisten und philosophische Streitgespräche über die Natur Gottes verhindern, welche die Uneinigkeit nur vergrößern können (vgl. 23, 84, 276f., 278f; 495f., 513, 516). Ähnlich argumentiert er auf der weltlichen Ebene gegen ausführliche Gesetzestexte (264f.), denn dadurch werden nur die Zweideutigkeiten vermehrt und damit die Quellen für Streitigkeiten. So wenig inhaltliche Festlegung wie möglich auf allen Feldern hat eine nahezu uneingeschränkte Interpretationsmacht des Souveräns zur Folge, die dieser gerade den kirchlichen Verselbständigungsbestrebungen gegenüber benötigt.

In den Rahmen des Reduktionsprogramms gehört eine ganze Reihe weiterer Thesen und Forderungen von Hobbes, beispielsweise die Kritik an der Kanonisation von Heiligen (503f.) und an der Bilderverehrung (493, 501, 503) sowie seine Polemik gegen den Transsubstantiationsglauben und die von der Kirche politisch genutzte Annahme eines Fegefeuers (84, 452, 467–469, 472). Alles was in der Liturgie an Zauberei erinnert (Weihe, Abendmahl, Taufe), fällt einer rationalen Reinigung der Religion zum Opfer; das sakrale Händeauflegen wird kurzerhand auf eine Geste der Vereindeutigung reduziert (415f.).

Wichtiger als die Detailkritik ist in diesem Zusammenhang aber Hobbes' Antwort auf die Frage, welche Wege des Zugangs zu Gott in der Gegenwart noch bestehen. Da es keine Wunder mehr gibt (219, 289) und behauptete göttliche Offenbarungen dem rationalen Zweifel nicht standhalten, vielmehr die gesellschaftliche Dissoziation fördern (220), bleibt nur noch die Bibel als das Wort Gottes.[5]

Damit ist ein übersehbarer Interpretationsraum abgesteckt, und schon von diesem Zeitpunkt an ist klar, daß kirchliche Ansprüche ohne Deckung durch die Bibel dem Reduktionsprogramm zum Opfer fallen werden (z. B. Unfehlbarkeit der Kirche, 449). Hobbes selbst übt sich (als Philosoph!) in Auslegungskonkurrenz mit professionellen Vertretern dieses Geschäfts wie Kardinal Bellarmin.[6] Dabei verkleidet er sein Streben nach einer Emanzipation der Philosophie von der Theologie in historische Kritik an den Verhältnissen im römischen Reich, wo die Philosophie seiner Ansicht nach nur die Stelle einer „Dienstmagd der römischen Religion" einnahm (511). In Hobbes' eigenem System hat sich die Philosophie als Wissenschaft der sekundären Ursachen von der ersten Ursache (Gott) bereits selbständig gemacht. Nun kann die Philosophie ihrerseits auf die Theologie zurückwirken, und das geschieht vor allem auf dem Gebiet der Hermeneutik. Hobbes' Selbstbewußtsein geht hier so weit, daß er sogenannte „dunkle" Stellen der Bibel kurzerhand zu nicht notwendigen Bestandteilen des christlichen Glaubens erklärt (471). Andernorts wählt er den Ausweg ins Geständnis der Beschränktheit des menschlichen Verstandes, der nicht in der Lage ist, die Tiefe der Heiligen Schrift auszuloten (481). Hobbes achtet aber peinlich darauf, sich in strittigen Fragen, die gemäß seiner eigenen Theorie noch der Entscheidung zeitgenössischer Souveräne obliegen, nicht eindeutig festzulegen (346, 341, 362f.). Nur im abschließenden „Rückblick" des Buches findet sich eine Passage, in der sich Hobbes für die Einführung einiger neuer Lehren rechtfertigt, die möglicherweise den anderslautenden Festlegungen des Staates widersprechen. Seine Verteidigung ist doppelgleisig angelegt: Er erklärt, daß seine Lehren wahr seien und vor allem zu Frieden und Loyalität der Staatsbürger führen würden (542). Eine überzeugend dargebrachte Neuheit, die weder Schwierigkeiten noch Unordnung verursacht, kann seiner Meinung nach nur begrüßt werden.

---

5 In der lateinischen Ausgabe faßt Hobbes diesen Gedanken mit dem Gehorsamsgebot zusammen: „Außer der heiligen Schrift haben wir keine Offenbarung und diese gebietet an mehr als einem Orte Erfüllung der Verträge und Gehorsam gegen die Könige" (113).
6 Zu dessen Staatslehre, die Hobbes einer scharfen Kritik unterwirft, vgl. Arnold 1934.

Zu den besonders strittigen Fragen gehört die nach der Wahrheit oder Unwahrheit der Berichte über Wunder. Hobbes' Antwort lautet, daß hier nicht die eigene Vernunft, sondern die öffentliche Vernunft zum Richter gemacht werden muß, und das ist die Vernunft des Souveäns, Gottes oberstem Statthalter (340). Dennoch gibt es ein Privileg der privaten Vernunft: Der Souverän kann zwar den Untertan so zum Gehorsam verpflichten, daß dieser nicht durch Wort und Tat seinen Unglauben demonstrieren darf. Er kann ihn jedoch nicht dazu verpflichten, anders zu denken als seine private Vernunft ihm eingibt (286). Entsprechend hat ein Privatmann die Möglichkeit, für sich an das Wunder zu glauben bzw. nicht zu glauben, auch wenn er in der Öffentlichkeit gesetzestreu das Gegenteil bekennt (340).[7] Hobbes hält es für einen Irrtum der Staatsphilosophie seiner Zeit, die Geltung des Gesetzes extensiv zu bestimmen, d. h. nicht auf eine Regel für Handlungen zu beschränken, sondern (angewandt z. B. im Verfahren der Inquisition) auch auf die Gedanken und das Gewissen der Menschen auszudehnen (521). Diese Anschauung ist ebenfalls Teil des Reduktionsprogramms. Handlungen gehören der äußeren Welt an, und die Menschen können sie gewissermaßen noch einmal zusätzlich veräußern, wenn sie ungeachtet ihrer persönlichen Überzeugungen dem durch Vertrag ermächtigten Souverän Gehorsam leisten. Die Handlungen werden vom persönlichen Willen des einzelnen Untertanen abgelöst und gehen in das Eigentum des Souveräns über, der auf sie einen legitimen Anspruch erheben kann. Das hat nun weitreichende Folgen für das Verhältnis von Religion und Politik, weil sich mit der beim Einzelmenschen entdeckten Trennung von Innen und Außen auch die Möglichkeit einer Trennung der genannten öffentlichen Bereiche abzeichnet. Hobbes führt das vor anhand der alttestamentarischen Geschichte des Syrers Naeman, der sich unter nicht-jüdischer Herrschaft zum jüdischen Glauben bekehrt hat. Das Lippenbekenntnis wird hier zu einer nur „äußerlichen Sache" erklärt, der die Freiheit des Herzens gegenübersteht, weiterhin am Glauben festzuhalten. In diesem Fall wird die Entfremdung radikal: „Wir können dazu sagen, daß alles, was ein Untertan wie Naeman aus Gründen des Gehorsams gegen seinen Souverän zu tun gezwungen wird und dies nicht aus eigenem Willen, sondern im Hinblick auf die Gesetze seines Landes tut, nicht seine Handlung ist, sondern die seines Souveräns. Es ist auch nicht er, der in diesem Fall Christus vor den Menschen verleugnet, sondern sein Herrscher und die Gesetze seines Landes" (381f., 458, 432, 497). Damit ist die Funktion

---

7 Vgl. zur Trennung von Innen und Außen mit ihren Konsequenzen: 276, 360, 386, 399, 419, 458, 494, 500.

der Trennung von Innen und Außen deutlich geworden: Sie ermöglicht dem Untertan, einem tatsächlich oder vermeintlich nicht-christlichem Souverän Gehorsam zu leisten, ohne den christlichen Glauben aufgeben oder verraten zu müssen. Diese Funktion ist das ausschlaggebende Motiv für die von Hobbes immer wieder hervorgehobene Unzugänglichkeit des Inneren, nicht die Resignation vor der faktischen Unmöglichkeit und nicht ein ehrenwerter Respekt vor der Innerlichkeit wie Kodalle meint (Kodalle 1971, 151, 148).

Die Einsicht in Hobbes' Argumentationsstrategie läßt sich noch vertiefen: Durch die Absonderung des Inneren ist nicht nur ein Reservat für Glauben in einer ungläubigen Umgebung geschaffen, sondern ebenso ein Freiraum für Unglauben in einer gläubigen Umgebung. Entscheidend ist ja nur die äußere Befolgung der geltenden Gesetze. Ob der Staat christlich oder nicht christlich ist, spielt unter diesen Bedingungen gar keine prinzipielle Rolle mehr, denn die Untertanen sind ihm gegenüber in jedem Fall zum Gehorsam verpflichtet. Diese Frage nach dem religiösen Charakter des Staates ist letztlich so unerheblich wie die nach den bekannten drei Regierungsformen, auf die Hobbes eine klare Antwort parat hat: „Und welche von diesen drei Arten die beste ist, darf dort, wo eine von ihnen bereits errichtet worden ist, nicht mehr diskutiert werden, sondern der augenblicklich bestehenden ist immer der Vorzug zu geben, und man hat sie zu unterstützen und für die beste zu halten ..." (419f.). Ähnlich äußert sich Hobbes zu einem Problem, das Kardinal Bellarmin aufwirft, der angemessenen Reaktion auf einen zum König gewählten Nicht-Christen. Er räumt ein, daß die Wahl ungerecht gewesen sein mag, aber eine Entthronung nach der Wahl ist auf keinen Fall gerecht (443). Auch die Gerechtigkeit ist kein selbständiger, substantieller Ausgangspunkt für die Destabilisierung eines Staates, ebensowenig wie es die reduzierte und funktionalisierte christliche Wahrheit noch sein kann; grundsätzlich kommt der Stabilität des politischen Status quo die oberste Priorität gegenüber allen anderen Faktoren zu. Die dem bürgerlichen Souverän geschuldete Treuepflicht steht über der religiösen Pflicht (442). Als unantastbar gilt in dieser Konstruktion in erster Linie nicht der Glaube, sondern der Gehorsam, da die Beseitigung des Gehorsams die Zerstörung des Staates bedeutet (258). Selbst in strittigen Glaubensfragen hat sich der Bürger nach Hobbes der jeweiligen Souveränität unterzuordnen, wie sich beispielsweise an seinen Kriterien zur Bestimmung eines wahren Propheten zeigen läßt. Eine der beiden Bedingungen, die dieser erfüllen muß, ist die, keine andere Religion als die bereits eingeführte zu lehren (287). Damit wird auch der religiöse Status quo gerechtfertigt. Hobbes kann selbst den Untertanen eines katholischen Staates nichts anderes empfehlen, als ihrem

Souverän zu gehorchen. Gegen den Katholizismus spricht er erst dann, wenn dieser innerhalb eines Landes oder von außerhalb die bestehende Herrschaft gefährdet. Hobbes kennt also, wenn man die Logik seiner Argumentationen ernst nimmt, keinen genuin protestantischen Impuls. Er vertritt nicht die „vollendete Reformation" (Schmitt 1965, 65), sondern den absoluten Primat der Politik. Es geht ihm nicht um eine Reformation des Christentums, sondern um eine Transformation, die gewährleistet, daß dieses kulturelle Phänomen als Ursache problematischer politischer Wirkungen ausscheidet. Die Nähe zum Protestantismus kommt lediglich dadurch zustande, daß dieser zu Hobbes' Zeiten die einzige Möglichkeit darstellt, einen religiösen Partikularismus zu rechtfertigen.[8]

13.3 Souveränität gegen Suprematie

Die Frage, woher die Autorität der heiligen Schrift stammt, führt Hobbes im 33. Kapitel in mehreren Zwischenschritten zurück auf die Frage, ob die christlichen Könige absolut, unmittelbar unter Gott stehen oder einem Stellvertreter Christi untertan sind, der von der universalen Kirche gebildet wird (299). Das Problem ist deshalb von Bedeutung, weil derjenige, der eine Schrift kanonisieren kann, auch die Gewalt besitzt, eine Auslegung zu billigen oder zu verwerfen. Hobbes nutzt diese Diskussion, um die Rolle des Papstes auf die eines Fürsten des Kirchenstaats zu reduzieren und zugleich dem römisch-katholischen Universalismus einen religiösen und weltlich-politischen Partikularismus entgegenzusetzen, der sich am besten mit der Formel „cuius regio, eius religio" beschreiben läßt.[9] Er hält fest, daß es auf der Welt keine allgemeine Kirche gibt (357) und daß keine Kirche von einer anderen exkommuniziert werden kann (390). So wie Frankreich, Spanien und Venedig verschiedene Staaten bilden, existieren entsprechend auch verschiedene Kirchen, die von verschiedenen Souveränen vertreten werden (440). Die bürgerlichen Souveräne stehen in der Nachfolge von Abraham

---

8 Carl Schmitt hat in der Trennung von innerem Glauben und äußerem Bekenntnis den „Todeskeim" gesehen, der den Staat von innen her zerstört (1938, 84ff.) Er übersieht die systematische Unausweichlichkeit dieses Gedankens als dringende Antwort auf eine konkrete politische Lage (Differenzierung von Religion und Politik), die in dieser Weise nicht geeignet sein kann, auch in anderen Lagen zu bestehen.

9 Man kann die These wagen, daß Hobbes' Einsatz für einen kirchlichen Partikularismus der Beseitigung eines geistigen Hindernisses im Prozeß der modernen Nationenbildung gilt. – Zu Hobbes' antikatholisch-antiuniversalistischem Affekt vgl. Voegelin 1939, 43, 45f. und 1991, 223f.

und Moses und sind damit auch die „alleinigen Interpreten des Gottesworts" (360, 362, 396). Dieses Argument aus der Bibel wird durch zwei miteinander zusammenhängende pragmatische Überlegungen ergänzt:

1. Der Souverän muß zugleich auch der oberste Prophet, der Statthalter Gottes auf Erden sein. Begründung: Nimmt er diese Stellung nicht in Anspruch, gesteht er den Einzelnen einen Freiraum zu, und zwar einen, der sich in der Öffentlichkeit auswirkt. In diesem Fall hätten nämlich die Untertanen die Möglichkeit, ihre eigenen Einbildungen für Befehle Gottes zu halten. Die Folge wäre eine problematische Differenzierung der Ansichten – kaum zwei Menschen würden nach Hobbes' Urteil dann noch übereinstimmen –, und zugleich würden alle aus Achtung vor ihren privaten Normen die staatlichen Befehle mißachten (220, 333). Der Souverän ist daher gezwungen, den möglichen Freiraum selbst in Anspruch zu nehmen und sich seinen Untertanen auch als oberster Prophet zu präsentieren. Verzichtet er auf die Besetzung dieser Position, werden es andere tun, entweder viele Einzelne oder ausländische Fürsten.

2. Damit Zwietracht und Bürgerkrieg vermieden werden können, muß die Herrschaft einheitlich sein (357 f.). Zuvor hat Hobbes bereits jede Gewaltenteilung abgelehnt, da sich geteilte Gewalten gegenseitig zerstören (248). Auf das zu Beginn des Buches eingeführte Bild vom Souverän als der Seele des Staates übertragen (5), bedeutet der Gedanke, daß ein Körper nicht von *zwei* Seelen regiert werden kann (250), so wie er andererseits ohne Seele zerfällt (254, 440). Wo eine Suprematie und eine Souveränität gleichzeitig bestehen sollen, müssen offenbar auch zwei Staaten existieren, der legitime und daneben „unsichtbar ein anderes Königreich im Dunkeln" (250). Hobbes führt einen leidenschaftlichen Kampf gegen derart „unsichtbare" Reiche, gegen „indirekte" Herrschaft, wie sie etwa der Papst für sich beansprucht, obwohl der sein Recht nicht vertraglich vom Willen der Regierten ableiten kann (437 ff.). Keineswegs kann sich der Papst auf eine größere Nähe zu Gott berufen, aus der seine Machtstellung zu begründen wäre, denn nur der Souverän empfängt seine Gewalt *dei gratia*, durch die Gnade Gottes, und nur er übt das Amt des obersten Priesters *iure divino*, aufgrund unmittelbarer göttlicher Autorität, aus (186, 414). Alle Priester dagegen üben ihr Amt *iure civili* oder *dei gratia* et regis aus, d. h. durch die Gnade und Vorsehung Gottes und aufgrund staatlicher, vom Souverän verliehener Autorität.

Auch die Stellung der Priester wird noch biblisch begründet: So wie Abraham und Moses die Vorgänger der bürgerlichen Souveräne sind, so sind es die Apostel für die Priester. Die Gewalt der Apostel besteht aber nur darin, „Menschen einzuladen, sich für das Gottesreich zu entscheiden" (400, 404). Daher ist es nicht Aufgabe der Priester, die Menschen mit Befehlen zu regieren, sondern sie zu lehren und durch Beweise zu überzeugen (420); Priester sind als Diener des Staates Lehrer ohne Richtlinienkompetenz. Auch die gesamte Institution Kirche kann nur Ratschläge geben und Appelle an die Gläubigen richten, aber keine Gesetze verordnen, denn ein Gesetz ist der Befehl derjenigen Instanz, die aufgrund des Vertrages die souveräne Gewalt erhalten hat (398). Jesus Christus hat keine Gesetze hinterlassen, die in *dieser* Welt verpflichtend wären, sondern eine Lehre, die auf die *nächste* vorbereitet. Aus dieser Zukunftsorientiertheit des christlichen Bürgers ergibt sich für die Perspektive eines gegenwartsorientierten ungläubigen Fürsten das Komplement zum abgesonderten Innenweltkultus des gläubigen Untertanen (s. o.): Für einen ungläubigen König ist es offensichtlich unvernünftig, einen Untertanen zu töten oder zu verfolgen, der lediglich auf das zweite Kommen Christi wartet und in der „Zwischenzeit" aus Gewissensgründen dem Souverän Gehorsam leistet, weil er den Christus gebührenden Gehorsam auf unbestimmte Zeit aufgeschoben hat (458). Den möglichen Konflikt zwischen Souverän und Untertan aus Glaubensgründen hat Hobbes durch dieses Arrangement von *beiden* Seiten her entschärft. Die bestehende Herrschaft ist jetzt ideologisch immunisiert. Wie man an dieser Stelle sieht, ist die christliche Religion durch ihre Lehre von der „Zwischenzeit" zur Stabilisierung eines Staates weitaus besser geeignet als jede heidnische Religion.

Dieser Gedanke hängt zusammen mit der Drei-Welten-Lehre, die im *Leviathan* eine wichtige Rolle spielt (vgl. Weiß 1988, 247ff.). Hobbes selbst schreibt für die „gegenwärtige Welt", jene Epoche zwischen der „alten Welt" (von der Schöpfung bis zur Sintflut dauernd) und der „künftigen Welt", die vom Tag des Jüngsten Gerichts an ewig bestehen wird (481, 354). Das Amt des Messias, das Jesus Christus innehat, wird in ähnlicher Weise dreigeteilt: Es besteht aus den Ämtern des Erlösers, des Propheten und des Königs, denen wiederum drei Zeiten entsprechen (369). Zunächst erlöste er die Menschen durch sein Selbstopfer am Kreuz für ihre Sünden, darauf folgt die Phase der Bekehrung der Menschen, in der er den Anfang macht, der dann von den Priestern fortgesetzt wird, und schließlich ist seine Wiederkunft und das Königreich unter seiner Leitung zu erwarten. Die Gegenwart ist von der Abwesenheit Gottes gekennzeichnet, daher muß die Ordnung auf dem Wege der Vernunft von den Menschen selbst hergestellt werden und darf nicht durch irrtümlich erhobene Forderungen seiner Nachfolger als Lehrer gestört werden. „Das Königreich, auf das er Anspruch erhob, sollte in einer anderen Welt sein: Er lehrte allen Menschen, in der Zwischenzeit denen zu gehorchen, die auf Moses Stuhl saßen" (372).

Solange seine Wiederkunft noch bevorsteht, muß die politische Anmaßung derer, die nur seine Lehre zu verbreiten haben, von anderen Menschen mit Hilfe von Vernunft und Auslegung der Bibel bekämpft werden; die Usurpatoren besitzen kein Reich und können also auch keine Gesetze erlassen (400).

In dieser Drei-Welten-Lehre finden sowohl die Vernunft als auch die Bibel ihren angestammten Platz. Hobbes bestimmt den *Zweck* der Bibel (so wie er auch andere religiöse Topoi anhand ihres Zwecks definiert[10]): Sie ist zur geistigen Vorbereitung auf das Reich Gottes geschrieben worden und damit ein Instrument der Zukunft. Die Vernunft hingegen ist die Orientierungshilfe für die Zwischenzeit: „Die Welt und die sie betreffende Philosophie wurde dabei dem Streit der Menschen zur Übung ihrer natürlichen Vernunft überlassen" (61). Die natürliche Vernunft wird an anderer Stelle als das Pfund bezeichnet, das der Heiland in die Hände der Menschen gelegt hat, damit diese damit bis zu seiner Wiederkehr wuchern (285). Was den Umgang mit der Bibel betrifft, so wird hier ein weiteres Privileg des Klerus in Frage gestellt: Seine Angehörigen besitzen nicht von vornherein eine besondere Begabung oder ein Vorrecht in der Auslegung, denn diese muß vernunftgemäß erfolgen (248, 289). Daher kann Hobbes als Philosoph den professionellen Interpreten Fehldeutungen und Verdrehungen nachweisen. Er geht sogar so weit, die traditionelle Distanzierung des Klerus von den „Laien" anzuzweifeln (466), dies jedoch vor allem, um die Existenz eines Herrschaftsverhältnis zwischen Kirche und Kirchenvolk zu bestreiten. All das sind Elemente eines von Hobbes initiierten Säkularisierungsprozesses.

13.4 Glaube und Vernunft

In diesem Zusammenhang ist noch die merkwürdige Darstellung des Verhältnisses der Vernunft zur Transzendenz zu klären. Hobbes schärft dem Leser ein, daß es zwar viele Dinge (insbesondere in der Bibel) gibt,

---

10 Die Definition von Wunder ist ganz auf den Zweck zugeschnitten (337), ebenso wird das Erscheinen und Wirken Christi nach seinem Zweck befragt (371, 491). Auch der Gläubige kann sich zweckorientiert verhalten – die Bibel liest jeder seines eigenen Wohles wegen (534) – oder gar entschieden haben, denn der „Vorteil", der sich für ihn aus dem Glauben ergibt, ist die Vergebung der Sünden (401), während dem Ungläubigen ein „Schaden" winkt. Wenn die Bedeutung des Gefühls im menschlichen Leben zugunsten der Vernunft und der Interessen zurückgedrängt werden, wie dies bei Hobbes geschieht, dann sind derartige Kalküle bei der Entscheidung für oder gegen den Glauben nur folgerichtig.

die über der Vernunft stehen, aber nichts, was ihr widerspricht (91, 257, 285). Mit dem Ausdruck „über der Vernunft stehen" soll gemeint sein, daß die betreffenden Dinge von der Vernunft weder bewiesen noch widerlegt werden können. Damit hat Hobbes wiederum einen möglichen und in diesem Fall außerordentlich schwerwiegenden Konflikt geschickt entschärft: Die Vernunft kann die aus lange zurückliegender Zeit überlieferten Begebenheiten zwar nicht erklären, sie muß aber ihnen gegenüber auch nicht zurückweichen und ihren Anspruch in der Welt der Gegenwart aufgeben; ausdrücklich wird ein Verzicht auf die Vernunft abgelehnt (285).[11] Den Wundern bleibt das eigentlich naheliegende Schicksal der Entzauberung durch Reduktion auf Einbildungen und Träume erspart, das Hobbes sonst allen ähnlichen Erscheinungen bereitet. Würde der Konflikt zwischen der Vernunft und dem christlichen Wunderglauben offen ausbrechen, wäre Hobbes' sorgfältig konstruiertes System gefährdet, denn er kann unter den gegebenen Bedingungen nicht davon ausgehen, daß die Vernunft als Siegerin daraus hervorgehen würde. Es ist merkwürdig, daß ein sonst so sehr auf das Moment der Entscheidung achtender Denker wie Carl Schmitt in seinem „Hobbes-Kristall" nur von der „Offenheit für Transzendenz" spricht (Schmitt 1979b, 121f.) und nicht die Möglichkeit miteinbezieht, daß hier auch eine Entscheidung (aus guten Gründen) vertagt worden sein könnte.[12] Um die „Offenheit" als Urteilsenthaltung zu sichern, muß nämlich auch ein fiktiver reiner Rationalist, der ein radikales Entmythologisierungsprogramm auf seine Fahnen geschrieben hat, gezügelt werden. Hobbes empfiehlt daher die Unterwerfung des Verstandes unter den Wortlaut der Bibel und begründet dies mit einer für ihn ganz untypischen Gedankenfigur: Die Wunder der Religion müßten wie die heilsamen Pillen von den Kranken ganz hinuntergeschluckt werden, d. h. ohne jede Zersetzungsarbeit des Verstandes (285). Eigentlich maßgeblich ist dabei jedoch die im Hintergrund stehende politische Begründung, daß die Unterwerfung der Verstandeskraft gleichbedeutend ist mit dem

---

11 Alle Teile der Schriften, die nicht von den Gesetzen der Natur abweichen, sind von vornherein Gesetz Gottes, tragen ihre Autorität in sich, d. h. sind keiner anderen Autorität bedürftig, weil sie den Vernunft besitzenden Menschen unmittelbar einleuchten (298). Die übrigen Teile, die übervernünftig sind, benötigen die Autorität des Souverän; sie sind dann erlassene, nicht ewige Gesetze und können von späteren Souveränen zurückgenommen werden. Die stabilere Autorität ist also die der Vernunft.

12 Ebenso übergeht Schmitt – der die Ausnahme bekanntlich für interessanter hält als den Normalfall – die in Hobbes' System bewußt integrierte Ausnahmemöglichkeit eines nichtchristlichen Herrschers (vgl. Schmitt 1965, 52 und auch Willms 1967, 233), die in der Tat interessanter ist als der Normalfall, weil sie auf eine säkularisierte Zukunft verweist.

Verzicht auf Widerspruch der gesetzlichen Autorität gegenüber, der die
Menschen Gehorsam schulden (vgl. Willms 1987, 203). Hier findet auch
die Vernunft ihre Grenzen. Ihr Reservat bleibt natürlich auf jeden Fall der
private Glaube, der von einem eventuell öffentlich verordneten Glauben
an Wunder abweichen kann.

An einer einzigen Stelle bricht sich das Vernunft-Pathos des Autors
entgegen allem Bemühen um Mäßigung dennoch Bahn, weil er hier seinen
pädagogischen Optimismus – der sich ja mit einer durchaus pessimi-
stischen Einschätzung der zeitgenössischen Verhältnisse verbindet – nicht
mehr zurückhalten kann. Er ist nämlich der festen Ansicht, daß Zeit und
Arbeit immer neue Erkenntnisse hervorbringen werden, Vernunftsprin-
zipien, die die Verfassung von Staaten dauerhafter machen. Der gegebene,
höchst unvollkommene Zustand ist keinesfalls unausweichliches Schicksal,
sondern vielmehr entwickelbar, wie er seinen Zeitgenossen am kulturellen
Abstand zu den „Wilden" in Amerika illustriert. Die Weiterverbreitung
und erfolgreiche Anwendung der Vernunft wird durch zwei Faktoren
behindert: die Interessen der Mächtigen und die tabula rasa-Mentalität des
gemeinen Volkes, das jeder Indoktrination vollkommen hilflos ausgeliefert ist. Wenn nun, so bricht es aus Hobbes hervor, ganze Völker dazu
gebracht werden können, die großen Mysterien der christlichen Religion
hinzunehmen, obwohl sie über der Vernunft stehen oder ihr gar widersprechen (z. B. derselbe Körper könne zu ein und derselben Zeit an unzähligen
Orten sein), „sollte man dann nicht dazu in der Lage sein, durch gesetzlich geschützte Lehre die Anerkennung dessen zu bewirken, was mit der
Vernunft so sehr übereinstimmt, daß es jeder vorurteilslose Mensch schon
lernt, wenn er es nur hört?" (257)[13] Die vernunftgemäße Unterrichtung der
Untertanen ist nicht nur eine Pflicht des Souverän, sie geschieht auch zu
seinem Vorteil und zu seiner Sicherheit. Verzichtet er aus eigener Unvernunft auf die Beeinflussung der Lehrmeinungen, muß er mit einer Rebellion seiner unvernünftig gebliebenen Untertanen (z. B. aus Geisterfurcht)
rechnen (142). Die Verbreitung der Vernunft ist ständig gefährdet, u. a.
durch Kleriker, die mit Hilfe aristotelischer Metaphysik, Fehldeutungen
der Bibel und anderen Zaubereien jungen Leuten die Vernunft rauben
(532, 338).

---

13 Die besondere Bedeutung der Vernunft für die Volkspädagogik hat sich schon bei der Bekehrung der Heiden gezeigt, denn bei diesem Projekt war es ganz und gar sinnlos, auf die kulturell
nicht eingeführten Schriften zu verweisen: Die Missionare wären hilflos gewesen, wenn nicht
noch die Möglichkeit bestanden hätte, auf die Vernunft zurückzugreifen, um damit zunächst
die Abgötterei der Heiden zu widerlegen. Erst danach konnte die Erziehung zum Glauben an
die Schriften beginnen (393). Hier ist die Vernunft also wichtiger gewesen als die Bibel.

Wenn man das von Hobbes selbst genannte Ziel seiner Arbeit, den Menschen die gegenseitigen Beziehungen zwischen Schutz und Gehorsam zu demonstrieren (544), noch ein wenig abstrakter faßt, dann läßt sich sagen: Es geht ihm um die politische Beeinflussung von Menschen. Nur kurz nach einem Bürgerkrieg wissen diese ja aus eigener bitterer Erfahrung um die Notwendigkeit einer starken Zentralgewalt (520); danach müssen Wissenschaft und Erziehung sich um Prävention bemühen. Hobbes ist also nicht nur ein Vertreter der Wissenschaft von der Politik, sondern auch ein politischer Pädagoge, und zwar in doppelter Hinsicht: Pädagoge des Volkes und der Herrschenden.[14] Vor allem dem Unterricht der gesellschaftlichen Führungskräfte dient der letzte Teil des *Leviathan* (der in der Forschungsliteratur gewöhnlich in besonderem Maße zu kurz kommt).[15] Dieses Aufklärungsprogramm führt schon die außerordentliche Suggestionskraft vor, die die später beliebte Bildersprache von Licht und Dunkelheit auch im nichtreligiösen Kontext entfalten kann. Sein Ziel ist ein ideologiekritisches, die Entlarvung der verborgenen Herrschaftsinteressen von Papst und römischem Klerus. Der Aufwand ist nötig, weil das leichtgläubige gemeine Volk in Hobbes' Augen ständig in Gefahr steht, verführt zu werden, sich zu verirren, zu straucheln, Vernunfteinsichten zu vergessen. Schon die Geschichten der Bibel selbst beziehen ja bewußt pädagogische Aspekte mit ein (209) bzw. lassen eine Deutung nach solchen Gesichtspunkten zu (366). Die Fürsten müssen sich nun der Verantwortung für die Unterrichtung des Volkes bewußt werden und dürfen diese nicht aus der Hand geben, etwa an den von der Kirche gegründeten Universitäten (260f., 534, 543). Hobbes redet ihnen in der Rolle eines Beraters gelegentlich sogar direkt ins Gewissen (437–439, 528f.).

Kodalle ist der Ansicht, daß die stets bedrohte Dimension der individuellen Existenz durch den substantiellen Halt in der Wahrheit der christlichen Bundes-Idee möglichen Repressionen und Manipulationen trotzen kann (Kodalle 1971, 145). Das Individuum hätte also hier der staatlichen Erziehung etwas entgegenzusetzen. Dem widerspricht nicht nur Hobbes' intensives Bemühen, Ressourcen des Widerstandes zu vernichten, sondern auch die oben wiedergegebene Charakterisierung des Individuums als einer tabula rasa, die problematischen Einflüssen ohne jede Möglichkeit der Gegenwehr ausgesetzt ist, so daß durch die Arbeit jener „Geister der

---

14 Das läßt sich auf seinen Umgang mit der Religion erweitern, der nicht derjenige eines Zynikers ist (Braun 1961, 34, 36), sondern der eines verantwortungsbewußten Pädagogen.
15 Eine Ausnahme bildet die Untersuchung von Braun 1961. Schmitt (1965, 55, 66) weist allerdings darauf hin, daß die außenpolitische Dimension von Braun nicht genug beachtet wird.

Täuschung" (463) die Menschen nun mit lauter Vorurteilen angefüllt sind. Einen substantiellen Halt gibt es für das Individuum nicht, seine eigene „Substanz" ist, cum grano salis, das Produkt permanenter Propaganda, und diese kann den bürgerlichen Staat entweder stützen oder stürzen helfen. Hier gerät Hobbes in das Dilemma jeder Ideologiekritik, die die Wahrheit als selbständiges Kriterium eliminiert und nur noch Interessen werten kann. Übrig bleibt ein Wettbewerb der Zwecke, in dem jede Partei ihren Zweck als den besseren betrachtet, so wie Hobbes Frieden und Stabilität in Gesellschaft und Staat.

13.5 Bund und Vertrag

Kodalles Erinnerung an den alttestamentarischen Bundesgedanken (1. Mos. 17. 7–9; 2. Mos. 19. 5, 6) soll einer theologisch-historischen Fundierung des apriorischen Vertragstheorems dienen. Er will die in die Theorie eingewanderten lebensweltlichen Entscheidungen, die substantiellen bzw. geschichtlichen Voraussetzungen kenntlich machen, denen das rationalistische System erst sein Funktionieren verdankt (Kodalle 1971, 11). Erst durch die Verankerung der ganzen Vertragskonstruktion im religiösen Bundesbewußtsein sei es möglich, die Zerrissenheit des Naturzustandes wirklich zu überwinden (971, 90ff.). Nun ist das Verhältnis zwischen Vertragsmodell und biblischem Bund ähnlich ungeklärt wie dasjenige zwischen dem Gott der Philosophen im ersten Teil des *Leviathan* und dem biblischen Gott in Buch III und IV. Einiges läßt sich dennoch dazu sagen, insbesondere wenn man die Reihenfolge der Themen beachtet. Nicht die vorangehende abstrakte Präsentation des Vertragsgedankens wird nämlich an die Bundesidee angepaßt, sondern umgekehrt diese an jene. Aufgrund der nicht leicht zu verwischenden Unterschiede hat Hobbes dabei durchaus Schwierigkeiten:

Vertragsgegenstand des biblischen Bundes ist u. a. das Land Kanaan (312f.), aber von einer Landgabe kommt in dem von Hobbes entworfenen Vertragsmodell nichts vor, und dieser Punkt läßt sich in das Schema von Schutz und Gehorsam auch nicht integrieren. Abrahams Vertrag mit Gott wird „auf übernatürliche Weise" geschlossen (220), ein Umstand, der überhaupt nicht zu der detailliert dargestellten und rational nachvollziehbaren Genese des bürgerlichen Vertrages passen will. Hobbes' eigentliches Interesse gilt den irdischen Verträgen (465); der biblische wird aus pädagogischen Gründen herangezogen, um den Vertragsgedanken überhaupt plausibler erscheinen zu lassen und schließlich die Herrschaft der bürgerlichen Souveräne gegen klerikale Anprüche und Argumentationen zusätzlich abzusichern.

Eine Interpretation, die die biblisch-religiöse Legitimationsargumentation, wie sie aus der Zeit der Monarchomachen und konfessionellen Bürgerkriege bekannt ist, und die methodologisch ausgefeilte konstruktivistische Argumentation der individualistischen Rationalität ineinanderschiebt, ist nicht mit dem Hobbesschen Selbstverständnis vereinbar. Unter dem offenbaren kontraktualistischen Text von Selbstinteresse, Naturzustand, Vertrag und Gewaltmonopol liegt nicht ein biblischer Subtext, der das eigentlich tragende und bedeutungsstiftende Fundament der Hobbesschen Argumentation wäre. Hätte diese Interpretation recht, dann wären alle Äußerungen Hobbes' über Methode, Erkenntnis, Wissenschaft und System überflüssig und eigentlich unverständlich.

Im einzelnen wird die nachgeordnete Stellung des biblischen Bundes in Hobbes' Argumentation besonders deutlich, wenn man betrachtet, wie Hobbes die Position von Abraham charakterisiert: Der einzige Vertragspartner Gottes war Abraham, der bereits als Souverän wirkte. Schon vor dem Vertragsschluß mit Gott mußte der Wille der ihm Angehörenden in seinem Willen enthalten sein, d. h. es wird hier ein weiterer Vertrag vorausgesetzt (359), ein „Gehorsamsversprechen", wie es z. B. Moses gegeben wurde (396). Durch Gottes Vertrag mit Abraham wird dieser nicht etwa erst zum Souverän, sondern zum Souverän, der zugleich als göttlicher Prophet auftreten darf. Diese Doppelrolle auch für die Souveräne der späteren Zeiten nachzuweisen, ist Hobbes' Ziel in diesen Kapiteln. Der biblische Bund kann also auch nicht das Vorbild für den Staatsvertrag sein.[16]

Kodalle hält die Affirmation des biblischen Bundesgottes für das Fundament der politischen Wissenschaft bei Hobbes, weil nur so Treue und Vertrauen als das letztlich Bindende bei Verträgen ermöglicht werden (1971, 135; 1972, 128). Treue und Vertrauen können aber durch Verträge kaum gestiftet werden; sind sie in naiver Weise vorhanden, werden sie durch ein nüchternes do-ut-des-Kalkül eher gefährdet, wenn nicht gar zerstört. Der Hobbes-Forscher Ferdinand Tönnies hat, offenbar inspiriert

---

16 Auf den Bundesgedanken als Fundament des Vertragsgedankens hat vorher bereits Voegelin hingewiesen (1939, 43; 1991, 257, 258). Für ihn ist merkwürdigerweise der Vertragsgedanke das Zugeständnis an den Wissenschaftsgeist des Jahrhunderts und nicht umgekehrt der Bundesgedanke das Zugeständnis an ein noch gläubiges Jahrhundert. Voegelin psychologisiert den Vorgang, wenn er von der Verschmelzung der Menschen zu einer Einheit und der Schaffung eines neuen corpus mysticum redet; gänzlich unterschlagen wird Hobbes' mühsame Herleitung des Vertrages in den ersten beiden Büchern.

vom Vertragsmodell des *Leviathan*, seinen Begriff der „Gesellschaft" als einer künstlichen Einheit Einzelner entwickelt, dem die „Gemeinschaft" als Hort von Treue und Vertrauen gegenübersteht. Gemeinschaft im Sinne von Tönnies läßt sich bei Hobbes nicht finden. Hier sind Treue und Vertrauen das Ergebnis erfolgreich gewährten Schutzes durch den Staat; vorher, im Naturzustand, hat kein Individuum Anlaß zu solchen Regungen.

13.6 Politische Theologie und Politische Philosophie

In seiner Schrift *Politische Theologie* hat Carl Schmitt den aufsehenerregenden Satz geprägt, daß alle prägnanten Begriffe der modernen Staatslehre säkularisierte theologische Begriffe sind (Schmitt 1979a, 49). Diese Form politischer Theologie spielt auch bei Hobbes eine Rolle, etwa wenn er die Bedeutung des Wortes „heilig" für das Königreich Gottes der Bedeutung des Wortes „öffentlich" im menschlichen Königreich entsprechen läßt (317). Diese schwache Version politischer Theologie ist im wesentlichen als Begriffsgeschichte rekonstruierbar (Ottmann 1990).[17] Wenn man etwas weiter geht, dann lassen sich nicht nur Begriffe, sondern auch ganze Lehrstücke nennen, die aus der Theologie stammen und von Hobbes für säkulare Argumentationen verwendet werden. Neben der besonderen Stellung der Souveräne als oberster Priester des Volkes in der Nachfolge von Abraham, Moses und Christus (z. B. 360) wären hier auch die Parallele zwischen staatlichen Gesetzen und göttlichen Geboten (258 ff., 395) oder das Verhältnis zwischen Gott selbst und dem Staat, zwischen dem unsterblichen und dem sterblichen Gott zu nennen (Martinich 1992, 336).

Ein noch stärkerer Sinn läßt sich durch die Gegenüberstellung von politischer Theologie und politischer Philosophie gewinnen. Leo Strauss hat Hobbes als Begründer der modernen politischen Philosophie bezeichnet (1936, XII, 156), in dessen Werkgeschichte die Bedeutung theologisch-politischer Argumentationen ständig abnimmt (71ff.). Unter Anknüpfung an Ausführungen von Strauss ist der tiefe Gegensatz hervorgehoben worden: politische Philosophie als Wissenschaft auf dem Boden menschlicher Weisheit hier und politische Theologie als primär dem Glauben und dem Gehorsam gegenüber der Offenbarung verpflichtet dort (Meier 1992, 17ff.). Wo wäre in diesem Schema der *Leviathan* einzuordnen?

Von der zentralen Rolle der Vernunft für die Philosophie auszugehen, führt in diesem Fall nicht weiter, da sie nichts über die vorhergehenden

---

[17] Zur weiteren Differenzierung des Begriffs „politische Theologie" vgl. Böckenförde 1983.

allgemeinen Orientierungen sagen kann; Hobbes selbst hat die Formalität des Vernunftvermögens betont (49, 291), das nur für die Wahrheit einer Folgerung und nicht für die Wahrheit der Ausgangstatsachen zuständig ist. Wenn die Vernunft im *Leviathan* also nur Mittel ist, stellt sich die Frage nach dem Zweck: Ist es ein politisch-philosophischer oder ein politisch-theologischer?

Diese Frage wird gewöhnlich mit Über- und Unterordnungen beantwortet. So spricht Braun von einer Umkehrung der ursprünglichen Ordnung zwischen Offenbarung und Vernunft, die bei Hobbes stattfinde. Nun ergibt sich aus dem oben Gesagten, daß die bloße Vernunft hier nicht im Spiel sein kann; eher läßt sich mit Brauns Diktum weiterkommen, daß Hobbes den theologischen Primat der Offenbarung vor der Staatsvernunft bestreitet und daß christliche Religion hier als eine Funktion des Politischen betrachtet wird (1961, 9, 22, 3). Andere wiederum sehen in der praktischen Philosophie des *Leviathan* nur einen Teil der göttlichen Politik, ihre Dienstmagd (Hood 1965, 32, 233). Hobbes' Anschauung der Welt und des Staates bleibe trotz seiner wachsenden Absorption durch die Wissenschaft im Grunde eine religiöse. Die mögliche Schärfe des Gegensatzes unterschätzt Martinich mit seiner etwas dürftigen Gegenüberstellung von religiöser und säkularer Interpretation (1992, 13). Glover erkennt die praktische und mehr politische als religiöse Motivation von Hobbes an, versucht aber nachzuweisen, daß dieser nur im Kontext der von Augustin ausgehenden politischen Tradition richtig zu verstehen sei (Glover 1993). Weiß entwickelt eine interessante Interpretation, die gerade durch Rücksicht auf die theologische Dimension aus dieser heraus den nicht-theologischen Charakter von Hobbes' System ableiten kann. In dem von ihm skizzierten Verhältnis von Theologie und System wird jeder Seite ihre radikale Selbständigkeit belassen (1988, 240f.). Willms tritt vermittelnd mit der These auf, daß das Verhältnis als integrierte Parallelität von historischer Theologie und rationaler Philosophie aufzufassen sei, so daß jede Über- oder Unterordnung vermieden werden kann (Willms 1979, 122ff.; 1980, 447). Springborg stellt die These auf, daß Hobbes den Versuch unternommen hat, seine Theologie auf seine Philosophie hin abzustimmen und dadurch in Schwierigkeiten geraten ist (Springborg 1993, 146f.). An dieser Stelle empfiehlt es sich, von den einander widersprechenden Interpreten zum Autor selbst zurückzukehren, um ihm das letzte Wort zu lassen.

Wenn die Vernunft nicht weiterhilft, so lehrt Hobbes, muß das „Licht", das in einer hermeneutischen Frage leiten soll, dem Interpreten aus dem Buch selbst geboten werden (259), genauer gesagt: Das Ziel des Verfassers wirft jenes Licht, in dem die Schrift auszulegen ist (459). Dieses Ziel ist, wie eingangs behauptet und anschließend näher begründet, ein durch und durch säkulares, die Entwicklung einer Lehre von der Politik, die sich zwar theologischer Elemente als geeigneter Mittel bedient, aber dabei mit der Sicherung des staatlichen Friedens, des gesellschaftlichen Fortschritts und der stabilen Rahmenbedingungen individueller Interessenbesorgung allein weltliche Zwecke verfolgt. Die leitende Methode ist dabei eine wissenschaftlich-philosophische, die ausgeht von der Untersuchung von Ursache-Wirkungszusammenhängen und ausgerichtet ist auf die Erzeugung solcher Wirkungen, „die das menschliche Leben erfordert" (507). Kurz: „Die Vernunft ist der Schritt, die Mehrung der Wissenschaft der Weg und die Wohlfahrt der Menschheit das Ziel" (37).

Literatur

Arnold, F.-X. 1934: Die Staatslehre des Kardinals Bellarmin. Ein Beitrag zur Rechts- und Staatsphilosophie des konfessionellen Zeitalters. München.
Böckenförde, E.-W. 1983: Politische Theorie und politische Theologie. Bemerkungen zu ihrem gegenseitigen Verhältnis. In: Jacob Taubes (Hrsg.), Religionstheorie und politische Theologie. Band 1: Der Fürst dieser Welt. Carl Schmitt und die Folgen. München u. a.
Braun, D. 1961: Der sterbliche Gott oder Leviathan gegen Behemoth. Teil 1: Erwägungen zu Ort, Bedeutung und Funktion der Lehre von der Königsherrschaft Christi in Thomas Hobbes' *Leviathan*. Zürich (Diss. Basel).
Brown, K. C. 1965 (Hrsg.): Hobbes Studies. Oxford.
Glover, W. B. 1965: God and Thomas Hobbes. In: K. C. Brown (Hrsg.): Hobbes Studies. Oxford, 141–168.
– 1993: Human Nature and the State in Hobbes. In: P. King (Hrsg.): Thomas Hobbes. Critical assessments. Vol. IV: Religion. London/New York, 50–72.
Hood, F. C. 1964: The Divine Politics of Thomas Hobbes. Oxford.
Kersting, W. 1992: Thomas Hobbes zur Einführung. Hamburg.
King, P. 1993 (Hrsg.): Thomas Hobbes. Critical assessments. Vol. IV: Religion. London–New York.
Kodalle, K.-M. 1971: Wahrheit und System. Studien zum Verhältnis von Theologie und Staatsphilosophie bei Thomas Hobbes. Diss. Köln (auch München 1972).
– 1972: Carl Schmitt und die neueste Hobbes-Literatur. In: Philosophische Rundschau 18, 116–130.
Martinich, A. P. 1992: The Two Gods of Leviathan. Thomas Hobbes on Religion and Politics. Cambridge.
Meier, H. 1992: Was ist politische Theologie? Einführende Bemerkungen zu einem umstrittenen Begriff. Vorwort zu: J. Assmann, Politische Theologie zwischen Ägypten und Israel. München, 7–19.
Ottmann, H. 1990: Politische Theologie als Begriffsgeschichte. Oder wie man die politischen Begriffe der Neuzeit politisch-theologisch erklären kann. In: V. Gerhardt (Hrsg.), Der Begriff der Politik. Bedingungen und Gründe politischen Handelns. Stuttgart, 169–188.
Polin, R. 1969: L'obligation morale et politique chez Thomas Hobbes. In: R. Koselleck/R. Schnur (Hrsg.), Hobbes-Forschungen. Berlin, 133–152.

Schmitt, C. 1938: Der Leviathan in der Staatslehre des Thomas Hobbes. Sinn und Fehlschlag eines politischen Symbols. Hamburg.
- 1965: Die vollendete Reformation. In: Der Staat 4, 51–69.
- 1979a: Politische Theologie. Vier Kapitel zur Lehre von der Souveränität. 3. Aufl. Berlin.
- 1979b: Der Begriff des Politischen. Text von 1932 mit einem Vorwort und drei Corollarien. Berlin (Nachdruck der Aufl. von 1963).

Springborg, P. 1993: Leviathan and the Problem of Ecclesiastical Authority. In: P. King (Hrsg.), Thomas Hobbes. Critical assessments. Vol. IV: Religion, London–New York, 136–148.

Strauss, L. 1936: The Political Philosophy of Thomas Hobbes. Its Basis and its Genesis. Oxford.

Sutherland, S. R. 1993: God and Religion in Leviathan. In: P. King (Hrsg.): Thomas Hobbes. Critical assessments. Vol. IV: Religion, London/New York, 107–114.

Weiß, U. 1988: Das politische System von Thomas Hobbes. Stuttgart-Bad Cannstatt.

Voegelin, E. 1939: Die politischen Religionen. Stockholm.
- 1991: Die Neue Wissenschaft der Politik. Eine Einführung. Hrsg. v. P. J. Opitz, Freiburg–München.

Willms, B. 1967: Von der Vermessung des Leviathan. Aspekte neuerer Hobbes-Literatur. In: Der Staat 6, 75–100, 220–236.
- 1979: Der Weg des Leviathan. Die Hobbes-Forschung von 1968–1978. In: Beiheft „Der Staat" 3.
- 1980: Tendenzen der gegenwärtigen Hobbes-Forschung. In: Zeitschrift für philosophische Forschung 34, 442–453.
- 1987: Thomas Hobbes. Das Reich des Leviathan. München–Zürich.

Auswahlbibliographie zum *Leviathan*

A. Textausgaben und Übersetzungen des *Leviathan*

Hobbes, Thomas 1651: Leviathan, or The Matter, Forme, & Power of a Common-wealth Ecclesiasticall and Civill. London.
Hobbes, Thomas 1670: Leviathan sive de materia, forma & potestate ecclesiasticae et civilis. Amsterdam.
Hobbes, Thomas 1946: Leviathan. Edited with an introduction by Michael Oakeshott, Oxford. (Nachdrucke 1955, 1957 u. ö.).
Hobbes, Thomas 1968: Leviathan. Edited with an introduction by C. B. Macpherson. Harmondsworth.
Hobbes, Thomas 1984: Leviathan oder Stoff, Form und Gewalt eines kirchlichen und bürgerlichen Staates. Übersetzt von Walter Euchner. Herausgegeben und eingeleitet von Irving Fetscher, Frankfurt/M.
Hobbes, Thomas 1994: Leviathan, with selected variants from the Latin edition of 1668. Edited by E. Curley. Indianapolis.
Hobbes, Thomas 1996: Leviathan. Revised Student Edition. Edited by Richard Tuck. Cambridge.
Hobbes, Thomas 1996: Leviathan. Neu übersetzt von Jutta Schlösser. Mit Einleitung und Kommentar herausgegeben von Hermann Klenner, Hamburg.
Hobbes, Thomas 2003: Leviathan. Edited by G. A. J. Rogers/Karl Schuhmann. Bristol.

B. Gesamtausgaben

Thomae Hobbes Malmesburiensis Opera philosophica quae Latine scripsit omnia. In unum corpus nunc primum collecta et labore Gulielmi Molesworth. 5 Bände. London 1839–45. (Nachdruck Aalen: Scientia 1961; 2. Nachdruck Darmstadt: Scientia 1966).
The English Works of Thomas Hobbes of Malmesbury. Now first collected and edited by William Molesworth. 11 Bände. London 1839–45. (Nachdruck Aalen: Scientia 1961; 2. Nachdruck Darmstadt: Scientia 1966).
The Clarendon Edition of the Works of Thomas Hobbes. Edited Howard Warrender et al. Oxford 1983–. Bisher liegen vor:
- De Cive. The Latin Version. Edited by Howard Warrender. Oxford 1984.
- De Cive. The English Version. A Critical Edition by Howard Warrender. Oxford 1984.
- The Correspondence 1660–1679. Edited by Noel Malcolm. Oxford 1994.
- The Correspondence 1622–1659. Edited by Noel Malcolm. Oxford 1997.
- Writings on Common Law and Hereditary Right. Edited by Alan Cromartie and Quentin Skinner. Oxford 2005.
- Translations of Homer: The „Iliad" and the „Odyssey". Edited by Eric Nelson. Oxford 2008.

C. Einzelausgaben und Übersetzungen anderer Werke Hobbes'

Hobbes, Thomas: The Elements of Law, Natural and Politic. Edited with a Preface and Critical Notes by F. Tönnies. 2nd. Edition. With a new Introduction by M. M. Goldsmith. London 1966.

Hobbes, Thomas: A Dialogue between a Philosopher and a Student of the Common Laws of England. Edited and with an Introduction by J. Cropsey, Chicago u. London 1971.
Hobbes, Thomas: Man and Citizen. Thomas Hobbes's De Homine and De Cive. Edited with an Introduction by Bernhard Gert. Harvester Press 1972.
Hobbes, Thomas: Naturrecht und allgemeines Staatsrecht in den Anfangsgründen. Mit einer Einführung von F. Tönnies. Darmstadt 1976.
Hobbes, Thomas: Behemoth oder Das Lange Parlament. Herausgegeben und mit einem Essay von Herfried Münkler, Frankfurt/M. 1991.
Hobbes, Thomas: Dialog zwischen einem Philosophen und einem Juristen über das englische Recht. Herausgegeben und kommentiert von Bernard Willms. Weinheim 1992.
Hobbes, Thomas: Elemente der Philosophie II. Vom Menschen – Elemente der Philosophie III. Vom Bürger – De homine – De cive. Eingeleitet und auf der Grundlage der Übersetzung von Max Frischeisen-Köhler, die nach dem lateinischen Original berichtigt wurde, herausgegeben von Günter Gawlick. Hamburg 1994.
Hobbes, Thomas: Human Nature and De Corpore Politico. Edited with an Introduction by J. C. A. Gaskin. Oxford 1994.
Hobbes, Thomas: Elemente der Philosophie. Erste Abteilung: Der Körper. Elementorum philosophiae sectio prima de corpore. Übersetzt, mit einer Einleitung und textkritischen Annotationen versehen und herausgegeben von Karl Schuhmann. Hamburg 1997.
Hobbes, Thomas: On the Citizen. Edited by Richard Tuck and Michael Silverthorne. Cambridge 1998.

D. Forschungsbereichte und Bibliographien

Curley, E. 1989: Reflections on Hobbes: Recent Work on His Moral and Political Philosophy. In: Journal of Philosophical Research 15, 170–249.
Euchner, Walter 1971: Hobbes und kein Ende? Probleme der neueren Hobbes-Forschung. In: Archives européenes de sociologie 12, 89–110.
Garcia, A. 1986: Thomas Hobbes: bibliographie international de 1620 à 1986. Caen.
Macdonald, H./Hargreaves, M. 1952: Thomas Hobbes: A Bibliography. London.
Sacksteder, W. 1982: Hobbes-Studies 1879–1979. Bowling Green.
Weiß, Ulrich 1978: Hobbes' Rationalismus. Aspekte der neueren deutschen Hobbes-Rezeption. In: Philosophisches Jahrbuch der Görres-Gesellschaft 85, 167–196.
Willms, Bernard 1962, Einige Aspekte der neueren englischen Hobbes-Literatur. In: Der Staat 1, 93–106.
- 1967: Von der Vermessung des Leviathan. Aspekte neuerer Hobbes-Literatur. In: Der Staat 6, 75–100.
- 1979: Der Weg des Leviathan. Die Hobbes-Forschung von 1968–1978. In: Beiheft „Der Staat" Bd. 3, Berlin.
- 1980: Tendenzen der gegenwärtigen Hobbes-Forschung. In: Zeitschrift für philosophische Forschung 34, 442–453.

E. Einführungen

Bagby, Laurie 2007: Hobbes' Leviathan. London.
Condren, Conal 2000: Thomas Hobbes. New York.
Flathman, Richard D. 1993: Thomas Hobbes: Skepticism, Individuality and Chastened Politics. Newbury Park-London.
Kersting, Wolfgang 1992: Thomas Hobbes zur Einführung. Hamburg.

Münkler, Herfried 1992: Thomas Hobbes. Frankfurt/M.
Newey, Glen 2008: The Routledge Philosophical Guidebook to Hobbes and Leviathan. London.
Peters, R. S. 1956: Hobbes. Harmondsworth.
Raphael, D. D. 1977: Hobbes. Morals and Politics. London.
Tuck, Richard 1969: Hobbes. Oxford.
Willms, Bernard 1987: Thomas Hobbes. Das Reich des Leviathan. München.

F. Sammelbände

Bernbach, Udo/Kodalle, Klaus-Michael (Hrsg.) 1982: Furcht und Freiheit. LEVIATHAN – Diskussion 300 Jahre nach Thomas Hobbes. Opladen.
Brown, Keith C. (Hrsg.)1965: Hobbes-Studies. Cambridge, MA.
Cranston, Maurice./Peters, R. S. (Hrsg.) 1972: Hobbes and Rousseau. A Collection of Critical Essays. Garden City, NY 1972.
Dietz, Mary G. (Hrsg.) 1990: Thomas Hobbes & Political Theory. Lawrence.
Dunn, John/Harris, Ian (Hrsg.): 1997: Hobbes. 3 Bde. Cheltenham.
Höffe, Otfried (Hrsg.) 1981: Thomas Hobbes. Anthropologie und Staatsphilosophie. Freiburg/Schweiz.
Hüning, Dieter (Hrsg.) 2005: Der lange Schatten des Leviathan. Hobbes' politische Philosophie nach 350 Jahren. Berlin.
King, Preston (Hrsg.) 1993: Thomas Hobbes. Critical Assessments. 4 Bde. London u. New York.
Koselleck, Reinhard/Schnur, Roman (Hrsg.) 1969: Hobbes-Forschungen. Berlin.
Rogers, G. A. J./Ryan, Alan (Hrsg) 1988: Perspectives on Hobbes. Oxford.
Rogers, G. A. J. (Hrsg.) 1995: Leviathan. Contemporary Responses to the Political Theory of Thomas Hobbes. Bristol.
Rogers, G. A. J./Sorell, Tom (Hrsg.) 2003: Hobbes and History. London.
Shaver, Robert (Hrsg.) 1999: Hobbes. Aldershot.
Sorell, Tom (Hrsg.) 1996: The Cambridge Companion to Hobbes. Cambridge.
Sorell, Tom/Foisneau, Luc (Hrsg.) 2005: Leviathan after 350 Years. Oxford.
Springborg, Patricia (Hrsg.) 2007: The Cambridge Companion to Hobbes's Leviathan. Cambridge.
Van der Bend, J. G. (Hrsg.) 1982: Thomas Hobbes. His View of Man. Amsterdam.
Voigt, Rüdiger (Hrsg.) 2000: Der Leviathan. Baden-Baden.
Walton, C./Johnson, P. J. (Hrsg.) 1987: Hobbes's „Science of Natural Justice". Dordrecht/Boston/Lancaster.

G. Monographien

Baumgold, D. 1988: Hobbes's Political Theory. Cambridge.
Bertman, M. A. 1981: Hobbes. The Nature and the Artifacted God, Bern.
Bobbio, Norberto 1993: Thomas Hobbes and the Natural Law Tradition. Chicago.
Bohlender, Matthias 1995: Die Rhetorik des Politischen. Zur Kritik der politischen Theorie. Berlin.
Bowle, J. 1951: Hobbes and His Critics. A Study in Seventeenth-Century Constitutionalism. London.
Brandon, Eric 2007: The Coherence of Hobbes' Leviathan. Civil and Religious Authority Combined. London u. New York.

Brandt, F. 1928: Thomas Hobbes' Mechanical Conception of Nature. London.
Braun, Dietrich 1963: Der sterbliche Gott oder Leviathan gegen Behemoth. Zürich.
Collins, Jeffrey R. 2005: The Allegiance of Thomas Hobbes. Oxford.
Coltman, Irene 1962: Private Men and Public Causes. Philosophy and Politics in the English Civil War. London.
Cooke, Paul D. 1996: Hobbes and Christianity. Reassessing the Bible in Leviathan. Lanham, MD.
Covell, Charles 2004: Hobbes, Realism and the Tradition of International Law. Basingstoke.
Esfeld, Michael 1995: Mechanismus und Subjektivität in der Philosophie von Thomas Hobbes. Stuttgart-Bad Cannstatt.
Ewin, R. E. 1991: Virtues and Rights. The Moral Philosophy of Thomas Hobbes. Oxford.
Fiebig, Hans 1973: Erkenntnis und technische Erzeugung. Hobbes' operationale Philosophie der Wissenschaft. Meisenheim.
Finkelstein, Claire O. 2005: Hobbes on Law. Aldershot.
Förster, W. 1969: Thomas Hobbes und der Puritanismus. Grundlagen und Grundzüge seiner Staatslehre. Berlin.
Gauthier, David P. 1969: The Logic of Leviathan. The Moral and Political Theory of Thomas Hobbes. Oxford.
Goldsmith, M. M. 1964: Hobbes's Science of Politics. New York.
Goyard-Fabre, Simone 1975: Le droit et la loi dans la philosophie de Thomas Hobbes. Paris.
Hampton, Jean 1986: Hobbes and the Social Contract Tradition. Oxford.
Hörner, Richard 2006: Menschenrechte und die Konzeption von Thomas Hobbes. Wörth am Rhein.
Hood, F. C. 1964: The Divine Politics of Thomas Hobbes. An Interpretation of Leviathan. Oxford.
Hüning, Dieter 1998: Freiheit und Herrschaft in der Rechtsphilosophie des Thomas Hobbes. Berlin.
Johnston, David 1986: The Rhetoric of Leviathan. Thomas Hobbes and the Politics of Cultural Transformation. Princeton.
Kavka, Gregory S. 1986: Hobbesian Moral and Political Theory. Princeton.
Kodalle, Klaus-Michael 1972: Thomas Hobbes. Logik der Herrschaft und Vernunft des Friedens. München.
Kramer, Matthew H. 1997: Hobbes and the Paradoxes of Political Origins. Basingstoke.
Kraus, Jody S. 1993: The Limits of Hobbesian Contractarianism. Cambridge.
Kraynak, R. P. 1990: History and Modernity in the Thought of Thomas Hobbes. Ithaca u. London.
Kremkus, Andreas 1999: Die Strafe und Strafrechtsbegründung von Thomas Hobbes. Frankfurt/M.
Lips, Julius 1970: Die Stellung des Thomas Hobbes zu den politischen Parteien der großen englischen Revolution. Mit erstmaliger Übersetzung des ‚Behemoth oder Das Lange Parlament'. Mit einer Einführung von Ferdinand Tönnies. Darmstadt (Nachdruck der Erstausgabe Leipzig 1927).
Ludwig, Bernd 1998: Die Wiederentdeckung des Epikureischen Naturrechts. Zu Thomas Hobbes' philosophischer Entwicklung von *De Cive* zum *Leviathan* im Pariser Exil 1640–1651. Frankfurt/M.
MacNeilly, F. S 1968: The Anatomy of Leviathan. London.
Martinich, A. P. 1992: The Two Gods of Leviathan. London.
– 1995: A Hobbes Dictionary. Cambridge, MA.
– 1997: Thomas Hobbes. Basingstoke.
Metzger, H. D. 1991: Thomas Hobbes und die Englische Revolution 1640–1660. Stuttgart-Bad Cannstatt.

Mintz, S. I. 1962: The Hunting of Leviathan. Seventeenth Century Reactions to the Materialism and Moral Philosophy of Hobbes. Cambridge.
Oakeshott, Michael 1975: Hobbes on Civil Association. Oxford.
Parkin, Jon 2007: Taming the Leviathan. The Reception of the Religious and Political Ideas of Thomas Hobbes in England 1640–1700. Oxford.
Polin, Raymond 1953: Politique et Philosophique chez Thomas Hobbes. Paris.
– 1981: Hobbes. Dieu et les hommes. Paris.
Schelsky, Herbert 1981: Thomas Hobbes. Eine politische Lehre. Berlin.
Schmitt, Carl 1982: Der Leviathan in der Staatslehre des Thomas Hobbes. Köln (Erstdruck Hamburg 1938).
Spragens, Th. A. jr. 1973: The Politics of Motion. The World of Thomas Hobbes. Lexington.
Skinner, Quentin 1996: Reason and Rhetoric in the Philosophy of Hobbes. Cambridge.
Slomp, Gabriella 2000: Thomas Hobbes and the Political Philosophy of Glory. Basingstoke.
Stollberg-Rilinger, Barbara 1986: Der Staat als Maschine. Zur politischen Metaphorik des absoluten Fürstenstaats. Berlin.
Strauss, Leo 1965: Hobbes' politische Wissenschaft. Berlin.
– 1977: Naturrecht und Geschichte. Frankfurt/M.
Thornton, Helen 2005: State of Nature or Eden?: Thomas Hobbes and His Contemporaries on the Natural Condition of Human Beings. Rochester.
Tönnies, Ferdinand 1971: Thomas Hobbes. Leben und Lehre. Stuttgart-Bad Cannstatt (1.Aufl. Stuttgart 1896; 3.Aufl. 1925).
Van Mill, David 2001: Liberty, Rationality, and Agency in Hobbes's Leviathan. Albany, NY.
Warrender, Howard 1957: The Political Philosophy of Hobbes. His Theory of Obligation. Oxford.
Watkins, J. W. N. 1965: Hobbes's System of Ideas. London.
Weiß, Ulrich 1980: Das philosophische System von Thomas Hobbes. Stuttgart-Bad Cannstatt.
Willms, Bernard. 1970: Die Antwort des Leviathan. Thomas Hobbes' politische Theorie. Neuwied-Berlin.
– 1987: Thomas Hobbes. Das Reich des Leviathan. Zürich.
Wolf, Friedrich O. 1969; Die neue Wissenschaft des Thomas Hobbes. Zu den Grundlagen der politischen Philosophie der Neuzeit. Mit Hobbes' Essayes. Stuttgart-Bad Cannstatt.
Wright, George 2006: Religion, Politics and Thomas Hobbes. Dordrecht.
Zarka, Y. Ch. 1995: Hobbes et la pensée politique moderne. Paris.

Personenverzeichnis

Abraham 238, 248, 254, 255, 256
Achenwall, G. 195
Alexandra, A. 102
Arcimboldi, G. 28
Aristoteles 10, 11, 37, 55, 62, 63, 76, 78, 79, 91, 193, 196, 197, 223, 225, 226, 234, 239
Arnold, F. X. 244
Aubrey, J. 54, 55
Augustin 257
Austin, J. 197, 198, 199
Axelrod, R. 104

Bacon, F. 35, 42, 56, 66
Bellarmin 43, 244, 246
Bentham, J. 197
Berlin, I. 6
Bermbach, U. 25
Bialostocki, J. 44
Billerbeck, P. 35
Bittner, R. 91
Bobbi., N. 218, 229
Böckenförde, E.-W. 256
Bramhall 217
Brandt, R. 253, 257
Braun, D. 6, 25, 28, 127, 145, 234
Brown, K. C. 31, 33, 155, 284
Buck, A. 28
Butler, J. 128

Canetti, E. 197
Cassirer, E. 58
Cesariano, C. 39
Christus 34, 45, 43, 213, 238, 240, 242, 245, 249, 256
Cicero 12, 13, 196, 223, 225
Coke, E. 226
Corbett, M. 25, 27, 29, 32
Cramer, K. 82, 85
Cromwell, O. 33
Cudworth 134

Descartes, R. 63
Dobai 42
Doryphoros 33
Drewer, L. 35

Elzevir 49

Engfer, H. J. 57
Euklid 55
Ewin, R. E. 763

Filmer, R. 215
Flathman, R. E. 227
Fortescue, J. 225
Freeman, R. 25

Galilei, G. 15
Gassendi, P. 56
Gauthier, D. 74, 78, 91, 95, 104, 181
Gert, B. 74, 75, 85
Glover, W. B. 236, 257
Görg, M. 36

Haij, I. 95, 105
Haller, C. L. v. 23
Hampton, J. 75, 84, 85, 89, 91, 95, 96, 100, 102, 104, 105, 180, 181
Hanson, D. W. 56, 57, 58
Hargreaves, M. 25
Harrington, J. 121
Hart, H. L. A. 197
Harvey, W. 15, 36, 37, 56, 76
Hegel, G. W. F. 5, 11, 204
Henkel, A. 32
Hill, C. 37
Hiob 35, 215, 216
Hirschmann, A. O. 79
Höffe, O. 78, 204
Hollar, W. 25, 28, 38, 45
Holmes, S. 79
Hondrich, T. 159
Hood, E. C. 89, 257
Hübener, W. 58
Hume, D. 57

Jakob I. 29
James I. 262
Johnson, R. J. 100

Kant, I. 10, 21, 31, 41, 81, 129, 130, 131, 173, 185, 195, 206
Kantorowicz, E. 29, 32
Karl I. 33, 36
Kaufmann, T. 28

Kavka, G. 83, 84, 89, 91, 95, 220
Keel, O. 216
Kemp, J. 85
Kern, L. 102
Kersting, W. 6, 13, 55, 64, 86, 97, 175, 190, 222, 230, 241
Keynes, G. 37
King, P. 6, 127, 145, 159
Kodalle, K.-M. 25, 53, 58, 234, 243, 246, 253, 254, 255
Kohler, G. 85
Kondo, T. 104

Lightbown, R. 25, 27, 29, 32
Lindsay, A. D. 25
Locke, J. 31, 41, 89, 185, 189, 190, 221, 227
Lott, T. L. 75
Ludwig XII 28
Lundstedt, V. 203

Macpherson, C. B. 5, 6, 107
Martinich, A. P. 256, 257
Marx, K. 119
McDonald, H. 25
McNeilly, F. S. 74, 85
Meier, H. 256
Mersenne, M. 56
Metzger, H.-D. 213
Missner, M. 59, 65
Moses 238, 240, 248, 249, 255, 256
Münkler, H. 227

Naeman 245
Nerney, G. 63
Neumann, F. 216
Nida-Rümelin, J. 6, 101, 102
Nippel, W. 225

Oakeshott, M. 60, 64, 147, 148, 149
L'Orme, P. de 42
Ottmann, H. 256

Palladio, A. 42
Pappus 56
Paulus 238
Perez-Ramos, A. 56
Perrig, A. 44
Platon 34, 38, 65, 78, 98, 196, 207, 225
Pohlenz, M. 37
Polin, R. 234

Polybios 225
Polyklet 33, 39
Porzi, F. 28
Poussin, N. 44
Prestel, J. 39
Prins, J. 57
Pütter J. S. 195
Pythagoras 55

Quine, W. V. O. 58

Rad, G. v. 36
Randall, J. H. 57
Rapaczynski, A. 89
Rivius, W. 39, 42
Rousseau, J.-J. 5, 182
Rubens, P. P. 33

Schmitt, C. 35, 241, 247, 251, 253, 256
Schöne, A. 32
Sen, A. 102
Seneca 33
Smith, L. P. 42
Sombart, W. 119
Sorbiere 49
Sorell, T. 52, 57, 64
Spingarn, J. E. 43
Spragens, T. A. jr. 70
Springborg, P. 216, 257
Sprinzels, F. 25
Starkey, T. 225
Strack, H. L. 35
Strauss, L. 59, 63, 64, 229, 256
Struve, T. 29, 37
Sutherland, S. R. 234

Taylor, A. E. 6, 89, 145, 146, 147, 148, 149, 150, 151, 155, 157, 160, 161, 163, 168, 169, 204
Tesauro, E. 28
Thomas von Aquin 195
Tricaud, F. 83

Urzidil, J. 25

Vasari 42
Vico, G. 41
Vitruv 39, 40, 42
Voegelin, E. 247, 255

Warrender, H. 6, 89, 145, 146, 147, 148,

149, 150, 151, 155, 157, 160, 161, 163, 168, 169, 204
Watkins, J. W. N. 56, 57, 62, 63, 89
Weber, M. 119
Weiß, U. 86, 89, 90, 181, 249, 257

Whitehead, A. N. 207
Wilkinson, J. G. 216
Willms, B. 6, 86, 241, 251, 252, 257
Wolfers, B. 223
Wotton, H. 42, 43

Hinweise zu den Autoren

Reinhard Brandt, geb. 1937; Professor für Philosophie in Marburg 1972 bis 2002. Dort Leiter des Marburger Kant-Archivs. 1987 bis 2001 Herausgeber der Kantischen Vorlesungen im Rahmen der Akademie-Ausgabe von Kants Gesammelten Schriften. *Veröffentlichungen*: Rousseaus Philosophie der Gesellschaft (1973); Eigentumstheorien von Grotius bis Kant (1974); Die Interpretation philosophischer Werke (1984, ital. ³2002); D'Artagnan und die Urteilstafel. Über ein Ordnungsprinzip der europäischen Kulturgeschichte 1, 2, 3 / 4 (²1999, ital. 1999); Kritischer Kommentar zu Kants Anthropologie (1999); Philosophie in Bildern. Von Giorgione bis Magritte (²2001, ital. ²2004); Universität zwischen Selbst- und Fremdbestimmung. Kants Streit der Fakultäten (2003); Arkadien in Kunst, Philosophie und Dichtung (³2006); Die Bestimmung des Menschen bei Kant (2007). Zahlreiche Editionen und Aufsätze zur griechischen Philosophie, zur französischen, englisch-schottischen und deutschen Aufklärung und zur Kunstgeschichte.

Christine Chwaszcza, geb. 1962; Studium der Politischen Wissenschaft, Soziologie, Neueren Deutschen Literatur und Philosophie in München; 1994–2000 Assistentin am Philosophischen Seminar der Universität zu Kiel, 2000–2004 daselbst Oberassistentin; 1999 Habilitation. 2004 Gastprofessur am Department of Philosophy der University of California, Los Angeles. Seit 2005 Professorin für soziale und politische Theorie am European University Institute in Florenz. *Buchveröffentlichungen*: Zwischenstaatliche Kooperation. Perspektiven einer normativen Theorie der Internationalen Politik (Diss. 1995); Politische Philosophie der internationalen Beziehungen (hrsg. mit Wolfgang Kersting, 1998); Praktische Vernunft als vernünftige Praxis. Ein Grundriß (2003); Moral Responsibility and Global Justice. A Human Rights Approach (2007).

Michael Großheim, geb. 1962; Promotion 1993; Habilitation 2000; Lehrstuhlvertretungen in Freiburg und Rostock; seit 2006 Professor für phänomenologische Philosophie an der Universität Rostock. *Wichtigste Publikationen*: Von Georg Simmel zu Martin Heidegger. Philosophie zwischen Leben und Existenz (1991); Ludwig Klages und die Phänomenologie (1994); Ökologie oder Technokratie? Der Konservatismus in der Moderne (1995); Politischer Existentialismus. Subjektivität zwischen Entfremdung und Engagement (2002); als Mitherausgeber: Rehabilitierung des Subjektiven. Festschrift für Hermann Schmitz (1993); als Herausgeber: Wege zu einer volleren Realität. Neue Phänomenologie in der Diskussion (1994); Leib und Gefühl. Beiträge zur Anthropologie (1995); Perspektiven der Lebensphilosophie (1999); Aufsätze zur modernen Philosophie sowie Beiträge in Handbüchern und Lexika.

Dietmar Herz, geb. 1958; Studium der Politikwissenschaften, Geschichte, Philosophie und Rechtswissenschaften an der Ludwig-Maximilians-Universität München; an der London School of Economics und der Harvard University; 1987 erstes und 1991 zweites juristisches Staatsexamen; 1991 Promotion in Politikwissenschaften; 1996 Habilitation Politikwissenschaften; 1997–2000 Professor für Politische Wissenschaften an der Universität Bonn; seit 2000 Professor für Politische Wissenschaften und Vergleichende Regierungslehre an der Universität Erfurt. Gastprofessuren u. an. An der Vanderbilt University, Nashville und der Universität Sao Paulo. *Buchveröffentlichungen*: Frieden durch Handel. Zur Außen- und Außenwirtschaftspolitik der Roosevelt-Administration in der ersten Hälfte der dreißiger Jahre (1987); Das kurze Amerikanische Jahrhundert. Auf der Suche nach innerer und äußerer Ordnung (1991); Thomas Morus zur Einführung (1999); Die wohlerwogene Republik. Das konstitutionelle Denken des politisch-philosophischen Liberalismus (1999). Die europäische Union (2001); Die Vereinten Nationen (2002); Palästina (^{5}2003); Die Amerikaner im Krieg. Bericht aus dem Irak im vierten Kriegsjahr (2007); Geschichte Israels. Von der Staatsgründung bis zur Gegenwart (2008). Zahlreiche Aufsätze zur politischen Philosophie und internationalen Politik.

Otfried Höffe, geb. 1943; Studium der Philosophie, Geschichte, Theologie und Soziologie in Münster, Tübingen, Saarbrücken und München; 1975 Habilitation. 1977 o. Professor für Philosophie an der Universität Duisburg; 1978–1992 Lehrstuhlinhaber für Ethik und Sozialphilosophie sowie Direktor des Intennationalen Instituts für Sozialwissenschaft und Politik an der Universität Freiburg/Schweiz. Seit 1992 o. Professor für Philosophie an der Universität Tübingen. *Wichtigste Veröffentlichungen*: Praktische Philosophie – Das Modell des Aristoteles (1971; ^{2}1996); Strategien der Humanität. Zur Ethik öffentlicher Entscheidungsprozesse (1975; ^{2}1985); Ethik und Politik (1979; ^{4}2000); Sittlich-politische Diskurse (1981); Immanuel Kant. Leben, Werk, Wirkung (1983; ^{7}2007); Politische Gerechtigkeit. Grundlegung einer kritischen Philosophie von Recht und Staat (1987, ^{3}2003); Moral als Preis der Moderne. Ein Versuch über Wissenschaft, Technik und Umwelt (1993; ^{4}2000); Aristoteles. Leben – Werk – Wirkung

(1996; ³2006); Demokratie im Zeitalter der Globalisierung (1999, ²2001); „Königliche Völker". Zu Kants kosmopolitischer Rechts- und Friedenstheorie (2001); Gerechtigkeit. Eine philosophische Einführung (2001; ³2007); Kants Kritik der reinen Vernunft. Die Grundlegung der modernen Philosophie (2003; ⁴2004); Wirtschaftsbürger, Staatsbürger, Weltbürger. Politische Ethik im Zeitalter der Globalisierung (2004); Lebenskunst und Moral (2007). Übersetzungen in mehrere europäische und außereuropäische Sprachen. Herausgeber zahlreicher Sammelbände und der „Zeitschrift für philosophische Forschung" (seit 1977).

Wolfgang Kersting, geb. 1946; Studium der Philosophie, Geschichte und Germanistik in Göttingen und Hannover; Promotion 1974 und Habilitation 1982; 1975–1992 Lehrtätigkeit an den Universitäten Hannover, Marburg, Göttingen und München; seit 1993 Ordinarius für Philosophie und Direktor am Philosophischen Seminar der Christian-Albrechts-Universität zu Kiel; Leiter des Kieler Forums für Politische Philosophie und Wirtschaftsethik. *Buchveröffentlichungen*: Die Ethik in Hegels „Phänomenologie des Geistes" (1974); Wohlgeordnete Freiheit. Immanuel Kants Rechts- und Staatsphilosophie (1984; ³2007); Niccolò Machiavelli. Leben – Werk – Wirkung (1988; ²1998); Thomas Hobbes zur Einführung (1992; ³2005)); John Rawls zur Einführung (1993; ³2004)); Die politische Philosophie des Gesellschaftsvertrags (1994; Sonderausgabe 2005); Gerechtigkeit und Medizin (1995) Recht; Gerechtigkeit und demokratische Tugend (1997); Platons ‚Staat' (1999; ²2006); Theorien der sozialen Gerechtigkeit (2000); Politik und Recht (2000); Filosofia Politica del Contractualismo Moderno (2001); Jean-Jacques Rousseaus ‚Gesellschaftsvertrag' (2001); Kritik der Gleichheit (2002); Universalismo e Direitos Humanos (2004); Kant über Recht (2004); Gerechtigkeit und Lebenskunst (2005); Liberdade e Liberalismo (2005); Der liberale Liberalismus (2006); Gerechtigkeit und öffentliche Vernunft. Über John Rawls' politischen Liberalismus (2006). *Herausgaben*: Politische Philosophie der Internationalen Beziehungen (zusammen mit Christine Chwaszcza; 1998); Politische Philosophie des Sozialstaats (2000; Sonderausgabe 2005); Die Republik der Tugend. Jean-Jacques Rousseaus Staatsverständnis (2003); Klugheit (2005); Kritik der Lebenskunst (zusammen mit Claus Langbehn; 2007). Zahlreiche Beiträge in Lexika, Sammelwerken, Fachzeitschriften und Tageszeitungen.

Bernd Ludwig, geb. 1955; Studium der Physik und der Philosophie in Marburg, Promotion 1985, Habilitation in Berlin 1998. Seit 2002 Professor für Philosophie an der Georg-August-Universität Göttingen. Arbeitsschwerpunkte: Philosophie der Neuzeit, Rechts- und Moralphilosophie, Wissenschaftsphilosophie. *Monographien*: Kants Rechtslehre (1988); Die Wiederentdeckung des Epikureischen Naturrechts. Zu Hobbes' philosophischer Entwicklung von *De Cive* zum *Leviathan* im Pariser Exil (1998). *Herausgaben*: Kant: *Metaphysische Anfangsgründe der Rechtslehre* (²1998); Kant: *Metaphysische Anfangsgründe der Tugendlehre* (1990), (mit A. Eckl): Was ist Eigentum? (2005). Aufsätze zur Philosophie der Neuzeit, zur Rechts- und Moralphilosophie und zum Problem der Kausalität.

Crawford Brough Macpherson (1911–1987); kanadischer Politikwissenschaftlicher und Demokratietheoretiker; lehrte an der Universität Toronto. *Bekannteste Veröffentlichungen*: The Political Theory of Possessive Individualism: Hobbes to Locke (1962; dt. 1967), The Real World of Democracy (1965); Democratic Theory: Essays in Retrieval (1973; dt. 1977); The Life and Times of Liberal Democracy (1977; dt. 1983).

Thomas Nagel, geb. 1937; amerikanischer Philosoph, seit 1986 Professor für Philosophie und Recht an der New York University in Manhattan. *Bücher*: The Possibility of Altruism (1970; dt. 2005), Mortal Questions (1979; dt. 2001); The View from Nowhere (1986; dt. 1992); Equality and Partiality (1991; dt. 1994); Die Grenzen der Objektivität (1991); Other Minds: Critical Essays 1969–1994 (1995); The Last Word (1997; dt. 1999); (zusammen mit Liam Murphy) The Myth of Ownership: Taxes and Justice (2002); Concealment and Exposure & Other Essays (2002).

Julian Nida-Rümelin, geb. 1954: Studium der Philosophie, Physik, Mathematik und Politikwissenschaft in München und Tübingen; Promotion 1983; Habilitation 1989. 1991 – 1993 Gastprofessor in den USA, dann Professor für Ethik in den Biowissenschaften an der Universität Tübingen; 1993 – 2003 o. Professor für Philosophie an der Universität Göttingen; seit 2004 Ordinarius für politische Theorie und Philosophie an der Universität München. Mitglied der Berlin-Brandenburgischen Akademie der Wissenschaften und der Europäischen Akademie der Wissenschaften und Künste. 1994 – 1997 Präsident der Gesellschaft für analytische Philosophie; in den Jahren 1998 bis 2000 Kulturreferent der Landeshauptstadt München; 2001 und 2002 Kulturstaatsminister im ersten Kabinett Schröder; seit 2002 Honorarprofessor an der Humboldt Universität Berlin; seit 2004 Vorsitzender des Kuratoriums des Deutschen Studienpreises. *Buchpublikationen* u. a.: Kritik des Konsequentialismus (1993); Logik kollektiver Entscheidungen (1994, L. Kern); Angewandte Ethik (1996); Economic Rationality and Practical Reason (1997); Demokratie als Kooperation (1999); Strukturelle Rationalität. Ein philosophischer Essay über praktische Vernunft (2001); Ethische Essays (2002); Angewandte Ethik (2005); Über menschliche Freiheit (2005); Humanismus als Leitkultur (2006); Demokratie und Wahrheit (2006). Über hundert wissenschaftliche Aufsätze zur Rationalitätstheorie, Ethik und politischen Philosophie.

Alfred Edward Taylor (1869–1945); Professor für Moralphilosophie an der University Edinburgh von 1924 bis 1941. *Bücher*: Platonism and Its Influence (1924); The Parmenides of Plato (1934); Philosophical Studies (1934).

 Akademie Verlag

Klassiker Auslegen
Herausgegeben von Otfried Höffe

Antike

Aristoteles: Metaphysik. Die Substanzbücher (Z, H, Θ)
Christof Rapp (Hrsg.)
ISBN 978-3-05-002865-1

Aristoteles: Nikomachische Ethik
Otfried Höffe (Hrsg.)
ISBN 978-3-05-004240-4

Aristoteles: Politik
Ottfried Höffe (Hrsg.)
ISBN 978-3-05-003575-8

Platon: Politeia
Otfried Höffe (Hrsg.)
ISBN 978-3-05-004163-6

Mittelalter

Augustinus: De civitate dei
Christoph Horn (Hrsg.)
ISBN 978-3-05-002871-2

Frühe Neuzeit

Hobbes: Leviathan
Wolfgang Kersting (Hrsg.)
ISBN 978-3-05-00444-6

Hume: Eine Untersuchung über den menschlichen Verstand
Jens Kulenkampff (Hrsg.)
ISBN 978-3-05-002866-8

Locke: Essay über den menschlichen Verstand
Udo Thiel (Hrsg.)
ISBN 978-3-05-004481-1

Rousseau: Vom Gesellschaftsvertrag
Reinhard Brandt, Karlfriedrich Herb (Hrsg.)
ISBN 978-3-05-003237-5

Spinoza: Ethik
Michael Hampe, Robert Schnepf (Hrsg.)
ISBN 978-3-05-004126-1

Alle Bände Broschur, 130 x 210 mm, € 19,80 bzw. (*) € 39,80

www.akademie-verlag.de | info@akademie-verlag.de

Akademie Verlag

Klassiker Auslegen
Herausgegeben von Otfried Höffe

Klassischer deutscher Idealismus

Fichte:
Grundlage des Naturrechts
Jean-Christophe Merle (Hrsg.)
ISBN 978-3-05-003023-4

Hegel: Grundlinien der
Philosophie des Rechts
Ludwig Siep (Hrsg.)
ISBN 978-3-05-004164-3

Hegel:
Phänomenologie des Geistes
Dietmar Köhler, Otto Pöggeler
(Hrsg.)
ISBN 978-3-05-004234-3

Hegel:
Wissenschaft der Logik
Anton Friedrich Koch, Friedrike Schick (Hrsg.)
ISBN 978-3-05-003711-0

Kant: Kritik der praktischen
Vernunft
Otfried Höffe (Hrsg.)
ISBN 978-3-05-003576-5

Kant:
Kritik der reinen Vernunft
Georg Mohr, Marcus Willaschek
(Hrsg.)
ISBN 978-3-05-003277-1 (*)

Kant: Kritik der Urteilskraft
Otfried Höffe (Hrsg.)
ISBN 978-3-05-004342-5

Kant: Metaphysische Anfangsgründe der Rechtslehre
Otfried Höffe (Hrsg.)
ISBN 978-3-05-003025-8

Kant: Zum ewigen Frieden
Otfried Höffe (Hrsg.)
ISBN 978-3-05-004084-4

Schelling: Über das Wesen
der menschlichen Freiheit
Otfried Höffe, Annemarie Pieper
(Hrsg.)
ISBN 978-3-05-002690-9

Alle Bände Broschur, 130 x 210 mm, € 19,80 bzw. (*) € 39,80

www.akademie-verlag.de | info@akademie-verlag.de

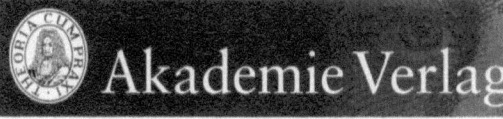

Klassiker Auslegen

Herausgegeben von Otfried Höffe

Philosophie des 19. und 20. Jahrhunderts

Adorno: Negative Dialektik
Axel Honneth, Christoph Menke (Hrsg.)
ISBN 978-3-05-003046-3

Gadamer:
Wahrheit und Methode
Günter Figal (Hrsg.)
ISBN 978-3-05-004125-4

Heidegger: Sein und Zeit
Thomas Rentsch (Hrsg.)
ISBN 978-3-05-004375-3

James: Pragmatismus
Klaus Oehler (Hrsg.)
ISBN 978-3-05-003092-0

Nietzsche:
Also sprach Zarathustra
Volker Gerhardt (Hrsg.)
ISBN 978-3-05-002872-9

Nietzsche:
Genealogie der Moral
Otfried Höffe (Hrsg.)
ISBN 978-3-05-003026-5

Popper:
Logik der Forschung
Herbert Keuth (Hrsg.)
ISBN 978-3-05-004368-5

Rawls: Eine Theorie
der Gerechtigkeit
Otfried Höffe (Hrsg.)
ISBN 978-3-05-004267-1

Sartre:
Das Sein und das Nichts
Bernard Schumacher (Hrsg.)
ISBN 978-3-05-003236-8

Wittgenstein: Tractatus
logico-philosophicus
Wilhelm Vossenkuhl (Hrsg.)
ISBN 978-3-05-002694-7

Wittgenstein: Philosophische
Untersuchungen
Eike von Savigny (Hrsg.)
ISBN 978-3-05-003038-8

Alle Bände Broschur, 130 x 210 mm, € 19,80 bzw. (*) € 39,80

www.akademie-verlag.de | info@akademie-verlag.de

www.ingramcontent.com/pod-product-compliance
Lightning Source LLC
Chambersburg PA
CBHW030821230426
43667CB00008B/1324